逐条解説
風営適正化法

吉田 一哉 著

東京法令出版

はしがき

　本書は、風俗営業等の規制及び業務の適正化等に関する法律（以下、はしがき中において「風営適正化法」といいます。）の各規定について、逐条形式で簡潔に解説したものです。

　風営適正化法に関しては、これまでも蔭山信氏の「注解風営法」（東京法令出版）や飛田清弘氏の「条解風営適正化法」（立花書房）などの解説書が刊行されています。これらの解説書は非常に有用であり、現在でも実務において広く活用されていますが、風営適正化法は累次にわたり改正がなされており、近年においても平成27年改正により特定遊興飲食店営業に係る規定が新設されるなど、規制の内容に様々な変化がみられます。

　そこで、本書では、解釈・運用に関する解説を最新の状況（注：平成30年末現在）を踏まえたものにするのはもちろんのこと、条ごとに規定の趣旨及び沿革に関する解説を付すことで、風営適正化法の体系の中での各規定の位置付けが容易に把握できるよう努めました。また、序説として過去の改正経緯の概要をまとめたり、巻末資料として下位法令の関係規定を掲載するなどして、参照のしやすさにも配慮しました。

　もとより、本書は新たな解釈を示すものではなく、先に述べた各解説書のほか、過去の風営適正化法改正に関する国会審議録、いわゆる解釈運用基準（生活安全局長通達）、警察学論集（立花書房）に掲載された論考などを参考に、実務上広く受け入れられている解釈をまとめることに徹しており、参考とした文献についてはその都度注釈を付記しました。また、本書の記述は警察庁生活安全局の公的な解釈を示すものではなく、その責任が著者個人にあることは言うまでもありません。

　本書が風俗行政に携わる方々をはじめ、多くの方々にとって風営適正化法の内容を理解されるための一助となれば幸いです。

最後に、本書の完成を心待ちにしてくださった、著者在籍当時の上司・同僚をはじめとする生活安全局及び保安課の関係者の皆様、そして何より出版に当たり綿密なスケジュール調整と丁寧な校正作業を行ってくださった東京法令出版の御担当者の皆様に感謝申し上げます。

　令和元年10月

吉田　一哉

凡　例　*1*

凡　例

1　基準日

　本書の記述は、原則として平成30年12月31日までに施行された法令に基づいている。

2　略　語

法	風俗営業等の規制及び業務の適正化等に関する法律（昭和23年法律第122号）
令	風俗営業等の規制及び業務の適正化等に関する法律施行令（昭和59年政令第319号）
内閣府令	風俗営業等の規制及び業務の適正化等に関する法律に基づく許可申請書の添付書類等に関する内閣府令（昭和60年総理府令第1号）
施行規則	風俗営業等の規制及び業務の適正化等に関する法律施行規則（昭和60年国家公安委員会規則第1号）
遊技機規則	遊技機の認定及び型式の検定等に関する規則（昭和60年国家公安委員会規則第4号）
少年指導委員規則	少年指導委員規則（昭和60年国家公安委員会規則第2号）
浄化協会規則	風俗環境浄化協会等に関する規則（昭和60年国家公安委員会規則第3号）
解釈運用基準	風俗営業等の規制及び業務の適正化等に関する法律等の解釈運用基準（平成30年9月21日付け警察庁生活安全局長通達）
旧施行条例基準	風俗営業等取締法施行条例基準（昭和39年5月、警察庁保安局防犯少年課）
公安委員会	都道府県公安委員会
飛田条解	飛田清弘『条解風俗営業等の規制及び業務の適正化等に関する法律』立花書房（昭和61年2月）
S59改正逐条	風俗問題研究会『逐条解説風営適正化法』東京法令出版（昭和61年5月）

2 凡 例

宮城手引き	宮城直樹『風俗警察の手引き』令文社（平成元年2月）
蔭山注解(1)	蔭山信『注解風営法Ⅰ』東京法令出版（平成20年8月）
蔭山注解(2)	蔭山信『注解風営法Ⅱ』東京法令出版（平成20年8月）
ハンドブック	風俗問題研究会『風営適正化法ハンドブック第4版』立花書房（平成28年8月）
法制意見百選	前田正道編『法制意見百選』ぎょうせい（昭和61年2月）
法令用語辞典	角田禮次郎ほか編『法令用語辞典（第10次改訂版）』学陽書房（平成28年10月）
警察法解説	警察制度研究会編『全訂版 警察法解説』東京法令出版（平成16年12月）
公論(10)	風俗警察研究会「風俗警察の理論と実務(10)」警察公論（立花書房）第22巻第14号（昭和42年12月）
公論(12)	風俗警察研究会「風俗警察の理論と実務(12)」警察公論（立花書房）第23巻第3号（昭和43年3月）
学論集S34	升谷廣「風俗営業取締法の一部改正について」警察学論集（立花書房）第12巻第2号（昭和34年2月）
学論集S35	飯野定吉「風俗営業取締法改正後における風俗営業等の実態と取締り面から見た二、三の問題」警察学論集第13巻第10号（昭和35年10月）
学論集S39	楢崎健次郎「風俗営業等取締法の一部改正について」警察学論集第17巻第7号（昭和39年7月）
学論集S40	滝田一成「風俗営業に関する一問題 ぱちんこ遊技の健全化について」警察学論集第18巻第6号（昭和40年7月）
学論集S41(1)	今野耿介「風俗営業取締法の一部改正によせて」警察学論集第19巻第9号（昭和41年9月）
学論集S41(2)	渡辺宏「風俗営業取締法の一部改正と運用上の諸問題」警察学論集第19巻第9号（昭和41年9月）
学論集S60	石瀬博「風営適正化法の改正について」警察学論集第38巻第6号（昭和60年6月）
学論集H8(1)	辻義之「風営適正化法の施行状況と今後の課題」警察学論集第49巻第2号（平成8年2月）
学論集H8(2)	佐藤幸一郎「風俗環境浄化協会の現状と課題について」警察学論集第49巻第2号（平成8年2月）

学論集 H 8 ⑶	小田部耕治「風俗営業の営業設置制限を巡る諸問題について」警察学論集第49巻第2号（平成8年2月）
学論集 H 10 ⑴	片桐裕「風適法改正と今後の風俗警察行政の諸問題」警察学論集第52巻第2号（平成10年7月）
学論集 H 10 ⑵	廣田耕一、楠芳伸、遠藤剛「「風俗営業等の規制及び業務の適正化等に関する法律の一部を改正する法律」逐条解説（一）」警察学論集第52巻第2号（平成10年7月）
学論集 H 11 ⑴	廣田耕一、楠芳伸、遠藤剛「「風俗営業等の規制及び業務の適正化等に関する法律の一部を改正する法律」逐条解説（二）」警察学論集第52巻第3号（平成11年3月）
学論集 H 11 ⑵	廣田耕一、楠芳伸、遠藤剛「「風俗営業等の規制及び業務の適正化等に関する法律の一部を改正する法律」逐条解説（三）・完」警察学論集第52巻第4号（平成11年4月）
学論集 H 13 ⑴	髙須一弘「風俗営業等の規制及び業務の適正化等に関する法律の改正の経緯及び概要」警察学論集第54巻第11号（平成13年11月）
学論集 H 13 ⑵	加藤伸宏、佐野裕子「「風俗営業等の規制及び業務の適正化等に関する法律の一部を改正する法律」逐条解説」警察学論集第54巻第11号（平成13年11月）
学論集 H 17	菊澤信夫「生活安全局発足後の風俗環境の変化について」警察学論集第58巻第1号（平成17年1月）
学論集 H 18 ⑴	屋久哲夫、鈴木達也、長村順也「「風俗営業等の規制及び業務の適正化等に関する法律の一部を改正する法律」の制定について～その背景と内容～」警察学論集第59巻第4号（平成18年4月）
学論集 H 18 ⑵	鶴代隆造「ぱちんこ営業の健全化を推進する取組状況について～平成16年7月1日以降の状況～」警察学論集第59巻第4号（平成18年4月）
学論集 H 18 ⑶	吉田英法「平成17年改正風営法の意義と課題」警察学論集第59巻第5号（平成18年5月）
学論集 H 22	石川光泰「「風俗営業等の規制及び業務の適正化等に関する法律施行令の一部を改正する政令」等について」警察学論集第63巻第10号（平成22年10月）
学論集 H 27 ⑴	土屋暁胤、中野崇嗣「風俗営業等の規制及び業務の適正化等に関する法律の一部を改正する法律について」警察学論集第68巻第10号（平成27年10月）

4 凡　　例

学論集 H 27(2)	土屋暁胤、中野崇嗣「特定遊興飲食店営業に係る風営適正化法の一部改正に伴う下位法令等の整備について（上）」警察学論集第69巻第2号（平成28年2月）
学論集 H 27(3)	土屋暁胤、中野崇嗣「特定遊興飲食店営業に係る風営適正化法の一部改正に伴う下位法令等の整備について（中）」警察学論集第69巻第3号（平成28年3月）
学論集 H 30	川口晃、成田友「風俗営業等の規制及び業務の適正化等に関する法律施行規則等の一部改正について」警察学論集第71巻第1号（平成30年1月）

3　用語の表記

　本書では、「カフエー」、「まあじやん」について、条文の引用にわたらない場合は、「カフェー」、「まあじゃん」と表記している。

4　参照条文

　本書末尾の「資料」において、法の各条文の次に「参照」として掲げた下位法令（令・内閣府令・施行規則）の該当箇所の条文を掲載している。

目　　次

序　説…………………………………………………………………………… *1*

第1章　総則

　　第1条　目的……………………………………………………………… *15*

　　第2条　用語の意義……………………………………………………… *18*

第2章　風俗営業の許可等

　　第3条　営業の許可……………………………………………………… *55*

　　第4条　許可の基準……………………………………………………… *60*

　　第5条　許可の手続及び許可証………………………………………… *73*

　　第6条　許可証等の掲示義務…………………………………………… *76*

　　第7条　相続……………………………………………………………… *77*

　　第7条の2　法人の合併………………………………………………… *80*

　　第7条の3　法人の分割………………………………………………… *83*

　　第8条　許可の取消し…………………………………………………… *85*

　　第9条　構造及び設備の変更等………………………………………… *88*

　　第10条　許可証の返納等………………………………………………… *91*

　　第10条の2　特例風俗営業者の認定…………………………………… *93*

　　第11条　名義貸しの禁止………………………………………………… *97*

第3章　風俗営業者の遵守事項等

　　第12条　構造及び設備の維持…………………………………………… *99*

　　第13条　営業時間の制限等……………………………………………… *100*

　　第14条　照度の規制……………………………………………………… *104*

　　第15条　騒音及び振動の規制…………………………………………… *105*

　　第16条　広告及び宣伝の規制…………………………………………… *106*

　　第17条　料金の表示……………………………………………………… *108*

　　第18条　年少者の立入禁止の表示……………………………………… *108*

　　第18条の2　接客従業者に対する拘束的行為の規制………………… *109*

　　第19条　遊技料金等の規制……………………………………………… *112*

　　第20条　遊技機の規制及び認定等……………………………………… *113*

　　第21条　条例への委任…………………………………………………… *120*

　　第22条　禁止行為等……………………………………………………… *121*

2　目　　次

第23条　遊技場営業者の禁止行為 ……………………………… *127*

第24条　営業所の管理者 …………………………………………… *129*

第25条　指示 ………………………………………………………… *134*

第26条　営業の停止等 ……………………………………………… *136*

第4章　性風俗関連特殊営業等の規制

第1節　性風俗関連特殊営業の規制

第1款　店舗型性風俗特殊営業の規制

第27条　営業等の届出 ……………………………………………… *139*

第27条の2　広告宣伝の禁止 …………………………………… *143*

第28条　店舗型性風俗特殊営業の禁止区域等 ………………… *145*

第29条　指示 ………………………………………………………… *158*

第30条　営業の停止等 ……………………………………………… *159*

第31条　標章のはり付け …………………………………………… *162*

第2款　無店舗型性風俗特殊営業の規制

第31条の2　営業等の届出 ……………………………………… *165*

第31条の2の2　広告宣伝の禁止 …………………………… *170*

第31条の3　接客従業者に対する拘束的行為の規制等 …… *171*

第31条の4　指示等 ……………………………………………… *178*

第31条の5　営業の停止等 ……………………………………… *180*

第31条の6　処分移送通知書の送付等 ……………………… *183*

第3款　映像送信型性風俗特殊営業の規制等

第31条の7　営業等の届出 ……………………………………… *186*

第31条の8　街頭における広告及び宣伝の規制等 ………… *189*

第31条の9　指示等 ……………………………………………… *195*

第31条の10　年少者の利用防止のための命令 ……………… *197*

第31条の11　処分移送通知書の送付等 ……………………… *198*

第4款　店舗型電話異性紹介営業の規制

第31条の12　営業等の届出 …………………………………… *200*

第31条の13　店舗型電話異性紹介営業の禁止区域等 …… *202*

第31条の14　指示 ………………………………………………… *207*

第31条の15　営業の停止等 …………………………………… *207*

第31条の16　標章のはり付け ………………………………… *208*

第5款　無店舗型電話異性紹介営業の規制

第31条の17　営業等の届出 …………………………………………………210

第31条の18　街頭における広告及び宣伝の規制等 ……………………212

第31条の19　指示等 …………………………………………………………215

第31条の20　営業の停止 ……………………………………………………216

第31条の21　処分移送通知書の送付等 …………………………………217

第2節　特定遊興飲食店営業等の規制等

第1款　特定遊興飲食店営業の規制等

第31条の22　営業の許可 ……………………………………………………219

第31条の23　準用 ……………………………………………………………221

第31条の24　指示 ……………………………………………………………242

第31条の25　営業の停止等 …………………………………………………242

第2款　深夜における飲食店営業の規制等

第32条　深夜における飲食店営業の規制等 …………………………244

第33条　深夜における酒類提供飲食店営業の届出等 ………………248

第34条　指示等 …………………………………………………………………253

第3節　興行場営業の規制

第35条　興行場営業の規制 …………………………………………………254

第4節　特定性風俗物品販売等営業の規制

第35条の2　特定性風俗物品販売等営業の規制 ………………………256

第5節　接客業務受託営業の規制

第35条の3　受託接客従業者に対する拘束的行為の規制等 …………258

第35条の4　指示等 …………………………………………………………259

第5章　監督

第36条　従業者名簿 …………………………………………………………262

第36条の2　接客従業者の生年月日等の確認 …………………………264

第37条　報告及び立入り ……………………………………………………267

第6章　雑則

第38条〜第38条の3　少年指導委員 ……………………………………272

第38条の4　風俗環境保全協議会 …………………………………………279

第39条　都道府県風俗環境浄化協会 ……………………………………281

第40条　全国風俗環境浄化協会 …………………………………………285

4　目　　次

第41条　聴聞の特例 …………………………………………………… *287*

第41条の2　行政手続法の適用除外 ………………………………… *289*

第41条の3　国家公安委員会への報告等 ………………………… *290*

第42条　飲食店営業等の停止の通知 ………………………………… *292*

第43条　手数料 ………………………………………………………… *293*

第44条　風俗営業者の団体等 ………………………………………… *295*

第45条　警察庁長官への権限の委任 ………………………………… *296*

第46条　方面公安委員会への権限の委任 …………………………… *297*

第47条　経過措置 ……………………………………………………… *298*

第48条　国家公安委員会規則への委任 ……………………………… *299*

第7章　罰則

第49条〜第57条 ……………………………………………………… *300*

資　　料

○風俗営業等の規制及び業務の適正化等に関する法律施行令 ……………… *317*

○風俗営業等の規制及び業務の適正化等に関する法律に基づく許可申請書
　の添付書類等に関する内閣府令（抄）……………………………………… *329*

○風俗営業等の規制及び業務の適正化等に関する法律施行規則 …………… *336*

用語索引 ………………………………………………………………………… *370*

序　説　*1*

序　説

1　法の制定

　旧憲法下においては、広く風俗や衛生に関する営業については、警視庁令・府県令による規制がなされていたが、これらの庁府県令は、戦後、現行憲法の施行に伴い、「日本国憲法施行の際現に効力を有する命令の規定の効力等に関する法律」（昭和22年法律第72号）の規定により昭和22年12月末日をもって廃止された。[*1]

　その後、当時の著しい風俗のびん乱等の状況に対処するため、昭和23年、「風俗営業取締法」が制定され、風俗営業として、

　　①　待合、料理店、カフェーその他客席で客の接待をして客に遊興又は飲食をさせる営業

　　②　キャバレー、ダンスホールその他設備を設けて客にダンスをさせる営業

　　③　玉突場、まあじゃん屋その他設備を設けて客に射幸心をそそる虞のある遊技をさせる営業

の3つを規定し、風俗営業を営もうとする者は都道府県又は市町村の公安委員会の許可を受けなければならないこととするとともに、都道府県は条例により、営業の場所、営業時間及び営業所の構造設備等について、善良の風俗を害する行為を防止するために必要な制限を定めることができることとされた。[*2]

　なお、制定当時の風俗営業取締法には目的規定が置かれていなかったが、制定当時の国会答弁等によれば、現在の法第1条に規定する①善良の風俗の保持、②清浄な風俗環境の保持、③少年の健全な育成に障害を及ぼす行為の防止が、当初から法の目的とされていたことは明らかである。[*3]

2　法の改正経緯

　その後、風俗営業取締法については、風俗環境の変遷等に伴い42回の改正が行われている。特に、昭和59年には抜本的な改正が行われており、題名が現行のも

[*1]　戦前においては、旅館、公衆浴場、バー、喫茶店等広く「風俗」に関する営業が警察による規制の対象とされていたが、戦後、警察の権限を本来の法執行機関にふさわしいものに限定しようとする趣旨から、これらの営業については、食品衛生法、旅館業法、公衆浴場法等の下で主として衛生的見地から規制されることとなった（公論⑽83頁、蔭山注解⑴5頁参照）。

[*2]　ハンドブック2頁、蔭山注解⑴3〜5頁等参照

[*3]　S59改正逐条15頁。また、昭和23年6月3日衆議院治安及び地方制度委員会武藤政府委員及び間狩説明員（議事録5頁）参照

2　序　　説

のに改められた。

　これまでの主な改正における具体的な改正内容は、以下のとおりである。[*4]

(1)　**昭和30年改正**
　「風俗営業取締法の一部を改正する法律」（昭和30年法律第76号）により、「玉突場」が風俗営業の例示から除外された。

(2)　**昭和34年改正**
　喫茶店、バー等で、客席の照度を極端に低くして営むものや他から見通すことが困難な狭い客席を設けて営むものが現れ、これらの営業が青少年の健全な育成に著しく障害を及ぼすなどの問題を惹起していたことに鑑み、「風俗営業取締法の一部を改正する法律」（昭和34年法律第2号）により、これらの営業を新たに風俗営業として規定するとともに、従前の風俗営業についても、その業態の変化等に応じて定義を見直すこととされた。[*5*6]
　また、深夜において客席を設けて客に飲食をさせる営業が、青少年の健全な育成に障害を及ぼすなどの問題を惹起していたことに鑑み、当該営業に対する規制が新たに設けられた。[*7*8]これにより、題名も「風俗営業等取締法」に改められた。

---

*4　昭和30年改正及び昭和41年改正は、議員立法により行われている。
*5　S59改正逐条17頁
*6　これにより、風俗営業は次の7種類とされた。
　①　キャバレーその他設備を設けて客にダンスをさせ、かつ、客席で客の接待をして客に飲食をさせる営業
　②　待合、料理店、カフェーその他客席で客の接待をして客に遊興又は飲食をさせる営業（①に該当する営業を除く。）
　③　ナイトクラブその他設備を設けて客にダンスをさせ、かつ、客に飲食をさせる営業（①に該当する営業を除く。）
　④　ダンスホールその他設備を設けて客にダンスをさせる営業（①又は③に該当する営業を除く。）
　⑤　喫茶店、バーその他設備を設けて客に飲食をさせる営業で、客席における照度を10ルクス以下として営むもの（①から③までに掲げる営業として営むものを除く。）
　⑥　喫茶店、バーその他設備を設けて客に飲食をさせる営業で、他から見通すことが困難であり、かつ、その広さが5平方メートル以下である客席を設けて営むもの
　⑦　まあじゃん屋、ぱちんこ屋その他設備を設けて客に射幸心をそそるおそれのある遊技をさせる営業

(3) **昭和39年改正**

　昭和34年の法改正にもかかわらず、いわゆる深夜喫茶店等が少年のたまり場となるなど深夜において設備を設けて客に飲食をさせる営業をめぐる問題が依然として深刻であったことに鑑み、「風俗営業等取締法の一部を改正する法律」（昭和39年法律第77号）により、営業の場所、営業時間等についても都道府県の条例により必要な制限を行うことができることとされた。[*9]

　また、年少者の健全な育成に障害を及ぼす行為を防止するため、風俗営業及び深夜において設備を設けて客に飲食をさせる営業について、年少者に関する禁止行為が定められた。[*10]

　このほか、風俗営業に該当する営業の範囲に誤解が生じないよう風俗営業の定義規定を改める[*11]、法目的を達成する上で必要な限度において、飲食店営業についても営業の停止を命ずることができることとするなどの規定の整備がなされた。[*12]

(4) **昭和41年改正**

　個室付浴場業やストリップ劇場、ヌードスタジオ等の興行場営業など善良の風俗の保持等の観点から著しく問題となる営業が蔓延した状況に鑑み、「風俗

＊7　S59改正逐条18頁
＊8　具体的には、公安委員会が条例により善良の風俗を害する行為を防止するため必要な制限を定めることができることとするとともに、当該営業を営む者等が営業に関し法令又は当該条例に違反する行為をした場合において、善良の風俗を害するおそれがあるときは、営業の停止等を行うことができることとされたほか、営業所への警察官の立入りに関する規定が設けられた。
＊9　S59改正逐条19頁
＊10　具体的には、
　　① 営業所で、18歳未満の者に客の接待をさせ、又は客の相手となってダンスをさせること（深夜において設備を設けて客に飲食をさせる営業にあっては、18歳未満の者を客に接する業務に従事させること。）。
　　② 18歳未満の者を営業所に客として立ち入らせること。
　　③ 営業所で20歳未満の者に酒類を提供すること。
　　が定められた（ただし、深夜において設備を設けて客に飲食をさせる営業に係る①及び②の禁止行為については、都道府県の条例で一定の例外を認めることとされた。）。
＊11　昭和34年改正による定義のうち、①及び②について、
　　① キャバレーその他設備を設けて客にダンスをさせ、かつ、客の接待をして客に飲食をさせる営業
　　② 待合、料理店、カフェーその他設備を設けて客の接待をして客に遊興又は飲食をさせる営業（①に該当する営業を除く。）
　　と改められた。

4　序　説

営業等取締法の一部を改正する法律」（昭和41年法律第91号）により、個室付浴場業及び興行場営業が規制の対象とされた。[*13]

(5)　**昭和47年改正**

モーテル営業の増加による地域の風俗環境の悪化やモーテル営業の施設の密室的構造による性犯罪の助長等の現状に鑑み、「風俗営業等取締法の一部を改正する法律」（昭和47年法律第116号）により、モーテル営業について、都道府県の条例で定める地域ではこれを営むことができないこととするとともに、これに違反してモーテル営業を営んでいる者に対してその営業の廃止を命ずることができることとされた。[*14*15]

(6)　**昭和59年改正**

性を売り物とする営業の増加、多様化の傾向等の風俗環境の変化とこれらを背景とした少年非行の増加、少年の福祉を害する犯罪の増加の傾向等に鑑み、「風俗営業等取締法の一部を改正する法律」（昭和59年法律第76号）により、題名が改められるとともに目的規定が置かれたほか、

○　風俗営業に関し、営業者の資格、営業時間、営業の場所、営業者の遵守事項等についての規定を整備し、また、風俗営業の健全化に資するため、業務の適正化を促進する措置を講ずることとする

○　個室付浴場業、ストリップ劇場、のぞき劇場、モーテル、ラブホテル、アダルトショップ等の風俗関連営業及び深夜における飲食店営業等に関し、営業の場所、営業時間の規制その他必要な規定の整備を行う

---

*12　風俗営業の許可を取り消し、又はその営業の停止を命ずるときには、その営業を営む者が当該施設を用いて営む飲食店営業についても併せて営業の停止を行うことができることとするとともに、
① 設備を設けて客に飲食をさせる営業を営む者等が公安委員会の許可を受けずに風俗営業を営んだ場合
② 設備を設けて客に飲食をさせる営業を営む者等が、深夜における当該営業に関し、法令又は都道府県の条例に違反する行為をした場合
において善良の風俗を害するおそれがあるときには、その営業を営む者に対し、当該施設を用いて営む飲食店営業について営業の停止を行うことができることとされた。
*13　S59改正逐条20頁
*14　S59改正逐条21頁
*15　モーテル営業の施設の改造や転業が容易となるよう、現にモーテル営業の施設が存する場所が都道府県の条例で定める営業禁止地域に該当することとなったときは、その日から1年間に限り、引き続きモーテル営業を営むことができることとした。

序　説　5

○　少年指導委員及び風俗環境浄化協会の制度を設ける

などの改正が行われた。

(7)　平成10年改正

　昭和59年改正以降の風俗環境の変化には著しいものがあり、善良の風俗と清浄な風俗環境を保持し、少年の健全な育成を図る上で、検討を要すべき多くの問題を抱えるに至っていた。特に、国際化の進展に伴い外国人女性等により風俗営業等の営業に関して行われる売春事犯が増加していること、携帯電話やパソコンの普及等に伴い無店舗型の性を売り物とする営業が増加していること等、性風俗に係る秩序に大きな乱れが生じていた。他方、風俗営業の規制については、営業に関する法令違反の推移や営業の実態等の変化に対応して、規制を緩和又は合理化することについても検討が待たれていた。[*16]

　そこで、「風俗営業等の規制及び業務の適正化等に関する法律の一部を改正する法律」（平成10年法律第55号）により、客にダンスをさせる営業のうち一定の要件に該当するものを風俗営業から除外するなど、風俗営業者に対する規制の合理化を図る措置を講ずるほか、風俗営業等に関して行われる売春を防止するための遵守事項等を定めるとともに、無店舗型性風俗特殊営業等に関して行われる広告及び宣伝の規制等のための規定を整備するなどの改正が行われた。[*17]

(8)　平成13年改正

　平成10年改正の後も、風俗環境は変化を続け、特に性風俗の少年に及ぼす悪

---

*16　学論集H10(2)34頁
*17　主な改正事項は、以下のとおりである。
　　○　風俗営業者に対する規制の合理化
　　　・　ダンスを教授する営業の風俗営業からの除外
　　　・　営業所が滅失した場合における風俗営業の許可の特例
　　　・　法人の合併に関する規定の整備
　　　・　特例風俗営業者の認定制度の新設
　　　・　営業時間の制限の緩和
　　○　営業に関して行われる売春事犯等の防止
　　　・　風俗営業の許可の欠格事由の追加
　　　・　接待飲食等営業を営む者等に係る拘束的行為の規制
　　○　性風俗特殊営業に対する規制の強化
　　　・　店舗型性風俗特殊営業に対する広告・宣伝規制の強化
　　　・　無店舗型性風俗特殊営業及び映像送信型性風俗特殊営業に対する規制の新設

6　序　　説

影響が強く問題視されるようになった。中でも、いわゆるテレホンクラブを温
床とする児童買春については、児童に対して大きな肉体的精神的ダメージを与
える極めて悪質かつ重大な犯罪であることから、撲滅に向けた取組を強化すべ
きとの議論が高まっていた。また、いわゆる薄消しビデオ（薄いモザイクをか
けたにすぎないわいせつなビデオ）の流行や、児童ポルノの存在も、善良の風
俗等に重大な影響を及ぼしているとの指摘がなされていた。[18]

　こうした点に鑑み、「風俗営業等の規制及び業務の適正化等に関する法律の
一部を改正する法律」（平成13年法律第52号）により、店舗型異性紹介営業及
び無店舗型異性紹介営業の規制に関する規定の整備、映像送信型性風俗特殊営
業を営む者が児童ポルノ映像を送信することを防止するための規定の整備、特
定性風俗物品販売等営業に関する規制の新設等を内容とする改正が行われた。[19]

(9)　平成17年改正

　当時、人身取引の防止が国際的な課題となっており、我が国においては、人
身取引の被害者である外国人女性が、風俗営業や性風俗関連特殊営業において
売春の強要等の搾取を受けている状況が見られた。また、歓楽街を中心に、違
法な性風俗関連特殊営業が蔓延し、風俗営業等において客引き行為が後を絶た
ない状況にあるほか、住宅街におけるピンクビラの配布、風俗営業の営業所に
出入りする少年の存在等が大きな問題となっていた。[20]

　このような実情に鑑み、「風俗営業等の規制及び業務の適正化等に関する法
律の一部を改正する法律」（平成17年法律第119号）により、人身売買の罪等を
風俗営業の許可の欠格事由に加え、接待飲食等営業及び店舗型性風俗特殊営業
を営む者等に接客従業者の在留資格等の確認義務を課すほか、性風俗関連特殊
営業に係る違法営業の排除のための規定、風俗営業に係る客引き等の規制の強
化のための規定、少年指導委員の職務に関する規定その他所要の規定が整備さ
れた。[21]

---

*18　学論集H13(1)30頁
*19　このほか、風俗営業について、精神病者に対しあらかじめ営業の自由を制限することが「真
　に必要であると認められる」（「障害者に係る欠格条項の見直しについて」（平成11年8月9日
　障害者推進本部決定））とまでは言えない状況に至っていると考えられたことから、精神病者
　に係る風俗営業の欠格条項が削除された（学論集H13(1)35頁）。
*20　学論集H18(1)8頁

⑽ 平成27年改正

　従来、営利目的で男女にダンスをさせる営業は、その方法によっては歓楽的雰囲気が過度なものとなって善良の風俗等を害するおそれがあることから、原則として法の規制対象とされてきた。しかし、ダンス自体が文化として認識されるようになってきており、男女の身体接触を伴わないダンスも広く普及してきていた。また、ダンスホールやダンススクールについては、関係団体による営業の健全化の取組が進められており、それが売春に悪用されるなどの実態はほとんど見られなくなっていた。こうした現状を踏まえると、ダンスをさせる営業を一律に風俗営業として規制するよりも、ダンスをその態様に応じて接待又は遊興の一形態と解した上で所要の規制を行う方が適当であると考えられた。[22]

　加えて、深夜飲食店営業については、歓楽的雰囲気が過度なものとなって善良の風俗を害したり、酔客が叫声を上げるなどして周囲の清浄な風俗環境を害したりすることを防止するため、客に遊興をさせることが禁止されていた。しかし、ナイトクラブ等営業については、深夜営業に対する一定程度の需要が生じており、平成26年6月には内閣府の規制改革会議から営業時間の規制の緩和を求める答申が出されるなどした。また、深夜における娯楽の充実を求める国民の声が上がる中で、ダンスに限らずバンドの生演奏、ショー等についても、時間帯にかかわらず飲食を楽しみたいとの需要があるものと考えられた。[23]

　そこで、こうしたダンスをめぐる国民の意識の変化等に鑑み、「風俗営業等

---

[21]　主な改正事項は、以下のとおりである。
- ○　風俗営業等に係る人身取引防止のための規定の整備
  - ・　風俗営業の許可の欠格事由に関する規定の整備
  - ・　性風俗関連特殊営業（映像送信型性風俗特殊営業を除く。）等の営業停止事由に関する規定の整備
  - ・　接客従業者の生年月日、国籍等の確認に関する規定等の新設
- ○　性風俗関連特殊営業に係る違法営業の排除のための規定の整備
  - ・　性風俗関連特殊営業の届出に関する規定の整備
  - ・　デリバリーヘルス営業に対する規制の強化
- ○　風俗営業等に係る客引き等の規制の強化のための規定の整備
  - ・　客引き準備行為の禁止に関する規定の整備
  - ・　無届業者による広告宣伝行為の禁止に関する規定の整備
  - ・　人の住居にビラ等を配布する行為等に対する罰則の新設
- ○　少年指導委員に関する規定の整備
- ○　罰則の引上げ

[22]　学論集 H27(1)68頁
[23]　学論集 H27(1)77頁

8 序 説

の規制及び業務の適正化等に関する法律の一部を改正する法律」（平成27年法律第45号）により、

○ 客にダンスをさせる営業の一部を風俗営業から除外すること

○ 設備を設けて深夜においても客に遊興をさせ、かつ、客に酒類の提供を伴う飲食をさせる営業（特定遊興飲食店営業）について新たに許可制度を設けること

○ 風俗営業の営業時間の制限について条例により緩和することができる範囲を拡大すること

等を内容とする改正が行われた。[24][25]

これらの改正のほか、他の法律の改正規定に伴い以下の改正がなされている。

法律名	改正内容
地方税法の一部を改正する法律（昭和29年法律第95号）	「ぱちんこ屋」が風俗営業として明記されるとともに、遊技場営業の許可が更新制とされた。
警察法の施行に伴う関係法令の整理に関する法律（昭和29年法律第163号）	警察法（昭和29年法律第162号）の施行により、国家地方警察及び市町村自治体警察が廃止され、新たに警察庁及び都道府県警察が置かれることとされたことに伴い、風俗営業の許可は都道府県公安委員会が行うこととされるとともに、風俗営業の許可に関する手数料の額の上限が定められた。

---

[24] 主な改正事項は、以下のとおりである。
　○ 客にダンスをさせる営業に係る規制の見直し
　　・ キャバレー等に係る規制の見直し
　　・ ナイトクラブ等に係る規制の見直し
　　・ ダンスホール等に係る規制の見直し
　○ 特定遊興飲食店営業に関する規定の整備
　　・ 特定遊興飲食店営業の規制の新設
　　・ 特定遊興飲食店営業者の団体に関する規定の整備
　○ 良好な風俗環境の保全を図るための規定の整備
　　・ 深夜に営まれる風俗営業等の営業所の周辺における客の迷惑行為の防止等に関する規定の整備
　　・ 風俗環境保全協議会に関する規定の整備
　○ 風俗営業の営業時間の制限の緩和に関する規定の見直し
　○ ゲームセンターへの18歳未満の者の立ち入らせの制限に関する規定の見直し

銃砲刀剣類等所持取締令等の一部を改正する法律（昭和30年法律第51号）	北海道の特殊性に鑑み、北海道公安委員会の権限に属する事務について、方面公安委員会に行わせることができることとされた。
許可、認可等の整理に関する法律（昭和50年法律第90号）	ぱちんこ屋等とその他の遊技場営業で異なっていた許可の有効期間が統一された。

---

*25　なお、これにより、法からは「ダンス」の文言がなくなったところであるが、平成27年の法改正前における法第2条第1項第3号の営業について、大阪高判平成27年1月21日は以下のとおり判示している。

　「3号営業に対する規制の主な目的は、男女間の享楽的雰囲気が過度に醸成されることを防止することにより、健全な性風俗秩序を維持し、併せて、成長途上にある少年の立入りを規制することで、その健全な成長に悪影響を及ぼす事態を防止することにあると解するのが相当である。（中略）規制薬物の蔓延や粗暴事犯の発生の防止、騒音や振動による周辺環境の悪化の防止は、いずれも風俗環境の保持の一要素として副次的に考慮されるにとどまるというべきである。」

　「営業の許可制は職業の自由に対する強力な制限であり、営業の内容及び態様に対する規制によっては弊害防止の規制目的が達成されない場合に必要性と合理性が認められるというべきである。また、営業の許可制によって営業者及び客の表現行為自体が規制されるわけではないが、営業の中に限られるとはいえダンス表現の自由が制約されることも否定できない。このような3号営業の許可制による規制の性質を考慮すると、3号営業として規制される営業の範囲については、その規制目的を達成するのに必要な限度で認めるのが相当であり、（中略）客にダンスをさせ、飲食をさせる営業が全て3号営業に該当し、風営法による規制対象となると解するのが相当ということにはならない。」

　「3号営業の要件となるダンスの種類、様式は、（中略）3号営業に対する規制目的から見て規制が必要なものに限られるべきであり、（中略）立法当時から想定されていた、男女が組になり、かつ、身体を接触して踊るのが通常の形態とされているダンスをさせる営業は、それ自体の社交性の強さからして、飲食をすることと相まって、具体的な営業の態様次第では、男女間の享楽的雰囲気を過度に醸成するおそれのある営業類型であるといえる。性風俗秩序の維持と少年の健全育成という3号営業に対する主たる規制目的を達成するためには、このようなダンスをさせる営業を引き続き規制する必要があると認められる。これと異なり、男女が組になり、かつ、身体を接触して踊ることを通常の形態とするダンス以外のダンスについては、これを客にさせる営業によって男女間の享楽的雰囲気を過度に醸成し、売春等の風俗犯罪を始めとした性的な逸脱行動を誘発するなど、性風俗秩序を害するおそれがある類型とはいえないのであり、3号営業の主要な規制目的に照らして規制が必要な営業と考えることはできない。また、このようなダンスを客にさせる営業所に少年が立ち入ることで直ちにその健全な育成を障害するおそれがあるともいえない。」

　「以上の検討によれば、風営法2条1項3号にいう「ダンス」とは、男女が組になり、かつ、身体を接触して踊るのが通常の形態とされているダンスを指し、風営法が3号営業として規制する営業は、設備を設け、このようなダンスを客にさせ、かつ、客に飲食をさせる営業であると解するのが相当である。」

地方交付税法等の一部を改正する法律（昭和53年法律第38号）	風俗営業の許可に関する事務の手数料の額の上限が引き上げられた。
地方交付税法等の一部を改正する法律（昭和56年法律第58号）	風俗営業の許可に関する事務の手数料の額の上限が引き上げられた。
行政事務の簡素合理化に伴う関係法律の整理及び適用対象の消滅等による法律の廃止に関する法律（昭和57年法律第69号）	遊技場営業の許可の有効期間が延長された。
雇用の分野における男女の均等な機会及び待遇の確保を促進するための労働省関係法律の整備等に関する法律（昭和60年法律第45号）	労働基準法の改正による条の移動に伴う所要の改正が行われた。
労働者派遣事業の適正な運営の確保及び派遣労働者の就業条件の整備等に関する法律の施行に伴う関係法律の整備等に関する法律（昭和60年法律第89号）	労働者派遣法違反の罪が風俗営業の許可の欠格事由に追加された。
地方税法の一部を改正する法律（昭和63年法律第110号）	娯楽施設利用税の廃止に伴い、風俗営業（旧7号営業）の許可の更新制度が廃止された。
行政手続法の施行に伴う関係法律の整備に関する法律（平成5年法律第89号）	行政手続法の制定に伴い、聴聞の特例に関する規定の整備等が行われた。
児童買春、児童ポルノに係る行為等の処罰及び児童の保護等に関する法律（平成11年法律第52号）	児童ポルノ禁止法違反の罪が風俗営業の許可の欠格事由並びに性風俗特殊営業及び興行場営業の営業停止事由に追加された。
地方分権の推進を図るための関係法律の整備等に関する法律（平成11年法律第87号）	風俗営業の許可、遊技機の認定等に係る手数料について、政令で定める額を標準として条例で定めることとされた。
組織的な犯罪の処罰及び犯罪収益の規制等に関する法律（平成11年法律第136号）	組織的犯罪処罰法違反の罪が風俗営業の許可の欠格事由に追加された。
民法の一部を改正する法律の施行に伴う関係法律の整備等に関する法律（平	民法の改正に伴い、「禁治産者」が「成年被後見人」に、「準禁治産者」が「被

成11年法律第151号）	保佐人」に改められた。
中央省庁等改革関係法施行法（平成11年法律第160号）	中央省庁等の再編に伴い、所要の規定の整備が行われた。
商法等の一部を改正する法律の施行に伴う関係法律の整備に関する法律（平成12年法律第91号）	商法における法人分割制度の新設に伴い、法人の分割に係る規定の整備が行われた。
商法等の一部を改正する法律の施行に伴う関係法律の整備に関する法律（平成14年法律第45号）	商法上、執行役に係る規定が整備されたことに伴い、風俗営業の欠格事由のうち法人の役員に係る規定に「執行役」が加えられた。
食品衛生法等の一部を改正する法律（平成15年法律第55号）	食品衛生法の改正による条の移動に伴う所要の改正が行われた。
民法の一部を改正する法律（平成16年法律第147号）	民法の規定の改正に伴い、「能力」が「行為能力」に改められた。
障害者自立支援法（平成17年法律第123号）	児童福祉法の改正による項の移動に伴う所要の改正が行われた。
一般社団法人及び一般財団法人に関する法律及び公益社団法人及び公益財団法人の認定等に関する法律の施行に伴う関係法律の整備等に関する法律（平成18年法律第50号）	民法に定める公益法人に関する制度が改められたことに伴い、所要の規定の整備が行われた。
出入国管理及び難民認定法及び日本国との平和条約に基づき日本の国籍を離脱した者等の出入国管理に関する特例法の一部を改正する等の法律（平成21年法律第79号）	入管法の改正による項の移動に伴う所要の改正が行われた。
民法等の一部を改正する法律（平成23年法律第61号）	民法上、法人を未成年後見人として選任することが可能となったことに伴い、欠格事由に係る規定が整備された。
情報処理の高度化等に対処するための刑法等の一部を改正する法律（平成23年法律第74号）	組織的犯罪処罰法の改正に伴う号ずれについて手当てが行われたほか、「禁錮」が「禁錮」に、「覚せい剤」が「覚醒剤」に改められた。
労働者派遣事業の適正な運営の確保及	労働者派遣法の題名の変更に伴う所要の

12　序　　説

び派遣労働者の就業条件の整備等に関する法律等の一部を改正する法律（平成24年法律第27号）	改正が行われた。
児童買春、児童ポルノに係る行為等の処罰及び児童の保護等に関する法律の一部を改正する法律（平成26年法律第79号）	児童ポルノ禁止法の題名の変更に伴う所要の改正が行われた。
外国人の技能実習の適正な実施及び技能実習生の保護に関する法律（平成28年法律第89号）	技能実習法違反の罪が風俗営業及び特定遊興飲食店営業の許可の欠格事由に追加された。
住宅宿泊事業法（平成29年法律第65号）	公安委員会が店舗型性風俗特殊営業の営業停止等を命ずるときにおいて、その施設を用いて営む住宅宿泊事業（住宅宿泊事業法の届出をして営むもの）についても営業の全部又は一部の停止を命ずることができることとするなどの規定の整備が行われた。
旅館業法の一部を改正する法律（平成29年法律第84号）	旅館営業とホテル営業が旅館・ホテル営業に統合されたことに伴い、所要の規定の整備が行われた。
食品衛生法等の一部を改正する法律（平成30年法律第46号）	食品衛生法の改正による条の移動に伴う所要の改正が行われた。

3　近年における主な下位法令の改正

　近年における主な下位法令の改正（上記法改正の施行に伴うものを除く。）は、下記のとおりである。

(1)　平成22年施行令改正
　ラブホテル等営業の要件については、昭和60年の施行令の制定以降見直しが行われておらず、ラブホテル等営業には該当しないが、専ら異性を同伴する客の宿泊又は休憩の用に供され、当該営業を営むホテルと同様の外観を備えるなど、いわゆるラブホテルに類似した形態で営業するホテル（以下「類似ラブホテル」という。）が全国的に見られるようになっていた。

　これらの類似ラブホテルには、営業禁止区域等や広告宣伝規制といった各種の法の規制が及ばないため、住宅地域や学校の直近といった清浄な風俗環境が

保たれるべき場所において性的ないかがわしさを感じさせる営業が営まれ、また、派手な広告宣伝、年少者の利用、児童買春、売春等の温床として利用されるなど、善良の風俗、少年の健全育成等への悪影響が問題となっていた。

加えて、当時はいわゆる出会い系喫茶営業が増加傾向にあったが、これとともに出会い系喫茶の利用を契機とした児童買春の検挙件数も増加傾向にあり、既にテレホンクラブ、ツーショットダイヤル及び出会い系サイトに対する規制が設けられ、これらを利用した児童買春等が困難になっていると認められる中、今後、出会い系喫茶営業が一層児童買春等の温床となるおそれがあった。[*26]

そこで、これらの問題に対処するため、「風俗営業等の規制及び業務の適正化等に関する法律施行令の一部を改正する政令」(平成22年政令第168号)により、施行令で定めるラブホテル等営業として規制される営業の範囲を拡大するとともに、店舗型性風俗特殊営業に出会い系喫茶営業を追加する改正が行われた。

(2) 平成29年施行規則・遊技機規則改正

特定複合観光施設区域の整備の推進に関する法律の国会審議における過程で、ギャンブル等依存症に対する社会的関心が高まるとともに、ぱちんこ等への依存問題に係る疫学的な調査結果の公表等により、依存問題を抱える人々が一定数存在することを前提として、具体的な対策を求める議論が喚起されるに至った。こうした状況の中で、同法の附帯決議においてギャンブル等依存症対策の強化が求められ、これを受けて設置された関係閣僚会議において取りまとめられた「ギャンブル等依存症対策の強化に関する論点整理」において、ぱちんこ等への依存問題に関する課題として「出玉規制の基準等の見直し」等が掲げられたこと等を踏まえ、ぱちんこ等への依存問題への対策の一環として、過度な遊技の抑制を図るなどするため、「風俗営業等の規制及び業務の適正化等に関する法律施行規則及び遊技機の認定及び型式の検定等に関する規則の一部を改正する規則」(平成29年国家公安委員会規則第9号)により、遊技球の獲得性能に係る基準を見直すなどの改正が行われた。[*27]

---

*26　学論集H22 26、27頁

*27　学論集H30 5頁

第1章　総　　則

（目的）

第一条　この法律は、善良の風俗と清浄な風俗環境を保持し、及び少年の健全な育成に障害を及ぼす行為を防止するため、風俗営業及び性風俗関連特殊営業等について、営業時間、営業区域等を制限し、及び年少者をこれらの営業所に立ち入らせること等を規制するとともに、風俗営業の健全化に資するため、その業務の適正化を促進する等の措置を講ずることを目的とする。

【趣旨】

本条は、法の目的について規定するものである。

【沿革】

本条は、昭和59年の法改正により設けられたものである。法は、昭和23年に「風俗営業取締法」として成立し、同年公布・施行されたが、当時は目的規定を置くことが必ずしも一般的ではなく、条文の内容も比較的簡単であったことから、目的規定は置かれていなかった。[1][2]

その後、昭和59年の法改正において、従前、条例で規定されていた事項の多くが法律で規定されることになったほか、少年指導委員、風俗環境浄化協会等の制度が導入されたこと等を踏まえ、本規定により法の目的を明確化することとされた。[3]また、同年の法改正において、法の題名も現行のものに改められることとなった。

【解釈・運用】

1　「風俗」とは、「飲む、打つ、買う」という言葉に代表される人間の欲望についての生活関係、[4]すなわち、性、射幸、飲酒等人の本能的部分に起因する歓楽性、

＊1　昭和23年5月27日衆議院治安及び地方制度委員会武藤説明員（議事録4頁）

＊2　風俗営業取締法制定時の提案理由説明においては、「いわゆる風俗営業、すなわち第1條に例示されております料理店、カフエー、キヤバレー、まあじやん屋等の風俗上取締を要する営業につきまして、風俗犯罪の発生を防止することを主たる目的としたものであります」と述べられているが（昭和23年5月25日衆議院治安及び地方制度委員会齋藤（昇）政府委員（議事録9頁）参照）、現在法において規定されている目的が当初から法の目的とされていたことは当時の国会答弁等から明らかである（序説の解説（1頁）参照）。

＊3　S59改正逐条27頁

16 第1章 総 則

享楽性に関わる道徳的秩序をいう。[*5]

2 「善良の風俗」の「保持」とは、国民の健全な道義観念により、人の欲望を基盤とする風俗生活関係を善良の状態に保持することをいう。[*6]具体的には、売春、わいせつ、賭博等又はこれらに結び付きやすい蓋然性の高い行為が善良の風俗を害するものであると考えられる。[*7]

3 「清浄な風俗環境」の「保持」とは、様々な風俗生活関係から形成される、地域の風俗環境その他社会の風俗環境を清浄な状態に保持することをいう。[*8]

4 「少年の健全な育成に障害を及ぼす行為」の「防止」とは、発展途上にある少年の心身に有害な影響を与え、その健全な成長を阻害する効果をもたらす行為を防止することをいう。[*9]

5 「善良の風俗」の「保持」と「清浄な風俗環境」の「保持」との違いは、前者は、場合に関わりなく、その行為そのものに着目して風俗の観点からの秩序の維持を図ることであり、後者は、その行為が地域の風俗環境に与える影響を調整して問題のないようにすることであると考えられる。例えば、営業所内における売春行為は、善良の風俗の保持の観点からは問題となるが、清浄な風俗環境の保持の観点からは必ずしも問題とならない。他方、風俗営業の営業所が住居集合地域に置かれることは、清浄な風俗環境の保持の観点から問題になり得る。

6 「善良の風俗」と「清浄な風俗環境」の「保持」は、一般的な通常人としての判断を基準とするのに対し、「少年の健全な育成に障害を及ぼす行為」の「防止」は、少年をその判断基準としていると考えられる。例えば、年少者に関する禁止行為は後者の観点からの規制である。

7 「風俗営業の健全化に資するため、その業務の適正化を促進する等の措置を講ずることを目的とする」と規定されているのは、風俗営業は、健全に営業が行われれば、国民に憩いと娯楽を与える社会的に必要な営業であると考えられ、[*10]単に規制をかけて取り締まるのではなく、業務の適正化を促進してその健全化を図るべきものであると位置付けていることによるものである。[*11]これは、特定遊興飲食店営業についても同様である。

＊4 昭和59年7月19日参議院地方行政委員会鈴木政府委員（議事録17頁）
＊5 学論集H10(1)22頁
＊6 解釈運用基準第1-2
＊7 昭和59年7月19日参議院地方行政委員会鈴木政府委員（議事録17頁）
＊8 解釈運用基準第1-3
＊9 解釈運用基準第1-4
＊10 学論集S60 4頁
＊11 学論集H17 83頁

これに対し、性風俗関連特殊営業については、性を売り物とする本質的に不健全な営業であることから、業務の適正化や営業の健全化になじまないものであると考えられている。*12

8 都道府県が定める条例の中には、必ずしも法の規制対象とされていない営業に対して法と同様の規制を設けているものが見られるところ、一般的に、そうした条例が国の法令に違反するかどうかは、両者の対象事項と規定文言を対比するのみでなく、それぞれの趣旨、目的、内容及び効果を比較し、両者の間に矛盾抵触があるかどうかによってこれを決しなければならないものと解されている。*13*14

---

*12 学論集Ｈ18(1)20頁
*13 最判昭和50年9月10日参照
*14 例えば、名古屋高判平成18年5月18日は、法の規制対象外となっているラブホテル等をも規制対象とする条例の法との矛盾抵触について争われた件について、以下のとおり判示している（名古屋地判平成17年5月26日における裁判所の判断を一部訂正）。
　「広義の風俗営業なかんずく性風俗関連営業は、決して固定的なものではなく、時代の変遷によりあるいは地域的な事情によってその形態が変化し、あるいは新たな業種が出現してきたことは公知の事実である。（中略）このような事態に対し、風営法がどのような立法態度を取っているかについては、風営法自体が、過去において、規制の対象を順次増加させてきたことなどにかんがみると、基本的には従来の規定では規制の及ばなかった新たな形態の性風俗営業が出現した場合には、これを規制の対象に取り込む必要があると考えていることが明らかである。（中略）現実には、法律改正は、社会における新現象の出現に遅れがちであることは、その性質上、避けられないことであって、法律改正が完了するまでの間、これについては何らの規制を加えるべきでないというのが風営法の趣旨であると解することはできない。」
　「風営法と本件条例とは、その目的及び規制対象についてはほぼ共通し、規制手法についてはかなりの程度異なる反面、重なる部分も存在しているものの、風営法は、それが規制の最大限であって、条例による上乗せ規制、横出し規制を一切許さない趣旨であるとまではいえず、かえって、地域の実情に応じた風俗営業への規制を行うことにより、良好な生活環境、教育環境の維持、発展を図ることが地方公共団体の本来的な責務であると考えられることに照らせば、本件条例が、風営法の規制の対象外となっている前記の性的好奇心を高める設備等を有しないラブホテル等をも規制の対象としているからといって、風営法の趣旨に反するとまではいえないと判断するのが相当である。」
　「風営法は、新たに出現する営業形態に対応して、規制対象とすべき性風俗産業をその都度取り込むことによる改正を比較的頻繁に行ってきたことは事実であるが、それによって時をおかず種々行われるこの種営業形態の変遷に十分対応しているとは必ずしもいえない。むしろ、以上の経緯に照らすと、新たな営業形態による上記産業が出現した場合には、これを規制対象に取り込んでいくとの姿勢が窺える。このような観点からすると、上記のとおり、風営法は、最高限度の規制であって、それ以外のラブホテルの営業について一切規制（建築規制により間接的に規制する場合も含む。）を許さないとの趣旨であるとはいえない。」

（用語の意義）

第二条　この法律において「風俗営業」とは、次の各号のいずれかに該当する営業をいう。

　一　キヤバレー、待合、料理店、カフエーその他設備を設けて客の接待をして客に遊興又は飲食をさせる営業

　二　喫茶店、バーその他設備を設けて客に飲食をさせる営業で、国家公安委員会規則で定めるところにより計つた営業所内の照度を十ルクス以下として営むもの（前号に該当する営業として営むものを除く。）

　三　喫茶店、バーその他設備を設けて客に飲食をさせる営業で、他から見通すことが困難であり、かつ、その広さが五平方メートル以下である客席を設けて営むもの

　四　まあじやん屋、ぱちんこ屋その他設備を設けて客に射幸心をそそるおそれのある遊技をさせる営業

　五　スロットマシン、テレビゲーム機その他の遊技設備で本来の用途以外の用途として射幸心をそそるおそれのある遊技に用いることができるもの（国家公安委員会規則で定めるものに限る。）を備える店舗その他これに類する区画された施設（旅館業その他の営業の用に供し、又はこれに随伴する施設で政令で定めるものを除く。）において当該遊技設備により客に遊技をさせる営業（前号に該当する営業を除く。）

2　この法律において「風俗営業者」とは、次条第一項の許可又は第七条第一項、第七条の二第一項若しくは第七条の三第一項の承認を受けて風俗営業を営む者をいう。

3　この法律において「接待」とは、歓楽的雰囲気を醸し出す方法により客をもてなすことをいう。

4　この法律において「接待飲食等営業」とは、第一項第一号から第三号までのいずれかに該当する営業をいう。

5　この法律において「性風俗関連特殊営業」とは、店舗型性風俗特殊営業、無店舗型性風俗特殊営業、映像送信型性風俗特殊営業、店舗型電話異性紹介営業及び無店舗型電話異性紹介営業をいう。

6　この法律において「店舗型性風俗特殊営業」とは、次の各号のいずれかに該当する営業をいう。

　一　浴場業（公衆浴場法（昭和二十三年法律第百三十九号）第一条第一項に規定する公衆浴場を業として経営することをいう。）の施設として個室を設

け、当該個室において異性の客に接触する役務を提供する営業

二　個室を設け、当該個室において異性の客の性的好奇心に応じてその客に接触する役務を提供する営業（前号に該当する営業を除く。）

三　専ら、性的好奇心をそそるため衣服を脱いだ人の姿態を見せる興行その他の善良の風俗又は少年の健全な育成に与える影響が著しい興行の用に供する興行場（興行場法（昭和二十三年法律第百三十七号）第一条第一項に規定するものをいう。）として政令で定めるものを経営する営業

四　専ら異性を同伴する客の宿泊（休憩を含む。以下この条において同じ。）の用に供する政令で定める施設（政令で定める構造又は設備を有する個室を設けるものに限る。）を設け、当該施設を当該宿泊に利用させる営業

五　店舗を設けて、専ら、性的好奇心をそそる写真、ビデオテープその他の物品で政令で定めるものを販売し、又は貸し付ける営業

六　前各号に掲げるもののほか、店舗を設けて営む性風俗に関する営業で、善良の風俗、清浄な風俗環境又は少年の健全な育成に与える影響が著しい営業として政令で定めるもの

7　この法律において「無店舗型性風俗特殊営業」とは、次の各号のいずれかに該当する営業をいう。

一　人の住居又は人の宿泊の用に供する施設において異性の客の性的好奇心に応じてその客に接触する役務を提供する営業で、当該役務を行う者を、その客の依頼を受けて派遣することにより営むもの

二　電話その他の国家公安委員会規則で定める方法による客の依頼を受けて、専ら、前項第五号の政令で定める物品を販売し、又は貸し付ける営業で、当該物品を配達し、又は配達させることにより営むもの

8　この法律において「映像送信型性風俗特殊営業」とは、専ら、性的好奇心をそそるため性的な行為を表す場面又は衣服を脱いだ人の姿態の映像を見せる営業で、電気通信設備を用いてその客に当該映像を伝達すること（放送又は有線放送に該当するものを除く。）により営むものをいう。

9　この法律において「店舗型電話異性紹介営業」とは、店舗を設けて、専ら、面識のない異性との一時の性的好奇心を満たすための交際（会話を含む。次項において同じ。）を希望する者に対し、会話（伝言のやり取りを含むものとし、音声によるものに限る。以下同じ。）の機会を提供することにより異性を紹介する営業で、その一方の者からの電話による会話の申込みを電気通信設備を用いて当該店舗内に立ち入らせた他の一方の者に取り次ぐことによつて営む

20 第1章 総 則

もの（その一方の者が当該営業に従事する者である場合におけるものを含む。）をいう。

10 この法律において「無店舗型電話異性紹介営業」とは、専ら、面識のない異性との一時の性的好奇心を満たすための交際を希望する者に対し、会話の機会を提供することにより異性を紹介する営業で、その一方の者からの電話による会話の申込みを電気通信設備を用いて他の一方の者に取り次ぐことによって営むもの（その一方の者が当該営業に従事する者である場合におけるものを含むものとし、前項に該当するものを除く。）をいう。

11 この法律において「特定遊興飲食店営業」とは、ナイトクラブその他設備を設けて客に遊興をさせ、かつ、客に飲食をさせる営業（客に酒類を提供して営むものに限る。）で、午前六時後翌日の午前零時前の時間においてのみ営むもの以外のもの（風俗営業に該当するものを除く。）をいう。

12 この法律において「特定遊興飲食店営業者」とは、第三十一条の二十二の許可又は第三十一条の二十三において準用する第七条第一項、第七条の二第一項若しくは第七条の三第一項の承認を受けて特定遊興飲食店営業を営む者をいう。

13 この法律において「接客業務受託営業」とは、専ら、次に掲げる営業を営む者から委託を受けて当該営業の営業所において客に接する業務の一部を行うこと（当該業務の一部に従事する者が委託を受けた者及び当該営業を営む者の指揮命令を受ける場合を含む。）を内容とする営業をいう。

一 接待飲食等営業

二 店舗型性風俗特殊営業

三 特定遊興飲食店営業

四 飲食店営業（設備を設けて客に飲食をさせる営業で食品衛生法（昭和二十二年法律第二百三十三号）第五十五条第一項の許可を受けて営むものをいい、前三号に掲げる営業に該当するものを除く。以下同じ。）のうち、バー、酒場その他客に酒類を提供して営む営業（営業の常態として、通常主食と認められる食事を提供して営むものを除く。以下「酒類提供飲食店営業」という。）で、午前六時から午後十時までの時間においてのみ営むもの以外のもの

参照：令第1条〜第5条、施行規則第2条〜第5条

第2条　用語の意義　21

【趣旨】

本条は、法における用語の意義について規定するものである。

本条において規定され、法による規制の対象とされている各種営業は、「性」「射幸」「飲酒」等人の本能的部分に起因する歓楽性及び享楽性が過度にわたるおそれのある営業ということができる。どのような営業がそうした営業であり、どのような規制を課するか等は、時代の変遷、情勢の変化に応じて必ずしも一定ではなく、国民の健全な良識と判断に支えられたものでなければならないと考えられている。[*1]

【沿革】

上記のような考えから、本条に関しては、昭和23年の風俗営業取締法の制定以降、累次にわたり、様々な営業を規制の対象として追加し、又は規制の対象から除外するなどの改正がなされてきた。[*2]

また、第3項の規定は昭和59年の法改正により設けられた。接待の有無は、一般の飲食店営業と法の許可の対象である風俗営業とを区別する重要なメルクマールの一つであるが、昭和59年の法改正以前は定義規定が置かれていなかったため、どのような行為が接待に当たるのか手掛かりがなく、無許可の接待行為を行う飲食店営業が後を絶たない状況にあった。特に、飲食店営業においては、給仕行為が通常行われるため、これと接待との区別を明確にする必要があると考えられた。そこで、昭和59年の法改正の際に、判例等を参考に新たに「接待」の定義規定を置くこととしたものである。[*3]

そのほか、第4項の規定は平成10年の法改正により設けられた。これは、同改正により、接待飲食等営業に該当する風俗営業に関して行われる売春事犯を防止するための規定が設けられたこと（法第18条の2参照）などから、これらの営業を総称する用語を設ける立法技術上の必要が生じたことに加え、当時「性風俗関連特殊営業」については「風俗関連営業」と総称されていたところ、同営業と風俗営業との紛れをなくす必要が生じていたことから、新たに「接待飲食等営業」の用語を用いることとしたものである。[*4]

【解釈・運用】

第1項

1　本項は、風俗営業について規定している。風俗営業に対する規制の趣旨は、第3条の解説（55頁）を参照されたい。

---

*1　学論集H10(1)22頁

22　第1章　総　　則

2　「営業」の意義については、第11項の解説（51頁）を参照されたい。

第1号

1　本号は、キャバレー、料理店等「設備を設けて客の接待をして客に遊興又は飲食をさせる営業」について規定している。これは、営業の内容として、常態的にそのような行為を行っていることを意味するから、一時的に客の接待をしないことや客に遊興・飲食をさせないことがあったとしても、その間において風俗営業たる性格が失われるものではない。[*5]

＊2　制定・改正経緯の概要は、次のとおり。それぞれの改正の詳細については、序説を参照されたい。

　　昭和23年に法が風俗営業取締法として成立・施行された際には、①待合、料理店、カフェーその他客席で客の接待をして客に遊興又は飲食をさせる営業、②キャバレー、ダンスホールその他設備を設けて客にダンスをさせる営業、③玉突場、まあじゃん屋その他設備を設けて客に射幸心をそそる虞のある遊技をさせる営業についてのみ規定されていた。

　　昭和29年、地方税法の一部を改正する法律（昭和29年法律第95号）により、風俗営業に新たにぱちんこ屋営業が加えられた。

　　昭和30年の法改正により、玉突場営業が風俗営業から除外された。

　　昭和34年の法改正により、低照度飲食店営業及び区画席飲食店営業を追加するとともに、風俗営業が7つの種別に整理された（その後、昭和39年の法改正により、営業の範囲を明確にする観点から規定ぶりが改められている。）。また、深夜における飲食店営業に係る規制が新設され、法の題名についても「風俗営業等取締法」に改められた。

　　昭和41年の法改正により、本条とは別に個室付浴場業及び興行場営業の規制に関する条項が設けられた。

　　昭和47年の法改正により、本条とは別にモーテル営業の規制に関する条項が設けられた。

　　昭和59年の法改正により、法の題名が現行のものに改められたほか、ゲームセンター等営業が風俗営業に追加されるとともに、「接待」の定義が定められた。また、個室付浴場、ラブホテル等の性風俗に関する営業が「風俗関連営業」として規定された。

　　平成10年の法改正により、一定の要件に該当するダンス教授営業が風俗営業の対象から除外された。また、「風俗関連営業」については「性風俗特殊営業」に改められたほか、令により定められていたいわゆるファッションヘルス営業が法で規定されるとともに、新たに無店舗型性風俗特殊営業、映像送信型性風俗特殊営業が追加された。さらに、接客業務受託営業についても規制の対象とされた。

　　平成13年の法改正により、「性風俗特殊営業」が「性風俗関連特殊営業」に改められるとともに、店舗型電話異性紹介営業及び無店舗型電話異性紹介営業が性風俗関連特殊営業に追加された。

　　平成22年の令改正により、ラブホテル等営業の範囲が拡大されるとともに、第6項第6号に基づき政令で定めるものとして、いわゆる出会い系喫茶営業が追加された。

　　平成27年の法改正により、客にダンスをさせる営業の一部を風俗営業から除外するとともに、設備を設けて深夜においても客に遊興させ、かつ、客に酒類の提供を伴う飲食をさせる営業について、特定遊興飲食店営業として許可の対象とされた。

＊3　定義規定により接待の概念に変更が加えられたものではなく、これについては風俗営業取締法制定当時から変わるところはない（S59改正逐条36頁）。

＊4　学論集H10(2)37頁

2 「設備を設けて」とは、当該営業の用に供するための設備を設けることをいうが、その設備が簡易であり又は一時的に設けられるものであってもこれに当たる。[*6]

3 「接待」の意義については第3項の解説（30頁）を、「遊興」の意義については第11項の解説（49頁）をそれぞれ参照されたい。

第2号

1 本号は、低照度飲食店営業について規定している。

2 「十ルクス」以下のものを低照度飲食店としているのは、これを規制対象とする改正がなされた昭和34年当時に風俗的な見地から問題とされた、いわゆる深夜喫茶等の客席における照度がおおむね5ルクス程度以下であったことや、通常の健全な飲食店においては照度が通常20ルクス程度以上であることを考慮したものである。[*7]

　なお、照度が10ルクス以下であっても、第1号の要件に該当する場合には（営業所の構造設備の基準（法第4条第2項第1号及び施行規則第7条参照）に違反することは別として）、その営業は第2号の営業ではなく、第1号の営業に該当するものであることに留意する必要がある。[*8]

3 営業所内の照度の測定方法については、施行規則第2条において定められている。

　同条の「客室」とは、客に飲食をさせ、又は客に遊興をさせるために客に利用させる場所を指す。例えば、調理場、バーカウンターの内側の客が位置しない部分、洗面所、和風の営業所における床の間・押入れ・廊下、ショーや歌舞音曲を実演するためのステージで客が位置しないもの等は、ここにいう客室には含まれない。[*9]

4 施行規則第2条第1号に掲げる客室（客席以外の客室の部分において客に遊興をさせるための客室（当該客室内の客席の面積の合計が当該客室の面積の5分の1以下であるものに限る。））については、客席及び客に遊興をさせるための部分の双方において、照度を測定することとなる。いずれかの測定場所の照度を10ルクス以下とする場合には、低照度飲食店営業に該当することとなる。[*10*11*12]

---

*5　法が規制対象とする他の営業についても同様である。

*6　S59改正逐条27頁

*7　学論集S34 22頁

*8　S59改正逐条32頁

*9　解釈運用基準第2−1

*10　解釈運用基準第2−2

24　第1章　総　　則

　なお、例えば営業所内に甲の間、乙の間及び丙の間があり、甲の間では客席を設けずに客室の全体で客に遊興をさせ、乙の間では客席のみで客に遊興をさせ、丙の間では客に飲食のみをさせ遊興をさせないような場合、甲の間は施行規則第2条第1号に掲げる客室に該当し、乙の間及び丙の間は同条第2号に掲げる客室に該当することとなる。[*13]

5　施行規則第2条第2号に掲げる客室（同条第1号に掲げる客室以外の客室）については、客席のみにおいて照度を測定することとなる。具体的には、①客席のみにおいて客に遊興をさせるための客室、②深夜バーや深夜喫茶のように客に遊興をさせることを想定していない客室がこれに該当し、これらの客室については次の場合に低照度飲食店営業に該当することとなると解されている。[*14]

○　①については、個々の営業時間のいずれかにおいて、半分以上の時間にわたって、いずれかの測定場所の照度を10ルクス以下とする場合には、低照度飲食店営業に該当する。[*15]

---

*11　平成27年の法改正前は、客席の照度を10ルクス以下として営む飲食店営業であっても、客にダンスをさせるものは、低照度飲食店営業には当たらず、同改正前における法第2条第1項第3号の営業（旧3号営業）に当たることとされていた。これに対し、同改正後は、旧3号営業の一部が低照度飲食店営業に移行することとなり、ダンスは遊興の一形態と解することとなった。また、同改正当時、暗い客室でダンスに限らず多様な種類の遊興のサービスを提供する飲食店に対する需要もあると考えられた。

　　こうした情勢を踏まえ、低照度飲食店営業に係る照度の測定方法を定める必要があったところ、客に遊興をさせる飲食店においては、客席が極度に暗い場合には、客が遊興の最中に出会った他の客や従業員と共に暗い客席に移動していかがわしい行為を行ったり、暗い客席が少年のたまり場になったりするおそれもあるため、客席は照度の測定場所とする必要があると考えられた。これに対し、客にダンス等の遊興をさせる部分については、極度に暗くなれば遊興をしている客が他の客や従業員といかがわしい行為に及ぶおそれがあるものの、他方で、照明を明滅させるなどの演出を行うことへの需要もあると考えられた中、仮に当該部分を照度の測定場所とした場合には、当該部分で照明を明滅させる旧3号営業が全て低照度飲食店営業に移行するということになりかねず、そのような状況を招くことは、上記法改正の趣旨に合致しているとは言いがたいため、演出として行われる照度の調整に対して一定の配慮をすることとしたものである（学論集H27⑴55頁）。

*12　この点、客席の面積を極端に小さくし、当該客席のみを10ルクス超の照度とすることにより低照度飲食店営業としての規制を逃れつつ、客席のほとんどの部分を常態として10ルクス以下にするという営業が行われることも考えられる。このような場合、ほとんどの部分が暗くなり十分な見通しが確保されなくなった客室での遊興に伴い、風俗上の問題が生じるおそれが高くなると考えられることから、こうした営業に対しては低照度飲食店営業としての規制を適用する必要がある。このため、ある客室内の客席の面積の合計が当該客室の面積の5分の1以下となるような場合には、当該客室においては客席に加えて客に遊興をさせる部分も照度の測定場所とすることとしている（学論集H27⑴56頁）。

*13　同上

*14　解釈運用基準第2－3

第2条　用語の意義　*25*

○　②については、いずれかの測定場所の照度を10ルクス以下とする場合には、低照度飲食店営業に該当する。

第3号

1　本号は、区画席飲食店営業について規定している。

2　客室の広さを「五平方メートル以下」としているのは、同伴者のために用いられる遮蔽された客席としては、和風であれば通常3畳程度の広さを必要とすると考えられたので、これらを規制の対象とするためである。[16]

第4号

1　本号は、まあじゃん屋、ぱちんこ屋等の営業について、第5号は、ゲームセンター等営業について規定しており、これらは「遊技場営業」と総称されている（第23条参照）。

2　本号に規定する営業が風俗営業とされることについては、適正に営まれれば国民に健全な娯楽を提供するものとなり得るものである一方、営業の行われ方いかんによっては、客の射幸心を著しくそそることとなるなどのおそれがあることから、必要な規制が行われているものである。[17]

3　本号に規定するぱちんこ屋については、客の射幸心をそそるおそれがあることから、法に基づき必要な規制が行われているところであり、当該規制の範囲内で行われる営業については、刑法第185条に規定する罪に該当しないと解されている。[18]

4　「その他」の営業については、例えば射的やスマートボールといったものが該当し得る。[19]

第5号

1　本号は、「スロットマシン、テレビゲーム機その他の遊技設備で本来の用途以外の用途として射幸心をそそるおそれのある遊技に用いることができるもの（国家公安委員会規則で定めるものに限る。）」を設置して客に遊技させる営業を対象

---

[15]　こうした解釈がとられているのは、この種客室では、例えばショーの上演中に客席の照度を下げてステージを明るくするという演出が行われることがあり得ることを踏まえたものである（学論集H27(1)57頁）。

[16]　学論集S35　5頁

[17]　ぱちんこ屋について平成27年5月29日衆議院内閣委員会山谷国務大臣（議事録4頁）。また、まあじゃん屋について平成17年10月27日参議院内閣委員会竹花政府参考人（議事録8頁）参照

[18]　平成30年2月20日参議院真山勇一君提出賭博及びギャンブル等の定義及び認識に関する質問に対する答弁書

[19]　公論(12)56頁

26 第1章 総 則

とする。本号に規定する営業については、ゲーム機賭博事犯や少年非行の温床となるおそれがあることから、風俗営業として規制することで、その健全化と業務の適正化を図っているものである。[20]

2 「遊技設備で本来の用途以外の用途として射幸心をそそるおそれのある遊技に用いることができるもの」とは、客の遊技の用に供する機械、器具その他の物で、当該機械、器具その他の物を用いて行われる遊技自体は本来的には射幸心をそそるおそれがあるものではないが、営業者の用い方によっては、射幸心をそそるおそれのある遊技に用いることができるものをいう。

具体的な遊技設備は、施行規則第3条において定められているが、スロットマシン、テレビゲーム機等で遊技の結果が定量的に表れるもの又は遊技の結果が勝負として表れるものや、ルーレット台やトランプ台等賭博に用いられる可能性がある遊技設備は対象となるが、占い機で盤面にインプットすべき内容を指示する程度にとどまるもの等これら以外の遊技設備は、対象から除外されている。また、遊技の結果が定量的に表れ、又は遊技の結果が勝負として表れる遊技設備であっても、単に人の物理的力を表示するもの等については、「射幸心をそそる遊技の用に供されないことが明らかなもの」として対象から除外することとされているが、これは通常のインベーダーゲーム機等を対象から除外するという趣旨ではない。[21]

なお、

① 実物に類似する運転席や操縦席が設けられていて「ドライブゲーム」、「飛行機操縦ゲーム」その他これに類する疑似体験を行わせるゲーム機（戦闘により倒した敵の数を競うもの等、運転や操縦以外の結果が数字等により表示されるものを除く。）

② 機械式等のモグラ叩き機

については、当面、賭博、少年のたまり場等の問題が生じないかどうかを見守ることとし、規制の対象としない扱いとされている。[22]

3 施行規則第3条第1号の「スロットマシンその他遊技の結果がメダルその他これに類する物の数量により表示される構造を有する遊技設備」とは、スロットマシンのほか、ぱちんこ遊技機又は回胴式遊技機に類するもの等メダル、遊技球等の数量により遊技の結果が表示される遊技設備をいう。[23]

---

*20 解釈運用基準第3－1
*21 解釈運用基準第3－2
*22 同上
*23 解釈運用基準第3－2(1)

第2条　用語の意義　*27*

　　なお、法第2条第1項第4号の営業に用いられる遊技機を設置して営業する場合には、同号の営業の許可を要することとなる。[24]

4　施行規則第3条第2号の「テレビゲーム機（勝敗を争うことを目的とする遊技をさせる機能を有するもの又は遊技の結果が数字、文字その他の記号によりブラウン管、液晶等の表示装置上に表示される機能を有するものに限るものとし、射幸心をそそるおそれがある遊技の用に供されないことが明らかであるものを除く。）」とは、ブラウン管、液晶等の表示装置に遊技内容が表示される遊技設備で、人間と人間若しくは機械との間で勝敗を争うもの又は数字、文字その他の記号が表示されることにより、遊技の結果が表され、優劣を争うことができるものをいう。前者の例としては対戦型麻雀ゲームが、後者の例としてはインベーダーゲームが挙げられる。[25]

5　施行規則第3条第3号の「フリッパーゲーム機」とは、いわゆるピンボールゲームをいう。[26]

6　施行規則第3条第4号の「前三号に掲げるもののほか、遊技の結果が数字、文字その他の記号又は物品により表示される遊技の用に供する遊技設備（人の身体の力を表示する遊技の用に供するものその他射幸心をそそるおそれがある遊技の用に供されないことが明らかであるものを除く。）」とは、遊技の結果が数字等で表示される遊技設備のうち、遊技の結果を数字等で表示し、その結果により優劣を争うもので、同条第1号から第3号までに掲げるものを除いたものをいう。[27]

　　このうち、「人の身体の力を表示する遊技の用に供するもの」とは、投げた球のスピードを計測するもの、パンチの強さを計測するもの等、人の身体の能力を計測するものをいう。また、「射幸心をそそるおそれのある遊技の用に供されないことが明らかであるもの」とは、同一の条件の下に繰り返し遊技したとしても結果に変わりがない遊技設備をいい、生年月日、血液型、自己の性格等を入力して遊技する占い機がこれに該当する。[28]

　　このほか、運動競技又は運動競技の練習の用に供されている実態が認められる遊技設備については、営業者により、当該遊技設備が本来の用途以外の用途として射幸心をそそるおそれのある遊技の用に供されないために必要な措置が適切に講じられていると認められる場合には、当面、賭博、少年のたまり場等の問題が

---

[24]　解釈運用基準第3-2(1)
[25]　解釈運用基準第3-2(2)
[26]　解釈運用基準第3-2(3)
[27]　解釈運用基準第3-2(4)
[28]　同上

28　第1章　総　則

生じないかどうかを見守ることとし、規制の対象としない扱いとされている。[*29][*30]

7　施行規則第3条第5号の「ルーレット台、トランプ及びトランプ台その他ルーレット遊技又はトランプ遊技に類する遊技の用に供する遊技設備」とは、ルーレット遊技又はトランプ遊技の用に供する遊技設備のほか、賭博に用いられる可能性がある花札、サイコロ等を使用して遊技をさせ、優劣を争わせるための遊技設備であって、同条第1号から第4号までに掲げるもの以外のものをいう。[*31]

8　本号は、「遊技設備を備える店舗その他これに類する区画された施設」において当該遊技設備を用いて客に遊技をさせる営業を対象とする。したがって、屋外にあるもの等「店舗その他これに類する区画された施設」に当たらない場所において客に遊技をさせる営業は、本号の対象とはならない。

　また、本号の対象は、「店舗」及び「店舗に類する区画された施設」であるが、「店舗」に当たらない後者についてのみ令第1条の要件に当たるものを対象外とするものである。

9　「店舗」とは、社会通念上一つの営業の単位と言い得る程度に外形的に独立した施設をいい、ゲームセンター、ゲーム喫茶のように本号の営業用に設けられた店舗である場合はもとより、飲食店営業、小売業等の営業用に設けられた店舗も、本号の「店舗」に含まれる。すなわち、社会通念上の「店舗」に遊技設備を備える場合は、風俗営業の許可を要することとなる。施設が「一つの営業の単位と言い得る程度に外形的に独立」しているとは、看板等の表示、従業者の服装、又は営業時間の独立性等その実態から判断して、一つの営業単位としての独立的性格を有することをいう。したがって、区画された施設が一個の営業用の家屋である場合には当然に店舗となるが、区画された施設がビルディング等の大規模な

[*29]　解釈運用基準第3-2(4)

[*30]　この点、デジタルダーツについては、プロ選手による競技が長期にわたり行われており、シミュレーションゴルフについては、ゴルフの練習の用に供されているなど、運動競技又は運動競技の練習の用に供されている実態が認められる。そこで、従業員が目視又は防犯カメラの設置により、当該営業所に設置されている全てのデジタルダーツ及びシミュレーションゴルフの遊技状況を確認することができ、また、当該営業所に法第2条第1項第5号に規定する営業の許可を要する遊技設備（この注釈において「対象遊技設備」という。）が他に設置されていない場合（デジタルダーツ及びシミュレーションゴルフ以外の対象遊技設備が設置されている場合であって、当該対象遊技設備設置部分を含む店舗の1フロアの客の用に供される部分の床面積に対して当該対象遊技設備が客の遊技の用に供される部分が占める割合が10パーセントを超えない場合を含む。）には、当該デジタルダーツ及びシミュレーションゴルフについては、営業者により、本来の用途以外の用途として射幸心をそそるおそれのある遊技の用に供されないために必要な措置が適切に講じられていると認められるものとして、当面、賭博、少年のたまり場等の問題が生じないかどうかを見守ることとし、規制の対象としない扱いとされている。

[*31]　解釈運用基準第3-2(5)

第2条　用語の意義　29

建物の内部にある場合でも、この独立的性格を有するときには、店舗に当たる。[*32]

10　上記9によれば、例えば、大きなレストラン等の店舗の片隅に1台の遊技設備を設置する場合にも風俗営業の許可を要することとなるが、この事例のように当該店舗内において占める本号の営業としての外形的独立性が著しく小さいものについては、法的規制の必要性が小さいこととなる場合もあると考えられる。

そこで、遊技設備設置部分を含む店舗の1フロアの客の用に供される部分の床面積に対して客の遊技の用に供される部分（店舗でない区画された部分も含む。）の床面積（当該床面積は、客の占めるスペース、遊技設備の種類等を勘案し、遊技設備の直接占める面積のおおむね3倍として計算するものとする。ただし、1台の遊技設備の直接占める面積の3倍が1.5平方メートルに満たないときは、当該遊技設備に係る床面積は1.5平方メートルとして計算するものとする。）が占める割合が10パーセントを超えない場合は、当面問題を生じないかどうかの推移を見守ることとし、風俗営業の許可を要しない扱いとされている。[*33]

なお、「店舗の1フロア」とは、雑居ビル内の一つのフロアに複数の店舗があり、その中の一つの店舗に遊技設備を設置する場合には、そのフロア全体の床面積ではなく、当該店舗内のみをいう。また、「客の用に供される部分」には、カウンターやレジの内側等専ら従業者の用に供されている部分や洗面所等当該フロアとは完全に区画されている部分は含まない。[*34]

11　店舗に類する区画された施設において客に遊技をさせる営業は、政令で定める施設において営まれる営業を除き、本号の対象となる。

「店舗に類する区画された施設」とは、いわゆるゲームコーナーのように「店舗」に当たらない区画された施設で、営業行為の行われるものをいい、例えば、旅館、ホテル、ショッピングセンター等の大規模な施設の内部にある区画された施設をいう。[*35]

店舗に類する区画された施設については、令第1条で定めるものは、対象から除外される。

令第1条中「当該施設の内部を・・・当該施設の外部から容易に見通すことができるもの」とは、例えば、通常の区画されたゲームコーナーにあっては、通路等に接した面について、

①　テーブルの高さ程度以上の部分が開放されているもの

＊32　解釈運用基準第3－3(1)
＊33　同上
＊34　同上
＊35　解釈運用基準第3－3(2)

30　第1章　総　　則

②　ガラス張り等で閉鎖されている場合には、当該ガラス等が無色透明でおお
い等がなされていないもの

等であって、内部の照明又は構造、設備若しくは物品等が見通しを妨げず、外部
から内部のほぼ全体を見通すことができるものがこれに該当する。[*36]

また、大規模小売店舗内の区画された施設については、大規模小売店舗内の店
舗に当たらない区画された施設のうち、小売業の用に供し、又はこれに随伴する
施設で、主として小売業部分に来集する顧客が利用するものがこれに当たる。[*37]

なお、上記10については、区画された施設についても同様である。[*38]

第3項

1　接待とは、「歓楽的雰囲気を醸し出す方法により客をもてなすこと」をいう。
この意味は、営業者、従業者等との会話やサービス等慰安や歓楽を期待して来店
する客に対して、その気持ちに応えるため営業者側の積極的な行為として相手を
特定して下記3に掲げるような興趣を添える会話やサービス等を行うことをい
う。言い換えれば、特定の客又は客のグループに対して単なる飲食行為に通常伴
う役務の提供を超える程度の会話やサービス行為等を行うことである。[*39]

2　通常の場合、接待を行うのは、営業者やその雇用している者が多いが、それに
限らず、料理店で芸者が接待する場合、旅館・ホテル等でバンケットクラブのホ
ステスが接待する場合、営業者との明示又は黙示の契約・了解の下に客を装った
者が接待する場合等を含み、女給、仲居、接待婦等その名称のいかんを問うもの
ではない。また、接待は、通常は異性によることが多いが、それに限られるもの
ではない。[*40]

3　接待に当たるかどうかは、以下のような要素を踏まえ、判断される。[*41]

(1)　談笑・お酌等

特定少数の客の近くにはべり、継続して、談笑の相手となったり、酒等の飲
食物を提供したりする行為は接待に当たる。

これに対して、お酌をしたり水割りを作るが速やかにその場を立ち去る行
為、客の後方で待機し、又はカウンター内で単に客の注文に応じて酒類等を提
供するだけの行為及びこれらに付随して社交儀礼上の挨拶を交わしたり、若干

---

*36　解釈運用基準第3-3(2)
*37　同上
*38　同上
*39　解釈運用基準第4-1
*40　解釈運用基準第4-2
*41　解釈運用基準第4-3

の世間話をしたりする程度の行為は、接待に当たらない。

(2) ショー等

　特定少数の客に対して、専らその客の用に供している客室又は客室内の区画された場所において、ショー、歌舞音曲等を見せ、又は聴かせる行為は接待に当たる。

　これに対して、ホテルのディナーショーのように不特定多数の客に対し、同時に、ショー、歌舞音曲等を見せ、又は聴かせる行為は、接待には当たらない。

(3) 歌唱等

　特定少数の客の近くにはべり、その客に対し歌うことを勧奨し、若しくはその客の歌に手拍子をとり、拍手をし、若しくは褒めはやす行為又は客と一緒に歌う行為は、接待に当たる。

　これに対して、客の近くに位置せず、不特定の客に対し歌うことを勧奨し、又は不特定の客の歌に対し拍手をし、若しくは褒めはやす行為、不特定の客からカラオケの準備の依頼を受ける行為又は歌の伴奏のため楽器を演奏する行為等は、接待には当たらない。

(4) ダンス

　特定の客の相手となって、その身体に接触しながら、当該客にダンスをさせる行為は接待に当たる。また、客の身体に接触しない場合であっても、特定少数の客の近くに位置し、継続して、その客と一緒に踊る行為は、接待に当たる。ただし、ダンスを教授する十分な能力を有する者が、ダンスの技能及び知識を修得させることを目的として客にダンスを教授する行為は、接待には当たらない。

(5) 遊戯等

　特定少数の客と共に、遊戯、ゲーム、競技等を行う行為は、接待に当たる。これに対して、客一人で又は客同士で、遊戯、ゲーム、競技等を行わせる行為は、直ちに接待に当たるとはいえない。

(6) その他

　客と身体を密着させたり、手を握る等客の身体に接触する行為は、接待に当たる。ただし、社交儀礼上の握手、酔客の介抱のために必要な限度での接触等は、接待に当たらない。

　また、客の口許まで飲食物を差し出し、客に飲食させる行為も接待に当たる。

　これに対して、単に飲食物を運搬し、又は食器を片付ける行為、客の荷物、コート等を預かる行為等は、接待に当たらない。

32 第1章 総 則

第5項

1 性風俗関連特殊営業については、性を売り物とする本質的に不健全な営業であ
ることから、許可制をとること等により公が認知するにはなじまないものの、そ
の実態を把握する必要があることに鑑み、届出制としたものである。[42]

2 いわゆる性を売り物とする営業に対する規制は、昭和41年の法改正で個室付浴
場が風俗営業とは別のものとして規制の対象とされたことが最初であるが、その
後、昭和47年にはモーテル営業が対象に追加され、昭和59年には性を売り物とす
る営業を「風俗関連営業」として規制の対象とすることとされた。

また、平成10年には、新たに無店舗型性風俗特殊営業及び映像送信型性風俗特
殊営業が規制の対象とされたほか、当時、いかがわしさを増すこの種営業が社会
的に「性風俗店」、「性風俗営業」等と呼称されるようになってきており、風俗営
業との差異を明らかにし、紛れをなくす必要が生じていたところ、これらの営業
が「性」に関する営業であり、かつ、風俗の一部である性風俗に係る営業の中で
も「特殊」な役務の提供、物品の販売等を業とするものであることを明確にする
ため、「性風俗特殊営業」の名称が用いられることとなった。[43]

さらに、平成13年の法改正では、店舗型電話異性紹介営業及び無店舗型電話異
性紹介営業が新たに規制の対象として追加されたところ、いずれも性を売り物に
するなど性風俗に関連し、善良の風俗等に与える影響が著しい営業であることか
ら「性風俗関連特殊営業」の名称を用いることとされた。[44]

第6項

本項に規定する「店舗型性風俗特殊営業」とは、当該営業の内容たる客に対する
役務の提供や物品の販売等を行う場所として営業を営む者が営業所を設けて営む形
の営業を総称するものである。

第1号

1 本号は、個室付浴場業、いわゆるソープランドについて規定している。これ
は、公衆浴場法の許可を受けたものであることを要件としない。[45]

「業として」とは、人が社会生活上の地位に基づき、同種の行為を反復継続的
に行うことをいう。相手が不特定多数であること、対価を受けていること等は必
ずしも必要ではない。ただし、単に個人の消費生活上反復継続して行われる場

---

*42 昭和59年6月21日衆議院地方行政委員会鈴木良一政府委員（議事録4頁）、学論集H18(3)6
頁
*43 学論集H10(2)37頁
*44 学論集H13(1)40頁
*45 解釈運用基準第5−1

合、個人の娯楽としてなされる場合、親類友人等のためになされる場合等は、「業として」とはいえないと考えられている。[46]

2 「個室」とは、使用者によって排他的に専用される室をいい、必ずしも室の広さや使用する人員によって限定されるものではない。したがって、誰でも使用することができるようになっている室をたまたま1人が使用している場合は、ここでいう「個室」とはいえない。他方、1人が専用する室はもちろん、2、3人の者が利用する室であっても、利用者がその室を専用することができる場合には、「個室」に該当する。広い室をカーテン、ついたて等で仕切っている場合であっても、その仕切った中を排他的に使用することができるようにしている場合には、「個室」に含まれる。[47]

　また、「個室」は、入浴のための個室だけでなく、入浴に付随して行われる役務の提供をするための個室を含む。したがって、例えば、大浴場等を設備して入浴はここでさせるが、それとは別に身体をもむなどの行為をするための個室を設け、マッサージ等を専ら当該個室で行うときも、これに当たる。[48]

3 「客に接触する役務」とは、例えば、客の身辺に接する、又は客の身体に触れる役務であり、マッサージをすることや体を洗うことを意味している。[49]また、役務の提供の主体については、提供者と営業者との間に当該営業についての何らかの関連があれば、必ずしも雇用従属の関係は必要ではない。[50]

第2号

1　本号には、いわゆる店舗型ファッションヘルス等が該当する。本号の営業は、従来は本項第6号に基づき政令で規定されていたところ、この種営業が増加し、店舗型性風俗特殊営業の一類型とされるに至ったこと等に鑑み、平成10年の法改正により法で規定することとしたものである。[51]

2　本号中「性的好奇心に応じて」とは、当該客の性的な感情に応えてという趣旨である。したがって、通常のマッサージ等は、本号の営業には当たらない。[52][53]

　また、「ホテルヘルス」等と称して派遣型ファッションヘルス営業を装いつつ、レンタルルーム、ラブホテル等を営む者と提携して個室を確保しているような場合も本号の「個室を設け」に該当する。[54]

---

*46　藤山注解(1)182頁
*47　学論集S41(2)28頁
*48　同上
*49　昭和59年6月21日衆議院地方行政委員会鈴木良一政府委員（議事録21頁）
*50　学論集S41(2)29頁
*51　学論集H10(2)37頁
*52　解釈運用基準第5－2(1)

34 第1章 総 則

第3号

1 　本号には、ストリップ劇場等が該当する。これは、興行場法の許可を受けたものであることを要件としない。具体的な営業内容については、令第2条において規定されている。[*55]

2 　令第2条中「専らこれらの各号に規定する興行の用に供するもの」とは、当該興行場において上演される興行が「専ら」同条各号に規定する興行であるものをいう。「専ら」とは、他の営業でも同様であるが、おおむね7割ないし8割程度以上をいう。[*56]

3 　令第2条各号中「その性的好奇心をそそるため」とは、当該客の性的な感情を著しく刺激する目的であると社会通念上認められるものをいう。[*57]

4 　令第2条各号中「衣服を脱いだ人の姿態」とは、全裸又は半裸等社会通念上公衆の面前で人が着用しているべき衣服を脱いだ人の姿態をいう。したがって、例えば、通常の水着を着用した人の姿態は「衣服を脱いだ人の姿態」には当たらない。この場合に、全裸又は半裸の人の身体の上に、社会通念上人が着用する衣服とは認められないような透明又は半透明の材質により作られた衣装等を着用したとしても、その人の姿態は、「衣服を脱いだ人の姿態」に当たる。[*58]

5 　令第2条第2号中「これに類する施設」とは、例えば、客の在室する個室とダンサーがいる部屋との間にガラス張りの廊下があることにより、そのダンサーのいる部屋が「隣室」といえないような場合、客の在室する個室の隣が「室」といえないような施設（カーテンで仕切った廊下等）である場合等をいう。[*59]

6 　令第2条第3号中「衣服を脱いだ人の姿態又はその姿態及びその映像を見せる」と規定したのは、映像のみを見せるもの（成人映画館）を規制の対象から除く趣旨である。[*60][*61]

---

*53 　他方、第1号の営業の定義においては、「性的好奇心に応じて」の文言が設けられていないが、これは、浴場業の施設として設けられた個室において客に接触する場合には、通常、「客の性的好奇心に応じて」接触するものと考えられたことから、殊更に当該文言を用いていないものと考えられる。したがって、第1号の営業と第2号の営業の違いは、実質的には、当該個室が浴場業の施設として設けられているか否かによるものと考えられる（蔭山注解(1)182頁参照）。

*54 　解釈運用基準第5-2(2)

*55 　解釈運用基準第5-3(1)。これに対し、法第35条では本号の営業に該当するものを除く興行場営業の規制に係る規定が設けられている（第35条の解説（255頁）参照）。

*56 　解釈運用基準第5-3(2)

*57 　解釈運用基準第5-3(3)

*58 　解釈運用基準第5-3(4)

*59 　解釈運用基準第5-3(5)

第2条　用語の意義　　35

第4号

1　第4号には、いわゆるモーテル、ラブホテル等が該当する。本号の営業は、まず昭和47年の法改正によりいわゆるモーテルが規制の対象とされ、次いで昭和59年の法改正によりその他のラブホテル等全般が規制の対象とされた。その後、平成22年の令改正によりラブホテル等営業として規制される営業の範囲が拡大された。[62]

2　本号に規定する施設の要件は、次のとおりである。

　　①　専ら異性を同伴する客の宿泊（休憩を含む。）の用に供する施設であること。

　　②　令第3条第1項に定める施設であること。

　　③　令第3条第2項又は第3項に定める構造又は設備を有する個室を設ける施設であること。[63]

　　要件②（施設要件）及び③（構造要件及び設備要件。合わせて「個室要件」という。）は、一般の旅館・ホテルが対象となることはないことを明確にするため、要件①に該当するもののうち、規制の対象となるものの範囲を客観的に明らかにしたものである。[64][65]

3　令第3条第1項第2号イの床面積の要件は、専ら異性同伴の客の用に供するものであり、かつ、特殊な構造又は設備を有する旅館・ホテルであっても、一般の旅館・ホテルとしても十分な程度の広さの食堂とロビーがあれば、当面は規制の対象とする必要がないとの考え方に立ち規定されたものであり、この床面積の算

---

[60]　解釈運用基準第5－3(6)

[61]　なお、成人映画館について今後規制の必要が生ずるかどうかは、映画界の自主規制の推移等によるものとされている（解釈運用基準第5－3(6)参照）。この理由としては、成人映画館の団体の組織率が高く自主規制が期待できること等が挙げられている（昭和59年7月17日参議院地方行政委員会鈴木良一政府委員（議事録19頁）参照）。

[62]　平成22年の令改正の経緯については、序説の解説（12頁）を参照されたい。

[63]　全ての個室について当該構造又は設備を有する必要はないと解されている（解釈運用基準第5－4(1)参照）。

[64]　解釈運用基準第5－4(1)

[65]　施設要件と個室要件は、善良の風俗と清浄な風俗環境を保持し、及び少年の健全な育成に障害を及ぼす行為を防止するという法による規制の目的との関係において合理的なものである必要がある。また、施設要件と個室要件は、ラブホテル等営業を定義付ける上で相互補完的な関係にあり、どちらか一方の要件だけではラブホテル等営業を定義付けるには不十分であっても、もう一方の要件を組み合わせることにより、法の目的との関係で合理性を持たせることが可能となる。そのため、これらの要件は、各要件の特徴がラブホテル等営業の要件とするにふさわしいかという観点のみならず、各要件の組合せが適切かという観点からも規定されている（学論集H22　28頁参照）。

36　第1章　総　　則

出方法も、この趣旨に鑑み、一般の旅館・ホテルを基礎として算出することとされている。[*66]

4　令第3条第1項第2号イ中「食堂（調理室を含む。）」は、現に宿泊客に食事を提供する用に供されている施設でなければならず、その用に供されていないものまで含める趣旨ではない。したがって、営業時間が合理的な範囲を超えて限定されているような食堂はこれに含まれない。また、食堂（調理室を含む。）の面積は、一つの食堂（調理室を含む。）について計算するものであり（客が食事をする場所（いわゆる食堂）と調理室が一体となり、又は隣接している場合には、これらの面積を合算して計算するものとする。）、幾つかの食堂の面積の総和をいうものではない。[*67]

　　なお、当該施設において相互に関係のない多数の宿泊客に食事を提供する場所として常時利用されている宴会場等は、「食堂」と解されている。[*68]

5　令第3条第1項第2号イ中「ロビー」とは、客との面接に適するフロント、玄関帳場等に付属して設けられる施設であって、ロビーとフロント等とが相互に容易に全体の見通しのきく構造を有するものであり、全ての客がその中において、又はその隣接した廊下等を通り、客待ちに利用できるような位置に設けているものをいう。また、ロビーの面積は、一つのロビーの面積をいう。[*69]

6　令第3条第1項第2号イ中「収容人員」の数は、次に掲げる数を合算して算定するものとされている。[*70]

　　①　洋式の室にあっては、当該室にあるベッド数（2人用のベッドにあっては、当該ベッドの数に2を乗じた数）に対応する数

　　②　和式の室にあっては、室の数に2を乗じた数

　　算定された収容人員が30人以下のものにあっては、食堂（調理室を含む。）が30平方メートル以上であり、かつ、ロビーが30平方メートル以上のもの、収容人員が31人以上50人以下のものにあっては、食堂（調理室を含む。）が40平方メートル以上であり、かつ、ロビーが40平方メートル以上のもの、収容人員51人以上のものにあっては、食堂（調理室を含む。）が50平方メートル以上であり、かつ、ロビーが50平方メートル以上のものでなければ、それぞれ令第3条第1項第2号イの施設に該当することとなる。[*71]

---

*66　解釈運用基準第5－4(2)
*67　解釈運用基準第5－4(3)
*68　同上
*69　解釈運用基準第5－4(4)
*70　解釈運用基準第5－4(5)

7　令第3条第1項第2号ロ中「施設の外周に、又は外部から見通すことができる当該施設の内部に」とは、建物の外壁や施設の出入口に設置されているなど、施設の外部から見えるような状態のものをいう。[*72]

8　令第3条第1項第2号ロ中「休憩の料金の表示その他の当該施設を休憩のために利用することができる旨の表示」とは、当該施設を時間単位で利用させるなど、短時間利用ができることが分かるような表示をいう。典型的には、「休憩」、「レスト」、「サービスタイム」等の文字やその料金を表示するものがこれに該当する。また、例えば、時間と料金の表示のみがある場合でも当該施設が短時間利用ができることが分かる場合には、この表示に該当する。料金が表示されていない場合でも、「休憩」等の文字が書かれており、表示内容から当該施設の短時間利用ができることが分かるときには、この表示に該当する。[*73]

　　また、表示は、典型的には施設の出入口に掲げられた看板、垂れ幕、ネオンサイン、電光掲示板等をいい、ビラ等にあっても、これが建物の外壁に貼られることにより、施設の外部の通行人の目に留まる状態にある場合には、表示に該当することになる。[*74]

9　令第3条第1項第2号ハ中「出入口……に近接する」とは、出入口との対応関係が明らかな程度にあることをいう。[*75]

10　令第3条第1項第2号ハ中「目隠しその他当該施設に出入りする者を外部から見えにくくするための設備」とは、駐車場の出入口に設けられた目隠しのほか、施設の出入口に設けられたついたてや看板のように、客の施設への出入りの状況を通常の姿勢の通行人から見えにくくするために設けられた設備をいう。[*76]

11　令第3条第1項第2号ニ中「面接」とは、営業者若しくは従業者又は宿泊をしようとする全ての客（乳幼児を除く。）が、相互に相手の上半身までをはっきりと見、対面して言葉を交わすなどして、その客の人となりを確認する程度のことをいう。[*77]

　　また、施行規則第4条の趣旨は、カーテン、ブラインド等を閉めることなどにより、客が従業者と面接しないで個室の鍵の授受等の手続ができることとなる位置に取り付けられているものを規制の対象とする趣旨である。したがって、その

[*71]　解釈運用基準第5－4(6)
[*72]　解釈運用基準第5－4(7)
[*73]　解釈運用基準第5－4(8)
[*74]　同上
[*75]　解釈運用基準第5－4(9)
[*76]　解釈運用基準第5－4(10)
[*77]　解釈運用基準第5－4(11)

38　第1章　総　　則

ような位置にカーテン等が設けられている施設は、実際に従業者が客と面接をしていたとしても、これに該当する。一方、そのような状態にない施設、例えばカーテンがフロントとその奥にある従業者控室との間に取り付けられていて客との面接に支障が生じる状態にある施設はこれには該当しない。[*78]

　なお、「フロント、玄関帳場その他これらに類する設備」は、全ての客が必ず通過する場所に設けられ、かつ、客との面接に適するものでなければならない。[*79]

12　令第3条第1項第2号ホの趣旨は、客が従業者と面接することなく個室を利用することが可能な施設を規制の対象とする趣旨である。そのような施設としては、例えば、いわゆる客室案内板（個室内の写真等と共に当該個室が利用可能かどうかを表示する設備であって、当該設備を操作することによって客が利用する個室を選択する機能を有するもの）から客の選択した個室の鍵（カードキーを含む。）が出る施設又は客室案内板の操作と連動して当該個室の錠が自動的に解錠されるものが設けられた施設、客が利用する車庫のシャッターを下ろすことにより対応する個室の錠が自動的に解錠される設備が設けられた施設、個室の鍵を客が自由に取ることができるようにフロントにキーボックスを備えている施設、車庫に駐車された自動車をセンサーで感知して個室の錠が解錠される設備を有する施設、従業者が操作することにより錠の施錠・解錠ができる設備を設け、利用可能な個室の錠をあらかじめ解錠している施設等が該当する。[*80]

13　令第3条第2項各号列記以外の部分の括弧書きの趣旨は、異性同伴の客の用に供するものであり、かつ、特殊な構造を有する旅館・ホテルであっても、旅館業法（昭和23年法律第138号）上の義務以上に特段の「フロント業務」を行うものについては、規制の対象から除外する趣旨であり、その内容は厳格に解しなければならない。要するに、一流のホテルの「フロント業務」と同程度の行為を常態として行っているものを規制から除外する趣旨である。[*81]

　なお、同条第1項第2号ホに該当する施設の場合には、フロント等での鍵の授受を行っているとは想定されないことから、規制から除外されることはない。[*82]

14　令第3条第2項中「面接」とは、営業者若しくは従業者又は宿泊をしようとする全ての客（乳幼児を除く。）が、相互に相手の上半身までをはっきりと見、対面して言葉を交わすなどして、その客の人となりを確認する程度のことをいい、

---

*78　解釈運用基準第5-4(11)
*79　同上
*80　解釈運用基準第5-4(12)
*81　解釈運用基準第5-4(13)
*82　同上

客が車から降りて行わなければならないものである（上記11の解説（37頁）を参照されたい。）。[83]

　また、令第3条第2項中「フロント等」とは、モーテルの特殊性に鑑み、全ての客が必ず通過する場所に設けられ、かつ、客との面接に適するものでなければならない（上記11の解説（37頁）を参照されたい。）。[84]

　令第3条第2項各号列記以外の部分の括弧書きの施設には、施設内に入った後や施設を出る際に客と十分な時間をかけてこれらの行為を行う施設を含む。[85]

　令第3条第2項第1号中「区画された車庫の部分」とは、ブロック等により仕切られているもの、白線等により駐車場所が個々に区分されているもの等をいう。[86]また、同号中「個室に接続する」とは、直接接続している場合又はこれと同視できる程度に密接している場合をいう。[87]

　令第3条第2項第2号中「近接して」とは、当該個室と当該車庫の対応関係が明らかな程度であるものをいう。[88]

　令第3条第2項第3号中「通路に主として用いられる」施設には、専用の通路のほか、客の共用に供せられる部分が含まれていても、その共用部分が少ないものも含まれる。[89]

15　令第3条第3項中の施設と設備の組合せは、次の表の左欄に掲げる施設の区分に応じ、それぞれ同表の右欄に定める設備である。[90]

施　設　の　区　分	設　備　の　種　類
令第3条第1項第1号に掲げる施設	令第3条第3項第1号イ、ロ又はハに掲げる設備
令第3条第1項第2号に掲げる施設のうちイからハまでのいずれかに該当するもの	令第3条第3項第1号イ又はロに掲げる設備
令第3条第1項第2号に掲げる施設のうちニ又はホに該当するもの	令第3条第3項第2号ロに掲げる設備

---

[83]　解釈運用基準第5 − 4⒁
[84]　解釈運用基準第5 − 4⒂
[85]　解釈運用基準第5 − 4⒃
[86]　解釈運用基準第5 − 4⒄
[87]　解釈運用基準第5 − 4⒅
[88]　解釈運用基準第5 − 4⒆
[89]　解釈運用基準第5 − 4⒇
[90]　解釈運用基準第5 − 4㉑

40　第1章　総　　則

16　令第3条第3項第1号イ中「横臥している人の姿態を映すために設けられた鏡」とは、ホテル等の寝室等に備え付けてある鏡で、ベッドの脇やベッドの真上の天井に取り付けてあるもの等、客が自分たちの横臥している姿を見るためのものであり、一般の旅館、ホテルにある鏡台、洗面所の鏡等のように、通常客が身繕い等をするための用に供するだけの鏡を含まない。[*91] また、「専ら異性を同伴する客の性的好奇心に応ずるため設けられた設備」とは、例えば、ガラス張り等になっていて客室の中から内部を見ることのできる浴室、加虐・被虐嗜好（いわゆるSM）用の設備、横臥している人の姿態を撮影することのできるビデオカメラ等がこれに当たる。[*92]

17　令第3条第3項第1号ハ中「長椅子その他の設備」とは、長椅子のほか、人が横臥することができるスペースを有する台等をいう。[*93]

18　令第3条第3項第2号ロに掲げる設備とは、例えば、自動精算機、料金支払用エアシューター（圧縮空気によってパイプを通して容器を送ることができる装置であって、宿泊の料金の受渡しを行うことができるものをいう。）や料金支払用の小窓（個室の出入口の周辺等に設けられた開閉可能な小規模の設備であって、客が従業者と面接しないで宿泊の料金の受渡しを行うことができるものをいう。）がこれに当たる。[*94]

第5号

1　第5号には、アダルトショップ等が該当する。

2　「店舗」とは、おおむね本条第1項第5号の「店舗」と同様に解されるが、必ずしも土地に固着したものである必要はなく、例えば車両内にこれらの物品を陳列して行商するような場合であっても、本号の営業に該当する。[*95]

　　なお、通常の自動販売機が単体で設置されている場合には、通常はここでいう店舗に当たらず、本号の営業には該当しないと解されるが、店舗としての実態を備える施設の中に自動販売機が設置されている場合には、当該自動販売機を含めた営業全体につき、本号の営業に該当すると判断される場合もあると考えられる。[*96][*97]

3　「物品」の具体的内容は、令第4条において定められている。

[*91]　解釈運用基準第5−4⒇
[*92]　解釈運用基準第5−4㉓
[*93]　解釈運用基準第5−4㉔
[*94]　解釈運用基準第5−4㉕
[*95]　宮城手引き128頁
[*96]　藤山注解⑴200頁参照

令第4条中「性的好奇心をそそる物品」とは、社会通念上一般人が見るなどしただけで性的な感情を著しく刺激されるようなものであることをいう。したがって、通常の書籍は「性的好奇心をそそる」ものには当たらないといえる。また、当該物品を専ら販売し、又は貸し付ける営業に該当しない一般向けのビデオの販売店、レンタル店等は、法第2条第6項第5号の営業には該当しないが、法第35条の2の特定性風俗物品販売等営業に該当し得る。[*98]

4　令第4条第1号及び第3号中「衣服を脱いだ人の姿態」については、本項第3号の解説（34頁）を参照されたい。

令第4条第2号及び第3号中「主たる内容」であるかどうかは、その構成等を総合的に勘案して判断することとされている。[*99]

なお、令第4条第3号中「主たる内容」とは、通常、当該映像の再生時間のうち、衣服を脱いだ人の姿態に関する映像の再生時間が半分以上のものをいう。[*100]

令第4条第4号中「性具その他の性的な行為の用に供する物品」とは、バイブレーター、肥後ずいき、ＳＭ用具、いわゆるび薬、特殊な形状のコンドーム等をいい、通常のコンドーム等の衛生用品までは含まない。[*101]

令第4条第4号中「性的な行為を表す写真その他の物品」とは、自慰行為、性交、性交類似行為等を行っている人の写真、ビデオテープ等をいう。[*102]

令第4条第4号中「これらに類する物品」とは、性器の拓本等をいう。[*103]

なお、いわゆるブルセラ営業で販売されている着用したブルマー、下着その他の衣類等は、「これらに類する物品」に該当する。[*104]

第6号

1　本号の規定は、いわゆるバスケット・クローズであり、新たな形態の営業が出現した場合において、迅速な対応が可能となるように置かれているものである。[*105]

当初、令では本号の「政令で定めるもの」として店舗型ファッションヘルス営

[*97]　自動販売機が単体で設置されている場合を法の規制の対象としていないのは、法は物品の販売ということ自体を捉えて規制しようとするものではないところ、自動販売機を法の対象とするのはふさわしくないと考えられたためである（昭和59年7月26日参議院地方行政委員会鈴木良一政府委員（議事録14頁）参照）。

[*98]　解釈運用基準第5−5(1)

[*99]　解釈運用基準第5−5(3)

[*100]　同上

[*101]　解釈運用基準第5−5(4)

[*102]　解釈運用基準第5−5(5)

[*103]　解釈運用基準第5−5(6)

[*104]　同上

[*105]　学論集H10(2)38頁

42　第1章　総　　則

業が定められていたが、平成10年の法改正により当該営業は法律事項に引き上げられ（本項第2号参照）、令の規定は削除されたが、本号の規定は存置された。

　その後、平成22年の令改正により、いわゆる出会い系喫茶営業が本号の「政令で定めるもの」として規定された。[106]

2　本号の「政令で定めるもの」の具体的内容は、令第5条において、店舗を設けて、専ら、面識のない異性との一時の性的好奇心を満たすための交際（会話を含む。）を希望する者に対し、

　　①　当該店舗内においてその者が異性の姿態若しくはその画像を見てした面会の申込みを当該異性に取り次ぐこと又は

　　②　当該店舗内に設けた個室若しくはこれに類する施設において異性と面会する機会を提供すること

により異性を紹介する営業と規定されている。

　①及び②の営業形態のいずれについても、「面会の申込み」を行う者は男女のいずれであるかを問わず、また、「当該異性が当該営業に従事する者である場合」、すなわち客の面会の相手方として異性の客を装った者を使用している場合（営業者と雇用関係にはないが実態として営業者の事実上の指揮下にあるような者等を紹介する場合を含む。）も、当該営業に含まれる。ただし、個室付浴場業又は店舗型ファッションヘルス営業に該当する営業は除かれる。[107]

3　令第5条中「店舗」の意義については、本条第1項第5号の解説（28頁）を参照されたい。また、同条中「専ら」の意義については、本項第3号等の「専ら」と同義（34頁参照）であるが、「専ら」に該当するかどうかは、当該営業を営む者の意図及び当該営業の実態を踏まえて判断することとなる。具体的には、その営業形態や広告・宣伝の方法等の客観的な要素を勘案することにより判断することとされている。[108]

4　令第5条中「一時の性的好奇心」とは、典型的には「あるときふと催した性的感情」という意味で、結婚あるいはこれに準ずる安定した関係を異性と築きたいとの真摯な動機に基づく性的感情を除く趣旨である。すなわち、ここにいう「一時の」とは、期間の長短という量的なものではなく、当該営業を通じた交際の相手方が偶然居合わせた面識のない異性であるという質的な視点で捉えるものであるため、例えば、この種の交際が結果として長期化する場合があったとしても、「一時の性的好奇心を満たすための交際」と判断されることとなる。[109]

---

*106　平成22年の令改正の経緯については、序説の解説（12頁）を参照されたい。
*107　解釈運用基準第5－6(1)
*108　解釈運用基準第5－6(3)

なお、この場合の「交際」には、会話を含むものと規定されているが、これは「交際」に会話が含まれることを確認的に規定したものである。[110]

5　令第5条中「面会」とは、人と直接に会うことをいう。[111]

6　令第5条中「姿態若しくはその画像を見て」とは、人の姿態を直接見せるもの（マジックミラー等を通して見せるものを含む。）のほか、写真、静止映像やビデオの映像のような「動く映像（動画）」を見せることも含む趣旨である。また、一般的に全身を見せる場合だけでなく、顔だけを見せるものもこれに含まれる。[112]

7　令第5条中「当該異性に取り次ぐこと」とは、面識のない異性との一時の性的好奇心を満たすための交際（会話を含む。）を希望する者からの面会の申込みについて、当該面会の申込みを当該異性に伝達することをいうが、面会自体が店舗内で行われることを要しない。[113]

8　「これに類する施設」とは、個室に準じた区画された施設をいい、例えば、他から見通すことが困難となるように部屋がカーテン等で個々に区分されているもの等をいう。[114]

第7項

1　無店舗型性風俗特殊営業に関しては、この種営業のチラシが繁華街の電話ボックス一面に貼られたり、一般家庭の郵便受箱等にまで投げ込まれるなど、清浄な風俗環境の保持及び少年の健全な育成という観点からの問題が生じたことや、その営業に関して、売春事犯やわいせつ物頒布等事犯が行われたり、18歳未満の者が異性の客に接触する役務を提供する業務に従事させられるなど、年少者に対する悪影響が懸念されたことから、平成10年の法改正により規制の対象とされたものである。[115]

2　第1号には、いわゆる派遣型ファッションヘルス営業が該当する。

　同号中、「人の住居」とは、人が居住して日常生活に用いている家屋等の場所をいい、その居住は永続的であることを要せず、一時的でもよい。[116]

　「人の宿泊の用に供する施設」とは、人の宿泊又は休憩の用に供することができる家屋その他の建築物をいう。ラブホテル、モーテル、レンタルルーム等店舗

---

*109　解釈運用基準第5－6(4)
*110　同上
*111　解釈運用基準第5－6(5)
*112　解釈運用基準第5－6(6)
*113　解釈運用基準第5－6(7)
*114　解釈運用基準第5－6(8)
*115　学論集H11(1)125頁
*116　解釈運用基準第6－1(1)

44 第1章 総 則

型性風俗特殊営業として法の規制の対象となる営業がこれに当たることはもちろんであるが、一般のホテル、旅館等であってもこれに当たる。[117]

「性的好奇心に応じて」の意義については、本条第6項第2号の解説（33頁）を参照されたい。また、「客に接触する役務」の意義については、本条第6項第1号の「客に接触する役務」と同義である。

「客の依頼」を受ける方法については、アダルトビデオ等通信販売営業の場合と異なり、制限がない。ただし、客が来訪する施設において「客の依頼」を受ける場合、当該施設は法第31条の2第1項第7号の「受付所」に該当することから、受付所で「客の依頼」を受ける業務については、法第31条の3第2項に規定する受付所営業の規制（営業禁止区域、営業時間、禁止行為等）を受ける。[118]

「派遣」とは、客に接する役務を提供する者を差し遣わすことをいう。人の住居又は人の宿泊の用に供する施設以外の場所で客と会った後、人の住居又は人の宿泊の用に供する施設において役務を提供するような形態のものも含まれる。[119][120]

3 第2号は、いわゆるアダルトビデオ等通信販売営業が該当する。

「専ら」の意義については、本条第6項第3号の解説（34頁）を参照されたい。「専ら」に該当するかどうかは、当該営業を営む者の意図及び当該営業の実態を踏まえて判断することとなる。[121]

同号中、「配達し」とは、当該営業を営む者又はその代理人、使用人その他の従業者が客のもとに直接対象物品を送り届ける場合をいい、「配達させる」とは郵便、宅配等を利用して届ける場合をいう。[122][123]

また、客の依頼を受ける方法の具体的内容は、施行規則第5条において規定さ

---

*117 解釈運用基準第6−1(2)

*118 解釈運用基準第6−1(4)

*119 解釈運用基準第6−1(5)

*120 本条第6項第2号の営業においては、個室の存在する営業所において役務を提供することから、役務を行う者は当該営業所に所在することとなる。例えば、営業所以外に当該役務を提供する者の休憩所を設け、客が来た場合には、当該休憩所から当該営業所に当該役務を提供する者を移動させて役務を提供するような営業形態については、営業所において役務を提供していることから、本号ではなく本条第6項第2号に該当することとなる（本条第6項第2号の解説（33頁）参照）。

*121 解釈運用基準第6−2(1)

*122 解釈運用基準第6−2(2)

*123 法第2条第6項第5号の営業については、営業所への年少者の立入りの制限等の規定が設けられており、法は営業所で客の依頼を受けることを前提として規制を設けていると考えられる。したがって、営業所で客の注文を受けて、後日、商品を郵送する形態の営業は、本号ではなく、本条第6項第5号の営業に該当することとなる。これに対し、営業所以外の場所において客と対面する方法で客の依頼を受ける場合には、本号の営業に該当することとなる。

れている。同条第1号の「電気通信設備を用いる方法」とは、例えば、ファクシミリ、インターネット等を利用する方法をいう。また、同条第5号の「事務所」は、営業の本拠となるものに限らず、当該営業を営む者が設置する事務所全てがこれに当たる。[*124]

なお、「電気通信設備」の意義については、第8項の解説（46頁）を参照されたい。

第8項

1　映像送信型性風俗特殊営業については、平成10年の法改正当時、インターネットにより有料でポルノ映像を見せる営業が増加しており、今後の情報化社会の進展に伴い、少年がポルノ映像に接する機会がますます増えることが懸念されたことから、そのようなポルノ映像に少年が接することのないよう、規制の対象とすることとしたものである。[*125]

2　映像送信型性風俗特殊営業には、客に「性的な行為を表す場面又は衣服を脱いだ人の姿態の映像」を見せる営業のうち、これらの映像を「専ら」見せるものであって、かつ、客の「性的好奇心をそそるため」見せるものが該当する。[*126]

3　「性的な行為を表す場面」とは、自慰行為、性交、性交類似行為等を行っている人の様子や光景のことをいう。「衣服を脱いだ人の姿態」の意義については、第6項第3号の解説（34頁）を参照されたい。

「映像」とは、静止映像のほか、ビデオの映像のような「動く映像（動画）」もこれに含まれる。[*127]

4　「専ら」の意義については、第6項第3号の解説（34頁）を参照されたい。「専ら」に該当するかどうかは、営業を営む者の意図及び営業の実態を踏まえて判断することとなる。[*128]

ホームページの中を幾つかのセクションに分割し、そのうちの一部で性的な行為を表す場面又は衣服を脱いだ人の姿態の映像を見せている場合については、当該セクションについて別料金を設定しているなどの事情が認められる場合を除き、ホームページ全体を通じて「専ら」当該映像を見せているかどうかを判断することとなる。[*129]

[*124]　解釈運用基準第6-2(3)
[*125]　学論集H11(2)101頁
[*126]　解釈運用基準第7-1
[*127]　解釈運用基準第7-2(2)
[*128]　解釈運用基準第7-3(1)
[*129]　解釈運用基準第7-3(2)

46　第1章　総　　則

5　「性的好奇心をそそるため」の意義については、第6項第3号の解説（34頁）
　を参照されたい。

　　なお、青少年保護育成条例等を制定している都道府県においては、著しく性的
　感情を刺激し、少年の健全な育成を阻害するおそれのある図書を有害図書として
　個別に知事が指定し、その販売等を規制しているが、多くの条例においては、更
　に一定の図書を包括的に有害図書とする制度を設けており、その基準として、図
　書については、全体の2割が次の内容であることを規定している例が多くみられ
　る。

　　そこで、一般的には、客に見せる映像の中に次の映像がおおむね2割以上含ま
　れている場合には、「性的好奇心をそそるため」のものであると評価することが
　できると解される。[130]

　　①　衣服を脱いだ人の姿態で、次に掲げるもの
　　　(i)　大腿部を開いた姿態
　　　(ii)　陰部、臀部又は胸部を誇示した姿態
　　　(iii)　自慰の姿態
　　　(iv)　排泄の姿態
　　　(v)　愛撫の姿態又はこれを連想させる姿態
　　　(vi)　緊縛の姿態
　　②　性的な行為を表す場面で、次に掲げるもの
　　　(i)　男女間の性交又は性交を連想させる行為
　　　(ii)　強姦、輪姦その他のりょう辱行為
　　　(iii)　性交類似行為
　　　(iv)　変態性欲に基づく性行為

6　「電気通信設備」とは、電気通信（有線、無線その他の電磁的方法により、符
　号、音響又は影像を送り、伝え、又は受けることをいう。）を行うための機械、
　器具、線路その他の電気的設備をいう。[131]

7　「放送」とは、公衆によって同一の内容の送信が直接、かつ、同時に受信され
　ることを目的として行う無線通信の送信をいい、「有線放送」とは、公衆によっ
　て同一の内容の送信が直接、かつ、同時に受信されることを目的として行う有線
　電気通信の送信をいう。したがって、一般のテレビジョン放送、ケーブルテレビ
　等は、本項の対象とはならない。[132]

─────────────────
＊130　解釈運用基準第7－4(2)
＊131　解釈運用基準第7－5
＊132　解釈運用基準第7－6

このように、本項が「放送又は有線放送に該当するもの」を適用除外としているのは、これらが放送法等により、その番組の編集に当たって公安及び善良の風俗を害してはならないとされていること、放送番組の適正を図るため放送番組に関し審議等を行う放送番組審議機関の設置が義務付けられていること等に鑑みたものであると解される。[*133]

8　バナー広告（インターネットのホームページ等に設けられた横断幕状の映像であって、広告の内容を表示するとともに、当該広告の部分をクリックすることにより、当該広告の広告主が希望するホームページに自動的にアクセスすることができるようにしているものをいう。）を表示すること等により広告収入を得て、当該バナー広告を依頼した者の客となるべき者に映像を伝達する形態のものは、映像送信型性風俗特殊営業に当たらない。[*134]

第９項

1　第９項及び第10項は、いわゆるテレホンクラブ営業について、店舗型電話異性紹介営業及び無店舗型電話異性紹介営業としてそれぞれ規制している。こうした営業については、面識のない異性の間で、身分を明かす必要なく電話という非対面の会話を行うものであり、会話の内容が性的好奇心を満たすものとなっていることや、平成13年の法改正当時、児童買春の温床となっている実態が見られたこと等から、性風俗関連特殊営業の一類型として位置付けることとされたものである。[*135]

2　「会話の申込み」を行う者は、男女のいずれであるかを問わず、また、「その一方の者が当該営業に従事する者である場合」、すなわち客との会話の相手方として異性の客を装った者を使用している場合も、当該営業に含まれる。[*136]

3　「専ら」の意義については、第６項第３号等の「専ら」と同義（同号の解説（34頁）参照）であるが、「専ら」に該当するかどうかは、当該営業を営む者の意図及び当該営業の実態を踏まえて判断することとなる。具体的には、その営業形態や広告・宣伝の方法等の客観的な要素を勘案することにより判断する。[*137]

4　「一時の性的好奇心」とは、令第５条の「一時の性的好奇心」と同様（第６項第６号の解説（42頁）参照）であり、ここにいう「一時の」とは、期間の長短という量的なものではなく、当該営業を通じた交際の相手方がその都度偶然に選ば

＊133　蔭山注解⑴220頁
＊134　解釈運用基準第７－７
＊135　学論集H18⑶３頁
＊136　解釈運用基準第８－１、第９
＊137　解釈運用基準第８－２

48 第1章 総 則

れる面識のない異性であるという質的な視点で捉えるものである。[138]

　なお、「交際」には、会話を含むものと規定されているが、これは「交際」に会話が含まれることを確認的に規定したものであり、例えば従業者による性的な会話の機会のみを提供する場合についても「交際」に該当する。[139]

5　「会話」とは、音声による会話のみがこれに該当するという趣旨であることから、リアルタイムに交わされるものではない伝言のやり取り、例えば録音機能を有する機械を使用する形態のもの等が含まれる一方、インターネット上で行われるチャットのような文字メッセージのやり取りによるものは含まれない。[140]

6　「電気通信設備」については、第8項の「電気通信設備」と同様（同項の解説（46頁）参照）であり、具体的には、営業において必要となる電話交換機等がこれに該当する。[141]

7　「他の一方の者に取り次ぐ」とは、一方の者からの電話による会話の申込みについて、当該会話の申込みを他の一方の者に伝達することをいうが、これを従業者等が手動で行うか電話交換機等の機械によるかは問わない。

　したがって、店舗型電話異性紹介営業の場合には、店舗内の客に個別に電話を回すいわゆる取次ぎ式のほか、電話の呼出し音が鳴り次第客自らが素早く受話器を取るいわゆる早取り式であっても、店舗内に立ち入らせた客に会話の申込みを取り次ぐことに当たる。[142]

第10項

1　無店舗型電話異性紹介営業とは、専ら、面識のない異性との一時の性的好奇心を満たすための交際を希望する者に対し、会話の機会を提供することにより異性を紹介する営業で、その一方の者からの電話による会話の申込みを電気通信設備を用いて他の一方の者に取り次ぐことによって営むもののうち、第9項に規定する店舗型電話異性紹介営業に該当する営業を除いたものであるが、店舗型電話異性紹介営業と同様に「会話の申込み」が男女のいずれかによってなされるかを問わず、また、録音機能を有する機械を使用する形態のもの（いわゆる伝言ダイヤル）や男あるいは女の「会話の申込み」を同じく会話の申込みを行った異性に取り次ぐ形態のもの等（いわゆるツーショットダイヤル）も含まれる。[143]

＊138　解釈運用基準第8－3
＊139　同上
＊140　解釈運用基準第8－4
＊141　解釈運用基準第8－5
＊142　解釈運用基準第8－6
＊143　解釈運用基準第9

第2条　用語の意義　　49

2　「その一方の者が当該営業に従事する者である場合」、すなわち客の会話の相手
　方として異性の客を装った者を使用している場合が当該営業に含まれることも店
　舗型電話異性紹介営業と同様である。[144]

　　なお、「専ら」、「一時の性的好奇心を満たすための交際」及び「電気通信設備」
　については、第9項の解説を参照されたい。[145]

第11項

1　深夜は、その他の時間帯と比較すると、一般に、多くの人々が睡眠を取ってい
　ることから人目も少なくなり、規範の逸脱に対する社会の制御機能が低下する時
　間帯と考えられる。また、深夜は、日中の勤務時の緊張から解放され、長時間に
　わたって慰安を求め続ける者が多くなる時間帯であり、こうした者が風俗上の規
　範を逸脱するおそれもある。このような時間帯である深夜に、飲酒をする客に対
　し、営業者側が積極的に働き掛けて遊興をさせた場合には、遊興に伴う騒音、営
　業所の周辺での酔客の粗暴・卑わいな行為、痴漢や売春といった性的な事案等を
　始めとする風俗上の問題が生じるおそれが高いと考えられる。このため、飲食店
　営業における深夜の遊興に対する規制を緩和するに際し、深夜・遊興・飲酒とい
　う3要素の全てを満たす営業を特定遊興飲食店営業とし、所要の規制を行うこと
　としている。[146]

2　特定遊興飲食店営業とは、ナイトクラブその他設備を設けて客に遊興をさせ、
　かつ、客に飲食をさせる営業（客に酒類を提供して営むものに限る。）で、午前
　6時後翌日の午前0時前の時間においてのみ営むもの以外のもの（風俗営業に該
　当するものを除く。）をいう。したがって、例えば、法第2条第1項第2号の営
　業に該当するもの、深夜は営業しないもの、深夜は酒類を提供しないもの、深夜
　は客に遊興をさせないもの等は、特定遊興飲食店営業には該当しない。[147]

3　「遊興をさせる」とは、文字どおり遊び興じさせることであるが、特定遊興飲
　食店営業として規制対象となるのは、営業者側の積極的な行為によって客に遊び
　興じさせる場合であり、以下のように解されている。

　(1)　客に遊興をさせるためのサービスとしては、主として、ショーや演奏の類を
　　客に見聴きさせる鑑賞型のサービスと、客に遊戯、ゲーム等を行わせる参加型
　　のサービスが考えられる。

　(2)　鑑賞型のサービスについては、ショー等を鑑賞するよう客に勧める行為、実

＊144　解釈運用基準第9

＊145　同上

＊146　解釈運用基準第10－1

＊147　同上

50　第1章　総　則

演者が客の反応に対応し得る状態で演奏・演技を行う行為等は、積極的な行為に当たる。これに対して、単にテレビの映像や録音された音楽を流すような場合は、積極的な行為には当たらない。

(3)　参加型のサービスについては、遊戯等を行うよう客に勧める行為、遊戯等を盛り上げるための言動や演出を行う行為等は、積極的な行為に当たる。これに対して、客が自ら遊戯を希望した場合に限ってこれを行わせるとともに、客の遊戯に対して営業者側が何らの反応も行わないような場合は、積極的な行為には当たらない。

(4)　具体的には、次に掲げる行為が「客に遊興をさせる」ことに当たると解されている。[*148]

①　不特定の客にショー、ダンス、演芸その他の興行等を見せる行為

②　不特定の客に歌手がその場で歌う歌、バンドの生演奏等を聴かせる行為

③　客にダンスをさせる場所を設けるとともに、音楽や照明の演出等を行い、不特定の客にダンスをさせる行為

④　のど自慢大会等の遊戯、ゲーム、競技等に不特定の客を参加させる行為

⑤　カラオケ装置を設けるとともに、不特定の客に歌うことを勧奨し、不特定の客の歌に合わせて照明の演出、合いの手等を行い、又は不特定の客の歌を褒めはやす行為

⑥　バー等でスポーツ等の映像を不特定の客に見せるとともに、客に呼び掛けて応援等に参加させる行為

これに対して、例えば、次に掲げる行為で上記の行為に該当しないものは、「客に遊興をさせる」ことには当たらない。[*149]

①　いわゆるカラオケボックスで不特定の客にカラオケ装置を使用させる行為

②　カラオケ装置を設けるとともに、不特定の客が自分から歌うことを要望した場合に、マイクや歌詞カードを手渡し、又はカラオケ装置を作動させる行為

③　いわゆるガールズバー、メイドカフェ等で、客にショーを見せたりゲーム大会に客を参加させたりせずに、単に飲食物の提供のみを行う行為

④　ボーリングやビリヤードの設備を設けてこれを不特定の客に自由に使用させる行為

⑤　バー等でスポーツ等の映像を単に不特定の客に見せる行為（客自身が応援

[*148]　解釈運用基準第10-2(2)
[*149]　解釈運用基準第10-2(3)

第2条 用語の意義 51

等を行う場合を含む。)

4 営業とは、財産上の利益を得る目的をもって、同種の行為を反復継続して行うことを指す。営業としての継続性及び営利性がない場合は、深夜において人に遊興と飲食をさせたとしても、特定遊興飲食店営業には該当しない。[150]

そのため、例えば、日本に所在する外国の大使館が主催する社交パーティー、結婚式の二次会として、新郎・新婦の友人が飲食店営業の営業所を借りて主催する祝賀パーティーのようなものは一般には営利性がなく、営業には当たらない。[151]

また、スポーツ等の映像を不特定の客に見せる深夜酒類提供飲食店営業のバー等において、平素は客に遊興をさせていないものの、特に人々の関心の高い試合等が行われるときに、反復継続の意思を持たずにたまさか短時間に限って深夜に客に遊興をさせたような場合は、特定遊興飲食店営業としての継続性は認められない。[152][153]

短期間の催しについては、2晩以上にわたって行われるものは、継続性が認められる。これに対し、繰り返し開催される催し(1回につき1晩のみ開催されるものに限る。)については、法第8条第3号の規定の趣旨に鑑み、引き続き6月以上開催されない場合は、継続性が認められず、営業には当たらない。[154]

客に遊興をさせる設備がなく飲食をさせる設備のみがある客室甲室を設けている飲食店営業と、客に飲食をさせる設備がなく遊興をさせる設備のみがある客室乙室を設けている興行場営業が同一の施設内で営まれている場合、例えば次のいずれかに該当するようなときは、これらの営業は一体のものと解され、一般には設備を設けて客に遊興と飲食をさせていることになる。[155][156]

① 甲室と乙室の料金を一括して営業者に支払うこととされている場合(食券付きの入場券を販売する場合や、入場料を支払えば飲食物の一部又は全部が無料になる場合等を含む。)

② 客が甲室で飲食料金の精算をせずに乙室に移動できる場合

---

*150 解釈運用基準第10-3(1)

*151 解釈運用基準第10-3(2)

*152 解釈運用基準第10-3(3)

*153 飲食店営業の営業者がパーティーの主催者に対して営業所を有償で貸す行為には営利性が認められる。営業者が、深夜に及ぶパーティーのために営業所を有償で貸し、深夜において、酒類を提供するとともに、パーティーの余興に合わせて照明や音響の調整を行うという行為を反復継続しようとする場合は、主催者は特定遊興飲食店営業の許可を受ける必要はないが、当該営業者は当該許可を受ける必要がある。

*154 解釈運用基準第10-3(4)

*155 解釈運用基準第10-4(2)

52　第1章　総　　則

　　③　客が乙室で遊興料金の精算をせずに甲室に移動できる場合
　　④　乙室にテーブルがあり、客が甲室で提供を受けた飲食物を乙室に持ち込める場合
　　⑤　乙室にテーブルがあり、乙室にいる客に対して、甲室から飲食物を運搬して提供する場合
　　⑥　甲室にいる客が乙室でのショー、音楽等を鑑賞できる場合
　　また、例えば短期間の催しで、客にショー、音楽等を鑑賞させる場所と客に飲食をさせる場所を明確に区分しているような場合は、一般には、設備を設けて客に遊興と飲食をさせていることには当たらない。^{*157}

5　「酒類を提供する」とは、酒類を飲用に適する状態に置くことをいい、営業者がこれを客に販売したり、贈与したりする場合に限らず、客が持参し、又はボトルキープの対象となっている酒類につき、燗をしたり、グラス等の器具、氷、水割り用の水等を提供したりする行為もこれに当たる。^{*158}

第13項

1　平成10年の法改正当時、外国人女性に係る不法就労活動の多くには悪質なブローカーが介在しており、それらのブローカーにより、外国人女性が高額な借金を背負わされたり、旅券等を取り上げられたりして、売春に追い込まれる例が見られたところである。また、こうした行為は、外国人に限らず日本人に対して行われる場合であっても、売春を助長するおそれが認められるものである。
　　そこで、そのような悪質なブローカーを排除し、売春事犯の防止の徹底を期すため、新たにこの種営業を接客業務受託営業として規制の対象としたものである。^{*159}

2　接客業務受託営業には、具体的には、コンパニオン派遣業、外国人芸能人招へい業、芸者置屋等が該当すると考えられる。営業所において客に接する業務に従事する者をこれらの営業を営む者にあっせんするにすぎず、あっせんされた者が

＊156　このうち④に該当する場合であっても、例えば映画館、寄席、歌舞伎やクラシック音楽のための劇場等のように、専ら、興行を鑑賞させる目的で客から入場料を徴収することにより営まれる興行場営業であって、興行の鑑賞のための席において客の大半に常態として飲食をさせることを想定していないものについては、当該席が設けられている客室は飲食店営業の営業所とはされていないことが一般的である。その場合、客が席に飲食物を持ち込んで飲食をしたとしても、その席は、一般には飲食をさせる設備には当たらない（なお、単に映画を見せる行為は、「遊興をさせること」に当たらない。）（解釈運用基準第10－4(3)参照）。
＊157　解釈運用基準第10－4(4)
＊158　解釈運用基準第10－5
＊159　学論集H11(1)114頁

営業所において行う業務についてこれらの営業を営む者の指示のみを受けて行う形態は、客に接する業務の一部を行っているとはいえないことから、「接客業務受託営業」には当たらない。[*160]

3　「専ら」の意義については、第6項第3号の解説（34頁）を参照されたい。「専ら」に該当するかどうかは、営業を営む者の意図及び営業の実態を踏まえて判断することとなる。[*161]

4　「委託を受けて」とは、接待飲食等営業、店舗型性風俗特殊営業、特定遊興飲食店営業又は酒類提供飲食店営業（午前6時から午後10時までの時間においてのみ営むものを除く。）を営む者の依頼に基づきという趣旨であり、請負契約、準委任契約、労働者派遣契約その他契約の形態を問わない。[*162]

5　「客に接する業務」とは、客に接し、客にサービスを提供するなどの業務をいい、法第2条第3項の「接待」に該当する行為を含む。[*163]
　　具体的な例として、次のような行為が挙げられる。
　①　歓楽的雰囲気を醸し出す方法により客をもてなすこと（接待）。
　②　談笑、お酌、水割りの調整等（①に該当するものを除く。）
　③　ショー、歌舞音曲等を見せたり、聴かせたりすること（①に該当するものを除く。）。
　④　客の相手となってダンスをすること（①に該当するものを除く。）。
　⑤　客を客席等に案内すること。
　⑥　飲食物を客席に運搬すること。
　⑦　客から飲食代金等を徴収すること。
　⑧　客の手荷物等を客から預かること。
　⑨　客の身体を洗うこと、流すこと、もむこと、拭くことその他客の身体に接触する役務を提供すること。
　⑩　湯加減を見ること、客の脱いだ衣類の整理、ズボンのプレス、靴磨き、湯茶等の提供等単純で機械的な役務を提供すること。
　⑪　衣服を脱いだ姿態を見せる役務を提供すること。
　⑫　モーテル、ラブホテル等（法第2条第6項第4号）の受付において客を案内し、又は客から料金を徴収すること。

---

*160　解釈運用基準第11−1
*161　解釈運用基準第11−2
*162　解釈運用基準第11−3
*163　解釈運用基準第11−4。なお、客が入らない時間帯での営業所の掃除その他の開店準備等は含まれない。

54　第1章　総　　則

⑬　アダルトショップ等（法第2条第6項第5号）において物品の販売又は貸付けを行い、又はこれらに付随して商品である物品の提示、説明等を行うこと。

6　「当該業務の一部に従事する者が委託を受けた者及び当該営業を営む者の指揮命令を受ける場合」とは、接待飲食等営業、店舗型性風俗特殊営業、特定遊興飲食店営業又は酒類提供飲食店営業を営む者（派遣先）の委託を受けてこれらの営業の営業所における客に接する業務の一部を行う場合において、当該客に接する業務の一部に従事する者（コンパニオン等）が、当該委託を受けた者（派遣元）及び派遣先の双方から指揮命令を受ける場合をいう。[164]

7　「飲食店営業」に関しては、以下のように解されている。[165]

(1)　「設備を設けて」とは、客に飲食をさせるための設備を設けることをいう。したがって、屋台等で単に立食をさせる営業は含まれないが、屋台等でも、卓又は椅子等を設けて客に飲食をさせる営業は含まれる。

(2)　「客に飲食をさせる」とは、当該設備において客に飲食をさせることをいい、単に調理をして飲食物を販売する仕出し屋、弁当屋等は含まれない。

(3)　他の営業と兼業しているかどうかは問わない。

8　「酒類提供飲食店営業」に関しては、以下のように解されている。[166]

(1)　「酒類を提供して営む」とは、酒類（アルコール分1度以上の飲料をいう。）を客に提供して営むことをいい、提供する酒類の量の多寡を問わない。

(2)　「営業の常態として、通常主食と認められる食事を提供して営むもの」は酒類提供飲食店営業に該当しないこととされているが、これは、営業時間中客に常に主食を提供している店であることを要し、例えば、1週間のうち平日のみ主食を提供する店、1日のうち昼間のみ主食を提供している店等は、これに当たらず、酒類提供飲食店営業に該当する。

　　また、客が飲食している時間のうち大部分の時間は主食を提供していることを要し、例えば、大半の時間は酒を飲ませているが、最後に茶漬を提供するような場合も、これに当たらず、酒類提供飲食店営業に該当する。

(3)　「通常主食と認められる食事」とは、社会通念上主食と認められる食事をいい、米飯類、パン類（菓子パン類を除く。）、めん類、ピザパイ、お好み焼き等がこれに当たる。

＊164　解釈運用基準第11-5
＊165　解釈運用基準第11-6
＊166　解釈運用基準第11-7

第2章　風俗営業の許可等

（営業の許可）

第三条　風俗営業を営もうとする者は、風俗営業の種別（前条第一項各号に規定
する風俗営業の種別をいう。以下同じ。）に応じて、営業所ごとに、当該営業
所の所在地を管轄する都道府県公安委員会（以下「公安委員会」という。）の
許可を受けなければならない。

2　公安委員会は、善良の風俗若しくは清浄な風俗環境を害する行為又は少年の
健全な育成に障害を及ぼす行為を防止するため必要があると認めるときは、そ
の必要の限度において、前項の許可に条件を付し、及びこれを変更することが
できる。

【趣旨】

　本条は、風俗営業の許可について規定するものである。

　法が風俗営業について許可制を採用している趣旨は、風俗営業は、健全に営まれ
れば国民に憩いと娯楽を与えるものであると考えられるが、営業の行われ方いかん
によっては風俗上の問題を引き起こすおそれがあることから、許可制として不適格
者を排除した上で、一定の規制を加え、業務の適正化、営業の健全化に資すること
とするものである。[*1]

【沿革】

　法制定時には、風俗営業許可の手続等については都道府県の施行条例で規定され
ていた。その後、交通・通信の発達により風俗の態様に地域差が少なくなっている
にもかかわらず、人的許可の基準や構造設備等について各都道府県によって規定内
容が異なるなどのほか、必ずしも実情にそぐわない規制がなされているものもあ
り、営業者等にとって不便又は不公平な面がみられた。また、各都道府県ごとに許
可申請書の様式や申請手続等が異なるなどの問題があったほか、構造設備について
詳しい書類の提出を必要とするなど、申請者に相当な負担がかかっていた。

　こうしたことから、昭和59年の法改正でこれらの事項を法律で全国斉一に定める

---

*1　学論集Ｈ18⑶17頁、昭和59年6月21日衆議院地方行政委員会鈴木政府委員（議事録4頁、21頁）等

56　第2章　風俗営業の許可等

こととされるとともに、営業者等の負担の軽減が図られたものである。[*2]

【解釈・運用】

第1項

1　風俗営業の許可の性質は、善良の風俗を害する行為等を防止する観点から見て支障がないと認められる場合に、法による一般的禁止を解除するものであり、申請に対して許可を与えるか否かは専ら前記の観点から見て支障があるか否かによって決定されるべきものと考えられる。したがって、ある営業所についての風俗営業の許可が、当該営業所について排他的な使用権を認めたこととなるものではない。[*3]

2　風俗営業の許可は、「営業所ごとに」受けなければならないとされているが、これは、許可の基準として、風俗営業を営もうとする者の人的要件のみならず、営業所の所在地、営業所の構造及び設備といった物的要件を設けていることによるものである。

3　「風俗営業の種別に応じて」とは、法第2条第1項各号に掲げる風俗営業の営業の種別ごとにという意味である。

　　したがって、ある種別の風俗営業の許可を受けて営業を営んでいる者が、新たに他の種別の風俗営業を営もうとするときは、新たに、その種別の風俗営業の許可を受けることが必要となる。また、ある種別の風俗営業の許可を受けて営業を営んでいる者が、同じ営業所で、異なる種別の風俗営業を営むべく、当該異なる種別に係る許可を受けることは、原則としてできない。これは、法が、営業所の構造又は設備の基準、年少者の客としての営業所への立入り、遊技場営業者の禁止行為等について、風俗営業の種別に応じて必要な規制をしているからである。[*4]

　　さらに、風俗営業の許可を受けた者が、同じ営業所で、性風俗関連特殊営業を営むことはできない。これは、風俗営業と性風俗関連特殊営業は、法上、全く異なる規制を受けるものであるからであり、例えば、店舗型性風俗特殊営業を行う意思をもって、その営業が禁止されている地域において、法第2条第1項第1号に規定する営業（キャバレー等）の許可を受け、後に営業所の構造又は設備を変更するなどして、店舗型性風俗特殊営業を営んだ場合には、法第52条第4号（無届営業）だけでなく、法第49条第2号（偽りその他不正の手段により法第3条第

───────────────────

[*2]　学論集S60　7頁

[*3]　藤山注解(1)238頁。昭和26年4月2日付け岡山市警察本部長宛て法務府法制意見第一局長回答においても、こうした考え方が示されている（法制意見百選133頁参照）。

[*4]　解釈運用基準第12-1(2)

１項の許可を受けたこと。）、法第49条第５号又は第６号（禁止区域等営業）や法第50条第１項第１号（構造又は設備の無承認変更）の罪に該当することとなる。[*5]

　他方、風俗営業と特定遊興飲食店営業は異なる規制を受けるものであるが、同一の営業所について風俗営業の許可と特定遊興飲食店営業の許可を重ねて受けることは可能である。これは、例えば、深夜以外の時間帯に風俗営業を営み、その後営業の継続性を完全に絶った上で深夜に特定遊興飲食店営業を営むことは否定されないからである。[*6]

4　「営業所」とは、客室のほか、専ら当該営業の用に供する調理室、クローク、廊下、洗面所、従業者の更衣室等を構成する建物その他の施設のことをいい、駐車場、庭等であっても、社会通念上当該建物と一体とみられ、専ら当該営業の用に供される施設であれば、「営業所」に含まれることとなる。[*7]

　なお、次のような行為が行われたときには営業所の同一性が失われ、新規の許可を要するものとされている。[*8]

①　営業所の建物（当該営業の用に供される部分に限る。以下同じ。）の新築又は移築

②　営業所の建物の床面積が従前の２倍を超えることとなる増築

③　営業所の建物内の客の用に供する部分の改築

5　複数の都道府県において営まれる移動風俗営業（フェリー、バス、列車等常態として移動する施設において営まれる風俗営業をいう。以下同じ。）を営もうとする者が風俗営業の許可を受けようとする場合には、当該営業を主として営むことを予定している地域を管轄する一の公安委員会の許可を受ければ足りるものと

＊５　解釈運用基準第12-１(3)

＊６　解釈運用基準第12-１(4)

＊７　解釈運用基準第12-２

＊８　解釈運用基準第12-３
　　なお、用語の意義は次のとおり。
　　「新築」とは、建築物の存しない土地（既存の建築物の全てを除去し、又はその全てが災害等によって滅失した後の土地を含む。）に建築物を造ることをいう。
　　「移築」とは、建築物の存在する場所を移転することをいう。
　　「増築」とは、一の敷地内の既存の建築物の延べ面積を増加させること（当該建築物内の営業所の延べ面積を増加させる場合及び別棟で造る場合を含む。）をいう。
　　「改築」とは、建築物の一部（当該部分の主要構造部の全て）を除却し、又はこれらの部分が災害等によって消滅した後、これと用途、規模、構造の著しく異ならないものを造ることをいう。
　　「主要構造部」とは、壁、柱、床、はり、屋根又は階段をいう。ただし、間仕切り、最下階の床、屋外階段等は含まない（建築基準法（昭和25年法律第201号）第２条第５号参照）。

58　第2章　風俗営業の許可等

されている。

　なお、移動風俗営業に係る営業所は、当該移動風俗営業に係るフェリー内の一室、バス又は列車の一車両等であると解されるので、フェリー内の各室、バス又は列車の各車両等のそれぞれにつき一の許可を要する。[*9]

第2項

1　本項は、許可時の客観的事情に照らし、許可をするに当たって条件を付する必要がある場合には、必要な条件を付して許可をすることができるほか、許可後に客観的な事情に変化があった場合において、周囲の風俗環境との調和を図ること等のために、許可後においても、随時、条件の付加又は変更ができることとしているものである。[*10][*11]

2　本項により、公安委員会が許可に条件を付し、又はこれを変更することができるのは、法令又は条例を遵守していても、具体的な事情により、善良の風俗若しくは清浄な風俗環境を害する行為又は少年の健全な育成に障害を及ぼす行為が行われるおそれがある場合に限られ、付される条件も、これらの行為を防止するため、必要最小限度のものでなければならない。[*12]

　条件が必要最小限度であるためには、次の要件を満たす必要がある。[*13]

①　条件が、善良の風俗若しくは清浄な風俗環境を害する行為又は少年の健全な育成に障害を及ぼす行為に関するものであること。

②　その条件を付したことにより、そのような行為を防止することができること（合理的な関連性があること。）。

③　比例原則の範囲内であること。

④　営業者が受忍すべき範囲のものであり、営業者に無用の負担をかけるものでないこと。

　なお、本項の規定により、当初は条件が付されていなかった風俗営業の許可につき、新たに条件を付すことができることは言うまでもない。[*14]

3　許可時に条件を付する場合は、許可証の表面に営業の種類を記載するほか、許可証の裏面に記載するものとされている。したがって、許可後に新たに条件を付し、又はこれを変更する場合は、風俗営業者から許可証の提出を求めその表面又

---

*9　解釈運用基準第12-4
*10　解釈運用基準第12-5
*11　本項の「条件」は、講学上のいわゆる行政行為の附款である（藤山注解(1)248頁）。
*12　解釈運用基準第12-5
*13　同上
*14　S59改正逐条48頁

は裏面の記載の加除訂正を行うこととなる。[*15]

4　条件の付与は、例えば次のような場合に行うこととしている。[*16]

(1)　旅館業を営む者に対して許可をする場合

　　旅館業を営む者が旅館業の施設の一部において常態として接待飲食等営業を営もうとする場合における風俗営業の許可は、接待飲食等営業の用に供する旅館業の施設の一部を特定し、必要に応じ条件を付するなどして行うことができる。例えば、旅館の施設である宴会場について法第2条第1項第1号の営業（キャバレー等）の許可をする場合においては、客室で客の接待をしないこと及び許可の対象となる宴会場と客室とは明確に区分された構造とすることという内容の条件を付することが考えられる。

(2)　未成年者が相続して許可を承継した場合

　　18歳未満の者が相続の承認を受けて風俗営業者の地位を承継した場合においては、当該18歳未満の者が客の接待をしてはならないという内容の条件を付することとされている。

(3)　営業所が営業制限地域に近接して存在する場合

　　営業制限地域への風俗営業の営業所の拡張が行われることにより、法が営業制限地域については特に良好な風俗環境の保全を図っていることの趣旨が損なわれることのないようにするため、風俗営業の営業所が営業制限地域に近接して存在する場合（許可後において営業制限地域に近接して存在することとなった場合を含む。）においては、当該営業制限地域を特定した上で、当該営業制限地域内に営業所の拡張を行ってはならないという内容の条件を付することとされている。

(4)　許可後において営業所が営業制限地域内に存在することとなった場合

　　許可をした後において風俗営業の営業所が営業制限地域内に存在することとなった場合においては、公安委員会の判断により、当該営業所の拡張について必要な条件を付することとするほか、地域の実情及び個別具体的な状況に応じ、必要な条件を付するものとされている。例えば、法第2条第1項第5号の営業（ゲームセンター等）の許可をした後に当該ゲームセンター等の至近距離に学校ができた場合において、窓ガラスをすりガラスにするなどにより当該学校から営業所の内部を見通すことを遮ることができる設備を設けることという内容の条件を付することが考えられる。

***

*15　解釈運用基準第12−5
*16　解釈運用基準第12−5、第12−6、第13

60　第２章　風俗営業の許可等

【罰則】

　第１項の規定に違反して同項の許可を受けないで風俗営業を営んだ者は、法第49条第１号により処罰される（罰則：２年以下の懲役若しくは200万円以下の罰金又はこれらの併科）。

　偽りその他不正の手段により第１項の許可を受けた者は、法第49条第２号により処罰される（罰則：２年以下の懲役若しくは200万円以下の罰金又はこれらの併科）。

（許可の基準）

第四条　公安委員会は、前条第一項の許可を受けようとする者が次の各号のいずれかに該当するときは、許可をしてはならない。

一　成年被後見人若しくは被保佐人又は破産者で復権を得ないもの

二　一年以上の懲役若しくは禁錮の刑に処せられ、又は次に掲げる罪を犯して一年未満の懲役若しくは罰金の刑に処せられ、その執行を終わり、又は執行を受けることがなくなつた日から起算して五年を経過しない者

　　イ　第四十九条又は第五十条第一項の罪

　　ロ　刑法（明治四十年法律第四十五号）第百七十四条、第百七十五条、第百八十二条、第百八十五条、第百八十六条、第二百二十四条、第二百二十五条（営利又はわいせつの目的に係る部分に限る。以下この号において同じ。）、第二百二十六条、第二百二十六条の二（第三項については、営利又はわいせつの目的に係る部分に限る。以下この号において同じ。）、第二百二十六条の三、第二百二十七条第一項（同法第二百二十四条、第二百二十五条、第二百二十六条、第二百二十六条の二又は第二百二十六条の三の罪を犯した者を幇助する目的に係る部分に限る。以下この号において同じ。）若しくは第三項（営利又はわいせつの目的に係る部分に限る。以下この号において同じ。）又は第二百二十八条（同法第二百二十四条、第二百二十五条、第二百二十六条、第二百二十六条の二、第二百二十六条の三又は第二百二十七条第一項若しくは第三項に係る部分に限る。）の罪

　　ハ　組織的な犯罪の処罰及び犯罪収益の規制等に関する法律（平成十一年法律第百三十六号）第三条第一項（第五号又は第六号に係る部分に限る。）又は第六条（第一項第二号に係る部分に限る。）の罪

第4条　許可の基準　*61*

　　ニ　売春防止法（昭和三十一年法律第百十八号）第二章の罪
　　ホ　児童買春、児童ポルノに係る行為等の規制及び処罰並びに児童の保護等
　　　に関する法律（平成十一年法律第五十二号）第四条から第八条までの罪
　　ヘ　労働基準法（昭和二十二年法律第四十九号）第百十七条、第百十八条第
　　　一項（同法第六条又は第五十六条に係る部分に限る。）又は第百十九条第
　　　一号（同法第六十一条又は第六十二条に係る部分に限る。）（これらの規定
　　　を船員職業安定法（昭和二十三年法律第百三十号）又は労働者派遣事業の
　　　適正な運営の確保及び派遣労働者の保護等に関する法律（昭和六十年法律
　　　第八十八号）の規定により適用する場合を含む。）の罪
　　ト　船員法（昭和二十二年法律第百号）第百二十九条（同法第八十五条第一
　　　項又は第二項に係る部分に限る。）又は第百三十条（同法第八十六条第一
　　　項に係る部分に限る。）（これらの規定を船員職業安定法の規定により適用
　　　する場合を含む。）の罪
　　チ　職業安定法（昭和二十二年法律第百四十一号）第六十三条の罪
　　リ　児童福祉法（昭和二十二年法律第百六十四号）第六十条第一項又は第二
　　　項（同法第三十四条第一項第四号の三、第五号、第七号又は第九号に係る
　　　部分に限る。）の罪
　　ヌ　船員職業安定法第百十一条の罪
　　ル　出入国管理及び難民認定法（昭和二十六年政令第三百十九号）第七十三
　　　条の二第一項の罪
　　ヲ　労働者派遣事業の適正な運営の確保及び派遣労働者の保護等に関する法
　　　律第五十八条の罪
　　ワ　外国人の技能実習の適正な実施及び技能実習生の保護に関する法律（平
　　　成二十八年法律第八十九号）第百八条の罪
三　集団的に、又は常習的に暴力的不法行為その他の罪に当たる違法な行為で
　国家公安委員会規則で定めるものを行うおそれがあると認めるに足りる相当
　な理由がある者
四　アルコール、麻薬、大麻、あへん又は覚醒剤の中毒者
五　第二十六条第一項の規定により風俗営業の許可を取り消され、当該取消し
　の日から起算して五年を経過しない者（当該許可を取り消された者が法人で
　ある場合においては、当該取消しに係る聴聞の期日及び場所が公示された日
　前六十日以内に当該法人の役員（業務を執行する社員、取締役、執行役又は
　これらに準ずる者をいい、相談役、顧問その他いかなる名称を有する者であ

るかを問わず、法人に対し業務を執行する社員、取締役、執行役又はこれらに準ずる者と同等以上の支配力を有するものと認められる者を含む。以下この項において同じ。）であつた者で当該取消しの日から起算して五年を経過しないものを含む。）

六　第二十六条第一項の規定による風俗営業の許可の取消処分に係る聴聞の期日及び場所が公示された日から当該処分をする日又は当該処分をしないことを決定する日までの間に第十条第一項第一号の規定による許可証の返納をした者（風俗営業の廃止について相当な理由がある者を除く。）で当該返納の日から起算して五年を経過しないもの

七　前号に規定する期間内に合併により消滅した法人又は第十条第一項第一号の規定による許可証の返納をした法人（合併又は風俗営業の廃止について相当な理由がある者を除く。）の前号の公示の日前六十日以内に役員であつた者で当該消滅又は返納の日から起算して五年を経過しないもの

七の二　第六号に規定する期間内に分割により同号の聴聞に係る風俗営業を承継させ、若しくは分割により当該風俗営業以外の風俗営業を承継した法人（分割について相当な理由がある者を除く。）又はこれらの法人の同号の公示の日前六十日以内に役員であつた者で当該分割の日から起算して五年を経過しないもの

八　営業に関し成年者と同一の行為能力を有しない未成年者。ただし、その者が風俗営業者の相続人であつて、その法定代理人が前各号及び次号のいずれにも該当しない場合を除くものとする。

九　法人でその役員のうちに第一号から第七号の二までのいずれかに該当する者があるもの

2　公安委員会は、前条第一項の許可の申請に係る営業所につき次の各号のいずれかに該当する事由があるときは、許可をしてはならない。

一　営業所の構造又は設備（第四項に規定する遊技機を除く。第九条、第十条の二第二項第三号、第十二条及び第三十九条第二項第七号において同じ。）が風俗営業の種別に応じて国家公安委員会規則で定める技術上の基準に適合しないとき。

二　営業所が、良好な風俗環境を保全するため特にその設置を制限する必要があるものとして政令で定める基準に従い都道府県の条例で定める地域内にあるとき。

三　営業所に第二十四条第一項の管理者を選任すると認められないことについ

第4条　許可の基準　　63

て相当な理由があるとき。

3　公安委員会は、前条第一項の許可又は第七条第一項、第七条の二第一項若しくは第七条の三第一項の承認を受けて営んでいた風俗営業の営業所が火災、震災その他その者の責めに帰することができない事由で政令で定めるものにより滅失したために当該風俗営業を廃止した者が、当該廃止した風俗営業と同一の風俗営業の種別の風俗営業で営業所が前項第二号の地域内にあるものにつき、前条第一項の許可を受けようとする場合において、当該許可の申請が次の各号のいずれにも該当するときは、前項第二号の規定にかかわらず、許可をすることができる。

一　当該風俗営業を廃止した日から起算して五年以内にされたものであること。

二　次のいずれかに該当すること。

　イ　当該滅失した営業所の所在地が、当該滅失前から前項第二号の地域に含まれていたこと。

　ロ　当該滅失した営業所の所在地が、当該滅失以降に前項第二号の地域に含まれることとなつたこと。

三　当該滅失した営業所とおおむね同一の場所にある営業所につきされたものであること。

四　当該滅失した営業所とおおむね等しい面積の営業所につきされたものであること。

4　第二条第一項第四号の営業（ぱちんこ屋その他政令で定めるものに限る。）については、公安委員会は、当該営業に係る営業所に設置される遊技機が著しく客の射幸心をそそるおそれがあるものとして国家公安委員会規則で定める基準に該当するものであるときは、当該営業を許可しないことができる。

参照：令第6条～第8条、施行規則第6条～第8条

【趣旨】

本条は、風俗営業の許可の基準について規定するものである。

第1項は、人的欠格事由について規定している。

第2項は、営業所の構造設備、営業制限地域等の物的欠格事由について規定している。

第3項は、営業所が滅失した場合における風俗営業の許可の特例について規定している。

64 　第2章　風俗営業の許可等

第4項は、遊技機の基準について規定している。

【沿革】

　本条の規定は、昭和59年の法改正において、風俗営業の許可手続が法律事項とされた際に併せて設けられたものである。

　その後、本条については、第1項第2号に掲げる罪を規定する法律の改正等に伴う所要の改正が行われるなどしてきた。[*1]

　また、第3項については、性を売り物とする営業がその過激さを増す一方で、風俗営業については、健全に営まれれば国民に憩いと娯楽を与える有用な産業であるとの見方が国民の間で定着しつつあること等に鑑み、営業所の滅失の理由が火災、

＊1　主な改正は、次のとおり。

　　労働者派遣事業の適正な運営の確保及び派遣労働者の就業条件の整備等に関する法律の施行に伴う関係法律の整備等に関する法律（昭和60年法律第88号。平成24年法律第27号による改正後は、労働者派遣事業の適正な運営の確保及び派遣労働者の保護等に関する法律）の制定に伴い、同法第58条の罪（公衆衛生又は公衆道徳上有害な業務に就かせる目的での労働者派遣）等が同法の整備法（昭和60年法律第89号）により追加された。

　　平成10年の法改正により、出入国管理及び難民認定法（昭和26年政令第319号）第73条の2第1項の罪（不法就労助長）が追加された。

　　児童買春、児童ポルノに係る行為等の処罰及び児童の保護等に関する法律（平成11年法律第52号。平成26年法律第79号による改正後は、児童買春、児童ポルノに係る行為等の規制及び処罰並びに児童の保護等に関する法律）により、同法に規定する罪が追加された。

　　組織的な犯罪の処罰及び犯罪収益の規制等に関する法律（平成11年法律第136号）により、同法第3条第1項の罪（同項第1号又は第2号（平成23年法律第74号による改正後は第5号又は第6号）に係る部分に限る。）の罪（組織的な常習賭博及び賭博場開張等図利）が追加された。

　　商法等の一部を改正する法律（平成12年法律第90号）により会社分割制度が導入されたことに伴い、同法の整備法（平成12年法律第91号）により、風俗営業者たる法人が会社分割制度を利用する場合において処分逃れを阻止するための欠格事由が整備された。

　　「障害者に係る欠格条項の見直しについて」（平成11年8月9日障害者施策推進本部決定）を踏まえ、平成13年の法改正により精神病者に係る欠格事由が削除された。

　　商法等の一部を改正する法律（平成14年法律第44号）により委員会等設置会社制度が導入されたことに伴い、同法の整備法（平成14年法律第45号）により、法第4条第1項第5号に規定する役員に委員会等設置会社の執行役が追加された。

　　平成17年の法改正により、刑法（明治40年法律第45号）第226条の2（第3項については、営利又はわいせつの目的に係る部分に限る。）の罪（人身売買）等が追加されたほか、法第4条第1項第2号の規定が整理された。

　　民法等の一部を改正する法律（平成23年法律第61号）により未成年後見人に法人を選任することが可能になったことに伴い、同法により、法第4条第1項第8号の法定代理人が法人である場合について整備された。

　　外国人の技能実習の適正な実施及び技能実習生の保護に関する法律（平成28年法律第89号）により、同法第108条の罪（暴行、脅迫及び監禁等による技能実習の強制）が追加された。

震災その他その者の責めに帰すことのできないものであっても営業の途が絶たれることとなるのは、営業者にとって酷ともいえ、営業者の既得権保護に対して一定の配慮がなされてしかるべきと考えられたことから、平成10年の法改正により新設されたものである。[*2]

【解釈・運用】

第1項

1　本項において人的欠格事由を規定しているのは、不適格者を排除することにより風俗営業の健全化及び適正化を図るためである。[*3]本項柱書きは、「公安委員会は、……許可をしてはならない」と規定しているため、許可を受けようとする者が人的欠格事由に該当するときは、公安委員会は、不許可としなければならないと解されている。[*4]

2　第1号は、成年被後見人若しくは被保佐人又は破産者で復権を得ないものを規定している。これは、こうした者は私法上の行為能力を制限されるなど、法律上、本人に営業の責任を負う能力がないとされているものであり、風俗営業について、的確な運営及び営業取引を期待することができず、また、従業員に対する指導監督も困難であるためと考えられたことによるものである。[*5]

3　第2号は、1年以上の懲役又は禁錮の刑に処せられ、一定の期間が経過していない者について一律に風俗営業の許可を与えないこととするとともに、1年未満の懲役又は罰金の刑に処せられた者については、法の目的に照らして重大と認められる一定の罪を犯したものに限り風俗営業の許可を与えないこととしている。

　　第2号の「刑に処せられ」とは、刑の言渡しに係る裁判が確定することをいい、「刑に処せられ、その執行を終わり、又は執行を受けることがなくなつた日から起算して5年を経過しない者」に該当する者は、次のとおりである。[*6]

①　刑の言渡しに係る裁判が確定したが刑の全部の執行がなされていない者（執行猶予中の者を含む。）

②　刑の全部又は一部の執行中である者

③　刑の全部の執行を終わったが終了の日から起算して5年を経過しない者

④　刑の言渡しに係る裁判が確定した後に刑の執行を受けることがなくなった

---

*2　学論集H10(2)41頁
*3　蔭山注解(1)282頁、昭和59年7月17日参議院地方行政委員会古山説明員（議事録23頁）等
*4　蔭山注解(1)281頁
*5　蔭山注解(1)283頁参照
*6　解釈運用基準第12-7(1)、(2)

66　第2章　風俗営業の許可等

が、その日から起算して5年を経過しない者

　本号に規定する罪を犯して刑に処せられた者でその刑の執行を猶予され、猶予の期間を経過した者については、刑法第27条の規定により刑の言渡し自体が効力を失うことから、同号に掲げる者に当たらない。[*7]

　また、本号に規定する罪を犯して刑に処せられた者で大赦又は特赦により刑の言渡しの効力が失われたものについては、同号に掲げる者に当たらない。[*8]

4　第3号は、「集団的に、又は常習的に暴力的不法行為その他の罪に当たる違法な行為で国家公安委員会規則で定めるものを行うおそれがあると認めるに足りる相当な理由がある者」を規定している。

　「暴力的不法行為その他の罪に当たる違法な行為で国家公安委員会規則で定めるもの」については、施行規則第6条において定められている。[*9]

　なお、これらの罪を犯した経歴があっても直ちに第3号に該当するものではなく、これらの罪に当たる違法な行為を「集団的又は常習的に行うおそれがあると認めるに足りる相当な理由」があって初めて第3号に該当することになることに留意する必要がある。[*10][*11]

5　第4号は、アルコール、麻薬、大麻、あへん又は覚醒剤の中毒者を規定している。これは、これらの者は一般に、判断力、自制力等に欠けるところがあり、また他人の生命、身体又は財産を侵害するおそれがあり、風俗営業について責任ある者となることが好ましくないと考えられたことによるものである。

7　第5号は、「風俗営業の許可を取り消され、その取消しの日から5年を経過し

[*7]　解釈運用基準第12-7(3)

[*8]　解釈運用基準第12-7(4)

[*9]　施行規則第6条については、他法令の改正等に伴い類似にわたり罪の追加、所要の改正等が行われてきている。

[*10]　S59改正逐条52頁

[*11]　警備業法第3条第4号は、警備業の欠格事由として本項第3号と同様の規定を設けているところ、これには次のような者が該当すると解されている（藍山注解(1)287頁）。

　○　暴対法第2条第6号に規定する暴力団員

　○　暴力団員でなくなった日から5年を経過しない者（警備業法第3条第4号に該当しないと認められる特段の事情がある者を除く。）

　○　暴力団以外の犯罪的組織の構成員で、当該組織の他の構成員の検挙状況等（犯罪率、反復性等）から見た当該組織の性格により、強いぐ犯性が認められる者

　○　過去10年間に暴力的不法行為等（警備業の要件に関する規則（昭和58年国家公安委員会規則第1号）第2条）を行ったことがあり、その動機、背景、手段、日常の素行から見て強いぐ犯性が認められる者

　（注）同条では施行規則第6条と同様の罪のいずれかに当たる行為が暴力的不法行為等として定められている。

ない者」及び「風俗営業の許可を取り消された法人においてその取消しに係る聴聞の公示のあった日の前60日以内に役員であった者」を規定している。

　第5号等本項の「役員」は、許可の取消しに係る聴聞の公示のあった日からその前60日までの間において、引き続いて地位にあった必要はない。また、「役員」に「これらに準ずる者と同等以上の支配力を有するものと認められる者を含む」の趣旨は、いわゆる黒幕が名前だけの営業者を立てて脱法的に営業を継続することを防止するためである。[*12]

8　第6号、第7号及び第7号の2は、いずれも風俗営業の許可の取消処分を受ける前にその処分を免れる目的で許可証を返納し、その後新たな風俗営業の許可を取得すること等によって実質上取消処分を免れることを防止するための規定である。[*13]

　第6号は、風俗営業の許可の取消しに係る聴聞の公示のあった後に許可証の返納を行った者で、その返納の日から5年を経過しない者を規定している。ただし、風俗営業の廃止について相当な理由がある者については、これを処分を免れようとした者と同様に扱うことは適当ではないため、対象から除かれている。[*14]

　第7号は、風俗営業の許可の取消しに係る聴聞の公示のあった後に合併により消滅し、又は許可証を返納した法人の役員であった者を規定している。また、第7号の2は、当該公示のあった後に分割により聴聞に係る風俗営業を承継させ、若しくは分割により当該風俗営業以外の風俗営業を承継した法人又はその役員であった者を規定している。第6号と同様、合併、風俗営業の廃止又は分割について相当な理由がある場合については、対象から除かれている。

9　第8号は、「営業に関し成年者と同一の行為能力を有しない未成年者」について規定している。ただし、営業に関し成年者と同一の能力を有しない未成年者が風俗営業者の相続人である場合については、当該未成年者に当該風俗営業の相続を認めないこととすると当該風俗営業を廃止せざるを得ず酷であるため、対象から除かれている。[*15]

10　第9号は、法人でその役員のうちに第1号から第7号の2までのいずれかに該

---

*12　S59改正逐条54頁
*13　S59改正逐条54頁
*14　S59改正逐条54頁
*15　この場合、当該未成年者の法定代理人が第1号から第7号の2まで及び第9号のいずれにも該当しないことが必要とされている。これは、当該未成年者については民法上の行為能力が制限されており、法律行為をするのに法定代理人の同意を要するためである。
　　また、この場合、当該相続人は、法第7条第1項の規定により公安委員会の承認を得て風俗営業を営むことができるほか、新たに風俗営業の許可を受けることもできることとなる。

68　第2章　風俗営業の許可等

当する者があるものを規定している。

第2項

1　本項は、風俗営業は営業の行われ方いかんによっては善良の風俗若しくは清浄
　な風俗環境を害し、又は少年の健全な育成に障害を及ぼすおそれがあることか
　ら、営業所の構造及び設備についての基準を設け、都道府県が条例で営業所の設
　置についての制限を設けることができるようにするとともに、営業所に管理者を
　置かなければならないこととすることにより、当該営業の健全化及び適正化を図
　るものである。

2　本項柱書きの規定により、許可の申請に係る営業所が構造設備の技術上の基準
　に適合しないとき、又は営業制限地域内にあるときは、公安委員会は、不許可処
　分をすることを義務付けられている。[16]

3　第1号は、営業所の構造及び設備の基準に適合しないときを風俗営業の不許可
　事由とするものである。

　　営業所の構造又は設備が風俗営業の種別に応じて国家公安委員会規則で定める
　技術上の基準に適合しないときは、公安委員会は風俗営業の許可をすることがで
　きないこととされており、具体的な基準は、施行規則第7条において、風俗営業
　の種別ごとに定められている。

　　施行規則第7条の表中「見通しを妨げる設備」とは、仕切り、ついたて、カー
　テン、背の高い椅子（高さがおおむね1メートル以上のもの）等をいう。

　　なお、見通しを確保する必要があるのは客室の内部である。このため、例え
　ば、客室の中央に調理場が設置されているような場合に客室と調理場の間に見通
　しを妨げる設備を置くことは認められないが、壁際に調理場があるような場合
　に、客室内の見通しを妨げない方法で、客室と調理場の間に見通しを妨げる設備
　を置くことは可能である。[17]

　　施行規則第7条の表中「善良の風俗又は清浄な風俗環境を害するおそれのある
　写真、広告物、装飾その他の設備」とは、例えば、法に違反する行為を行ってい
　ることをうかがわせる広告、著しく射幸心をそそるおそれのある広告、男女の性
　交場面を写した写真、売春を行っている場所についての広告、性器を模した装
　飾、回転ベッド、振動ベッド等の設備をいう。

　　なお、次に掲げる設備は、施行規則第7条の表中の上記の設備に含まれる。[18]

---

*16　蔭山注解(1)291頁、飛田条解165頁
*17　解釈運用基準第12-8(1)
*18　解釈運用基準第12-8(2)

① 令第3条第3項第1号イ、ロ又はハに掲げる設備

② 令第4条各号に掲げる物品及びこれに係る広告物、装飾その他の設備

③ 性風俗関連特殊営業の広告物及びビラ等（法第28条第5項第1号（法第31条の3第1項、第31条の8第1項、第31条の13第1項及び第31条の18第1項において準用する場合を含む。）の広告制限区域等において表示されたものに限る。）

　施行規則第7条の表中「営業所内の照度が10（5）ルクス以下とならないように維持されるため必要な構造又は設備を有する」とは、一般的には、照度の基準に達する照明設備を設けていることで足りる。ただし、施行規則第2条第2号に掲げる客室（客席のみにおいて客に遊興をさせるための客室に限る。）を除き、照度の測定場所について、照度の基準に満たない照度に自由に変えられるスライダックス等の照明設備を設けることは認められない。

　また、照明設備のほかに、営業時間中に常態として光を発することが想定される設備が設けられている場合は、当該設備と照明設備の双方の光によって、常態として照度の基準に達するのであれば、「必要な構造又は設備を有する」ことになる。[19]

　施行規則第7条の表中「騒音又は振動の数値が法第15条の規定に基づく条例で定める数値に満たないように維持されるため必要な構造又は設備を有する」とは、営業活動に伴う騒音が条例で定める数値に達する場合は、防音設備を設けなければならないとするものである。しかし、例えば、音響設備を設けないため特に騒音が発生しない場合や、建物の壁が厚いこと、営業所の境界地まで相当な距離があること等により外部に音が漏れない場合にまで防音設備の設置を義務付けるものではない。[20]

　施行規則第7条の表中「善良の風俗若しくは清浄な風俗環境を害し、又は少年の健全な育成に障害を及ぼすおそれのある写真、広告物、装飾その他の設備」とは、「善良の風俗又は清浄な風俗環境を害するおそれのある写真、広告物、装飾その他の設備」のほか、例えば、酒、たばこ又は令第4条で定める物品により遊技の結果を表示するクレーン式遊技機等の遊技設備をいう。[21]

　施行規則第7条の表「法第2条第1項第4号に掲げる営業」の項第6号中の「当該営業の用に供する遊技機以外の遊技設備」とは、ぱちんこ遊技機及び令第

---

[19]　解釈運用基準第12−8(3)

[20]　解釈運用基準第12−8(4)

[21]　解釈運用基準第12−8(5)

70 第2章 風俗営業の許可等

8条に規定する遊技機以外の遊技設備をいう。

　なお、ここで「遊技設備」とは、法第2条第1項第5号の「遊技設備」より広く、施行規則第30条の表「法第2条第1項第4号又は第5号に掲げる営業」の項第1号及び第2号イの「遊技設備」及び施行規則第33条第2号の「遊技設備」と同意義である。[*22]

4　第2号は、営業所が良好な風俗環境を保全するため特にその設置を制限する必要があるものとして政令で定める基準に従い都道府県の条例で定める地域（営業制限地域）内にあるときを風俗営業の不許可事由とするものである。[*23]営業制限地域の指定に関する条例の基準は、令第6条において定められている。

　令第6条において保全対象施設との間に距離規制を設けている趣旨は、風俗営業の営業所から生じる喧噪、享楽的雰囲気等から、地域住民の良好な風俗環境における生活を保護するとともに、保全対象施設の設置目的を十分に達成できるようにするため、周辺の静穏、清浄な風俗環境等を確保することにあると解される。[*24]

　また、令第6条において既設の風俗営業の営業所の数が考慮要素とされているのは、既に風俗営業の営業所が多数設置されている地域等においては、新たに風俗営業の営業所が設置されることによる風俗環境への影響は相対的に低下していると考えられるからである。[*25]

　都道府県の条例では、令第6条第1号ロに規定する保全対象施設として、学校、図書館、病院、有床診療所、児童福祉施設といった施設が定められている。

　令第6条第1号ロの「その利用者の構成その他のその特性」及び第3号の「施設の特性」とは、保全対象施設の利用者の年齢構成、利用時間帯、利用頻度等の特性を、第3号の「地域の特性」とは、住居の多寡、用途地域の別等の地域事情を指す。[*26]

　令第6条第2号の「おおむね百メートル」とは、水平面で測る距離についていうものであり、例えば、営業所がビルの2階以上又は地下にある場合でも、営業所の存在する位置から垂直に地面に下ろした位置について測るものとしている。[*27]

[*22]　解釈運用基準第12−8(6)
[*23]　「営業所」の意義については、第3条の解説（57頁）を参照されたい。
[*24]　学論集H8(3)121頁。また、この点についての判断を示した裁判例として、徳島地決昭和45年10月24日、東京地判平成7年11月29日がある。
[*25]　学論集H10(2)52頁
[*26]　同上
[*27]　解釈運用基準第12−9(2)

5　第3号は、営業所に法第24条第1項の管理者を選任すると認められないことについて相当な理由があるときを風俗営業の不許可事由とするものである。これには管理者となるべき者を全く選任していない場合のほか、管理者として選任した者が人的欠格事由に該当するなど、法の定める要件を満たしていない場合等が該当する。[*28]

第3項

1　本項柱書きの「火災、震災その他その者の責めに帰することができない事由」については、具体的には、令第7条において定められている。[*29]

　　本項中「火災」には、営業者に故意又は重大な過失があり、その者の責めに帰すべき事由によって生じた火災は含まれない。[*30]

2　本項柱書きにより「当該廃止した風俗営業と同一の風俗営業の種別の風俗営業」に特例を限ることとされているのは、従前と異なる種別の風俗営業に許可を与えることは、従前の風俗営業とは別の全く新規の許可を与えることに等しく、営業の（実質的）継続を認めようという制度の趣旨に沿うものではないと考えられたからである。[*31]

3　本項第1号により「当該風俗営業を廃止した日」とは、火災、震災又は令第7

---

*28　S59改正逐条64頁

*29　令第7条中の用語の意義については、以下のとおり解されている（解釈運用基準第12－10(2)～(4)参照）。

　　令第7条第3号中「関係法令」とは、建築基準法等の建築物に関する法令をいう。

　　令第7条第5号中「土地収用法（昭和26年法律第219号）その他の法律の規定により土地を収用し、又は使用することができる公共の利益となる事業」とは、土地収用法又は公共用地の取得に関する特別措置法（昭和36年法律第150号）による認定事業のほか、都市計画法（昭和43年法律第100号）に基づく都市計画事業、住宅地区改良法（昭和35年法律第84号）に基づく住宅地区改良事業等土地又は建物の収用又は使用の手法が用いられる事業の全てをいう。

　　なお、このような事業の施行に伴うものであれば、現実に当該営業所の敷地等について収用裁決又は使用裁決までに至らない段階で営業所の建物を除却した場合でも、本号の除却に当たる。

　　令第7条第6号中「その他公共施設の整備又は土地利用の増進を図るため関係法令の規定に従つて行われる事業」とは、大都市地域における住宅及び住宅地の供給の促進に関する特別措置法（昭和50年法律第67号）に基づく住宅街区整備事業、都市再開発法（昭和44年法律第38号）に基づく第一種市街地再開発事業等換地又は権利変換の手法が用いられる事業の全てをいう。

　　なお、このような事業の施行に伴うものであれば、現実に当該営業所の敷地等について換地又は権利変換の処分にまで至らない段階で営業所の建物を除却した場合でも、本号の除却に当たる。

*30　解釈運用基準第12－10(1)

*31　学論集H10(2)42頁

72　第2章　風俗営業の許可等

条において定められた各事由により営業所が滅失した日をいう。[*32]

4　本項第2号の「営業所の所在地が、……前項第2号の地域に含まれ」るとは、当該滅失した営業所の敷地の全部又は一部が営業制限地域内にあることをいう。[*33]

　　なお、同号ロの「当該滅失以降に前項第2号の地域に含まれる」場合も営業を許可することができるとされた趣旨は、営業所が滅失してから再度許可申請を行うまでの間に、周辺に学校や病院が設置されたために、新たに営業制限地域となった場合に、営業所が滅失しなければ営業を継続できたという点で、制限地域内にある営業所の滅失の場合と異なるところがないことから、当該場合も同様に救済することとしたものである。[*34]

5　本項第3号の「おおむね同一の場所」とは、滅失した営業所の敷地と当該申請に係る営業所の敷地とが一致していることをいい、令第7条第5号又は第6号に掲げる事由により営業所が滅失した場合にあっては、社会通念上営業の継続性が認められる程度に隣接又は近接していることを含むものである。[*35]

6　本項第4号の「おおむね等しい面積」とは、申請に係る営業所の面積と滅失した営業所の面積とが、社会通念上営業の継続性が認められる程度に等しいことをいい、例えば、従前の営業所の2倍を超えるようなものは、全く別個の営業を従前の営業に隣接して営むのと同等に評価できることから、これに当たらないと考えられる。[*36][*37]

第4項

1　本項の対象となる営業は、法第2条第1項第4号の営業（まあじゃん屋、ぱちんこ屋等）のうち、「ぱちんこ屋その他政令で定めるもの」に限られる。これは、ぱちんこ屋のほか、遊技の結果に応じて客に賞品を提供する遊技をさせる営業については、当該営業に係る営業所に設置される遊技機が当該遊技の射幸性に大きな影響を与えることから、著しく射幸心をそそるおそれがないように、これらの営業について遊技機の基準を定め、これを許可の要件とするとともに、遵守事項（法第20条第1項）とすることとしたものである。

2　「ぱちんこ屋その他政令で定めるもの」は、具体的には、令第8条において「回胴式遊技機、アレンジボール遊技機、じやん球遊技機その他法第23条第1項

＊32　解釈運用基準第12－10(5)
＊33　解釈運用基準第12－10(6)
＊34　学論集H10(2)43頁
＊35　解釈運用基準第12－10(7)
＊36　解釈運用基準第12－10(8)
＊37　学論集H10(2)43頁

第3号に規定する遊技球等の数量又は数字により遊技の結果を表示する遊技機」と定められている。[*38][*39]

　なお、まあじゃん屋、ぱちんこ屋等のうち、射的、輪投げ等の遊技をさせる営業は、「遊技球等の数量又は数字により遊技の結果を表示する遊技機」を設置して客に遊技をさせる営業ではないことから、本項の「ぱちんこ屋その他政令で定めるもの」には該当しないこととされている。[*40]

3　「著しく客の射幸心をそそるおそれがあるものとして国家公安委員会規則で定める基準」は、施行規則第8条において遊技機の種類ごとに定められている。

　なお、本項は前記基準に該当する場合には「許可しないことができる」としているが、これは公安委員会にこうした遊技機を設置する営業所につき許可するか否かの裁量権を与えるものではない。[*41]

（許可の手続及び許可証）

第五条　第三条第一項の許可を受けようとする者は、公安委員会に、次の事項を記載した許可申請書を提出しなければならない。この場合において、当該許可申請書には、営業の方法を記載した書類その他の内閣府令で定める書類を添付しなければならない。

　一　氏名又は名称及び住所並びに法人にあつては、その代表者の氏名

　二　営業所の名称及び所在地

　三　風俗営業の種別

　四　営業所の構造及び設備の概要

　五　第二十四条第一項の管理者の氏名及び住所

　六　法人にあつては、その役員の氏名及び住所

2　公安委員会は、第三条第一項の許可をしたときは、国家公安委員会規則で定めるところにより、許可証を交付しなければならない。

[*38]　「回胴式遊技機」は、外見上はゲームセンターに設置されるスロットマシンと類似しているが、スロットマシンのように偶然性のみに頼るものであるのとは異なり、遊技する者の技術介入がある程度得られる構造機能を有し、著しく射幸心をそそるおそれのないものとなっている（昭和58年2月8日衆議院予算委員会大堀政府委員（議事録35頁）等参照）。

[*39]　「法23条第1項第3号に規定する遊技球等の数量又は数字により遊技の結果を表示する遊技機」については、例えばスマートボール遊技機が挙げられる（解釈運用基準第12-11⑴参照）。

[*40]　解釈運用基準第12-11⑴

[*41]　S59改正逐条64頁

74　第2章　風俗営業の許可等

　　3　公安委員会は、第三条第一項の許可をしないときは、国家公安委員会規則で
　　　定めるところにより、申請者にその旨を通知しなければならない。
　　4　許可証の交付を受けた者は、当該許可証を亡失し、又は当該許可証が滅失し
　　　たときは、速やかにその旨を公安委員会に届け出て、許可証の再交付を受けな
　　　ければならない。

参照：内閣府令第1条、施行規則第1条・第9条〜第12条

【趣旨】

　本条は、風俗営業の許可の手続及び許可証について定めたものである。

【沿革】

　本条の規定は昭和59年の法改正において、風俗営業の許可手続が法律事項とされ
た際に併せて設けられたものである。

【解釈・運用】

第1項

1　本項は、風俗営業の許可を受けようとする者は、公安委員会に許可申請書を提
　　出しなければならないことを定めるとともに、許可申請書の記載事項及び添付書
　　類について定めた規定である。

2　許可申請書の様式は、具体的には施行規則第9条及び別記様式第1号において
　　定められている。また、添付書類の具体的内容は、内閣府令第1条において定め
　　られている。

　　申請をする者に応じて添付書類を異ならせているのは、既に公安委員会の許可
　　を受けて風俗営業を営んでいる者が新たに許可申請をする際の添付書類の簡素化
　　を図るためである。

3　許可申請の具体的な手続は、施行規則第1条において定められている。[*1]

第2項

1　本項は、公安委員会が風俗営業を許可したときは、許可証を交付しなければな
　　らない旨を定めた規定である。許可証の交付の手続等は、施行規則第10条及び別
　　記様式第3号において定められている。

＊1　許可申請書の記載要領及び添付書類については、解釈運用基準第12−12・13を参照された
　　い。

第5条　許可の手続及び許可証　*75*

2　施行規則第10条第2項では、公安委員会は、許可をしたときは、速やかに、申請者にその旨を通知するとともに、許可証を交付するものとされているが、許可の効力については、許可を申請者に通知したときに発生すると解されている。[*2]

3　許可証には、許可申請者があらかじめ申請に際して記載した許可申請書及び同申請書の添付書類の内容に基づき、「営業の種類」を記載することとされ、具体的には、営業の区分に応じて次のとおりとされている。[*3]

営業の区分		許可証に記載すべき営業の種類
法第2条第1項第1号の営業	待合、料理店、料亭等の和風の営業	料理店
	キャバレー、カフェー、クラブ等の和風以外の営業	社交飲食店
法第2条第1項第2号の営業		低照度飲食店
法第2条第1項第3号の営業		区画席飲食店
法第2条第1項第4号の営業	まあじやん屋	マージャン店
	ぱちんこ屋及び令第8条に規定する営業	パチンコ店等
	まあじやん屋、ぱちんこ屋及び令第8条に規定する営業以外の営業	その他遊技場
法第2条第1項第5号の営業		ゲームセンター等

第3項

1　本項は、公安委員会が許可をしないときは、申請者にその旨を通知しなければならない旨を定めた規定である。

2　施行規則第11条は、この通知は、理由を付した書面により行うべき旨定めている。

第4項

1　本項は、許可証の亡失又は滅失の場合の再交付について定めた規定である。[*4]

＊2　S59改正逐条71頁
＊3　解釈運用基準第12-14

2 「速やかに」とは、時間的遅延を許さない趣旨である。[*5]

3 許可証を亡失した者が、許可証の再交付を受けた場合において、亡失した許可証を発見し又は回復したときは、発見等した許可証を公安委員会に返納しなければならないこととされている（法第10条第1項第3号）。

4 許可証の再交付の申請は、許可証再交付申請書を公安委員会に提出して行うこととされている（施行規則第12条及び別記様式第5号）。

【罰則】

第1項の許可申請書又は添付書類であって虚偽の記載のあるものを提出した者は、法第54条第1号により処罰される（罰則：50万円以下の罰金）。

（許可証等の掲示義務）

第六条　風俗営業者は、許可証（第十条の二第一項の認定を受けた風俗営業者にあつては、同条第三項の認定証）を営業所の見やすい場所に掲示しなければならない。

【趣旨】

本条は、風俗営業者に対しては許可証を掲示する義務を、特例風俗営業者に対しては認定証を掲示する義務をそれぞれ定めたものである。

【沿革】

本条は昭和59年の法改正において、風俗営業の許可手続が法律事項とされた際に併せて設けられたものである。[*1]

このように風俗営業者に対し、許可証の掲示義務を課すこととしているのは、当

---

*4　「亡失」とは、物が無くなること又は物を無くすことをいい、「滅失」とは、災害等の事由により、物がその物としての物理的存在を失うことをいう（法令用語辞典703頁、739頁参照）。

*5　時間的に遅れてはならないことを示す法令用語としては、通例、「遅滞なく」、「直ちに」又は「速やかに」という用語があり、法においては、本項では「速やかに」が用いられているのに対し、例えば法第7条第6項では「遅滞なく」が用いられている。

　　これらの3つの言葉は、いずれも時間的遅延を許さない趣旨ではあるが、「遅滞なく」においては正当な、又は合理的な理由による遅延は許容されるものと解されているのに対し、「直ちに」においては一切の遅延が許されないものと解されている。「速やかに」は、「直ちに」よりは急迫の程度が低い場合において、訓示的意味をもつものとして用いられる例が多い（法令用語辞典523頁、533頁参照）。

該者が人的欠格要件等に該当しない適正な営業主体であることを明らかにさせることにより、客等が安心して当該営業を利用できるようにする趣旨である。[2]

その後、平成10年の法改正により特例風俗営業者の認定制度が設けられた際、特例風俗営業者については、許可証に代えて認定証を掲示することとされた。これは、風俗営業者の中でも風俗上の問題が生ずるおそれが相対的に低い特例風俗営業者であることを掲示させることにより、利用者の一層の利便を図るとともに、特例風俗営業者に係る風俗営業の利用を推奨する趣旨である。[3]

【解釈・運用】

「営業所の見やすい場所」とは、営業所に入ろうとする者等が容易に許可証等を視認することができる場所をいう。[4]

【罰則】

本条の規定に違反した者は、法第55条第1号により処罰される（罰則：30万円以下の罰金）。

（相続）

第七条　風俗営業者が死亡した場合において、相続人（相続人が二人以上ある場合においてその協議により当該風俗営業を承継すべき相続人を定めたときは、その者。以下同じ。）が被相続人の営んでいた風俗営業を引き続き営もうとするときは、その相続人は、国家公安委員会規則で定めるところにより、被相続人の死亡後六十日以内に公安委員会に申請して、その承認を受けなければならない。

2　相続人が前項の承認の申請をした場合においては、被相続人の死亡の日からその承認を受ける日又は承認をしない旨の通知を受ける日までは、被相続人に対してした風俗営業の許可は、その相続人に対してしたものとみなす。

3　第四条第一項の規定は、第一項の承認の申請をした相続人について準用する。

4　第一項の承認を受けた相続人は、被相続人に係る風俗営業者の地位を承継する。

---

*1　昭和59年改正以前は条例で標識の掲示義務が規定されていた（旧施行条例基準第21条参照）。

*2　学論集H18(1)23頁

*3　蔭山注解(1)335頁参照

*4　S59改正逐条72頁

78　第2章　風俗営業の許可等

5　第一項の承認の申請をした相続人は、その承認を受けたときは、遅滞なく、被相続人が交付を受けた許可証を公安委員会に提出して、その書換えを受けなければならない。

6　前項に規定する者は、第一項の承認をしない旨の通知を受けたときは、遅滞なく、被相続人が交付を受けた許可証を公安委員会に返納しなければならない。

〈第七条第三項において準用する第四条第一項〉
第四条　公安委員会は、第七条第一項の承認の申請をした相続人が次の各号のいずれかに該当するときは、承認をしてはならない。
一～九　〔略〕

参照：施行規則第13条・第16条～第18条

【趣旨】
1　本条は、風俗営業の相続に係る承認等について規定するものである。
2　第1項は、風俗営業の許可を受けた者が死亡した場合の相続の承認について規定している。
3　第2項は、風俗営業者の相続人が相続の承認をした場合における被相続人の死亡の日から後の許可の効力について規定している。
4　第3項は、風俗営業の相続の承認について、法第4条第1項の規定（風俗営業の許可の人的欠格事由）を準用することとする規定である。
5　第4項は、風俗営業の相続の承認を受けた相続人は、被相続人に係る風俗営業者の地位を承継することとする規定である。
6　第5項は、相続の承認を受けて風俗営業者の地位を承継した相続人は、承認後遅滞なく、被相続人が交付を受けた許可証を公安委員会に提出し、その書換えを受けなければならないこととする規定である。
7　第6項は、風俗営業の相続の承認の申請をした者が、相続の承認をしない旨の通知を受けたときは、遅滞なく、被相続人が交付を受けた許可証を公安委員会に返納しなければならないこととする規定である。

【沿革】
　本条は昭和59年の法改正により設けられたが、それ以前は、風俗営業の許可を受けた者が死亡した場合には、その相続人は新たに風俗営業の許可を受けなければな

第7条　相　続　*79*

らないこととされていた。そのため、例えば、被相続人が許可を受けて風俗営業を開始した後にその営業所の所在地が制限地域に該当することとなったときには、その相続人は、許可を受けることができず、そのために廃業に至るなどの事例が生じていた。

　そこで、風俗営業の許可は一種の受益的処分としての性格を持ち、許可を受けた者の地位というものは法的に保護されるに値するとの考え方に基づき、本規定が整備されたものである。[*1]

【解釈・運用】

1　「相続人」は、民法（明治29年法律第38号）第5編第2章に規定する相続人を意味し、内縁の配偶者や被相続人と特別の縁故関係があった者（民法第958条の3参照）を含まない。

　　また、遺贈による受遺者（民法第964条参照）は、包括受遺者（民法第990条参照）の場合であっても、民法第5編第2章に規定する相続人に当たらない限りは、「相続人」に含まれない。[*2]

2　相続人が、複数ある場合には、被相続人の遺言の有無等にかかわらず、申請人以外の相続人全ての同意書を相続承認書に添付することを要する（施行規則第13条第2項第5号）。[*3]

3　18歳未満の者が相続の承認を受けて風俗営業者の地位を承継した場合においては、当該18歳未満の者が客の接待をしてはならないという条件を付することとされている。[*4]

4　第2項の規定が設けられたのは、仮に被相続人の死亡によって被相続人に対する許可がその効力を失い、相続人が本条に規定する承認を受けることにより風俗営業者としての地位を取得するものであるとすると、被相続人の死亡から承認があるまでの間は、相続人が風俗営業を適法に営むことができなくなるためである。[*5]

5　第3項は法第4条第2項の規定を準用することとはしていない。このため、風俗営業の相続の承認に当たっては、営業者の人的な欠格事由のみを審査し、それ以外の事項については審査を行わないこととしている。これにより、相続の承認

＊1　　S59改正逐条73頁
＊2　　解釈運用基準第13−1
＊3　　同上
＊4　　解釈運用基準第13−2
＊5　　藤山注解(1)342頁、S59改正逐条74頁

80 第2章 風俗営業の許可等

の申請時に、当該申請に係る営業所が営業制限地域内にある場合であっても、公
安委員会の承認を得れば引き続き当該相続人が引き続き風俗営業を営めることと
なる。[*6]

6 第5項の規定により許可証の書換えを受けようとする者は、書換え申請書及び
当該許可証を公安委員会に提出しなければならない（施行規則第17条）。

7 第6項の規定による許可証の返納は、同項の通知を受けた日から10日以内に、
当該許可証に係る営業所の所在地の所轄警察署長を経由してしなければならない
（施行規則第18条）。

【罰則】

偽りその他不正の手段により第1項の承認を受けた者は、法第49条第2号により
処罰される（罰則：2年以下の懲役若しくは200万円以下の罰金又はこれらの併
科）。

第5項の規定に違反した者は、法第55条第2号により処罰される（罰則：30万円
以下の罰金）。

第6項の規定に違反した者は、法第57条第1号により10万円以下の過料に処せら
れる。

（法人の合併）
第七条の二 風俗営業者たる法人がその合併により消滅することとなる場合にお
いて、あらかじめ合併について国家公安委員会規則で定めるところにより公安
委員会の承認を受けたときは、合併後存続し、又は合併により設立された法人
は、風俗営業者の地位を承継する。

2 第四条第一項の規定は、前項の承認について準用する。この場合において、
同条第一項中「前条第一項の許可を受けようとする者」とあるのは、「第七条
の二第一項の承認を受けようとする法人」と読み替えるものとする。

3 前条第五項の規定は、第一項の承認を受けようとした法人について準用す
る。この場合において、同条第五項中「被相続人」とあるのは、「合併により
消滅した法人」と読み替えるものとする。

〈第七条の二第二項において準用する第四条第一項〉

---

*6 S59改正逐条74頁

第四条　公安委員会は、第七条の二第一項の承認を受けようとする法人が次の各
　号のいずれかに該当するときは、承認をしてはならない。
　一〜九　〔略〕

〈第七条の二第三項において準用する第七条第五項〉
第七条
5　第七条の二第一項の承認を受けようとした法人は、その承認を受けたとき
　は、遅滞なく、合併により消滅した法人が交付を受けた許可証を公安委員会に
　提出して、その書換えを受けなければならない。

参照：施行規則第14条

【趣旨】
　本条は、法人の合併による風俗営業者の地位の承継等について規定するものであ
る。

【沿革】
　本条は平成10年の法改正により設けられた。当時、経営上のメリットを求めて、
個人経営から会社経営に営業形態が移行する傾向がみられ、これに伴い、合併によ
る風俗営業者の地位の承継を要望する声が増加していたことから、相続と同様に、
公安委員会の承認を要件とすることにより、不適格者の排除を行った上、地位の承
継を認めることとしたものである。[*1]

【解釈・運用】
1　法人の合併の承認（以下本条の解説において「合併承認」という。）の申請
　は、風俗営業者たる法人が合併することにより消滅する場合において、合併後存
　続し、又は合併により設立された法人が、消滅する法人が営んでいた営業を引き
　続き営もうとするときになされるものであり、合併後も風俗営業者たる法人が存
　続する場合における当該法人が合併以前から営んでいた営業に関しては、合併承
　認を要さない。
　　なお、合併に際し、合併承認を申請することなく改めて許可を受けることによ
　り、合併した法人が当該営業所において営業を営むことも可能であるが、その場

＊１　学論集 H10⑵43頁

82 第2章 風俗営業の許可等

合は新規の許可申請となるので、法第4条第1項の人的欠格事由だけでなく同条第2項の構造設備・営業地域・管理者選任に係る欠格事由や同条第4項の遊技機に係る欠格事由にも該当していないことが必要になる。[*2]

2 申請は合併する法人の連名により行わなければならない（施行規則第14条第2項）。合併する法人が3以上ある場合でも、全ての法人が申請者となる。[*3]

3 合併承認の前に合併の効力が生じた場合は、従前の許可はその時点で失効することになるため、合併承認をすることはできなくなる。したがって、本条第1項の「あらかじめ」とは、合併の効力が生じる前であることをいう。[*4]

4 合併承認は、合併により風俗営業を承継することとなる法人が当該風俗営業についての風俗営業者の地位を承継することをあらかじめ認めるものである。実際に風俗営業者の地位が承継されるのは、吸収合併の場合は合併が効力を生ずる日として合併契約で定められた日（会社法（平成17年法律第86号）第750条第1項等）、新設合併の場合は新設会社の設立の登記の日（会社法第754条第1項、第49条等）である。[*5]

5 地位が承継されることの効果として、例えば、合併により消滅することとなる法人が営業制限地域内で既得権により営業していた場合は、合併後存続し、又は合併により設立された法人は、当該営業制限地域内にある営業所において風俗営業を営むことができる。また、合併承認の対象となった営業所において合併承認の前に又は合併承認後風俗営業者の地位の承継前に処分に該当する事由が生じた場合は、処分のための手続は、合併後存続し、又は合併により設立された法人を対象として続行される。さらに、地位の承継前に処分が行われた場合は、当該処分の効力も承継される。

合併承認をしたにもかかわらず、合併の効力が発生せず、又は無効とされた場合は、合併契約書のとおりに合併が行われなかったことが判明した時点又は無効が確定した時点をもって合併承認は効力を失う。[*6]

【罰則】

偽りその他不正の手段により第1項の合併承認を受けた者は、法第49条第2号により処罰される（罰則：2年以下の懲役若しくは200万円以下の罰金又はこれらの

---

*2 解釈運用基準第14-1(1)
*3 解釈運用基準第14-1(2)
*4 解釈運用基準第14-1(3)
*5 解釈運用基準第14-2(1)
*6 解釈運用基準第14-2(2)

併科）。

　第3項において準用する法第7条第5項の規定に違反した者は、法第55条第2号により処罰される（罰則：30万円以下の罰金）。

　（法人の分割）

第七条の三　風俗営業者たる法人が分割により風俗営業を承継させる場合において、あらかじめ当該分割について国家公安委員会規則で定めるところにより公安委員会の承認を受けたときは、分割により当該風俗営業を承継した法人は、当該風俗営業についての風俗営業者の地位を承継する。

２　第四条第一項の規定は、前項の承認について準用する。この場合において、同条第一項中「前条第一項の許可を受けようとする者」とあるのは、「第七条の三第一項の承認を受けようとする法人」と読み替えるものとする。

３　第七条第五項の規定は、第一項の承認を受けようとした法人について準用する。この場合において、同条第五項中「被相続人」とあるのは、「分割をした法人」と読み替えるものとする。

〈第七条の三第二項において準用する第四条第一項〉

第四条　公安委員会は、第七条の三第一項の承認を受けようとする法人が次の各号のいずれかに該当するときは、承認をしてはならない。

一〜九　〔略〕

〈第七条の三第三項において準用する第七条第五項〉

第七条

５　第七条の三第一項の承認を受けようとした法人は、その承認を受けたときは、遅滞なく、分割をした法人が交付を受けた許可証を公安委員会に提出して、その書換えを受けなければならない。

参照：施行規則第15条

【趣旨】

　本条は、法人の分割による風俗営業者の地位の承継等について規定するものである。

84　第2章　風俗営業の許可等

【沿革】

　本条は、商法等の一部を改正する法律の施行に伴う関係法律の整備に関する法律（平成12年法律第91号）により、商法における法人分割制度が新設されたことに伴い新たに設けられた。

【解釈・運用】

1　法人の分割の承認（以下本条の解説において「分割承認」という。）の申請は、風俗営業者たる法人が会社法第757条以下等の規定に基づき分割をする場合において、①当該法人から分離される営業所に係る営業を既存の他の法人が承継して引き続き営もうとするとき（吸収分割）又は②当該法人から分離される営業所に係る営業を当該分割により新たに設立される法人が承継して引き続き営もうとするとき（新設分割）に営業所ごとになされるものである。したがって、分割後も当該営業所に係る営業を営む法人が従前の法人であって①又は②のいずれにも当たらない場合、すなわち、営業主体に変更がない営業所の場合は、分割承認を要しない。また、吸収分割の場合において承継する法人もまた従来から風俗営業者であるときは、その従来から営んでいる営業所に関しては分割承認を要しない。

　　なお、分割に際し、分割承認を申請することなく改めて許可を受けることにより、承継した法人が当該営業所において営業を営むことも可能であるが、その場合は新規の許可申請となるので、法第4条第1項の人的欠格事由だけでなく同条第2項及び第4項に該当していないことが必要になる。^{*1}

2　申請は、新設分割の場合であれば、分割をする法人が行い、吸収分割の場合であれば、分割をする法人と承継する法人が連名で行う（施行規則第15条第2項参照）。吸収分割の場合において、同一の機会の分割で複数の法人に承継させるときは、承継する法人を異にする以上、各別の申請手続を要するので、当該分割に関係する法人全ての連名による申請は認められない。^{*2}

3　分割承認の前に分割の効力が生じた場合は、従前の許可はその時点で失効することになるため、分割承認をすることはできなくなる。したがって、本条第1項の「あらかじめ」とは、分割の効力が生じる前であることをいう。^{*3}

4　分割承認は、分割により風俗営業を承継することとなる法人が当該風俗営業に

＊1　解釈運用基準第15−1(1)
＊2　解釈運用基準第15−1(3)
＊3　解釈運用基準第15−1(4)

ついての風俗営業者の地位を承継することをあらかじめ認めるものである。実際に風俗営業者の地位が承継されるのは、吸収分割の場合は吸収分割が効力を生ずる日として吸収分割契約で定められた日（会社法第759条第1項等）、新設分割の場合は新設会社の設立の登記の日（会社法第764条第1項、第49条等）である。[*4]

5　地位が承継されることの効果として、例えば、分割をする法人が営業制限地域内で既得権により営業していた場合は、承継した法人は、当該営業制限地域内にある営業所において風俗営業を営むことができる。また、分割承認の対象となった営業所において処分に該当する事由が生じた場合は、処分のための手続は承継した法人を対象として続行される。さらに、地位の承継前に処分が行われた場合は、当該処分の効力も承継される。

　　分割承認をしたにもかかわらず、分割の効力が発生せず、又は無効とされた場合は、分割計画書又は分割契約書のとおりに分割が行われなかったことが判明した時点又は無効が確定した時点をもって分割承認は効力を失う。[*5]

【罰則】

　偽りその他不正の手段により第1項の分割承認を受けた者は、法第49条第2号により処罰される（罰則：2年以下の懲役若しくは200万円以下の罰金又はこれらの併科）。

　第3項において準用する法第7条第5項の規定に違反した者は、法第55条第2号により処罰される（罰則：30万円以下の罰金）。

　（許可の取消し）
第八条　公安委員会は、第三条第一項の許可を受けた者（第七条第一項、第七条の二第一項又は前条第一項の承認を受けた者を含む。第十一条において同じ。）について、次の各号に掲げるいずれかの事実が判明したときは、その許可を取り消すことができる。
　一　偽りその他不正の手段により当該許可又は承認を受けたこと。
　二　第四条第一項各号に掲げる者のいずれかに該当していること。
　三　正当な事由がないのに、当該許可を受けてから六月以内に営業を開始せず、又は引き続き六月以上営業を休止し、現に営業を営んでいないこと。
　四　三月以上所在不明であること。

＊4　解釈運用基準第15−3(1)
＊5　解釈運用基準第15−3(2)

86　第2章　風俗営業の許可等

【趣旨】

1　本条は、風俗営業の許可等を受けた者についての当該許可等の取消しについて規定するものである。

2　本条の趣旨は、風俗営業の許可を受けた者について、その者が許可を受けるべきではなかったことが事後になって判明した場合、その者が事後に不適格者となっていることが判明した場合又はその者が許可を無意味とならしめていることが判明した場合に、引き続き風俗営業の許可を与えておくことは、本来、風俗営業を営むことができない者が風俗営業を営む事態を招来しかねず、善良の風俗と清浄な風俗環境の保持及び少年の健全な育成に障害を及ぼす行為の防止の観点から問題であることから、これらの事実が判明したときは、一旦与えた風俗営業の許可を将来に向かって廃止することができることとしたものである。[*1]

【沿革】

本条の規定は昭和59年の法改正において、風俗営業の許可手続が法律事項とされた際に併せて設けられたものである。[*2]

【解釈・運用】

1　各号の取消事由の趣旨は、以下のとおりである。

⑴　第1号については、偽りその他不正の手段により許可等を得た者は、法第49条第2号により罰せられるが、行政上の観点からしても、かかる瑕疵ある行政処分を引き続き有効なものとして扱うことは公益に合致しないので、これを取消事由としているものである。[*3]

⑵　第2号については、人的欠格事由に該当するような者が引き続き風俗営業を

[*1]　本条が一定の事実が判明した場合に許可の取消しを行うことができることとしているのに対し、法第26条では許可の取消し又は6月を超えない範囲内で期間を定めて当該風俗営業の営業の全部若しくは一部の停止を命ずることができることとしている点が異なっている。
　　このように、法は、風俗営業の取消しに関する規定を第8条と第26条に分けて規定しているが、両者の考え方の違いは、第8条の取消しは、当該規定が第2章（風俗営業の許可等）に置かれていることからも分かるように、風俗営業の許可の基準に照らして風俗営業の許可を取り消す場合を定めている（同条第1号及び第2号ではそもそも許可を与えるべきではない場合を、同条第3号及び第4号では許可を与えておく意味に乏しい場合を定めている。）のに対し、第26条第1項の取消しは第3章（風俗営業者の遵守事項等）に規定されており、風俗営業者の行った一定の行為に照らして許可を取り消すべき場合を定めている点にある。

[*2]　昭和59年改正以前は条例で許可の取消しについて規定されていた（旧施行条例基準第12条参照）。

[*3]　S59改正逐条76頁、77頁

営むことができることとしたのでは、人的欠格事由を設けた趣旨が没却されてしまうため、これを取消事由としているものである。[*4]

(3) 第3号については、風俗営業の許可を受けてから6月以内に営業を開始せず、又は引き続き6月以上営業を休止している場合、これによって公安委員会が許可を与えた本旨が没却されているものと言わざるを得ず、また風俗営業の許可を受けた者という法的に保護されるに値する地位の上に眠る者と評価される面もあること等から、これを取消事由としているものである。[*5]

(4) 第4号については、3月以上所在不明の場合、許可を受けた者により風俗営業の業務が適正に行われることが客観的に期待し得ないため、これを取消事由としているものである。[*6]

2 本条においては、一定の事実が判明した場合に公安委員会が当該風俗営業の許可を「取り消さなければならない」と規定せず、「許可を取り消すことができる」と規定しているが、これは、本条の規定による風俗営業の許可の取消しは、一旦与えた風俗営業の許可を将来に向かって廃止するものであることから、本条各号に掲げる事実が判明した場合において、善良の風俗と清浄な風俗環境の保持及び少年の健全な育成に障害を及ぼす行為の防止の観点から問題であると認められたときに、公安委員会が許可の取消しの権限を行使することができることを表したものである。[*7*8]

3 本条第3号の規定は、営業の意思があり、かつ、営業を行う能力が将来にわたって認められるにもかかわらず、やむを得ない事由により営業の開始又は再開ができない場合について定めたものである。

---

*4 S59改正逐条76頁、77頁

*5 同上

*6 同上

*7 ただし、本条各号に掲げる事実が判明している場合には、一般的には、善良の風俗と清浄な風俗環境の保持及び少年の健全な育成に障害を及ぼす行為の防止の観点から問題があると認められ、許可の取消しの対象になるものと考えられる。

*8 東京高判平成11年3月31日では、「(中略) 許可後の取消し（撤回）の場合には、当初の許可の是非の判断と異なり、当初の許可を前提として新たな法律秩序が次々と形成されているから、違反行為の性質、態様などに伴う取消し（撤回）の必要性、取消し（撤回）による相手方への影響の程度も比較考量の上、取消し（撤回）の是非を判断するのが相当であると解される。また、法8条の法文は「取り消すことができる。」という規定となっているところ、法8条各号のうち、特に3、4号の取消原因（中略）については、公安委員会の適切な裁量による取消権の行使が期待されていると考えられ（中略）、法8条の他の号についても、同条の「取り消すことができる。」との規定振りは公安委員会の権限を示すのみでなくその裁量の余地を示した規定とみることが相当である」との判断が示されている。

88　第2章　風俗営業の許可等

　「正当な事由」とは、経済情勢の変化や自然災害の発生等許可を受ける時点では予測し得なかった事態が発生したこと等営業を開始できず、又は営業を休止せざるを得ないことについて合理的な理由がある場合をいう。したがって、単なる経営不振や資金入手の見込み違いにより営業の開始又は再開が見込めない場合については、「正当な事由」には当たらない。

　また、たとえ「正当な事由」によって営業を開始せず、又は休止したとしても、営業の開始又は再開までに通常要する期間が経過した後はもはや「正当な事由」によるものとは認められない。例えば、営業所を修繕しようとして営業を休止した後、単なる経営不振により資金繰りが悪化して営業再開のめどが立たなくなったという場合、当初予定していた修繕に要していたであろう合理的期間が経過した後6月以上が経過すれば、公安委員会は当該許可を取り消すことができる。[*9]

4　公安委員会がそのあらかじめ指定する医師の診断に基づき第4条第1項第4号に該当すると認めた者について行う本条の規定による取消しについては、行政手続法第3章（第12条及び第14条を除く。）の規定は、適用しないこととされている（法第41条の2）。[*10][*11]

（構造及び設備の変更等）

第九条　風俗営業者は、増築、改築その他の行為による営業所の構造又は設備の変更（内閣府令で定める軽微な変更を除く。第五項において同じ。）をしようとするときは、国家公安委員会規則で定めるところにより、あらかじめ公安委員会の承認を受けなければならない。

2　公安委員会は、前項の承認の申請に係る営業所の構造及び設備が第四条第二項第一号の技術上の基準及び第三条第二項の規定により公安委員会が付した条件に適合していると認めるときは、前項の承認をしなければならない。

3　風俗営業者は、次の各号のいずれかに該当するときは、公安委員会に、内閣府令で定める事項を記載した届出書を提出しなければならない。この場合において、当該届出書には、内閣府令で定める書類を添付しなければならない。

---

*9　解釈運用基準第32−1(2)

*10　法第41条の2の規定による診断を行う医師の指定は、精神保健及び精神障害者福祉に関する法律（昭和25年法律第123号）第18条第1項の規定により精神保健指定医に指定された医師のうちから行うものとし、当該医師を指定したときは公示するものとする。また、これらの旨を都道府県公安委員会規則に定めておくことが望ましい（解釈運用基準第32−1(1)）。

*11　法第41条の2の解説も参照されたい。

第9条　構造及び設備の変更等　　*89*

　　一　第五条第一項各号（第三号及び第四号を除く。）に掲げる事項（同項第二
　　　号に掲げる事項にあつては、営業所の名称に限る。）に変更があつたとき。
　　二　営業所の構造又は設備につき第一項の軽微な変更をしたとき。
4　前項第一号の規定により届出書を提出する場合において、当該届出書に係る
　事項が許可証の記載事項に該当するときは、その書換えを受けなければならな
　い。
5　第一項の規定は、第十条の二第一項の認定を受けた風俗営業者が営業所の構
　造又は設備の変更をしようとする場合については、適用しない。この場合にお
　いて、当該風俗営業者は、当該変更をしたときは、公安委員会に、内閣府令で
　定める事項を記載した届出書を内閣府令で定める添付書類とともに提出しなけ
　ればならない。

参照：内閣府令第2条〜第4条、施行規則第19条・第20条・第22条

【趣旨】

　本条は、風俗営業者が行う営業所の構造又は設備の変更等に係る手続について規
定するものである。すなわち、風俗営業の許可基準として営業所の構造設備につい
ての基準が設けられていることに鑑み、当該基準を設けた趣旨が没却されてしまう
ことのないよう、許可後に営業所の構造又は設備を変更する場合には、公安委員会
の承認又は公安委員会への届出の手続を経ることとされたものである。[*1]

【沿革】

　本条の規定は昭和59年の法改正において、風俗営業の許可手続が法律事項とされ
た際に併せて設けられたものである。[*2]

【解釈・運用】

1　本条の対象となるのは、既に許可を受けている風俗営業の営業所をベースにそ
　の構造及び設備を変更する場合であるから、例えば既存の営業所を除却し、新た
　に営業所を新築するような場合は、新規に風俗営業の許可を受ける必要があり、
　本条の対象とはならない。[*3]

＊1　藤山注解(1)375頁参照
＊2　昭和59年改正以前は条例で構造設備の増築等の承認について規定されていた（旧施行条例基
　　準第10条参照）。
＊3　いかなる場合に新規の許可を要するかについては、第3条の解説（56頁）を参照されたい。

90　第2章　風俗営業の許可等

2　第1項の「あらかじめ」とは、変更に係る営業所の部分を風俗営業の用に供する前にという意味であり、同項の規定による公安委員会の承認は、変更のための工事等が終了してから行われるものであることに留意する必要がある。[*4]

3　内閣府令第2条第4号では、「営業の方法の変更に係る構造又は設備の変更」は、本条第1項の「軽微な変更」に当たらないこととされているところ、まあじゃん屋をぱちんこ屋に変更する場合、和風料理店を洋風カフェーに変更する場合等、営業の種類を変えることにより営業の方法に基本的な変更がある場合が、これに該当することとなる。したがって、許可証に記載の「営業の種類」を異にする営業方法の変更については、あらかじめ公安委員会の承認を要することとなる。[*5]

4　本条第3項第2号の規定による届出を要する構造又は設備の変更は、営業所の小規模の修繕又は模様替、食器棚その他の家具（作り付けのものを除く。）、飲食物の自動販売機その他これに類する設備の設置又は入替え、照明設備、音響設備又は防音設備の変更、遊技設備（ぱちんこ屋及び令第8条に規定する営業に係る遊技機を除く。以下本条解説において同じ。）の増設又は交替（遊技設備の区分（施行規則別記様式第1号の許可申請書その2（B）又はその2（C）の遊技設備の区分）ごとの数の変更がある場合に限る。）等である。[*6]

5　次に掲げる構造又は設備の変更（上記4に該当するものを除く。）については、本条第3項の届出を要しない。[*7]
　①　軽微な破損箇所の原状回復
　②　照明設備、音響設備等の同一の規格及び性能の範囲内で行われる設備の更新
　③　法第2条第1項第5号の営業における遊技設備のソフトウェアのみの入替え及びそれに伴う操作部分の変更
　④　遊技設備の位置の変更
　⑤　営業所内の見通しを妨げない程度の軽微な椅子、テーブル等の配置の変更

6　第3項第1号に規定する事項のうち、風俗営業者の氏名又は名称及び住所に係る変更が、風俗営業者の交替を含むものでないことは言うまでもない。一方、法人の役員の氏名及び住所に係る変更については、それらの者が辞任し新たな役員が選任されたような場合も含む。[*8]

---

*4　S59改正逐条78頁
*5　解釈運用基準第17-1(1)
*6　解釈運用基準第17-1(2)
*7　解釈運用基準第17-1(3)
*8　藤山注解(1)378頁

7　公安委員会は、法第５条第１項第５号に掲げる事項の変更に係る本条第３項第
　　１号の規定により届出書の提出があった場合には、当該届出に係る管理者につい
　　て、法第24条第２項各号のいずれかに当たるかどうかを確認し、該当するとき
　　は、同条第５項の規定に基づき、当該管理者の解任の勧告をするものとする。*9
8　第５項は、特例風俗営業者が営業所の構造又は設備の変更をしようとする場合
　　については、あらかじめ公安委員会に変更の承認を申請することは要せず、事後
　　に届出書を提出すれば足りることを規定したものである。このように、特例風俗
　　営業者が営業所の構造又は設備を変更する場合について公安委員会の関与を軽減
　　しているのは、特例風俗営業者にあっては、通常の営業者と比べて、遵法意識及
　　び適正な営業を営むために必要とされる法令に関する知識をより一層備えている
　　と考えられ、このような者が行う構造又は設備の変更は、結果的に構造及び設備
　　の基準に適合している可能性が高いと期待できることによるものである。

【罰則】

　　第１項の規定に違反して同項の承認を受けないで営業所の構造又は設備（法第４
条第４項に規定する遊技機を含む。）の変更をした者は、法第50条第１項第１号に
より処罰される（罰則：１年以下の懲役若しくは100万円以下の罰金又はこれらの
併科）。

　　偽りその他不正の手段により第１項の承認を受けた者は、法第50条第１項第２号
により処罰される（罰則：１年以下の懲役若しくは100万円以下の罰金又はこれら
の併科）。

　　第３項の規定に違反して届出書を提出せず、又は同項の届出書若しくは添付書類
であって虚偽の記載のあるものを提出した者は、法第55条第３号により処罰される
（罰則：30万円以下の罰金）。

　　第５項後段の規定に違反して届出書を提出せず、又は同項後段の届出書若しくは
添付書類であって虚偽の記載のあるものを提出した者は、法第54条第２号により処
罰される（罰則：50万円以下の罰金）。

　（許可証の返納等）
第十条　許可証の交付を受けた者は、次の各号のいずれかに該当することとなつ
　　たときは、遅滞なく、許可証（第三号の場合にあつては、発見し、又は回復し
　　た許可証）を公安委員会に返納しなければならない。

---

*9　解釈運用基準第17－1(4)

92   第2章　風俗営業の許可等

　　一　風俗営業を廃止したとき（当該風俗営業につき第七条の三第一項の承認を
　　　受けたときを除く。）。
　　二　許可が取り消されたとき。
　　三　許可証の再交付を受けた場合において、亡失した許可証を発見し、又は回
　　　復したとき。
　2　前項第一号の規定による許可証の返納があつたときは、許可は、その効力を
　　失う。
　3　許可証の交付を受けた者が次の各号に掲げる場合のいずれかに該当すること
　　となつたときは、当該各号に掲げる者は、遅滞なく、許可証を公安委員会に返
　　納しなければならない。
　　一　死亡した場合（相続人が第七条第一項の承認の申請をしなかつた場合に限
　　　る。）　同居の親族又は法定代理人
　　二　法人が合併以外の事由により解散した場合　清算人又は破産管財人
　　三　法人が合併により消滅した場合（その消滅までに、合併後存続し、又は合
　　　併により設立される法人につき第七条の二第一項の承認がされなかつた場合
　　　に限る。）　合併後存続し、又は合併により設立された法人の代表者

参照：施行規則第23条

【趣旨】

　本条は、許可証の交付を受けた者等が許可証の返納をしなければならない場合等
について定めたものである。
　このように許可証の返納を義務付けているのは、その法的意味を失った許可証が
関係者の手元にあることにより生ずるおそれのある不都合を未然に防止するためで
ある。[1]

【沿革】

　本条の規定は昭和59年の法改正において、風俗営業の許可手続が法律事項とされ
た際に併せて設けられたものである。

【解釈・運用】

1　第1項の「許可証の交付を受けた者」には、法第5条第2項の規定により公安

---

*1　S59改正逐条82頁

委員会から許可証の交付を受けた者のほか、法第７条第５項（法第７条の２第３項又は第７条の３第３項において準用する場合を含む。）の規定により許可証の書換えを受けた者を含む。

2　本項第１号の「風俗営業を廃止したとき」とは、行っていた風俗営業を事実上やめることをいう。

3　本項第２号の「許可が取り消されたとき」とは、法第８条又は第26条第１項の規定に基づき、公安委員会が当該風俗営業の許可を取り消した場合をいう。

4　第２項は、第１項第１号の規定による許可証の返納があったときは、当該風俗営業の許可は、その効力を失う旨を定めている。したがって、風俗営業を廃止した場合であっても、許可証の返納があるまでは、許可は有効なものとして取り扱われることとなる。[*2]

【罰則】

　第１項の規定に違反した者は、法第55条第４号により処罰される（罰則：30万円以下の罰金）。

　第３項の規定に違反した者は、法第57条第２号により10万円以下の過料に処せられる。

（特例風俗営業者の認定）

第十条の二　公安委員会は、次の各号のいずれにも該当する風俗営業者を、その申請により、第六条及び第九条第一項の規定の適用につき特例を設けるべき風俗営業者として認定することができる。

　一　当該風俗営業の許可（第七条第一項、第七条の二第一項又は第七条の三第一項の承認を受けて営んでいる風俗営業にあつては、当該承認）を受けてから十年以上経過していること。

　二　過去十年以内にこの法律に基づく処分（指示を含む。以下同じ。）を受けたことがなく、かつ、受けるべき事由が現にないこと。

　三　前二号に掲げるもののほか、当該風俗営業に関し法令及びこの法律に基づく条例の遵守の状況が優良な者として国家公安委員会規則で定める基準に適合する者であること。

2　前項の認定を受けようとする者は、公安委員会に、次の事項を記載した認定

---

*2　S59改正逐条83頁

申請書を提出しなければならない。この場合において、当該認定申請書には、内閣府令で定める書類を添付しなければならない。

一　氏名又は名称及び住所並びに法人にあつては、その代表者の氏名

二　営業所の名称及び所在地

三　営業所の構造及び設備の概要

3　公安委員会は、第一項の認定をしたときは、国家公安委員会規則で定めるところにより、認定証を交付しなければならない。

4　公安委員会は、第一項の認定をしないときは、国家公安委員会規則で定めるところにより、申請者にその旨を通知しなければならない。

5　認定証の交付を受けた者は、当該認定証を亡失し、又は当該認定証が滅失したときは、速やかにその旨を公安委員会に届け出て、認定証の再交付を受けなければならない。

6　公安委員会は、第一項の認定を受けた者につき次の各号のいずれかに該当する事由があつたときは、当該認定を取り消さなければならない。

一　偽りその他不正の手段により当該認定を受けたことが判明したこと。

二　当該風俗営業の許可が取り消されたこと。

三　この法律に基づく処分を受けたこと。

四　第一項第三号に該当しなくなつたこと。

7　認定証の交付を受けた者は、次の各号のいずれかに該当することとなつたときは、遅滞なく、認定証（第三号の場合にあつては、発見し、又は回復した認定証）を公安委員会に返納しなければならない。

一　当該風俗営業を廃止したとき。

二　認定が取り消されたとき。

三　認定証の再交付を受けた場合において、亡失した認定証を発見し、又は回復したとき。

8　前項第一号の規定による認定証の返納があつたときは、認定は、その効力を失う。

9　認定証の交付を受けた者が次の各号に掲げる場合のいずれかに該当することとなつたときは、当該各号に掲げる者は、遅滞なく、認定証を公安委員会に返納しなければならない。

一　死亡した場合　同居の親族又は法定代理人

二　法人が合併以外の事由により解散した場合　清算人又は破産管財人

三　法人が合併により消滅した場合　合併後存続し、又は合併により設立され

第10条の2　特例風俗営業者の認定　　*95*

> た法人の代表者

参照：内閣府令第5条、施行規則第21条・第24条～第26条

【趣旨】

本条は、特例風俗営業者の認定について規定するものである。

【沿革】

本条は、平成10年の法改正において設けられたものである。一口に、許可を受けた風俗営業者といっても、法令の規定に従い健全に営業を営んでいる者から営業に関し違法行為を繰り返す悪質な業者まで様々な営業者が存在するところ、従来は、違法行為を行った営業者に対し、行政処分や刑事処分が課せられる場合があることは別として、健全な営業者にも不健全な営業者にも同じ内容の規制を課すこととされており、健全な営業への動機付けという配慮がなされていなかった。

そこで、一定の期間にわたって適正な営業を継続してきた営業者について、その実績を評価・称揚するとともに、その遵法意識等に期待して一定の規制を緩和する等の優遇措置を設けることにより、営業者全体を健全な営業に誘導することとしたものである。[1]

【解釈・運用】

1　特例風俗営業者の認定は、風俗営業の許可と同じく営業所を単位とするものであるから、営業者が同一であっても、認定に係る営業所以外の営業所については、認定を受けたことにはならない。

2　第1項第1号で、許可又は相続等の承認を受けてから10年以上経過していることを認定の要件としたのは、営業を継続する意思を推認するためには一定期間営業を営んできたことを実績とする必要があること、平成10年の法改正当時における許可年数別行政処分の状況を見ると、営業年数が10年を超えた場合には、処分を受けることとなる確率が相当程度減少しており、以後の遵法営業が期待できると考えられたことによるものである。また、これに伴い、過去10年以内に処分を受けたことがないこと等（第1項第2号及び第3号）を認定の要件とし、その間健全な営業に努めてきたことを担保することとしている。[2]

---

*1　学論集H10⑵46頁
*2　学論集H10⑵47頁

96　第2章　風俗営業の許可等

3　第1項第2号の「この法律に基づく処分（指示を含む。）」とは、当該営業に関するもののみならず、およそこの法律に基づくものを全て含む。したがって、その者が複数の営業を営む場合又は営んでいた場合にあっては、その全てについて過去10年以内に処分を受けていないことを要する。第6項第3号の「この法律に基づく処分」の意義についても同様である。^{*3}

4　第1項第3号の「国家公安委員会規則で定める基準」は、施行規則第24条において定められているところ、同条第2号中「法第24条第7項の規定に違反したこと」とは、風俗営業者が講習を当該営業所の管理者に受けさせる義務を履行しなかったことをいい、「病気その他のやむを得ない理由」（施行規則第40条第2項）により当該管理者が当該講習を受けなかった場合において、次の講習の機会に受講させたときは、これに当たらない。^{*4}

5　認定証の「営業」の前の空欄に記載する営業の種類については、風俗営業の許可証に記載することとされている営業の種類を用いることとしている。^{*5}

6　風俗営業者が死亡（風俗営業者が法人である場合にあっては消滅）した場合は、当該営業に係る認定は失効することとなる。したがって、法第7条第1項又は第7条の2第1項の承認を受けて風俗営業者の地位を承継した者であっても、本条第1項の認定を受けるためには、承認を受けてから10年以上経過していること等の同項各号の要件を満たす必要がある。^{*6}

【罰則】

　偽りその他不正の手段により第1項の認定を受けた者は、法第50条第1項第3号により処罰される（罰則：1年以下の懲役若しくは100万円以下の罰金又はこれらの併科）。

　第2項の認定申請書又は添付書類であって虚偽の記載のあるものを提出した者は、法第54条第3号により処罰される（罰則：50万円以下の罰金）。

　第7項の規定に違反した者は、法第55条第5号により処罰される（罰則：30万円以下の罰金）。

　第9項の規定に違反した者は、法第57条第3号により10万円以下の過料に処せられる。

＊3　解釈運用基準第16－1
＊4　解釈運用基準第16－2
＊5　解釈運用基準第16－3
＊6　解釈運用基準第16－4

（名義貸しの禁止）

第十一条　第三条第一項の許可を受けた者は、自己の名義をもつて、他人に風俗営業を営ませてはならない。

【趣旨】

本条は、名義貸し[*1]を禁止する旨を定めたものである。

【沿革】

昭和59年の法改正前には、名義貸しの禁止は各都道府県の条例により規定されていたが[*2]、同年の改正において、これを法律事項とするとともに、無許可営業と同視し得る悪質な行為として罰則が強化されたものである。[*3][*4]

【解釈・運用】

1　「第3条第1項の許可を受けた者」とは、法第3条第1項の規定により公安委員会から風俗営業の許可を受けた者をいうが、法第7条第1項の規定により風俗営業の相続の承認を受けた者も「被相続人に係る風俗営業者の地位を承継する」のであるから、これに含まれる。[*5]

2　風俗営業者が他者に業務を委託することは、施行規則第38条第12号の規定等に鑑み法の想定しているところであるといえるが、本条において名義貸しが禁止されている以上、次の委託等であって、営業の基本的事項の一切又は大部分に係るものであり、かつ、風俗営業の許可を受けた者自身がほとんどこれに関与していないといった形態の委託は、本条の趣旨を没却するものとして許されないものとされている。[*6]

○　従業者の採否及び教育の委託

○　営業の基本方針の決定の委託

○　売上げの管理の委託

＊1　名義貸しとは、許可を受けた者が自ら営業を営まず、表面的に自己が営業者であるかのように装って、実質的には他の者にその計算において営業を営ませることをいう（蔭山注解(1)397頁、飛田条解237頁参照）。

＊2　旧施行条例基準第18条参照

＊3　Ｓ59改正逐条84頁

98　第2章　風俗営業の許可等

【罰則】

　本条の規定に違反した者は、法第49条第3号により処罰される（罰則：2年以下の懲役若しくは200万円以下の罰金又はこれらの併科）。

＊4　名義貸しの悪質性と法第26条第1項に基づく取消処分との関係について、最判平成12年3月21日は以下の判断を示している（法第26条の解説も併せて参照されたい。）。

　　「一般に、法11条に違反する名義貸し行為が悪質であり、その違法性が重大であることはいうまでもないものの、（中略）名義貸しについては第二要件の充足の有無を検討するまでもなく直ちに風俗営業の許可を取消し得るとすることは、法の規定を無視するものであって、採ることができない。」

　　「しかしながら、（中略）名義貸しがされた場合に、その行為の類型的特質にかんがみて、特段の事情のない限り第二要件を充足すると認められるならば、営業許可の取消しはなお可能である。」

　　「（中略）名義貸しをすることは、（中略）風俗営業許可制度を根底から危うくするものであって、それ自体が法の右目的に著しく反する類型の行為であることは明らかである。また、（中略）一般に、他人の名義を借りて風俗営業を営む者は、自己の名義をもって許可を受けることに支障がある者であることが多いと推測されるのであり、名義貸し行為は、そのような者が公安委員会の監督を逃れて無許可で風俗営業を営むことを助長し、隠ぺいする行為であって、それ自体が法の立法目的を著しく害するおそれのある行為であるといわなければならない。」

　　「そうであれば、形式的には名義貸しといわざるを得ないものの法の立法目的を著しく害するおそれがあるとはいい難いような特段の事情が認められる場合は別として、そうでない限り、名義貸しは、類型的にみて「著しく善良の風俗若しくは清浄な風俗環境を害し、若しくは少年の健全な育成に障害を及ぼすおそれがある」場合に当たると解するのが相当である。」

　　「（中略）以上のように考えると、名義貸しは、特段の事情が認められない限り、第一要件とともに第二要件をも充足すると認めることができるのであって、このように名義貸しが第二要件をも充足すると認められる以上、これを理由に風俗営業の許可を取り消すことは、第一要件のほかに第二要件を定めた法の趣旨に反するとはいえず、立法者の意思に反するものともいえない。」

＊5　S59改正逐条84頁
＊6　蔭山注解(1)399頁

第3章　風俗営業者の遵守事項等

（構造及び設備の維持）
第十二条　風俗営業者は、営業所の構造及び設備を、第四条第二項第一号の技術上の基準に適合するように維持しなければならない。

【趣旨】

本条は、風俗営業の営業所の構造及び設備の維持について規定するものである。

【沿革】

昭和59年の法改正以前は、営業所の構造及び設備については、条例において基準が定められており、公安委員会は、営業所の構造設備が当該基準に違反するときは、許可をしてはならないこととされていたが、当該基準の維持に関しては必ずしも明文の規定が置かれていなかった。[＊1]

そこで、昭和59年の法改正により、営業所の構造及び設備の基準が許可の基準として法律事項とされるとともに、本条が新たに設けられたものである。

【解釈・運用】

1　法第４条第２項第１号の「技術上の基準」は、風俗営業の許可をする際の営業所の構造及び設備の基準である。本条は、当該基準に従って公安委員会が許可をした場合には、その後においても善良の風俗の保持等を図るため、当該基準に適合するように営業所の構造及び設備を維持する義務を風俗営業者に課しているものである。[＊2]

2　本条における「技術上の基準」については、法第４条第２項第１号において「営業所の構造又は設備（第４項に規定する遊技機を除く。……第12条……において同じ。）」と規定されていることから、ぱちんこ営業の営業所に設置される遊技機の基準は含まれない。[＊3]

3　例えば、ぱちんこ営業の営業所において、写真、広告物等の設備が著しく射幸

＊１　旧施行条例基準第15条、第25条及び第26条参照
＊２　Ｓ59改正逐条86頁、蔭山注解⑴401頁

100 第3章 風俗営業者の遵守事項等

心をそそるおそれがあるもの又は法違反の行為を行っていることをうかがわせる
ものであるなど善良の風俗又は清浄な風俗環境を害するおそれがあると認められ
る場合は、本条違反に該当するものとされている。[*4]

（営業時間の制限等）

第十三条　風俗営業者は、深夜（午前零時から午前六時までの時間をいう。以下
　同じ。）においては、その営業を営んではならない。ただし、都道府県の条例
　に特別の定めがある場合は、次の各号に掲げる日の区分に応じそれぞれ当該各
　号に定める地域内に限り、午前零時以後において当該条例で定める時までその
　営業を営むことができる。

　一　都道府県が習俗的行事その他の特別な事情のある日として当該条例で定め
　　る日　当該事情のある地域として当該条例で定める地域

　二　前号に掲げる日以外の日　午前零時以後において風俗営業を営むことが許
　　容される特別な事情のある地域として政令で定める基準に従い当該条例で定
　　める地域

2　都道府県は、善良の風俗若しくは清浄な風俗環境を害する行為又は少年の健
　全な育成に障害を及ぼす行為を防止するため必要があるときは、前項の規定に
　よるほか、政令で定める基準に従い条例で定めるところにより、地域を定め
　て、風俗営業の営業時間を制限することができる。

3　風俗営業者は、第一項ただし書の場合において、午前零時から同項ただし書
　に規定する条例で定める時までの時間においてその営業を営むときは、国家公
　安委員会規則で定めるところにより、客が大声若しくは騒音を発し、又は酒に
　酔つて粗野若しくは乱暴な言動をすることその他営業所の周辺において他人に
　迷惑を及ぼすことがないようにするために必要な措置を講じなければならな
　い。

＊3　遊技機については第20条第1項において、営業所に著しく客の射幸心をそそるおそれがある
　　ものとして国家公安委員会規則で定める基準に該当する遊技機を設置して営業を営んではなら
　　ない旨が規定されている。

＊4　例えば、次に該当するような内容を表示した看板、ポスター等を営業所に設置、掲示等すれ
　　ば、本条違反となるとされている。
　　　①入賞を容易にした遊技機の設置をうかがわせる表示、②大当たり確率の設定変更が可能な
　　遊技機について設定状況等をうかがわせる表示、③賞品買取行為への関与をうかがわせる表
　　示、④遊技客が獲得した遊技球等の数を示し、これに付随して賞品買取所における買取価格等
　　を直接的又は間接的に示す表示、⑤著しく多くの遊技球等の獲得が容易であることをうかがわ
　　せる表示

4　風俗営業者は、第一項ただし書の場合において、午前零時から同項ただし書に規定する条例で定める時までの時間においてその営業を営むときは、国家公安委員会規則で定めるところにより、営業所ごとに、苦情の処理に関する帳簿を備え付け、必要な事項を記載するとともに、苦情の適切な処理に努めなければならない。

参照：令第9条・第10条、施行規則第27条～第29条

【趣旨】

　本条は、風俗営業の営業時間の制限並びに深夜に営業を営む場合の営業所周辺における客の迷惑行為の防止及び苦情の適切な処理について規定するものである。

　本条が設けられたのは、深夜における営業は、風俗上の問題が発生しやすいことを踏まえたことによるものと解される。[*1]

【沿革】

　昭和59年の法改正前は、風俗営業の営業時間については条例により定められており、午後11時以降の午前10時までの営業が禁止されるなどしていたが、[*2]同改正により法律事項とされるとともに、原則として午前0時（都道府県が習俗的行事その他の特別な事情がある日として条例で定める日にあっては、その定める時）から日の出時まで[*3]以外の時間の営業が可能となった。その後、平成10年の法改正では、特別な事情の認められる地域として都道府県が条例で定める地域（営業延長許容地域）については、午前1時まで営業を営むことが可能となった。

　さらに、平成27年の法改正では、国民の生活様式の多様化や生活時間帯の変化、深夜における娯楽の充実を求める国民の声の高まり等を踏まえ、深夜に客に遊興と飲食をさせる特定遊興飲食店営業の制度を新設することとしたが、これに伴い、風俗営業についても午前1時を超えて営業を継続したいとの要望が生じることも予想されたことから、都道府県が実情に応じて営業時間の制限をより柔軟に定めることができるよう、営業延長許容地域においては、午前0時以後の条例で定める時まで風俗営業を営むことを認めることとされた。また、これに伴い、深夜に長時間にわたって営まれる風俗営業が周辺地域の風俗環境等を害することがないよう、深夜に

＊1　蔭山注解(1)407頁、学論集H27(1)80頁参照
＊2　旧施行条例基準第20条参照
＊3　平成27年の法改正により、午前6時に改められた。

102 第3章 風俗営業者の遵守事項等

営業を営む風俗営業者に対し、営業周辺における客の迷惑行為の防止措置や苦情の適切な処理を義務付けることとされた。[*4]

【解釈・運用】

1 第1項の「特別な事情のある地域」について、条例で定める時まで深夜における営業を認めることとしているのは、風俗営業、特定遊興飲食店営業、深夜酒類提供飲食店営業等の営業所が密集している等の地域においては、深夜時間帯においても風俗営業を利用したいという国民の要望が高いと予想されたこと、そのような地域においては風俗営業の営業を深夜まで延長したとしても、それによる周辺の風俗環境を害することとなるおそれは比較的小さいと考えられたこと等によるものである。[*5]

2 第1項の「特別な事情のある地域として政令で定める基準」は、令第9条第1号において定められている。[*6]

3 令第9条第1号イにおいて「1平方キロメートルにつきおおむね300箇所以上」を基準としているのは、これが平成10年の法改正当時における全国の商業地域内に所在する風俗営業等の営業所の数を全国の商業地域の面積で除した数であることを踏まえ、全国平均レベルで見た商業地域より風俗営業所等が密集している地域を、絶対的な密集地域とみなす趣旨である。[*7]

4 令第9条第1号ロ(3)において「隣接する地域」を除外しているのは、地域における特別な事情があることは、周囲への風俗環境への影響がないことを意味するものではないことから、営業延長許容地域の指定が周囲の風俗環境に及ぼす影響を最小限度にするべく、特に住居集合地域等において、営業延長許容地域に隣接することとならないよう、これらの地域との間に緩衝地帯を設けることを指定の要件としたものである。[*8]

---

*4 学論集H27(1)100頁
*5 学論集H10(2)49頁
*6 風俗営業等の営業所が1平方キロメートル当たり約300箇所以上の割合で設置されている地域であること（第1号イ）、次に掲げる地域でないこと。(1)住居が多数集合しており、住居以外の用途に供される土地が少ない地域（住居集合地域）、(2)住居集合地域以外の地域のうち、住居の用に併せて商業又は工業の用に供されている地域で、住居が相当数集合しているため、深夜における当該地域の風俗環境の保全につき特に配慮を必要とするもの、(3)(1)又は(2)に掲げる地域に隣接する地域（幹線道路の各側端から外側おおむね50メートルを限度とする区域内の地域を除く。）（第1号ロ）
*7 学論集H10(2)50頁
*8 学論集H10(2)50頁

5　営業延長許容地域の指定及びその変更は、風俗営業の種類、態様等に応じて良好な風俗環境の保全に障害を及ぼすこととならないよう配慮するとともに、風俗営業者の団体による営業時間制限の遵守等に関する自主的な活動等にも配意すべきこととされている（令第９条第１項第２号）。これは、営業延長許容地域の指定が行い得るとしても、風俗営業の種類、態様等によっては、なお指定しない方が望ましいケースがあること、当該営業者の団体による自主規制が期待できる地域であることが望ましいことを意味するものである。[*9]

6　第２項の「政令で定める基準」については、令第10条において、地域及び風俗営業の種類ごとに、営業を営んではならない時間を指定して行うこと等が定められている。

7　風俗営業終業後に引き続き同一の営業所を利用して特定遊興飲食店営業又は飲食店営業を営むことは、時間外営業等の脱法行為を誘発するおそれがあるので、次のような措置が講じられ、営業の継続性が完全に断たれる場合に限り、特定遊興飲食店営業又は飲食店営業としての継続を認めるものとしている。[*10]

　①　接待飲食等営業については、全ての客を帰らせるとともに、接客従業者も帰らせ（客としても残らせないものに限る。）、別会計にして営業すること。

　②　ゲームセンター等については、遊技設備設置部分を区画して当該部分を閉鎖して立ち入れないこととすること又は遊技設備を撤去する（遊技設備の元の電源を切り、かつ、遊技設備に覆いを掛けるなど撤去に準じる措置を講じることでも差し支えない。）ことによって営業すること。

8　第３項の「必要な措置」の具体的内容は、施行規則第27条において定められている。

9　第４項の「必要な事項」の具体的内容は、施行規則第28条第１項において定められている。また、同条第２項により、苦情の処理に関する帳簿については、当該帳簿に最終の記載をした日から起算して３年間保存しなければならないこととされている。

＊９　学論集Ｈ10(2)50頁
＊10　解釈運用基準第17－２

104 第3章 風俗営業者の遵守事項等

（照度の規制）

第十四条 風俗営業者は、国家公安委員会規則で定めるところにより計つた営業
所内の照度を、風俗営業の種別に応じて国家公安委員会規則で定める数値以下
としてその営業を営んではならない。

参照：施行規則第30条・第31条

【趣旨】

本条は、風俗営業の照度規制について規定するものである。

【沿革】

本条は、昭和59年の法改正により設けられたものである。これにより、同改正前
には条例で規定されていた営業所内の照度に係る規制が法律事項とされ、全国的な
統一がなされた。

【解釈・運用】

1 本条は、風俗営業に係る営業所内の照度が不相当に低い場合には、善良の風俗
を害する行為等が行われやすいことから設けられたものである。[1]そして、本条
は、照度について、規制の内容を明確にするため、数値により規制することとし
ている。[2]

2 「国家公安委員会規則で定めるところにより計つた営業所内の照度」は施行規
則第30条において、「国家公安委員会規則で定める数値」は施行規則第31条にお
いて定められている。[3]

＊1 藤山注解(1)416頁。第2条の低照度飲食店営業に関する解説（23頁）も参照されたい。

＊2 解釈運用基準第17-3。ただし、法第2条第1項第2号に掲げる営業（低照度飲食店）にお
ける施行規則第2条第2号に掲げる客室（客席のみにおいて客に遊興をさせるための客室に限
る。）については、個々の営業時間につき半分未満の時間に限って、いずれかの測定場所の照
度を5ルクス以下とする場合は、本条の違反には当たらないものとされている。

＊3 解釈運用基準第17-3

第15条　騒音及び振動の規制　　105

（騒音及び振動の規制）
第十五条　風俗営業者は、営業所周辺において、政令で定めるところにより、都
　道府県の条例で定める数値以上の騒音又は振動（人声その他その営業活動に伴
　う騒音又は振動に限る。）が生じないように、その営業を営まなければならな
　い。

参照：令第11条、施行規則第32条

【趣旨】

　本条は、風俗営業の騒音及び振動規制について規定するものである。
　本条の規定が設けられたのは、周辺における清浄な風俗環境を保持するためであ
ると解される。[*1]

【沿革】

　本条は昭和59年の法改正により設けられたものである。これにより、同改正前に
は条例で規定されていた騒音及び振動の規制が法律事項とされ、全国的な統一がな
された。

【解釈・運用】

　法第15条は、風俗営業に係る騒音及び振動について、現下のカラオケ騒音の問題
等に鑑み、規制の内容を明確にするため、数値により規制することとしている。[*2]具
体的な数値は、令第11条において定められている。
　施行規則第32条各項の「計量法（平成4年法律第51号）第71条の条件に合格し
た」騒音計及び振動レベル計とは、同法第70条の検定に合格したもののほか、指定
製造事業者が同法第71条の基準に適合するように製造したもの（同法第95条参照）
をいう。[*3]

---

*1　蔭山注解(2)356頁参照
*2　解釈運用基準第17−4
*3　同上

106　第3章　風俗営業者の遵守事項等

（広告及び宣伝の規制）
第十六条　風俗営業者は、その営業につき、営業所周辺における清浄な風俗環境
　　を害するおそれのある方法で広告又は宣伝をしてはならない。

【趣旨】

　本条は、風俗営業の広告及び宣伝の規制について規定するものである。

【沿革】

　本条は昭和59年の法改正により設けられたものである。それまでは条例で営業所
の設備の基準として広告物に係る規制が設けられるなどしていたところ[*1]、同改正
により広告宣伝に係る規制が法律事項とされ、営業所周辺における清浄な風俗環境を
害するおそれのある広告又は宣伝につき規制を行うこととされた。

【解釈・運用】

1　本条は、「営業所周辺における清浄な風俗環境を害するおそれのある方法」で
　の広告及び宣伝を規制しているところ、これは、営業所周辺で行われる広告及び
　宣伝のみを対象とするものではないと解されており、本条の規制の対象となるか
　否かは、当該広告又は宣伝が「営業所周辺における清浄な風俗環境」を害するお
　それがあるか否かで判断するものとされている[*2]。
2　本条は、主として清浄な風俗環境の保持を図るために設けられたものである
　が、憲法上、表現の自由及び営業の自由が保障されていることに鑑み、視覚に訴
　える広告又は宣伝を規制する場合は、公衆の目に触れやすいものの規制に限るこ
　ととされている。具体的には、以下のとおりとされている[*3]。
　○　公道、駅前広場等多数の人間が通行する場所で行われる場合にあっては、当
　　該広告物等が、付近（数メートル程度離れた場所）にいる人間に判別できる程
　　度のものが規制の対象とされる。ただし、プラカードを持って移動する場合の
　　ように、広告物自体を移動させる場合にあっては、すぐ近くで判別できるもの
　　であっても規制の対象とされる。また、ビラ配り等公衆の各人に手渡す場合
　　は、ビラ等の大きさを問わない。

＊1　旧施行条例基準第26条第4号参照
＊2　藤山注解(1)422頁参照
＊3　解釈運用基準第17−5(1)ア

第16条　広告及び宣伝の規制　　*107*

○　公衆電話等公衆が特定の目的のために利用する場所における広告又は宣伝
　は、当該場所を利用する人間が利用の際に広告物等の内容を判別することがで
　きるものであれば規制の対象となる。

　また、聴覚に訴える広告又は宣伝を規制する場合は、通常周囲の騒音との関係
　で、付近にいる公衆が聞くことのできる程度のものが規制の対象とされている。[4]

3　規制の対象となるのは、清浄な風俗環境を害する等この法律の目的に反するも
　のに限られる。[5]

　視覚に訴える広告・宣伝にあっては、典型的には衣服を脱いだ人の姿態や性
　交、性交類似行為、性器等を描写するもの、営業所内で卑わい行為が行われてい
　ることを表すもの、遊技盤上の遊技くぎの操作による遊技球のサービス等著しく
　射幸心をそそるおそれのある行為が行われていることを表すもの等が規制の対象
　となる。[6]

　なお、単に店名及び料金のみを表示する広告・宣伝、単に色彩が派手である広
　告・宣伝等は、清浄な風俗環境を害するおそれがあると認められる場合を除き、
　規制の対象とならない。また、建物の外観は、それが広告又は宣伝に当たるもの
　と解されない限り、本条による規制の対象となるものではない。[7]

　聴覚に訴える広告・宣伝にあっては、その内容が卑わいな場合、著しく射幸心
　をそそるおそれのある場合等が規制の対象となる。また、著しく大きな騒音を発
　生させている場合は、騒音に関する遵守事項の違反となり得るほか、本条の違反
　ともなる。[8]

---

*4　解釈運用基準第17－5(1)イ
*5　解釈運用基準第17－5(2)ア
*6　解釈運用基準第17－5(2)イ
*7　同上
*8　解釈運用基準第17－5(2)ウ

108　第3章　風俗営業者の遵守事項等

（料金の表示）
第十七条　風俗営業者は、国家公安委員会規則で定めるところにより、その営業
　に係る料金で国家公安委員会規則で定める種類のものを、営業所において客に
　見やすいように表示しなければならない。

参照：施行規則第33条・第34条

【趣旨】
　本条は、風俗営業者の料金表示義務について規定するものである。

【沿革】
　本条は昭和59年の法改正により設けられたものである。これにより、同改正前に
は条例で規定されていた料金表示の規制が法律事項とされ、全国的な統一がなされ
た。

【解釈・運用】
　料金の表示方法については施行規則第33条において、表示する料金の種類につい
ては施行規則第34条においてそれぞれ定められている。

（年少者の立入禁止の表示）
第十八条　風俗営業者は、国家公安委員会規則で定めるところにより、十八歳未
　満の者がその営業所に立ち入つてはならない旨（第二条第一項第五号の営業に
　係る営業所にあつては、午後十時以後の時間において立ち入つてはならない旨
　（第二十二条第二項の規定に基づく都道府県の条例で、午前六時後午後十時前
　の時間における十八歳未満の者の立入りの禁止又は制限を定めたときは、午後
　十時以後の時間において立ち入つてはならない旨及び当該禁止又は制限の内
　容））を営業所の入口に表示しなければならない。

参照：施行規則第35条

【趣旨】
　本条は、風俗営業者が、営業所の入口に年少者の立入禁止の表示をすべき義務に
ついて規定するものである。

【沿革】

　本条は昭和59年の法改正により設けられたものである。それまでは一部の施行条例で「18歳未満の者は営業所に立ち入ってはならない旨の表示をしなければならない。」等の規定が置かれていたところ、同改正により法律事項とされるとともに、その表示の方法を国家公安委員会規則で定めることとされた。[*1]

【解釈・運用】

　「国家公安委員会規則で定めるところ」については、施行規則第35条において「法第18条の規定による表示は、同条の規定により表示すべき事項に係る文言を表示した書面その他の物を公衆に見やすいように掲げることにより行うものとする。」と規定されている。

　例えば、5号営業（ゲームセンター等）である場合には、その営業所の入口に「午後10時以後18歳未満の方は立入禁止」である旨を表示しなければならない。ただし、各都道府県の施行条例で、午前6時後午後10時前の時間における18歳未満の者の立入りの禁止又は制限を定めている場合には、その旨を表示しなければならない。[*2]

　また、旅館業を営む者が、風俗営業の許可を受けた上で旅館内の宴会場の一室で接待を行う場合、料理店の客室の一室で接待を行う場合には、実際に風俗営業を営んでいる客室の入口に立入禁止の表示を行うことになる。[*3]

　（接客従業者に対する拘束的行為の規制）

第十八条の二　接待飲食等営業を営む風俗営業者は、その営業に関し、次に掲げる行為をしてはならない。

　一　営業所で客に接する業務に従事する者（以下「接客従業者」という。）に対し、接客従業者でなくなつた場合には直ちに残存する債務を完済することを条件として、その支払能力に照らし不相当に高額の債務（利息制限法（昭和二十九年法律第百号）その他の法令の規定によりその全部又は一部が無効とされるものを含む。以下同じ。）を負担させること。

　二　その支払能力に照らし不相当に高額の債務を負担させた接客従業者の旅券

＊1　S59改正逐条97頁
＊2　ゲームセンター等営業につき一定の場合に18歳未満の年少者の立ち入らせを禁止しないこととしている理由については、第22条の解説（125頁）を参照されたい。
＊3　解釈運用基準第17－9⑷

等（出入国管理及び難民認定法第二条第五号の旅券、道路交通法（昭和
三十五年法律第百五号）第九十二条第一項の運転免許証その他求人者が求職
者の本人確認のため通常提示を求める書類として政令で定めるものをいう。
以下同じ。）を保管し、又は第三者に保管させること。
2　接待飲食等営業を営む風俗営業者は、接客業務受託営業を営む者が当該接客
業務受託営業に関し第三十五条の三の規定に違反する行為又は売春防止法第九
条、第十条若しくは第十二条の罪に当たる違法な行為をしている疑いがあると
認められるときは、当該接客業務受託営業を営む者の使用人その他の従業者で
当該違反行為の相手方となつているものが営業所で客に接する業務に従事する
ことを防止するため必要な措置をとらなければならない。

参照：令第12条

【趣旨】

　本条は、接待飲食等営業を営む風俗営業者による接客従業者に対する拘束的行為
の規制について規定するものである。

【沿革】

　本条は、平成10年の法改正により設けられたものである。従来は、接待飲食等営
業等を営む者が外国人女性等の接客従業者に対し売春を強要する行為については、
売春防止法、職業安定法等の労働関係法令、出入国管理及び難民認定法を適用して
取締りを行ってきたところ、当時、あからさまに売春を強要する形態をとらず、借
金の背負わせ等により事実上売春をさせるように追い込むものや、請負、準委任等
の形態により労働関係法令違反による検挙を免れつつ従業させるもの、外国人女性
に日本人配偶者等の在留資格を取得させ、出入国管理及び難民認定法違反の検挙を
巧みに免れつつ就労させるものが目立ってきており、既存の法令による検挙が困難
になっていた。

　そこで、これらの営業を営む者が接客従業者に対して高額の債務を負担させる行
為等、既存の法令での取締りの隘路となっている行為等を規制するとともに、これ
らの規制に違反した者に対する行政処分等の規定を設けることにより、営業に関し
て行われる売春事犯の防止を図ることとしたものである。[1]

＊1　学論集 H10(2)54頁

第18条の2　接客従業者に対する拘束的行為の規制　*111*

【解釈・運用】

1　本条は、接待飲食等営業を営む風俗営業者の営業所において行われる売春事犯を防止するため、接待飲食等営業を営む風俗営業者が行う行為のうち、接客従業者が売春をすることを助長するおそれがあると認められる拘束的行為を規制するとともに、そのような拘束的行為等の相手方となっている者が営業所において客に接する業務に従事することを防止しようとするものである。[*2]

2　第1項第1号中「客に接する業務」については、第2条第13項の解説（53頁）を参照されたい。

　　「接客従業者でなくなつた場合」とは、当該営業所を退職した場合等をいう。[*3]

　　「その支払能力に照らし不相当に高額の債務」とは、その者が接客従業者として通常得る収入等に照らした返済能力に比べ、社会通念上著しく均衡を失すると認められる程度に高額な債務をいう。[*4]

　　なお、「債務（利息制限法（昭和29年法律第100号）その他の法令の規定によりその全部又は一部が無効とされるものを含む。）」には、公序良俗に反する契約に基づくもの、接待飲食等営業を営む風俗営業者による詐欺若しくは強迫に基づくもの又は接客従業者の錯誤に基づくものも含まれる。[*5]

3　第1項第2号中「保管し」とは、接待飲食等営業を営む風俗営業者又はその代理人等が保管する場合をいい、「第三者に保管させる」とは、接待飲食等営業を営む風俗営業者又はその代理人等が他の者に保管させることをいう。[*6]

　　なお、当該第三者が当該旅券等がその支払能力に照らし不相当に高額な債務を負担させられた接客従業者のものであることを認識していることを要しない。[*7]

4　第2項中「疑いがあると認められるとき」とは、例えば、接客業務受託営業を営む者がその使用人その他の従業者に対して行っている拘束的行為等の具体的な話を聞いた場合等をいう。[*8]

　　「防止するため必要な措置」とは、例えば、当該拘束的行為等の相手方となっている者を接客従業者として派遣することを拒否する旨を申し入れ、又は拒否すること、当該接客業務受託営業を営む者との契約を解除すること等をいう。[*9]

[*2]　解釈運用基準第17−6(1)
[*3]　解釈運用基準第17−6(2)イ
[*4]　解釈運用基準第17−6(2)ウ
[*5]　同上
[*6]　解釈運用基準第17−6(3)イ
[*7]　同上
[*8]　解釈運用基準第17−6(4)ア
[*9]　解釈運用基準第17−6(4)イ

112 第3章 風俗営業者の遵守事項等

> （遊技料金等の規制）
> 第十九条 第二条第一項第四号の営業を営む風俗営業者は、国家公安委員会規則
> で定める遊技料金、賞品の提供方法及び賞品の価格の最高限度（まあじやん屋
> を営む風俗営業者にあつては、遊技料金）に関する基準に従い、その営業を営
> まなければならない。

参照：施行規則第36条

【趣旨】

　本条は、4号営業を営む風俗営業者に対する遊技料金等の規制について規定する
ものである。

【沿革】

　本条は昭和59年の法改正により設けられたものである。これにより、同改正前に
は条例で規定されていた、まあじゃん屋、ぱちんこ屋等に係る遊技料金、賞品の提
供方法及び賞品の価格の最高限度に係る規制が法律事項とされ、全国的な統一がな
された。

【解釈・運用】

1　本条が4号営業につき、特に遊技料金等の規制を行うこととしているのは、4
　号営業が射幸心をそそるおそれのある遊技をさせる営業であることに鑑み、当該
　営業に係る遊技料金等が野放図に流れることにより、善良の風俗等を害する行為
　が行われることを防止することを主なねらいとしているものである。[1][2]
2　遊技料金等の基準は、施行規則第36条において定められている。

---

* 1　S59改正逐条105頁
* 2　本条違反と第25条による指示処分との関係につき、名古屋地判平成12年8月9日では「（中
　　略）法19条は、法2条1項7号の営業を営む風俗営業者が客に射幸心をそそるおそれのある遊
　　技をさせる営業を営む業者であることから、その営業を営む営業者に対して当該営業所におい
　　て善良の風俗を害する行為が行われることのないよう、一般の風俗営業者が遵守すべき義務に
　　加えて「遊技料金、賞品の提供方法及び賞品の価格の最高限度」に関する基準に従ってその営
　　業を営むべき特別の義務を課すことを規定したと解すべきである。したがって、右義務に違反
　　して営業を行うことは類型的に法1条の定める「善良の風俗と清浄な風俗環境を保持し、及び
　　少年の健全な育成に障害を及ぼす行為を防止する」との目的に違反する行為に該当するという
　　べきである。」、「よって、法19条に違反する行為は、特段の事情がない限り、類型的にみて、
　　「善良の風俗若しくは清浄な風俗環境を害し、又は少年の健全な育成に障害を及ぼすおそれが
　　ある」行為に該当すると解するのが相当である。」との判断が示されている。

3　施行規則第36条第2項第1号イにおいては、ぱちんこ屋等について、「当該遊技の結果として表示された遊技球等の数量に対応する金額と等価の物品」を賞品として提供することとされている。これは、当該遊技の結果として表示された遊技球等の数量を玉1個又はメダル1枚に係る遊技料金（消費税額及び地方消費税額を含む。）に乗じて得た額をいう。また、「等価の物品」とは、同等の市場価格を有する物品をいう。市場価格とは、一般の小売店（いわゆるディスカウントストア等も含む。）における日常的な販売価格をいい、特別な割引価格はこれに該当しない。[*3]

　　なお、賞品となる物品の真贋及び市場価格の確認についても、こうした義務を果たすため、営業者が当然に履行すべき重要な義務であると考えられる。[*4]

4　施行規則第36条第2項第1号ハの「遊技の種類及び遊技の方法並びにイ及びロに定める物品その他の事情を考慮して国家公安委員会が定める物品」は、現在のところ定められていない。[*5]

5　施行規則第36条第2項第2号においては、提供する物品について、「客の多様な要望を満たすことができるよう、客が一般に日常生活の用に供すると考えられる物品のうちから、できる限り多くの種類のものを取りそろえておくこと」とされている。そのため、営業者は、賞品となる物品について、多品目にわたる豊富な種類のものを取りそろえるとともに、それらの価格の面でも、様々な価格の物品をバランスよく取りそろえることが重要であると考えられている。[*6]

（遊技機の規制及び認定等）

第二十条　第四条第四項に規定する営業を営む風俗営業者は、その営業所に、著しく客の射幸心をそそるおそれがあるものとして同項の国家公安委員会規則で定める基準に該当する遊技機を設置してその営業を営んではならない。

2　前項の風俗営業者は、国家公安委員会規則で定めるところにより、当該営業所における遊技機につき同項に規定する基準に該当しない旨の公安委員会の認定を受けることができる。

[*3]　解釈運用基準第17－7(1)

[*4]　例えば、ぱちんこ営業者が、賞品となる物品の管理に関する義務を履行せずに偽ブランド品を賞品として陳列し、客に提供する場合には、本条に違反するものと考えられる（学論集H18(2)106頁、118頁参照）。

[*5]　解釈運用基準第17－7(2)

[*6]　学論集H18(2)107頁、蔭山注解(1)451頁等

3 国家公安委員会は、政令で定める種類の遊技機の型式に関し、国家公安委員会規則で、前項の公安委員会の認定につき必要な技術上の規格を定めることができる。

4 前項の規格が定められた場合においては、遊技機の製造業者（外国において本邦に輸出する遊技機を製造する者を含む。）又は輸入業者は、その製造し、又は輸入する遊技機の型式が同項の規定による技術上の規格に適合しているか否かについて公安委員会の検定を受けることができる。

5 公安委員会は、国家公安委員会規則で定めるところにより、第二項の認定又は前項の検定に必要な試験の実施に関する事務（以下「試験事務」という。）の全部又は一部を、一般社団法人又は一般財団法人であつて、当該事務を適正かつ確実に実施することができると認められるものとして国家公安委員会があらかじめ指定する者（以下「指定試験機関」という。）に行わせることができる。

6 指定試験機関の役員若しくは職員又はこれらの職にあつた者は、試験事務に関して知り得た秘密を漏らしてはならない。

7 試験事務に従事する指定試験機関の役員又は職員は、刑法その他の罰則の適用に関しては、法令により公務に従事する職員とみなす。

8 都道府県は、第二項の認定、第四項の検定又は第五項の試験に係る手数料の徴収については、政令で定める者から、実費の範囲内において、遊技機の種類、構造等に応じ、当該認定、検定又は試験の事務の特性を勘案して政令で定める額を徴収することを標準として条例を定めなければならない。

9 前項の場合においては、都道府県は、条例で定めるところにより、第五項の指定試験機関が行う試験に係る手数料を当該指定試験機関へ納めさせ、その収入とすることができる。

10 第九条第一項、第二項及び第三項第二号の規定は、第一項の風俗営業者が設置する遊技機の増設、交替その他の変更について準用する。この場合において、同条第二項中「第四条第二項第一号の技術上の基準及び」とあるのは、「第四条第四項の基準に該当せず、かつ、」と読み替えるものとする。

11 第四項の型式の検定、第五項の指定試験機関その他第二項の規定による認定及び前項において準用する第九条第一項の承認に関し必要な事項は、国家公安委員会規則で定める。

〈第二十条第十項において準用する第九条第一項、第二項及び第三項第二号〉

第20条　遊技機の規制及び認定等　　*115*

第九条　第二十条第一項の風俗営業者は、遊技機の増設、交替その他の変更（内閣府令で定める軽微な変更を除く。）をしようとするときは、国家公安委員会規則で定めるところにより、あらかじめ公安委員会の承認を受けなければならない。

2　公安委員会は、前項の承認の申請に係る遊技機の増設、交替その他の変更が第四条第四項の基準に該当せず、かつ、第三条第二項の規定により公安委員会が付した条件に適合していると認めるときは、前項の承認をしなければならない。

3　第二十条第一項の風俗営業者は、次の各号のいずれかに該当するときは、公安委員会に、内閣府令で定める事項を記載した届出書を提出しなければならない。この場合において、当該届出書には、内閣府令で定める書類を添付しなければならない。

二　遊技機につき第一項の軽微な変更をしたとき。

参照：令第13条・第14条、内閣府令第6条・第7条

【趣旨】

　本条は、ぱちんこ屋等の営業所に設置する遊技機の規制並びに遊技機に係る公安委員会の認定及び検定等について規定するものである。

【沿革】

　本条は、昭和59年の法改正により新たに設けられたものである。それまでも、ぱちんこ屋等については、条例により営業所の設備の基準として著しく射幸心をそそるおそれのある遊技機を設置しないこととされており、これに伴い、ぱちんこ屋等の便宜を図り、併せて、公安委員会の事務の簡素合理化を図るため、全ての都道府県において、事実行為として、遊技機が著しく客の射幸心をそそるおそれがないものであることについてのいわゆる型式の認定が行われていた。

　昭和59年の法改正では、電子部品が組み込まれたぱちんこ遊技機など、ぱちんこ屋等の営業者にとって設置できるかどうかの判断が困難な遊技機が多くなったこと等に鑑み、この事実行為としての型式の認定を法律上の制度として採り入れ、ぱちんこ遊技機の製造業者等は遊技機の型式の検定を受けることができることとするとともに、ぱちんこ屋等の風俗営業者についても遊技機の認定を受けることができることとされた。そして、この認定及び型式の検定につき必要な技術上の規格を遊技機規則で定め、風俗営業者や製造業者等の便宜を図るとともに、遊技機に関する基

116　第3章　風俗営業者の遵守事項等

準の統一化、明確化を図ることとされたものである。[*1]

【解釈・運用】

第1項

1　「第四条第四項に規定する営業を営む風俗営業者」とは、4号営業のうちぱちんこ屋及び令第8条で定める営業を営むものをいう。

2　「著しく客の射幸心をそそるおそれがある」遊技機の基準は、施行規則第8条において規定されている。これは、風俗営業の許可の際の遊技機に関する基準と同じである。

第2項

1　本項は、本条第1項に規定する風俗営業者が、その営業所における遊技機について、著しく射幸心をそそるおそれがあるものとして施行規則第8条で定める基準に該当しない旨の都道府県公安委員会の認定を受けることができることを定めた規定である。

　　この遊技機の認定は任意の制度であるが、本条第1項の風俗営業者が、検定の有効期間の経過等により検定を受けた型式には属さないこととなった遊技機やぱちんこ遊技機及び令第8条で定める種類（回胴式遊技機、アレンジボール遊技機及びじゃん球遊技機）以外の種類の遊技機を営業所に設置しようとする場合や、本条第10項の遊技機の変更の承認を受ける前に、あらかじめ、その遊技機が著しく射幸心をそそるおそれがあるか否かについての公安委員会の判断を得ようとする場合には、至便な制度である。[*2]

2　認定の手続等については、遊技機規則第1条から第5条までにおいて定められている。

第3項

1　本項は、国家公安委員会は、政令で定める種類の遊技機の型式に関し、第2項の公安委員会の認定につき必要な技術上の規格を定めることができることとした規定である。

2　「型式」とは、同一の性能、構造及び材質を有する遊技機の区分をいう。[*3][*4]

3　技術上の規格を定めることのできる遊技機の種類については、令第13条におい

＊1　旧逐条解説109頁

＊2　旧逐条解説110頁

＊3　旧逐条解説110頁

＊4　例えば、遊技機の役物の形状や機能を変更した場合には、その遊技機は、別の型式に属する遊技機となる（旧逐条解説110頁参照）。

て、ぱちんこ遊技機、回胴式遊技機、アレンジボール遊技機及びじゃん球遊技機が規定されている。また、技術上の規格については、遊技機規則第6条において、別表第2及び別表第3に定めるほか、同条各号に掲げる遊技機の区分に応じて、別表第4から別表第7までに定めるとおりとされている。

第4項

1　本項は、遊技機の製造業者又は輸入業者は、その遊技機の型式について、遊技機規則第6条に規定する技術上の規格に適合しているか否かについて公安委員会の検定を受けることができることを定めた規定である。

　この検定制度は、同一の型式に属する遊技機が多数製造されるような場合に、この型式について技術上の規格に適合していること、すなわち「著しく客の射幸心をそそるおそれがない」ことをあらかじめ公安委員会が確認するものであり、検定を受けた型式に属する遊技機であれば、改めて個々の遊技機につき試験を行うことなく、同一性の有無の確認のみで「著しく客の射幸心をそそるおそれがない」と判断されることとなる。これにより、製造業者等にとっては営業者への販売が簡便になるほか、営業者にとっても遊技機の変更承認等の手続が簡略化され、更に行政上の事務の簡素化をも図ることができる。[*5]

2　検定の手続等については、遊技機規則第7条から第11条までにおいて定められている。

第5項

1　本項は、公安委員会は、国家公安委員会規則で定めるところにより、遊技機の認定又は型式の検定に必要な試験の実施に関する事務（以下「試験事務」という。）の全部又は一部を、国家公安委員会があらかじめ指定する指定試験機関に行わせることができることとした規定である。

2　指定試験機関の試験等については遊技機規則第3章において、指定試験機関の指定等については同規則第4章においてそれぞれ定められている。

3　指定試験機関については、昭和60年2月13日付けで「財団法人　保安電子通信技術協会」が指定されており、現在は風俗営業等の規制及び業務の適正化等に関する法律第二十条第五項に規定する指定試験機関を指定する規則（平成16年国家公安委員会規則第2号）により指定されている。その後、公益法人制度改革に伴い、平成24年に当該規則が改正され、「一般財団法人　保安通信協会」に名称が変更された。また、平成30年8月6日に公布・施行された改正規則により、新たに「一般社団法人　GLI　Japan」が指定試験機関として指定された。

＊5　旧逐条解説113頁

118 第3章 風俗営業者の遵守事項等

4 公安委員会は、試験事務の全部又は一部を指定試験機関に行わせることとした
ときは、当該試験事務の内容、当該指定試験機関の名称等を公示するものとされ
ている（遊技機規則第12条第1項）。また、この公示があったときは、公安委員
会は公示に係る試験事務を行わず、当該試験事務に係る認定又は検定を受けよう
とする者は、認定申請書又は検定申請書を提出する前に、あらかじめ、指定試験
機関が行う遊技機試験又は型式試験を受けなければならないこととされている
（遊技機規則第12条第2項、第13条）。

第8項

第2項の認定、第4項の検定又は第5項の試験に係る手数料の標準については、
令第14条において定められている。

第10項

1 本条第1項に規定する風俗営業者が、その設置する遊技機について、増設、交
替その他の変更をする場合には、法第9条第1項、第2項及び第3項第2号の規
定が準用され、内閣府令で定める遊技機の軽微な変更については公安委員会への
届出が、これ以外の変更については公安委員会の承認が必要とされている。

2 公安委員会への届出で足りる遊技機の軽微な変更については、内閣府令第6条
において、「法第二十三条第一項第三号に規定する遊技球等の受け皿、遊技機の
前面のガラス板その他の遊技機の部品でその変更が遊技機の性能に影響を及ぼす
おそれがあるもの以外のものの変更」とされている。

3 本項の「その他の変更」とは、遊技機の部品を交換し、又は付加する行為も含
まれる。[*6]

なお、内閣府令第6条中の「遊技機の部品」には、法第23条第1項第3号に規
定する遊技球等の受け皿、遊技機の前面のガラス板等の遊技機の設計製造段階か
ら当該遊技機を構成する部品として予定されて取り付けられている部品のほか、
遊技機に付加される部品も含まれると解される。ただし、遊技機に付加される部
品であっても、次に掲げるものは法第4条第2項第1号の「営業所の設備」と解
し、「遊技機の部品」には含まれない扱いとされている。[*7]

① 遊技機の遊技球等貸出装置接続端子板に接続する遊技球等貸出装置（遊技機
外の遊技球等を貸し出すための信号を送信する機械又は装置をいう。）及び外
部の配線

② 遊技機の外部端子板に接続する外部の装置及び配線

＊6 解釈運用基準第17-8⑶ア
＊7 同上

第20条　遊技機の規制及び認定等　*119*

③　諸元表の「定格電圧」及び「定格周波数」の欄に記載された値に相当する電圧及び周波数のみにより電源を供給する電源装置（トランス）

④　いわゆる島設備に設置される遊技機への遊技球の供給に係る装置で、遊技機の遊技盤の枠（以下単に「遊技盤の枠」という。）の開閉に応じて遊技機と接触し又は分離するレバーの位置により遊技球の供給を制御する機能を有するもの（レバーの遊技機との接触が、遊技盤の枠が閉じたときのみに遊技機の遊技球を貯留するためのタンクに対して非電気的に行われ、かつ、遊技盤の枠が開いたときに遊技機からレバーが離れるため、遊技機に対する独立性が高く、外形的にも性能的にも遊技機と一体とみられないものに限る。）（いわゆるレバー付き玉補給機）

4　次に掲げる部品は、「遊技機の部品でその変更が遊技機の性能に影響を及ぼすおそれがあるもの」（内閣府令第6条）に含まれる。[*8]

①　遊技くぎ、役物その他の遊技球と接触する可能性のある遊技盤上の構造物

②　主基板、発射装置又は遊技機枠

5　内閣府令第6条の「遊技機の部品でその変更が遊技機の性能に影響を及ぼすおそれがあるもの以外のもの」には、次に掲げるものがこれに含まれる。[*9]

①　遊技球等の受け皿

②　遊技機の前面のガラス板等（遊技機の遊技盤又は回胴の前面に設けられた全てのガラス板等をいう。）

③　遊技機の鍵

④　遊技機の配線、主基板等の部品が不正なものと交換されること等を防止するために、当該物品を束ね、又は固定する透明色の絶縁材料又は透明色の硬化剤

6　遊技機の部品の変更のうち次に掲げるものは極めて軽微なものと考えられることから、届出を要しない扱いとされている。[*10]

①　同一規格の範囲内で行われる遊技機の同色のランプ、蛍光灯又はヒューズの更新

②　遊技機の部品が不正なものと交換されていないか確認するために行われる部品の取外し及び当該部品の取付け（遊技機の部品の付加を伴わないものに限る。）

　　なお、法以外の法律の規定に基づき、遊技機の性能に影響を及ぼすおそれがない変更をする場合には、法の趣旨に照らして届出を要しない扱いとされている。[*11]

＊8　解釈運用基準第17-8(3)イ
＊9　解釈運用基準第17-8(3)ウ
＊10　解釈運用基準第17-8(3)エ
＊11　同上

120 第3章 風俗営業者の遵守事項等

7 遊技機の変更の承認の手続は、法第9条第1項の構造及び設備の変更の承認の場合と同様である。また、遊技機の変更の届出の手続も、法第9条第3項第2号の構造及び設備の変更の届出の場合と同様である。

【罰則】

第6項の規定に違反した者は、法第51条により処罰される（罰則：1年以下の懲役又は100万円以下の罰金）。

第10項の規定に違反して、承認を受けないで営業所の構造又は設備（第4条第4項に規定する遊技機を含む。）の変更をした者は、法第50条第1項第1号により処罰される（罰則：1年以下の懲役若しくは100万円以下の罰金又はこれらの併科）。

偽りその他不正の手段により第10項の承認を受けた者は、法第50条第1項第2号により処罰される（罰則：1年以下の懲役若しくは100万円以下の罰金又はこれらの併科）。

第10項の規定に違反して届出書を提出せず、又は同項の届出書若しくは添付書類であって虚偽の記載のあるものを提出した者は、法第55条第3号により処罰される（罰則：30万円以下の罰金）。

（条例への委任）

第二十一条　第十二条から第十九条まで、前条第一項及び次条第二項に定めるもののほか、都道府県は、条例により、風俗営業者の行為について、善良の風俗若しくは清浄な風俗環境を害し、又は少年の健全な育成に障害を及ぼす行為を防止するため必要な制限を定めることができる。

【趣旨】

本条は、風俗営業者の行為に対する制限の条例への委任について規定するものである。

【沿革】

風俗営業者の行為に対する制限の条例への委任に関する規定は、昭和23年の風俗営業取締法の制定時から置かれていたところであるが、昭和59年の法改正では、条例で定められていた風俗営業者の遵守事項のうち基本的事項で全国的に斉一化するのが適当なものについては法律事項（法第12条から第19条まで及び第20条第1項）とされた。[*1] その上で、本条は、都道府県は、それ以外の事項であっても、それぞれ

の地域の実情に応じて、善良の風俗若しくは清浄な風俗環境を害し、又は少年の健全な育成に障害を及ぼす行為を防止するために必要な事項を遵守事項として定めることができることとされたものである。[*2]

【解釈・運用】

1 本条の規定に基づく条例の規定については、あくまで風俗営業者の遵守事項として定められるものであり、風俗営業者がこれに違反した場合には、公安委員会による指示等の対象となるが、禁止行為（第22条及び第23条）のように直罰の対象とはされていない。[*3]

2 本条の規定に基づき、各都道府県の条例では、

○ 営業所において卑わいな行為をしないこと。

○ 営業所に客を宿泊させないこと。

○ 客室等に施錠をしないこと。

○ ぱちんこ屋等において、営業所内で客に飲酒をさせないこと。

○ ぱちんこ屋等において、客に提供した賞品を買い取らせないこと。

等が遵守事項として定められている。

（禁止行為等）

第二十二条 風俗営業を営む者は、次に掲げる行為をしてはならない。

一 当該営業に関し客引きをすること。

二 当該営業に関し客引きをするため、道路その他公共の場所で、人の身辺に立ちふさがり、又はつきまとうこと。

三 営業所で、十八歳未満の者に客の接待をさせること。

四 営業所で午後十時から翌日の午前六時までの時間において十八歳未満の者を客に接する業務に従事させること。

五 十八歳未満の者を営業所に客として立ち入らせること（第二条第一項第五号の営業に係る営業所にあつては、午後十時から翌日の午前六時までの時間において客として立ち入らせること。）。

六 営業所で二十歳未満の者に酒類又はたばこを提供すること。

＊1 その後、平成10年の法改正により第18条の2が新設された。

＊2 Ｓ59改正逐条129頁、蔭山注解(1)507頁

＊3 Ｓ59改正逐条129頁参照

2　都道府県は、少年の健全な育成に障害を及ぼす行為を防止するため必要があるときは、条例により、第二条第一項第五号の営業を営む者が午前六時後午後十時前の時間において十八歳未満の者を営業所に客として立ち入らせることを禁止し、又は当該営業を営む風俗営業者が当該時間において十八歳未満の者を営業所に客として立ち入らせることについて、保護者の同伴を求めなければならないものとすることその他必要な制限を定めることができる。

【趣旨】

　本条は、風俗営業を営む者の禁止行為等について規定するものである。

【沿革】

　本条は、昭和59年の法改正において、風俗営業を営む者がその営業を営むに当たって守らなければならない事項のうち、直接罰則で担保する必要があるものを前述の遵守事項と区別し、禁止行為として定めた規定である。[1][2]

　このうち、18歳未満の客の立ち入らせ禁止については、一定の要件を満たすダンス教授所の営業所にあっては午後10時前の立ち入らせが認められていたが、同営業は平成10年の改正で風俗営業から除外された。加えて、ゲームセンター等営業にあっては、午後10時（18歳未満の条例で定める年齢に満たない者につき、それ以前の時を定めたときは、その者についてはその時）前の立ち入らせが認められていたが、平成27年の法改正により第2項が新設され、条例で定められた午後10時前の時間帯において、保護者同伴であれば立ち入らせを認めるなどの規制を条例で定めることもできることとされた。[3]

　また、平成17年の改正では、「客引き」に加え、いわゆる客引き準備行為のうち「立ちふさがり」や「つきまとい」についても新たに禁止行為として規定された。[4]

　さらに、昭和59年の法改正以降、「営業所で18歳未満の者に客の接待をさせ、又は客の相手となってダンスをさせること」を禁止行為としていたが、平成27年の法改正でダンス自体に着目した規制が改められたことにより、「客の相手となってダンスをさせること」は禁止行為から除外された。

＊1　Ｓ59改正逐条130頁
＊2　昭和59年の法改正以前においても、年少者に関する禁止行為として、18歳未満の者に客の接待をさせること、18歳未満の者を営業所に客として立ち入らせること等が定められていたほか、客引きについては条例により遵守事項として定められていた（旧逐条解説131頁参照）。
＊3　学論集Ｈ27(1)107頁、108頁

第22条　禁止行為等　　123

【解釈・運用】

第1項

　本項各号に掲げる行為が禁止されるのは、「風俗営業を営む者」であり、「風俗営業者」に限られないことから、無許可で風俗営業を営む者も対象となる。また、「風俗営業を営む者」以外の者が、「風俗営業を営む者」と意を通じてこれらの行為をした場合は、いわゆる身分なき共犯として処罰することができる。[*5]

　このように、許可を受けずに風俗営業を営む者についても禁止行為が定められたのは、これらの行為の悪質性に特に着目したものであり、許可を受けずに風俗営業を営む罪により刑罰を科し得る場合であっても、なお、これらの行為を独立して罰する必要があると考えられたからである。[*6]

第1号及び第2号

1　「客引き」とは、相手方を特定して営業所の客となるように勧誘することをいう。[*7][*8]例えば、通行人に対し、営業所の名称を告げず、単に「お時間ありませんか」、「お触りできます」などと声を掛けながら相手の反応を待っている段階では、いまだ「客引き」には当たらないが、この際に、相手方の前に立ちふさがったり、相手方につきまとうことは、第2号の「客引きをするため、道路その他公共の場所で、人の身辺に立ちふさがり、又はつきまとうこと」に当たる。また、いわゆるホストクラブの従業者が、通行人の女性に、個人的な交際の申込みや接客従業者の募集を装って声を掛け、その身辺に立ちふさがったり、つきまとったりしている場合についても、例えば、黒服を着てビラ等を所持しているなど、客観的な状況から「客引きをするため」の行為と認められるときは、同号の行為に

---

*4　平成17年の法改正前は、客引きの法定刑は6月以下の懲役若しくは50万円以下の罰金又はその併科とされていたが、同改正により、6月以下の懲役若しくは100万円以下の罰金又はその併科に引き上げられた。また、新たに禁止された客引きのための立ちふさがり、つきまとい等の法定刑もこれと同一とされた。

　　このほか、同年の法改正では、年少者保護のための規定である第3号から第6号までの規定に違反する行為についても、法定刑が6月以下の懲役若しくは50万円以下の罰金又はその併科から、1年以下の懲役若しくは100万円以下の罰金又はその併科に引き上げられた。

*5　解釈運用基準第17-9(6)

*6　S59改正逐条130頁

*7　解釈運用基準第17-9(1)

*8　売春防止法第5条は、売春をする目的で、「公衆の目にふれるような方法で、人を売春の相手方となるように勧誘すること。」(第1号)とその準備行為である「売春の相手方となるように勧誘するため、道路その他公共の場所で、人の身辺に立ちふさがり、又はつきまとうこと。」(第2号)等を禁止している。ここにいう「勧誘」とは、特定の人に対して売春の相手方となるよう積極的に働き掛けることをいい、風営法の「客引き」は売春防止法の「勧誘」とほぼ同義である（学論集H18(1)34頁参照）。

当たる。[*9]

2　客引きは、集客のための行為の中でも、営業所内の享楽的な雰囲気が営業所外の一般公衆の目に触れる場所にまで延長され、それ自体が善良の風俗と清浄な風俗環境を害する行為となることから、一般の広告宣伝規制とは異なり直罰をもって禁止されているものである。また、平成17年の法改正により、客引きをするための立ちふさがり、つきまとい等についても禁止行為とされたのは、次の理由によるものである。[*10]

　○　客引きの規制を逃れるため、①具体的な勧誘文言を言わずに卑わいな言葉を投げるなどし、立ちふさがり、相手の反応を見てから客引きに移行する形態や、②主に黒服で女性につきまとい、声を掛けながらも、いわゆるナンパやスカウトと言い逃れられるように、その段階では、ホストクラブへの客引きとはっきり分かるような文言は使わない形態が登場してきたこと。

　○　これらの行為は、勧誘行為自体ではないものの、外形上は客引き類似の行為であり、善良の風俗と清浄な風俗環境を害していることにおいて客引き行為と大きな差異はないこと。

　○　法が禁止している「客引き」は売春防止法で禁止されている「勧誘」とほぼ同義であるが、同法では「勧誘」とは別にその準備行為である「人の身辺に立ちふさがり、又はつきまとうこと」も禁止しているのに対し、法には同様の規定がなかったため、前記のような善良の風俗と清浄な風俗環境を害している行為が堂々と行われることを防止できなかったこと。

3　第2号は「客引きをするため」と規定しているが、同号の規定は目的犯ではないと解されていることから、厳密に「当該立ちふさがり、つきまといが客引きのための行為であった」ことの立証までは不要である。[*11]

第3号及び第4号

1　第4号中「客に接する業務」には、第3号の「接待」や第6号の「酒類又はたばこを提供すること」が含まれる。また、遊技場営業についても、営業所内で客の応接をし、その要望に応じてサービスをする業務や遊技料金を徴収し、又は遊技球等を貸し出し、若しくは客が獲得した遊技球等を賞品と交換する業務も「客に接する業務」に含まれる。[*12][*13]

＊9　解釈運用基準第17−9(1)
＊10　学論集H18(1)34頁
＊11　学論集H18(1)36頁、藤山注解(1)516頁
＊12　解釈運用基準第17−9(2)
＊13　「客に接する業務」の具体的内容については、第2条の解説（53頁）を参照されたい。

なお、第1号の「客引き」は、「客」となる前段階の行為であるため「客に接する業務」には含まれない。[*14]

2　第3号と第4号の相違は、第3号の重点が接待等をさせた点にあり、第4号の重点が夜間（午後10時から翌日の午前6時まで）にあることである。[*15]

第5号

1　「客として立ち入らせる」とは、飲食、遊興又は遊技をする客として立ち入らせることをいい、18歳未満の者を営業所に単に立ち入らせることをもって直ちに同号の違反になるわけではない。したがって、例えば、ぱちんこ屋及び令第8条に規定する営業に係る営業所において、親を探しに来た子供を営業所に立ち入らせたことをもって直ちに同号違反に問疑されるものではない。[*16]

　　例えば、旅館業を営む者が旅館内の宴会場の甲の間と乙の間を客室として法第2条第1項第1号の営業の許可を受けているような場合や、当該営業の許可を受けている料理店に客室として甲の間と乙の間があるような場合において、それぞれ甲の間で現に接待を行っていたとしても、乙の間では接待を行っていなければ、乙の間に18歳未満の者を立ち入らせて飲食をさせることは本号違反になるわけではない。さらに、甲の間で接待を受けて飲食をしていた客と接待従業者が全員退室した後、甲の間において別の客に接待をせずに飲食のみをさせる場合も、そこに18歳未満の者を立ち入らせて飲食をさせることは本号違反になるわけではない。[*17]

　　なお、風俗営業者は、法第18条の規定により、18歳未満の者がその営業所に立ち入ってはならない旨を営業所の入口に表示しなければならないこととされていることから、[*18]営業者は18歳未満の者が自らの営業所に立ち入ることのないようにするとともに、万一、立ち入っているのを認知したときは速やかにその者が営業所外に退出するよう必要な措置を講じる必要がある（施行規則第38条第7号参照）。[*19]

2　ゲームセンター等営業につき一定の場合に18歳未満の年少者の立ち入らせを禁止しないこととしているのは、この種営業が少年の健全な育成に与える影響を考

[*14]　解釈運用基準第17-9(2)

[*15]　解釈運用基準第17-9(3)

[*16]　解釈運用基準第17-9(4)

[*17]　同上

[*18]　上記の旅館や料理店の例においては、実際に風俗営業を営んでいる甲の間の入口に立入禁止の表示を行うことになる。

[*19]　解釈運用基準第17-9(4)

126 第3章 風俗営業者の遵守事項等

慮した場合、必ずしも年少者の立ち入らせを全て禁止するまでの必要はないと判断されるからである。[20]

　他方、午後10時以降の立ち入らせを禁止することとされたのは、労働基準法、児童福祉法等の年少者保護規定は、午後10時以降を年少者に保護を与えるべき時間としていること、昭和59年の法改正当時、ゲームセンター等が少年のたまり場となるのは午後10時以降であることが多かったことを踏まえたものである。[21]

第6号

　「提供」とは、酒類を飲用に、たばこを喫煙の用に適する状態に置くことをいい、営業者がこれを未成年者に販売したり、贈与したりする場合に限らず、未成年者が持参した酒類又はたばこにつき、燗をしたり、グラス、灰皿等の器具を使用させてその用に供する状態に置けば、「提供」に当たる。[22]

第2項

　平成27年の法改正前は、本条の規定に基づきゲームセンター等営業の営業所への立ち入らせ規制について条例で規定していたのは年齢及び時間のみであり、前倒しされた時間帯における立ち入らせの禁止に違反した場合には同法第50条第1項第4号の罰則が適用されていたが、平成27年の法改正により新設された本項の規定に基づき、午前6時後午後10時前の時間における18歳未満の者の立ち入らせを禁止行為として条例で規定する場合には、その違反に対する罰則も条例で規定する必要がある。[23]

　なお、法は直罰をもって臨むべき特に悪質な行為を禁止行為とし、これに値するものは法律で規制することを原則としているが、本項はその例外として、条例で禁止行為を定めることを可能としているものである。[24]

【罰則】

　第1項第1号若しくは第2号の規定に違反した者は、法第52条第1号により処罰される（罰則：6月以下の懲役若しくは100万円以下の罰金又はこれらの併科）。

　第1項第3号の規定又は同項第4号から第6号までの規定に違反した者は、法第50条第1項第4号で処罰される（罰則：1年以下の懲役若しくは100万円以下の罰金又はこれらの併科）。

---

*20　S59改正逐条98頁
*21　昭和59年6月26日衆議院地方行政委員会鈴木政府委員（議事録3頁）
*22　解釈運用基準第17-9(5)
*23　学論集H27(1)108頁
*24　同上

第23条　遊技場営業者の禁止行為　　*127*

（遊技場営業者の禁止行為）

第二十三条　第二条第一項第四号の営業（ぱちんこ屋その他政令で定めるものに限る。）を営む者は、前条第一項の規定によるほか、その営業に関し、次に掲げる行為をしてはならない。

一　現金又は有価証券を賞品として提供すること。

二　客に提供した賞品を買い取ること。

三　遊技の用に供する玉、メダルその他これらに類する物（次号において「遊技球等」という。）を客に営業所外に持ち出させること。

四　遊技球等を客のために保管したことを表示する書面を客に発行すること。

2　第二条第一項第四号のまあじやん屋又は同項第五号の営業を営む者は、前条第一項の規定によるほか、その営業に関し、遊技の結果に応じて賞品を提供してはならない。

3　第一項第三号及び第四号の規定は、第二条第一項第五号の営業を営む者について準用する。

〈法第二十三条第三項の規定による準用後の第二十三条第一項第三号及び第四号〉

第二十三条　第二条第一項第五号の営業を営む者は、前条第一項の規定によるほか、その営業に関し、次に掲げる行為をしてはならない。

三　遊技の用に供する玉、メダルその他これらに類する物（次号において「遊技球等」という。）を客に営業所外に持ち出させること。

四　遊技球等を客のために保管したことを表示する書面を客に発行すること。

参照：令第15条

【趣旨】

　本条は、遊技場営業を営む者の禁止行為について規定するものである。

【沿革】

　本条は、昭和59年の法改正において、第22条で定める禁止行為に加えて、第4号及び第5号の営業を営む者の禁止行為を定めたものである。それまでは条例で遊技場営業者の特別遵守事項としてこの種行為に係る規制が設けられていたところ、そのうち罰則で担保する必要のあるものについて新たに禁止行為として規定すること

＊1　S59改正逐条132頁

とされた。[*1]

【解釈・運用】

　本条は、許可の有無を問わず、4号営業（ぱちんこ屋、まあじゃん屋等）又は5号営業（ゲームセンター等）を営む者につき本条第1項各号に掲げる行為をすることを禁止している。これは、第22条第1項の規定と同様、行為の悪質性に着目したものであり、無許可営業の罪により刑罰を科し得る場合であっても、なお、これらの行為を独立して罰する必要があると考えられたからである。[*2]

第1項

1　本項は、4号営業のうちぱちんこ屋その他政令で定める営業を営む者に対する禁止行為について定めたものであり、令第15条は、「法第23条第1項の政令で定める営業は、遊技の結果に応じ客に賞品を提供して遊技をさせる営業とする」と規定している。

2　第1号は「賞品として」提供することを禁止していることから、例えば開店記念としてなど遊技の結果と無関係に客に提供がなされる場合は本条の罪には当たらない。[*3]

3　ぱちんこ屋の営業者以外の第三者が、ぱちんこ屋の営業者がその営業に関し客に提供した賞品を買い取ることは、直ちに本項第2号違反となるものではないと考えられる。もっとも、当該第三者が当該営業者と実質的に同一である場合と認められる場合には、同号違反となることがあると考えられる。[*4]

4　第3号及び第4号については、いずれも遊技球等が現金に類した機能を営むことにより著しく客の射幸心をそそることとなること等を防止するための規定である。[*5]

5　営業所ごとの会員カード等を利用して当該営業所内のコンピュータ等において当該会員が獲得した遊技球等の数量を管理する場合において、当該数量を当該会員カード等に電磁的方法その他の方法により記録することをしないものは、本項第4号にいう書面には当たらない扱いとされている。[*6]

第2項

---

*2　S59改正逐条130頁
*3　藤山注解(1)528頁、宮城手引き192頁
*4　平成27年6月12日参議院小宮山幸治君提出パチンコ営業に対する規制の在り方の一部不明確な点に関する質問に対する答弁書
*5　旧逐条解説133頁
*6　解釈運用基準第17－10(2)

第24条　営業所の管理者　*129*

　遊技の結果が物品により表示される遊技の用に供するクレーン式遊技機等の遊技設備により客に遊技をさせる営業を営む者は、その営業に関し、クレーンで釣り上げるなどした物品で小売価格がおおむね800円以下のものを提供する場合については本項に規定する「遊技の結果に応じて賞品を提供」することには当たらないものとして取り扱うこととされている。[*7]

第3項

　ゲームセンター等営業を営む者が、遊技の結果獲得した得点、数量等を直接又は度その他の単位に換算して電磁的方法（電子的方法、電磁的方法その他の人の知覚によって認識することができない方法をいう。）により記録した媒体を発行し、又は交付することは、本項で準用される法第23条第1項第4号に違反すると解されている。[*8]

【罰則】

　第1項第1号又は第2号の規定に違反した者は、法第52条第2号により処罰される（罰則：6月以下の懲役若しくは100万円以下の罰金又はこれらの併科）。

　第1項第3号又は第4号の規定に違反した者は、法第54条第4号により処罰される（罰則：50万円以下の罰金）。

　第2項の規定に違反した者は、法第52条第3号により処罰される（罰則：6月以下の懲役若しくは100万円以下の罰金又はこれらの併科）。

　第3項の規定に違反した者は、法第54条第4号により処罰される（罰則：50万円以下の罰金）。

（営業所の管理者）

第二十四条　風俗営業者は、営業所ごとに、当該営業所における業務の実施を統括管理する者のうちから、第三項に規定する業務を行う者として、管理者一人を選任しなければならない。ただし、管理者として選任した者が欠けるに至つたときは、その日から十四日間は、管理者を選任しておかなくてもよい。

2　次の各号のいずれかに該当する者は、管理者となることができない。

　一　未成年者

　二　第四条第一項第一号から第七号の二までのいずれかに該当する者

3　管理者は、当該営業所における業務の実施に関し、風俗営業者又はその代理

＊7　解釈運用基準第17−10(3)

＊8　解釈運用基準第17−10(4)

130 第3章 風俗営業者の遵守事項等

人、使用人その他の従業者（以下「代理人等」という。）に対し、これらの者が法令の規定を遵守してその業務を実施するため必要な助言又は指導を行い、その他当該営業所における業務の適正な実施を確保するため必要な業務で国家公安委員会規則で定めるものを行うものとする。

4　風俗営業者又はその代理人は、管理者が前項に規定する業務として行う助言を尊重しなければならず、風俗営業者の使用人その他の従業者は、管理者がその業務として行う指導に従わなければならない。

5　公安委員会は、管理者が第二項第二号に該当すると認めたとき、又はその者がその職務に関し法令若しくはこの法律に基づく条例の規定に違反した場合において、その情状により管理者として不適当であると認めたときは、風俗営業者に対し、当該管理者の解任を勧告することができる。

6　公安委員会は、第三項に規定する管理者の業務を適正に実施させるため必要があると認めるときは、国家公安委員会規則で定めるところにより、管理者に対する講習を行うことができる。

7　風俗営業者は、公安委員会からその選任に係る管理者について前項の講習を行う旨の通知を受けたときは、当該管理者に講習を受けさせなければならない。

参照：施行規則第37条～第40条

【趣旨】

　本条は、風俗営業の営業所の管理者に関する制度について規定するものである。

【沿革】

　本条は昭和59年の法改正により設けられたものである。それまでは、一部の都道府県の条例で管理者の選任について規定し、また、許可の基準としてその人的欠格事由を設けていたところ、同改正において法律事項とし、その要件、業務等につき必要な規定を整備したものである。[1]

【解釈・運用】

　管理者制度は、営業所における業務の実施を統括管理する者としての管理者の選任を法律上義務付けるとともに、管理者の業務を明記し、更に、公安委員会が管理

*1　S59改正逐条135頁

第24条　営業所の管理者　*131*

者に対して必要な講習を行うこととするなどにより、営業所において、店長、支配人等と呼ばれる統括管理者を通じて風俗営業の自主的な健全化を促すこととしたものである。[2]

このように、本条の規定は、風俗営業の健全化を自主的に促進するため設けたものであり、営業者の自主性を不当に侵害しないように配慮する必要がある。[3]

第1項

1　「統括管理する者」とは、全体をまとめて管理する者という意味であり、したがって、本法の管理者には、店長、支配人等が該当する。[4]したがって、業務について統括的な責任を負う立場にないような店員等は、管理者となることはできない。[5]

　なお、営業者自らが当該営業所内における業務の実施を直接統括管理する場合には、営業者が自らを管理者として選任すればよく、他に管理者を選任する必要はない。[6]

2　本項の規定により選任される営業者は、営業所ごとに専任の管理者として置かれなければならないとされている（施行規則第37条）。「営業所ごとに専任」とは、その営業所に常勤して管理者の業務に従事し得る状態にあることをいう。[7]

　なお、2つの営業所が接着しており、双方の店を同時に統括管理することができ、管理者の業務を適正に行い得る場合にあっては、当該管理者を同一人とすることも可能であると解されている。[8]

第2項

本項の趣旨は、管理者が、風俗営業の営業所における業務の適正な実施を確保するに当たって重要な役割を果たす者であることに鑑み、未成年者や風俗営業の許可を受けることができない者は管理者となることができないこととしたものである。[9][10][11]

第3項

---

*2　学論集H8(1)19頁。また、昭和59年6月28日衆議院地方行政委員会鈴木良一政府委員（議事録23頁）参照
*3　解釈運用基準第17-11(1)
*4　解釈運用基準第17-11(2)ア
*5　S59改正逐条135頁
*6　解釈運用基準第17-11(2)ア
*7　解釈運用基準第17-11(2)イ
*8　同上
*9　S59改正逐条136頁
*10　本項の「未成年者」は、法第4条第1項第8号のように行為能力に関する限定とは異なる（藤山注解(1)541頁、宮城手引き196頁参照）。
*11　人的欠格事由の具体的意義については、第4条第1項の解説（65頁）も参照されたい。

132 第3章 風俗営業者の遵守事項等

1 本項中「代理人、使用人その他の従業者」には、風俗営業者から風俗営業の業務の一部の委託を受けた者及びその者の代理人、使用人その他の従業者を含む。[*12]

2 管理者の業務は、施行規則第38条において定められている。

同条第1号中「従業者に対する指導に関する計画」の「作成」とは、例えば、法令遵守のため何月は特に何について指導するかなどの計画を作成することをいう。[*13]

同条第11号中「客がする遊技が過度にわたることがないようにするため」講ずる「客に対する情報の提供その他必要な措置」とは、ぱちんこ等への依存防止対策に資する取組をいい、例えば、ポスター等の営業所内での掲示、営業所の広告への掲載等による依存防止に関する相談窓口等の情報提供や、客自身又はその家族からの遊技使用上限金額等の申告に基づき過度な遊技を予防する仕組みの活用、過度な遊技を行わないよう客に対する注意喚起の実施、依存防止対策についての従業者への教育等が考えられる。[*14]

同条第12号に規定する契約の内容には、風俗営業者の遵守すべき法令を受託者が遵守することを担保するための定めを盛り込む必要がある。[*15]

第5項

1 本項の「解任」とは、管理者としての任を解くことをいい、当該解任された者が引き続きその営業所において他の業務に従事することまで否定する趣旨ではない。[*16]

2 本項の「勧告」は、行政処分ではなく、その効果は、営業者の自主的判断に待つものである。[*17]

また、解任の勧告については、その勧告を受けていないことが特例風俗営業者の認定の要件の一とされている(施行規則第24条第1号)ので、その勧告の実施に関する記録を適切に保管し、過去10年間の勧告の実施に関する記録が整備されているようにする必要があると解されている。[*18]

第6項

1 管理者の種別、講習内容等については施行規則第39条において、講習の通知等

---

*12 解釈運用基準第17−11(3)ア
*13 解釈運用基準第17−11(3)イ
*14 解釈運用基準第17−11(3)ウ。なお、施行規則第38条第11号の規定は、平成29年の施行規則・遊技機規則改正により新たに設けられた。
*15 解釈運用基準第17−11(3)エ
*16 藤山注解(1)543頁、宮城手引き197頁
*17 解釈運用基準第17−11(4)ア
*18 解釈運用基準第17−11(4)イ

については施行規則第40条において、それぞれ規定されている。

2　施行規則第39条第2項中「管理者（法第10条の2第1項の認定を受けた風俗営業者の当該認定に係る営業所の管理者であつて当該営業所の管理者として選任された後定期講習を受けたことがあるものを除く。）」とあるのは、認定の前後を問わず認定に係る営業所の管理者に選任されてから少なくとも1回以上は定期講習を受けたことがある者については定期講習を行わないことを意味するものであり、認定の後管理者に変更があった場合には、新たに選任された管理者につき選任後最初に行われる定期講習を受講させる必要がある。[19]

3　施行規則第39条第2項中「特別の事情がある場合」とは、特定の種類又は特定の地域の風俗営業について、同種の違反行為が多数行われている状況、少年のたまり場になっている状況等にあり、管理者を集めて講習を行うことによりこれらの事情を解消し、風俗営業の健全化を図ることが期待できる場合、法令の重要な改正があり、管理者に周知させる必要がある場合等をいう。[20]

4　管理者講習については、その受講の有無等の状況が特例風俗営業者の認定の要件の一とされている（施行規則第24条第2号）ので、公安委員会において、その受講状況等の記録を適切に保管し、過去10年間の受講記録が整備されているようにする必要があると解されている。[21]

5　施行規則第40条第2項中「病気その他やむを得ない理由」とは、急病、交通事故、災害による交通の途絶、法令の規定により身体の自由を拘束されていること、社会の慣習上やむを得ない緊急の用務が生じていること等、管理者が管理者講習を受講できないことについてやむを得ない合理的な理由がある場合をいう。[22]

【罰則】

　第1項の規定に違反した者は、法第54条第5号により処罰される（罰則：50万円以下の罰金）。

---

*19　解釈運用基準第17-11(5)ア
*20　解釈運用基準第17-11(5)イ
*21　解釈運用基準第17-11(5)ウ
*22　解釈運用基準第17-11(5)エ

134　第3章　風俗営業者の遵守事項等

> **（指示）**
> 第二十五条　公安委員会は、風俗営業者又はその代理人等が、当該営業に関し、
> 　法令又はこの法律に基づく条例の規定に違反した場合において、善良の風俗若
> 　しくは清浄な風俗環境を害し、又は少年の健全な育成に障害を及ぼすおそれが
> 　あると認めるときは、当該風俗営業者に対し、善良の風俗若しくは清浄な風俗
> 　環境を害する行為又は少年の健全な育成に障害を及ぼす行為を防止するため必
> 　要な指示をすることができる。

【趣旨】

　本条は、風俗営業者等に対する指示について規定するものである。

【沿革】

　本条は昭和59年の法改正により設けられたものである。それまでは、営業者が法
令違反等を行った場合、公安委員会は、営業の停止を命ずる場合のほかは「必要な
処分」を行うとされていたところ、同改正において「指示」として明確化したもの
である。[*1]

【解釈・運用】

1　指示の規定は、営業者の自主的な努力を促す手段として設けられたものであ
　る。[*2]すなわち、昭和59年の法改正以前は、風俗営業者が守らなければならない事
　項は全て直罰で担保されていたため取締法的色彩が濃厚であり、営業者の自主的
　な健全化のための努力をそぐきらいがあったことから、これらの事項を遵守事項
　と禁止行為とに区分し、日常的な営業活動に伴って生じるような違反に対して
　は、第一次的には行政措置で担保し、営業者の自主的な健全化のための努力を尊
　重することとしたものである。[*3]
2　公安委員会は、風俗営業者又はその代理人等が、その営業に関し、法令又は法
　に基づく条例の規定に違反した場合において、善良の風俗若しくは清浄な風俗環
　境を害し、又は少年の健全な育成に障害を及ぼすおそれがあると認めるときは、
　必要な指示をすることができることとされている。[*4]

＊1　Ｓ59改正逐条135頁。また、第26条の沿革（136頁）参照
＊2　解釈運用基準第31－1
＊3　藤山注解(1)549頁、学論集Ｈ8(1)19頁

第25条　指　　示　*135*

3　本条の規定に基づく指示は、比例原則に則って行うべきものであり、営業者に過大な負担を課すものであってはならない。また、指示の内容は、違反状態の解消のための措置、将来の違反の防止のための措置等を具体的に示すものでなければならない。*5

4　本条の規定に基づく指示は、行政処分であり、施行規則第112条第1項の書面に不服申立てをすることができる旨を記載して行うものである。*6

　　また、本条の規定に基づく指示は、原則として弁明の機会の付与を経るものであるが、技術的な基準に従うべきことを命ずるものにあっては、行政手続法第13条第2項第3号の規定により、弁明の機会を付与することを要しないものとされている。

5　「当該営業に関し」とは、自己の管理又は従事する営業を営むに当たってという意味である。例えば、従業者として雇い入れた女性に当該雇用関係を利用して売春をさせる行為は、その行われた場所を問わず「当該営業に関し」行われたものと認められる。*7

6　法は、風俗営業者本人でなくその代理人等が「当該営業に関し」違法行為を行った場合にも風俗営業者に対して指示等をすることができることとしているが、これは風俗営業者の責任の下に風俗営業を適法に営むことを予定していることによるものである。したがって、代理人等が自己の目的のためその地位を濫用した場合であっても、その者がそのような行為をなし得べき地位に置かれている以上、外形上風俗営業者の営業と異なるところがなく、「当該営業に関し」行為をしたものと認められる。*8

7　「違反し」たとは、法律、命令、条例等に違反した行為が行われたことをいい、送致、起訴、刑の言渡し等の判決等が既になされているか否かを問わない。*9

8　本条の規定に基づく指示に違反した場合は、直接罰則が科せられることはないが、法第26条の規定により、公安委員会から営業の停止等の処分を受けることとなる。

---

*4　第26条に基づく営業の停止等の要件には「著しく」という限定がかけられているが、本条に基づく指示の要件にはそのような限定はない（第26条の解説も参照されたい。）。

*5　解釈運用基準第31-2

*6　解釈運用基準第31-3

*7　解釈運用基準第31-5(1)

*8　解釈運用基準第31-5(2)

*9　解釈運用基準第31-6

136　第3章　風俗営業者の遵守事項等

（営業の停止等）

第二十六条　公安委員会は、風俗営業者若しくはその代理人等が当該営業に関し
法令若しくはこの法律に基づく条例の規定に違反した場合において著しく善良
の風俗若しくは清浄な風俗環境を害し若しくは少年の健全な育成に障害を及ぼ
すおそれがあると認めるとき、又は風俗営業者がこの法律に基づく処分若しく
は第三条第二項の規定に基づき付された条件に違反したときは、当該風俗営業
者に対し、当該風俗営業の許可を取り消し、又は六月を超えない範囲内で期間
を定めて当該風俗営業の全部若しくは一部の停止を命ずることができる。

2　公安委員会は、前項の規定により風俗営業（第二条第一項第四号及び第五号
の営業を除く。以下この項において同じ。）の許可を取り消し、又は風俗営業
の停止を命ずるときは、当該風俗営業を営む者に対し、当該施設を用いて営む
飲食店営業について、六月（前項の規定により風俗営業の停止を命ずるとき
は、その停止の期間）を超えない範囲内で期間を定めて営業の全部又は一部の
停止を命ずることができる。

参照：施行規則第112条

【趣旨】

　本条は、風俗営業者等に対する営業の停止、許可の取消し等について規定するも
のである。

【沿革】

　昭和23年の法制定当初、「行政処分」については、「当該営業に関し、法令又は前
条の規定に基く都道府県の条例に違反する行為をした場合において、善良の風俗を
害する虞があるときは、営業の許可を取り消し、若しくは営業の停止を命じ、又は
善良の風俗を害する行為を防止するために必要な処分をすることができる。」こと
とされていた。

　また、昭和39年の法改正により、風俗営業の許可の取消し若しくは営業停止の処
分をするとき、又は飲食店営業を営む者が無許可で風俗営業を営んだときには、当
該営業を営む者が当該施設を用いて営む飲食店営業について、飲食店営業の停止を
命ずることができることとされた。

　その後、昭和59年の法改正において、「必要な処分」については「指示」として
明確化された（法第25条）上で、本条のように規定が整備されたものである。

【解釈・運用】

1　第1項の「当該営業に関し」及び「違反し」の意義については、第25条の解説（135頁）を参照されたい。

2　第1項の「法令」とは、広く法律及び命令一般を指し、必ずしも売春防止法（昭和31年法律第118号）、令第17条に掲げる法令等の風俗関係の法令に限定されない。したがって、例えば、ぱちんこ屋の営業者が客から預かった遊技メダルを過少に計測して詐欺罪を犯した場合もこれに該当する。また、いわゆるぼったくり店において料金の支払いを巡るトラブルから従業者が客に暴行を加えて傷害罪を犯した場合もこれに該当する。[*1]

3　第1項に規定する風俗営業の営業の停止等は、①風俗営業者又はその代理人等が「当該営業に関し法令若しくはこの法律に基づく条例の規定に違反した場合において著しく善良の風俗若しくは清浄な風俗環境を害し若しくは少年の健全な育成に障害を及ぼすおそれがあると認めるとき」又は②風俗営業者が「この法律に基づく処分若しくは第3条第2項の規定に基づき付された条件に違反したとき」に命ずることができる。

　すなわち、①については、

○　風俗営業者又はその代理人等が「当該営業に関し法令若しくはこの法律に基づく条例の規定に違反した場合」であること及び

○　「著しく善良の風俗若しくは清浄な風俗環境を害し若しくは少年の健全な育成に障害を及ぼすおそれがあると認めるとき」

が要件とされており、前段の要件が充足されるだけでは、営業の停止等を命ずることはできない。

　しかしながら、前段の要件が充足された場合において、当該違反行為が法又は法に基づく条例に対する違反行為であれば、少なくとも「善良の風俗若しくは清浄な風俗環境を害し若しくは少年の健全な育成に障害を及ぼすおそれがある」と認められる蓋然性が高いといえる。さらに、当該違反行為が例えば法第11条に対する違反行為のように、それ自体法の立法目的を著しく害するおそれのある行為であるといえる場合には、特段の事情のない限り後段の要件も充足されると認められると解されている。[*2]

4　本条第1項に規定する風俗営業の営業の停止等及び法第31条の25第1項に規定

＊1　解釈運用基準第32－2⑷

＊2　解釈運用基準第32－2⑸。なお、名義貸しの悪質性と法第26条第1項に基づく取消処分との関係については、最判平成12年3月21日において判断が示されている（法第11条の解説を参照されたい。）。

138 第3章 風俗営業者の遵守事項等

する特定遊興飲食店営業の営業の停止等の要件は、法令違反があり、かつ、具体的な状況で善良の風俗を害するなどのおそれがある場合に営業停止等を命じ得ることとしているものである。これに対し、法第30条第1項及び第2項、第31条の5第1項及び第2項、第31条の6第2項第2号及び第3号、第31条の15、第31条の20並びに第31条の21第2項第2号に規定する性風俗関連特殊営業の停止等の要件は、一定の罪に当たる違法な行為その他重大な不正行為をした場合に限定されるが、具体的な状況で善良の風俗を害する等のおそれがあることを要しない。[*3]

【罰則】

本条の規定による公安委員会の処分に違反した者は、法第49条第4号により処罰される（罰則：2年以下の懲役若しくは200万円以下の罰金又はこれらの併科）。

[*3] 解釈運用基準第32-2(6)。第30条の解説（161頁）も参照されたい。

第4章　性風俗関連特殊営業等の規制

第1節　性風俗関連特殊営業の規制

第1款　店舗型性風俗特殊営業の規制

（営業等の届出）

第二十七条　店舗型性風俗特殊営業を営もうとする者は、店舗型性風俗特殊営業の種別（第二条第六項各号に規定する店舗型性風俗特殊営業の種別をいう。以下同じ。）に応じて、営業所ごとに、当該営業所の所在地を管轄する公安委員会に、次の事項を記載した届出書を提出しなければならない。

一　氏名又は名称及び住所並びに法人にあつては、その代表者の氏名

二　営業所の名称及び所在地

三　店舗型性風俗特殊営業の種別

四　営業所の構造及び設備の概要

五　営業所における業務の実施を統括管理する者の氏名及び住所

2　前項の届出書を提出した者は、当該店舗型性風俗特殊営業を廃止したとき、又は同項各号（第三号を除く。）に掲げる事項（同項第二号に掲げる事項にあつては、営業所の名称に限る。）に変更があつたときは、公安委員会に、廃止又は変更に係る事項その他の内閣府令で定める事項を記載した届出書を提出しなければならない。

3　前二項の届出書には、営業の方法を記載した書類その他の内閣府令で定める書類を添付しなければならない。

4　公安委員会は、第一項又は第二項の届出書（同項の届出書にあつては、店舗型性風俗特殊営業を廃止した場合におけるものを除く。）の提出があつたときは、その旨を記載した書面を当該届出書を提出した者に交付しなければならない。ただし、当該届出書に係る営業所が第二十八条第一項の規定又は同条第二項の規定に基づく条例の規定により店舗型性風俗特殊営業を営んではならないこととされる区域又は地域にあるときは、この限りでない。

5　店舗型性風俗特殊営業を営む者は、前項の規定により交付された書面を営業所に備え付けるとともに、関係者から請求があつたときは、これを提示しなければならない。

140   第4章　性風俗関連特殊営業等の規制

参照：内閣府令第8条・第9条、施行規則第41条～第46条

【趣旨】

　本条は、店舗型性風俗特殊営業の営業の届出の手続等について規定するものである。

　なお、法が店舗型性風俗特殊営業をはじめとする性風俗関連特殊営業について届出制を採用している趣旨については、第2条第5項の解説（32頁）を参照されたい。

【沿革】

　本条は、昭和59年の法改正により風俗関連営業に係る規制が導入された際に、新設されたものである。

　その後、平成10年の法改正により無店舗型性風俗特殊営業及び映像送信型性風俗特殊営業に係る規制が導入されたことに伴い、本条の規定は、店舗型性風俗特殊営業に係る規制に改められた。[1]

　また、無届業者を排除する仕組みを構築するため、平成17年の法改正により、届出確認書の交付（第4項）及びその備付け・提示義務（第5項）に係る規定が新設されたほか、営業の方法を記載した書類等を届出書に添付させることとする（第3項）など届出制の強化が図られた。[2]

【解釈・運用】

第1項

1　本項は、店舗型性風俗特殊営業を営もうとする者は、店舗型性風俗特殊営業の種別に応じて、営業所ごとに、当該営業所の所在地を管轄する公安委員会に届出書を提出しなければならないことを定めた規定である。

2　届出書の提出は営業開始の前提条件とされているが、あくまで形式的要件を満たした届出書を提出すれば、届出義務が履行されたこととなるから、届出書の提出は行政手続法の「届出」（同法第2条第7号）に該当する。[3]

3　店舗型性風俗特殊営業、無店舗型性風俗特殊営業、映像送信型性風俗特殊営業、店舗型電話異性紹介営業及び無店舗型電話異性紹介営業は、それぞれ別個の

＊1　また、これにより風俗関連営業の呼称が性風俗特殊営業に改められ、更に平成13年の法改正により性風俗関連特殊営業に改められた（第2条の解説（32頁）参照）。

＊2　学論集H18(1)20～24頁参照

＊3　学論集H18(3)9頁

営業であるから、これらの営業を兼業して営もうとする場合には、そのいずれについても公安委員会に営業開始の届出書を提出する必要がある。[*4]

4　性風俗関連特殊営業については、風俗営業及び特定遊興飲食店営業と異なり、相続又は法人の合併若しくは分割のいずれの方法によっても、営業の他者への承継は認められていない。[*5]

5　複数の都道府県において営まれる移動店舗型性風俗特殊営業（車両等常態として移動する施設において営まれる店舗型性風俗特殊営業をいう。）を営もうとする者が営業開始の届出書を提出する場合には、その営業を主として営むことを予定している地域を管轄する一の公安委員会に届け出れば足りるものとして取り扱うこととされている。ただし、複数の車両等を利用して移動店舗型性風俗特殊営業を営もうとする場合には、車両等のそれぞれにつき一の届出を要する。[*6]

6　第5号の「営業所における業務の実施を統括管理する者」とは、全体をまとめて管理する者という意味であり、店長、支配人等が該当する。また、店舗型性風俗特殊営業を営む者自らがその営業所内における業務の実施を統括管理する場合には、自らの氏名及び住所を届出書に記載することとなる。[*7]

第2項

1　本項は、第1項の届出書を提出した者は、その届出書に係る店舗型性風俗特殊営業を廃止したとき、又はその届出事項に変更があったときは、廃止又は変更に係る事項等を記載した届出書を公安委員会に提出しなければならないことを定めた規定である。

2　変更の届出を行うべき事項から営業の種別及び営業所の所在地の変更を除いているのは、これらの事項につき変更があった場合には、第1項の規定からして、当然に新たな営業開始の届出を行うべきこととなるからである。[*8]

第3項

1　本項の規定は、公安委員会が届出を受理する際に、営業禁止区域等における営業行為や営業禁止を命ぜられた期間内における営業行為、届出書の虚偽記載といった不正行為を看破し、届出内容の真正性が担保されるようにするため、営業の方法を記載した書類等を届出書に添付しなければならないこととしたものである。[*9]

＊4　解釈運用基準第18−1(1)
＊5　解釈運用基準第18−1(2)
＊6　解釈運用基準第18−2(1)
＊7　解釈運用基準第18−2(2)
＊8　Ｓ59改正逐条145頁

142　第4章　性風俗関連特殊営業等の規制

2　本項に規定する添付書類を添付せずに届出書を提出した場合は、本条第1項の
届出義務が履行されたとは認められない（行政手続法第37条参照）。[*10]

第4項

1　本項の規定は、店舗型性風俗特殊営業の関係者にとって、同営業を営む者が適
法に営業を行っている者であるか否かは重大な関心事であり、必要に応じ、それ
が明らかになるようにしておく必要があることから、公安委員会は、店舗型性風
俗特殊営業を営もうとする者から届出書の提出があったときは、その提出があっ
た旨を記載した届出確認書を交付することとしたものである。[*11]

2　届出確認書は、適法な届出書の提出があった場合に交付されるものである。し
たがって、営業所が営業禁止区域等にある場合のほか、虚偽の届出がなされた場
合等にも、届出確認書は交付されない。[*12]

　なお、本項ただし書の規定により届出確認書を交付しないこととするときは、
施行規則第44条第2項により、その届出書を提出した者に届出確認書不交付通知
書を交付するものとしているが、同通知書の交付は、これにより「特定の者を名
あて人として、直接に、これに義務を課し、又はその権利を制限する」ものでは
ないから、行政手続法第2条第4号の「不利益処分」には当たらない。[*13]

第5項

1　店舗型性風俗特殊営業を営む者が届出済業者か否かは、無届業者による違法行
為に巻き込まれたり、それを助長したりしたくない者にとっては重大な関心事で
あり、必要に応じて関係者が確認できるようにしておく必要がある。そこで、本
項の規定は、届出確認書の交付を受けた者は、その届出確認書を、その営業所に
備え付けるとともに、関係者から請求があったときは提示しなければならないこ
ととしたものである。[*14*15]

2　届出確認書は、営業所に備え付けなければならない。したがって、営業所を訪
れた者以外の「関係者」から届出確認書の提示を求められた場合は、届出確認書
の写しを持参し、又は送付することにより提示すれば足りる。[*16]

3　本項の「関係者」とは、警察職員、少年指導委員のほか、その営業が適法に営
まれているか否かを確認する利益があると認められる者を広く含み、具体的に

＊9　藤山注解(2)15頁、学論集 H 18(1)24頁参照
＊10　解釈運用基準第18－7(1)
＊11　学論集 H 18(1)22頁
＊12　解釈運用基準第18－8(1)
＊13　解釈運用基準第18－8(1)
＊14　学論集 H 18(1)23頁

は、①営業所の施設を提供している者、②営業に関する広告又は宣伝を作成し、又は掲載する者、③客又は従業者となろうとする者等がこれに該当する。[17]

【罰則】

第1項の届出書を提出しないで性風俗関連特殊営業を営んだ者は、法第52条第4号により、第1項に規定する届出書であって虚偽の記載のあるものを提出した者は、法第52条第5号により処罰される（罰則：6月以下の懲役若しくは100万円以下の罰金又はこれらの併科）。

第2項の規定に違反して、届出書を提出せず、又は第2項の届出書であって虚偽の記載のあるものを提出した者は、法第54条第6号により処罰される（罰則：50万円以下の罰金）。

第1項の届出書に係る第3項の添付書類であって虚偽の記載のあるものを提出した者は、法第52条第5号により処罰される（罰則：6月以下の懲役若しくは100万円以下の罰金又はこれらの併科）。

第2項の届出書に係る第3項の添付書類であって虚偽の記載のあるものを提出した者は、法第54条第6号により処罰される（罰則：50万円以下の罰金）。

（広告宣伝の禁止）

第二十七条の二　前条第一項の届出書を提出した者（同条第四項ただし書の規定により同項の書面の交付がされなかつた者を除く。）は、当該店舗型性風俗特殊営業以外の店舗型性風俗特殊営業を営む目的をもつて、広告又は宣伝をしてはならない。

2　前項に規定する者以外の者は、店舗型性風俗特殊営業を営む目的をもつて、広告又は宣伝をしてはならない。

---

*15　なお、風俗営業においては、許可証を営業所の見やすい場所に掲示しなければならないこととされ（第6条）、許可業者か否かを常時客が確認できる仕組みを採っている。これは、風俗営業の許可は、人的欠格要件に該当しないことを公安委員会が確認し、適正に風俗営業を営むことができると認めた者に対し与えられるものであり、許可証の提示義務を課すことによって、いわば適正な営業主体であることを明らかにさせ、客等が安心して当該営業を利用できるようにしているものである。

これに対し、届出確認書は、風俗営業における許可証のように適正な営業主体であることを担保するといった積極的な意義は有さず、単に届出の手続が終了したことを示すにとどまるものであることから、これを掲示させるなどして、広く客等に対しその営業を利用することを推奨するものではないと解されている（学論集H18(1)22頁参照）。

*16　解釈運用基準第18−8(2)

*17　解釈運用基準第18−8(3)

144　第４章　性風俗関連特殊営業等の規制

【趣旨】

　本条は、無届で店舗型性風俗特殊営業を営む者による広告宣伝の禁止等について規定するものである。

【沿革】

　本条は、平成17年の法改正により新たに設けられた。本条の新設以前においても、性風俗関連特殊営業については広告制限区域等における広告物の表示及びビラ等の頒布等が禁止されていたが、雑誌や新聞への広告掲載、ホームページの開設等については特段の規制がなかった。また、営業に関し各種違法行為を敢行するおそれが特に高い無届業者による広告宣伝は、届出済業者の広告等か否かを確認する仕組みがないことも相まって、当該営業の客や従業者となろうとする者が違法行為に巻き込まれる危険性を高めるものであり、その社会的害悪が非常に大きかった。さらに、無届業者の広告宣伝行為については、単に広告等を認知しただけでは足りず、その実態を把握した上で無届営業で検挙する必要があったが、営業に使用する呼称等を容易に変えられる無届営業の実態把握は容易でなかった。

　これらのことから、本条の新設により、無届で店舗型性風俗特殊営業を営む者による同営業に係る広告宣伝を禁止するとともに、届出書を提出した営業者に対しても届出に係る営業以外についての広告宣伝を禁止し、罰則により担保することとしたものである。

　なお、平成17年の法改正では、無店舗型性風俗特殊営業についても本条と同様の規定（第31条の２の２）が新設されたが、違法な広告宣伝が氾濫している実態がみられなかった映像送信型性風俗特殊営業や店舗型電話異性紹介営業、無店舗型電話異性紹介営業については、営業の自由に対する規制を必要最小限度にとどめる観点から、同様の規定は設けないこととされた。[*1]

【解釈・運用】

1　法第27条第１項の届出書を提出していない者は、店舗型性風俗特殊営業を営む目的をもって、広告又は宣伝をしてはならない（第２項）。また、同項の届出書を提出した者は、当該届出書に記載された営業以外の店舗型性風俗特殊営業を営む目的をもって、広告又は宣伝をしてはならない（第１項）。

　　なお、法第27条第１項の届出書を提出した者であっても、営業所が営業禁止区域等にあることを理由に届出確認書が交付されなかった者は、店舗型性風俗特殊

＊１　学論集Ｈ18⑴37頁

営業を営む目的をもって、広告又は宣伝をしてはならない。[*2]

2 「広告又は宣伝」には、法第28条第5項に規定する広告物又はビラ等により行うものだけでなく、新聞、雑誌、インターネット等を利用して行うものも全て含まれる。[*3]

【罰則】

本条の規定に違反した者は、法第53条第1号により処罰される（罰則：100万円以下の罰金）。

（店舗型性風俗特殊営業の禁止区域等）

第二十八条 店舗型性風俗特殊営業は、一団地の官公庁施設（官公庁施設の建設等に関する法律（昭和二十六年法律第百八十一号）第二条第四項に規定するものをいう。）、学校（学校教育法（昭和二十二年法律第二十六号）第一条に規定するものをいう。）、図書館（図書館法（昭和二十五年法律第百十八号）第二条第一項に規定するものをいう。）若しくは児童福祉施設（児童福祉法第七条第一項に規定するものをいう。）又はその他の施設でその周辺における善良の風俗若しくは清浄な風俗環境を害する行為若しくは少年の健全な育成に障害を及ぼす行為を防止する必要のあるものとして都道府県の条例で定めるものの敷地（これらの用に供するものと決定した土地を含む。）の周囲二百メートルの区域内においては、これを営んではならない。

2 前項に定めるもののほか、都道府県は、善良の風俗若しくは清浄な風俗環境を害する行為又は少年の健全な育成に障害を及ぼす行為を防止するため必要があるときは、条例により、地域を定めて、店舗型性風俗特殊営業を営むことを禁止することができる。

3 第一項の規定又は前項の規定に基づく条例の規定は、これらの規定の施行又は適用の際現に第二十七条第一項の届出書を提出して店舗型性風俗特殊営業を営んでいる者の当該店舗型性風俗特殊営業については、適用しない。

4 都道府県は、善良の風俗を害する行為を防止するため必要があるときは、政令で定める基準に従い条例で定めるところにより、店舗型性風俗特殊営業（第二条第六項第四号の営業その他国家公安委員会規則で定める店舗型性風俗特殊営業を除く。）の深夜における営業時間を制限することができる。

[*2] 解釈運用基準第19-2(1)
[*3] 同上

5　店舗型性風俗特殊営業を営む者は、前条に規定するもののほか、その営業につき、次に掲げる方法で広告又は宣伝をしてはならない。

一　次に掲げる区域又は地域（第三号において「広告制限区域等」という。）において、広告物（常時又は一定の期間継続して公衆に表示されるものであつて、看板、立看板、はり紙及びはり札並びに広告塔、広告板、建物その他の工作物等に掲出され、又は表示されたもの並びにこれらに類するものをいう。以下同じ。）を表示すること。

　イ　第一項に規定する敷地（同項に規定する施設の用に供するものと決定した土地を除く。）の周囲二百メートルの区域

　ロ　第二項の規定に基づく条例で定める地域のうち当該店舗型性風俗特殊営業の広告又は宣伝を制限すべき地域として条例で定める地域

二　人の住居にビラ等（ビラ、パンフレット又はこれらに類する広告若しくは宣伝の用に供される文書図画をいう。以下同じ。）を配り、又は差し入れること。

三　前号に掲げるもののほか、広告制限区域等においてビラ等を頒布し、又は広告制限区域等以外の地域において十八歳未満の者に対してビラ等を頒布すること。

6　前項の規定は、第三項の規定により第一項の規定又は第二項の規定に基づく条例の規定を適用しないこととされる店舗型性風俗特殊営業を営む者が当該店舗型性風俗特殊営業の営業所の外周又は内部に広告物を表示する場合及び当該営業所の内部においてビラ等を頒布する場合については、適用しない。

7　第五項第一号の規定は、同号の規定の適用に関する第一項の規定又は同号ロの規定に基づく条例の規定の施行又は適用の際店舗型性風俗特殊営業を営む者が現に表示している広告物（当該施行又は適用の際現に第二十七条第一項の届出書を提出して店舗型性風俗特殊営業を営んでいる者が表示するものに限る。）については、当該施行又は適用の日から一月を経過する日までの間は、適用しない。

8　前条及び第五項に規定するもののほか、店舗型性風俗特殊営業を営む者は、その営業につき、清浄な風俗環境を害するおそれのある方法で広告又は宣伝をしてはならない。

9　店舗型性風俗特殊営業を営む者は、その営業につき広告又は宣伝をするときは、国家公安委員会規則で定めるところにより、十八歳未満の者がその営業所に立ち入つてはならない旨を明らかにしなければならない。

10 店舗型性風俗特殊営業を営む者は、国家公安委員会規則で定めるところにより、十八歳未満の者がその営業所に立ち入つてはならない旨を営業所の入り口に表示しなければならない。

11 第十八条の二の規定は、店舗型性風俗特殊営業を営む者について準用する。

12 店舗型性風俗特殊営業を営む者は、次に掲げる行為をしてはならない。

一 当該営業に関し客引きをすること。

二 当該営業に関し客引きをするため、道路その他公共の場所で、人の身辺に立ちふさがり、又はつきまとうこと。

三 営業所で十八歳未満の者を客に接する業務に従事させること。

四 十八歳未満の者を営業所に客として立ち入らせること。

五 営業所で二十歳未満の者に酒類又はたばこを提供すること。

〈第二十八条第十一項の規定による準用後の第十八条の二〉

第十八条の二 店舗型性風俗特殊営業を営む者は、その営業に関し、次に掲げる行為をしてはならない。

一 営業所で客に接する業務に従事する者（以下「接客従業者」という。）に対し、接客従業者でなくなつた場合には直ちに残存する債務を完済することを条件として、その支払能力に照らし不相当に高額の債務（利息制限法（昭和二十九年法律第百号）その他の法令の規定によりその全部又は一部が無効とされるものを含む。以下同じ。）を負担させること。

二 その支払能力に照らし不相当に高額の債務を負担させた接客従業者の旅券等（出入国管理及び難民認定法第二条第五号の旅券、道路交通法（昭和三十五年法律第百五号）第九十二条第一項の運転免許証その他求人者が求職者の本人確認のため通常提示を求める書類として政令で定めるものをいう。以下同じ。）を保管し、又は第三者に保管させること。

2 店舗型性風俗特殊営業を営む者は、接客業務受託営業を営む者が当該接客業務受託営業に関し第三十五条の三の規定に違反する行為又は売春防止法第九条、第十条若しくは第十二条の罪に当たる違法な行為をしている疑いがあると認められるときは、当該接客業務受託営業を営む者の使用人その他の従業者で当該違反行為の相手方となつているものが営業所で客に接する業務に従事することを防止するため必要な措置をとらなければならない。

参照：令第16条、施行規則第47条・第48条

【趣旨】

本条は、店舗型性風俗特殊営業に係る営業禁止区域等について規定するものである。

第1項は、営業禁止区域について規定している。

第2項は、都道府県が、条例により営業禁止地域を設定することができることとする規定である。

第3項は、営業禁止区域及び営業禁止地域（以下「営業禁止区域等」という。）について、規定の施行等の際、現に届出書を提出して店舗型性風俗特殊営業を営んでいる者には適用しないこととする規定である。

第4項は、都道府県が、条例により営業時間を制限することができることとする規定である。

第5項から第7項までは、広告制限区域等における広告宣伝の禁止について規定している。

第8項は、清浄な風俗環境を害するおそれのある方法で広告宣伝をしてはならないことを規定している。

第9項及び第10項は、18歳未満の者が営業所に立ち入ってはならない旨の広告宣伝時の明示及び営業所の入口における表示について規定している。

第11項は、接客従業者に対する拘束的行為の規制について規定している。

第12項は、禁止行為について規定している。

【沿革】

本条に関しては、昭和41年の法改正により個室付浴場業が規制の対象とされた際に、営業禁止区域等に係る規定が新設されたところ、昭和59年の法改正により風俗関連営業を届出制とすることとされたことに伴い、営業禁止区域等、営業時間の制限、禁止行為及び広告宣伝の制限等に係る規定が整備された。

その後、平成10年の法改正により、広告宣伝の規制が強化され、広告制限区域等における広告宣伝の禁止等に係る規定が新設された。また、平成17年の法改正では、住居へのビラ等の頒布が全面的に禁止されたほか[*1]、客引きをするための立ちふさがり・つきまといが新たに禁止行為とされた。

＊1　平成17年の法改正前は、こうした広告宣伝の規制について、罰則ではなく指示処分によって担保することとしていたが、同改正により違反行為への罰則が新たに設けられた。

第28条　店舗型性風俗特殊営業の禁止区域等　　*149*

【解釈・運用】

第1項及び第2項

1　第1項及び第2項の規定は、店舗型性風俗特殊営業が善良の風俗若しくは清浄な風俗環境を害し、又は少年の健全な育成に障害を及ぼすおそれがあることに鑑み、一定の施設の敷地の周囲200メートルの区域内及び都道府県が条例により定める地域内において同営業を営むことを禁止するものである。[2]

2　営業禁止区域等においては、新たに店舗型性風俗特殊営業を開始することはもちろん、本条第3項に該当する場合を除き、その営業を継続することも認められない。[3][4]

3　第1項の「一団地の官公庁施設」とは、都市計画法の規定による都市計画において定められた一団地の国家機関又は地方公共団体の建築物及びこれらに附帯する通路その他の施設（官公庁施設の建設等に関する法律第2条第4項）をいう。

　「学校」とは、学校教育法第1条に規定するものをいい、幼稚園、小学校、中学校、義務教育学校、高等学校、中等教育学校、特別支援学校、大学及び高等専門学校がこれに該当する。専修学校（同法第124条）や各種学校（同法第134条第1項）は、これに該当しない。[5]

　「図書館」とは、図書館法第2条第1項に規定される「図書、記録その他必要な資料を収集し、整理し、保存して、一般公衆の利用に供し、その教養、調査研究、レクリエーション等に資することを目的とする施設で、地方公共団体、日本赤十字社又は一般社団法人若しくは一般財団法人が設置するもの（学校に附属する図書館又は図書室を除く。）」をいう。

　「児童福祉施設」とは、児童福祉法第7条第1項に規定するものをいい、助産施設、乳児院、母子生活支援施設、保育所、幼保連携型認定こども園、児童厚生施設、児童養護施設、障害児入所施設、児童発達支援センター、児童心理治療施設、児童自立支援施設及び児童家庭支援センターがこれに該当する。

4　都道府県は、上記施設以外にも、条例により、その周辺における善良の風俗若しくは清浄な風俗環境を害する行為若しくは少年の健全な育成に障害を及ぼす行為を防止するため必要があるものとして一定の施設を定めることができること

---

[2]　蔭山注解(2)39頁、43頁、学論集S41(2)27頁、32頁参照

[3]　旧逐条解説147頁

[4]　なお、最判昭和53年6月16日では、個室付浴場業の開業阻止を目的として児童遊園の設置の認可がなされた事案について、当該認可は行政権の濫用に相当する違法性があり、当該個室付浴場業の設置を規制する効力を有しないとの判断が示されている。

[5]　旧逐条解説148頁

されている。[*6]

5 　第2項は、第1項に規定される施設の周辺に限らず、広くその他の地域の風俗環境をも保持しようとする趣旨で置かれた規定であるが、営業禁止地域については、それぞれの地方の特殊性を考慮して指定されるべきであるとの考え方に立ち、都道府県の条例により定めることができることとされているものである。[*7]

　　この点、第2項の「地域」とは、都道府県のうちのある特定の地域のみを指す概念ではなく、都道府県全体をも含み得る概念であるから、都道府県の議会が店舗型性風俗特殊営業の禁止の必要性について検討した結果、合理的な理由が存在するとして、当該都道府県の全域を営業禁止地域として定めることも許容されると解される。[*8]

6 　第2項の規定に基づく営業禁止地域については、風俗営業、特定遊興飲食店営業及び深夜における酒類提供飲食店営業の営業制限地域とは異なり、条例で地域を定める際の基準を政令で定めることとはしていない。これは、店舗型性風俗特殊営業については、どのような地域を営業禁止地域とすべきかについて、都道府県によってその必要性が異なるものと考えられたことから、政令で基準を定めることとはせずに、条例に委ねることとしたものであると考えられる。[*9]

第3項

1 　本項は、第1項の規定及び第2項の規定に基づく条例の規定について、これらの規定の施行又は適用の際、現に法第27条第1項の届出書を提出して店舗型性風俗特殊営業を営んでいる者の当該店舗型性風俗特殊営業には適用しないこととして、その営業権との調整を図る規定である。[*10][*11]

2 　既得権として保護する対象を現に法第27条第1項の届出書を提出して店舗型性風俗特殊営業を営んでいる者に限ることとしたのは、正規の届出をし、法に従って営業をしようとしている者についてのみ保護を図れば足りると考えられたため

＊6 　例えば、病院、診療所、博物館、公民館、都市公園等が各都道府県において指定されている。

＊7 　学論集 S 41(2)32頁

＊8 　藤山注解(2)44頁参照。また、昭和59年7月31日参議院地方行政委員会鈴木良一政府委員（議事録10頁）参照

＊9 　各都道府県の条例では、店舗型性風俗特殊営業の営業禁止地域は当該営業の営業の種別ごとに定められている。

＊10 　旧逐条解説150頁

＊11 　しかしながら、本来であれば営業禁止地域である地域に店舗型性風俗特殊営業の営業所が存在することは好ましいことではないことから、当該営業に関し一定の行為が行われた場合には、直ちに営業の廃止を命ずることができることとされている（法第30条第2項）。

である。

3　「これらの規定」の「適用」とは、例えば、法の施行後特定の土地に学校が建設されることとなった場合等において、その場所における店舗型性風俗特殊営業について本条第1項の規定が適用されることになった場合等をいう。[*12]

4　本項の規定の適用対象となる「当該店舗型性風俗特殊営業」とは、当該規定の施行又は適用の際現に営んでいる店舗型性風俗特殊営業の範囲内の営業を意味するものであり、営業所の新築、移築、増築等をした場合には、その店舗型性風俗特殊営業については同項の適用はなくなる。[*14]また、営業者の死亡、営業の譲渡等の場合は、死亡又は譲渡の時点においてこの規定の適用は消滅し、相続人又は譲受人が営むことは、たとえ同じ施設を用いるものであっても、同項の規定の適用はない。[*15]

第4項

1　本項は、都道府県が、条例により店舗型性風俗特殊営業の深夜（午前0時から午前6時まで）における営業時間を制限することができる旨を規定している。このような規定が設けられたのは、深夜は風俗上の問題が発生しやすい時間帯であり、この種営業が深夜に営まれた場合には、善良の風俗若しくは清浄な風俗環境を害し、又は少年の健全な育成に障害を及ぼす行為が行われるおそれが高いと考えられたことによるものである。[*16]

2　ラブホテル等営業については、人の宿泊の用に供するものであり、営業時間の制限になじまないものであるため、本項の規定に基づく規制の対象からは除かれている。[*17]また、本項の「その他国家公安委員会規則で定める店舗型性風俗特殊営業」にあっては、現在のところ定められていない。

3　具体的な営業時間の制限に関する基準については、令第16条において、①店舗型性風俗特殊営業の種類ごとに、営業してはならない時間を指定して行うこと、②営業してはならない時間の指定は、性風俗に関し、深夜における良好な風俗環境を保全する必要がある場合に、必要に応じ地域を指定して行うことと規定されている。

第5項

1　本項が店舗型性風俗特殊営業の広告及び宣伝を規制しているのは、当該営業が直接性を売り物とする営業であることから、営業に関して広告及び宣伝が行われた場合には、その性質上、清浄な風俗環境を害し、又は少年の健全な育成に障害を及ぼすおそれが極めて高いと考えられたことによるものである。[*18]

[*12]　解釈運用基準第19−1(1)

152　第4章　性風俗関連特殊営業等の規制

2　本項において「前条に規定するもののほか、」と規定しているのは、法第27条
　第1項の届出書を提出していない者については、広告又は宣伝を行うことが全面

＊13　営業所の新築、移築、増築等には、次のような行為が該当する（解釈運用基準第19－1(2)）。
　①　営業所の建物の新築、移築又は増築
　②　営業所の種別に応じ営業所内の次の部分の改築
　　(i)　法第2条第6項第1号（個室付浴場業）、第2号（店舗型ファッションヘルス等）又は
　　　第4号（ラブホテル等）の営業にあっては、当該個室
　　(ii)　法第2条第6項第3号の営業にあっては、営業の種類に応じそれぞれ次の部分
　　　a　令第2条第1号に規定する営業（ヌードスタジオ等）　当該個室
　　　b　令第2条第2号に規定する営業（のぞき劇場等）　当該個室又は当該個室の隣室若し
　　　くはこれに類する施設
　　　c　令第2条第3号に規定する営業（ストリップ劇場等）　当該客席又は舞台
　　(iii)　法第2条第6項第5号（アダルトショップ等）の営業にあっては、当該物品を販売し、
　　　又は貸し付ける場所
　　(iv)　法第2条第6項第6号（いわゆる出会い系喫茶）の営業にあっては、異性の姿態若しく
　　　はその画像を見せる場所、面会の申込みを取り次ぐ場所又は客が異性と面会する個室若し
　　　くはこれに類する施設
　③　営業所の建物につき行う大規模の修繕若しくは大規模の模様替又はこれらに準ずる程度の
　　間仕切り等の変更
　④　営業所の建物内の客の用に供する部分の床面積の増加
　⑤　営業の種別又は種類の変更（ストリップ劇場をのぞき劇場にする場合等）
　（注）
　　「新築」とは、建築物の存しない土地（既存の建築物の全てを除去し、又はその全てが災害
　等によって滅失した後の土地を含む。）に建築物を造ることをいう。
　　「移築」とは、建築物の存在する場所を移転することをいう。
　　「増築」とは、一の敷地内の既存の建築物の延べ面積を増加させること（当該建築物内の営
　業所の延べ面積を増加させる場合及び別棟で造る場合を含む。）をいう。
　　「改築」とは、建築物の一部（当該部分の主要構造部の全て）を除却し、又はこれらの部分
　が災害等によって消滅した後、これと用途、規模、構造の著しく異ならないものを造ることを
　いう。
　　「大規模の修繕」とは、建築物の一種以上の主要構造部の過半に対しおおむね同様の形状、
　寸法、材料により行われる工事をいう。
　　「大規模の模様替」とは、建築物の一種以上の主要構造部の過半に対し行われるおおむね同
　様の形状、寸法によるが材料、構造等は異なるような工事をいう。
　　「主要構造部」とは、壁、柱、床、はり、屋根又は階段をいう。ただし、間仕切り、最下階
　の床、屋外階段等は含まない（建築基準法第2条第5号参照）。
　　「これらに準ずる程度の間仕切り等の変更」とは、営業所の過半について間仕切りを変更
　し、個室の数、面積等を変える場合等をいう。
＊14　解釈運用基準第19－1(2)
＊15　学論集S41(2)34頁
＊16　藤山注解(2)48頁参照
＊17　藤山注解(2)48頁参照
＊18　学論集H11(1)117頁

第28条　店舗型性風俗特殊営業の禁止区域等　　153

的に禁止されている（法第27条の２）ことを受けて、本項の規定による広告又は
宣伝の「方法」の制限の対象となるのは、法第27条第１項の届出書を提出して店
舗型性風俗特殊営業を営む者に限られることを明らかにしたものである。[19]

3　広告制限区域等を営業禁止区域等とほぼ同様の区域等としたのは、少年の健全
な育成に障害を及ぼす行為を防止等する必要性の高い営業禁止区域等において性
を売り物とする営業の広告又は宣伝が行われた場合には、営業禁止区域等を定め
た趣旨が没却されてしまうことにもなりかねないためである。[20][21]

　なお、広告制限区域等では営業禁止区域等と異なり、「同項に規定する施設の
用に供すると決定した土地を除く」こととしているのは、このような土地は、広
告及び宣伝をする者にとって必ずしも明確に認識できるものではないこと等に加
え、仮に当該土地を除くこととしても、当該土地に学校等の施設が建設された段
階でその周囲200メートルの区域が広告制限区域等となることから、少年の健全
な育成に障害を及ぼすおそれは生じないものと考えられたためである。[22]

4　第１号の「広告物」の定義のうち、「常時又は一定の期間継続して」とは、営
業所の入口に掲げられた店名を表示する看板のように常時表示されるものや、路
上で人が持っているプラカード、走行する自動車の車体に表示される広告物のよ
うに一定の期間表示されるものであることを要するという趣旨である。したがっ
て、通常はビラやパンフレットの類はここにいう広告物に当たらないと考えられ
るが、これらが電話ボックスに貼られたり、電話ボックス内に置かれることによ
り一定の期間継続して当該電話ボックスを利用する者の目に留まる状態にある場
合には、広告物に該当することになる。「公衆」とは、不特定又は多数の者を意
味する。[23]

　また、「広告塔、広告板、建物その他の工作物等に掲出され、又は表示された

---

*19　解釈運用基準第19－２(2)ア
*20　学論集H11(1)118頁
*21　本項第１号ロの「条例で定める地域」については、第２項の規定により定められた営業制限
　　地域のうち当該店舗型性風俗特殊営業の広告又は宣伝を制限すべき地域を定めることとされて
　　おり、各都道府県においては、営業禁止地域と同様、店舗型性風俗特殊営業の種別に応じて定
　　められているところである。
*22　学論集H11(1)118頁
*23　屋外広告物法上は、建物の外側に表示されているものであっても、その建物が閉鎖的な中庭
　　を有しており、その中庭に向かって表示されているようなものは、建物管理権等から総合的に
　　判断すると、公衆に表示されているものとはいえないと解されているが、これは、同法が美観
　　風致の観点からの規制であることによるものと考えられ、少年の健全な育成に障害を及ぼす行
　　為の防止等を目的とする法とは立法趣旨が異なっていることから、同様の解釈はとっていない
　　（蔭山注解(2)56頁、学論集H11(1)119頁）。

154　第4章　性風俗関連特殊営業等の規制

もの並びにこれらに類するもの」には、広告塔、広告板、建物の壁面、自動車等
に掲出され、又は表示されたもののほか、ネオンサイン、アドバルーン、電光掲
示板、プラカード等がこれに当たり、一定の場所に固定されているか、移動する
かは問わない。[*24]

5　第2号の「ビラ等」には、ビラ、パンフレットのほか、これらに類する広告又
は宣伝の用に供される文書図画がこれに当たり、これには、当該営業の呼称等が
記載されたポケットティッシュ、カード等が含まれる。

　　なお、通常の形態で販売されている新聞、雑誌、書籍等は、通常は広告又は宣
伝の用に供されるビラ、パンフレットに類するものとはいい難いことから、一般
的には「ビラ等」に当たらない。[*25]

6　本項による規制対象となる広告物及びビラ等の内容は卑わいなもの等に限られ
ない。したがって、店舗型性風俗特殊営業につき広告又は宣伝をするためのもの
であると認められる場合には、単に営業所の名称のみが記載されている広告物又
はビラ等であっても本項の規制の対象となり得る。

　　また、営業所の名称が記載されていない広告物であっても、それが特定の店舗
型性風俗特殊営業の広告又は宣伝のためのものであると認められる場合には、本
項の規制の対象となり得る。ただし、郵便受箱に表示された会社の名称等広告又
は宣伝の目的で公衆に表示されているとはいえないものについては、本項の規制
の対象とはならない。[*26]

7　第2号で禁止される行為は、具体的には、人の住居にビラ等を置いたり、郵便
受箱に差し入れること等であり、人の住居にビラ等を置いたり、郵便受箱に差し
入れた時点で違反が成立する。

　　なお、ビラ等を郵便物として配達させた場合等であっても同号違反となる。[*27]

　　人の住居に対するビラ等の頒布を全面的に禁止しているのは、そもそも人の住
居は私的な空間であり、居住する者の意思に反して無差別にビラ等を頒布する行
為は住居の平穏を害する行為であるといえることから、営業の自由に配慮して
も、道路等の公共の場所で行う広告宣伝と比較してより強く規制することに合理
性が認められるためである。[*28]

8　第3号で禁止される行為は、第2号に掲げるもののほか、ビラ等を不特定又は

---

*24　解釈運用基準第19-2(2)イ
*25　解釈運用基準第19-2(2)ウ
*26　解釈運用基準第19-2(2)エ
*27　解釈運用基準第19-2(2)オ
*28　学論集H18(1)45頁

多数の者に配布する目的で現に一人以上の者に配布することをいい、特定少数の者を通じて当然又は成り行き上不特定又は多数の者に配布されるような状況下で当該特定少数の者に配布した場合も含まれる。頒布の方法としては、直接手渡す方法によるもののほか、一定の場所にビラ等を置き、自由に持ち帰ることを期待するような方法による場合も含まれる。[*29]

9　本項への違反行為については、平成17年の法改正により直罰とされたが、これは以下のような問題に対処するためである。[*30]

　　○　指示処分のためには、ビラ等に記載された電話番号等から営業者を特定しなければならないが、そもそも無届営業の場合など、行政上の調査で営業者を特定することは困難である。

　　○　ビラ等の頒布者を発見した場合であっても、頒布行為自体が犯罪とはされていないため警察官職務執行法による制止等ができず、また、突き上げ捜査により営業者を特定することができない。

　　○　営業者を特定したとしても、第三者のいわゆる「撒き屋」がビラ等を頒布している場合、営業者に対して指示処分を行っても当該撒き屋には効果が及ばず、当該撒き屋が他の営業者の依頼によってするビラ等の頒布に対処できない。

　　「店舗型性風俗特殊営業を営む者」以外の者が、「店舗型性風俗特殊営業を営む者」と意を通じて本項各号に掲げる方法で広告又は宣伝をした場合は、いわゆる身分なき共犯として処罰することができる。[*31]

第6項

1　本項は、営業禁止区域等において既得権により店舗型性風俗特殊営業を営んでいる者について、一定の場合における第5項の規定の適用を除外するものである。その趣旨は、第5項による規制が営業の自由に制限を加えるものであることに鑑み、既得権により営業を営んでいる者に対して一定の配慮をしたものである。[*32]

2　「営業所の外周」とは、当該店舗型性風俗特殊営業の営業所の外側に沿った周り及びこれを取り巻く部分をいい、当該営業所が一棟の建物の区分された部分である場合には、当該一棟の建物の共用部分及び当該建物の外側に沿った周りを含む。[*33]

＊29　解釈運用基準第19－2(2)カ
＊30　学論集H18(1)41頁
＊31　解釈運用基準第19－2(2)キ
＊32　学論集H11(1)120頁

156　第4章　性風俗関連特殊営業等の規制

3　「営業所の内部」とは、18歳未満の者を客として立ち入らせることが禁止されている営業所内をいう。[*34]

4　本項の規定により適用が除外されるのは、本条第5項の規定のみであるから、当該営業所の外周に表示される広告物であっても、「清浄な風俗環境を害するおそれのある方法」（本条第8項）で広告又は宣伝をすることはできない。[*35]

第7項

　本項の規定は、新たに広告制限区域等となる地域において既に表示されている広告物について、撤去までの猶予期間を設けたものである。この規定により適用が除外されるのは、本条第5項第1号のみであるから、猶予期間中であっても「清浄な風俗環境を害するおそれのある方法」（本条第8項）で広告物を表示することはできない。[*36]

第8項

　本項で禁止される行為は、風俗営業とは異なり、「営業所周辺における」（法第16条）か否かを問わず、およそ「清浄な風俗環境を害するおそれのある方法」で広告又は宣伝をすることである。また、営業所周辺にいない不特定又は多数の者をいわば捕らわれの視聴者にするような行為をも含む。例えば、無差別に携帯電話に広告又は宣伝の電子メールを送信することや、インターネットのホームページ（その名称等からして卑わいな内容が掲出されていることを容易に推測することができるものを除く。）においてバナー広告として卑わいな内容のものを掲出することがこれに該当する。[*37]

　なお、本項への違反については、第5項への違反とは異なり、罰則規定は設けられておらず、指示処分により担保されている。

第9項

1　本項の規定は、店舗型性風俗特殊営業が性を売り物とする営業であり、また、18歳未満の者を営業所に客として立ち入らせることが禁止されている（第12項）ことに鑑み、少年の健全な育成に障害を及ぼす行為を防止する観点から設けられたものと解される。[*38]

＊33　解釈運用基準第19-2(3)ア
＊34　解釈運用基準第19-2(3)イ
＊35　解釈運用基準第19-2(3)ウ
＊36　解釈運用基準第19-2(4)
＊37　解釈運用基準第19-2(5)。いかなる広告宣伝が規制の対象となるかについては、第16条の解説（106頁）を参照されたい。
＊38　藤山注解(2)65頁参照

2　本項の規定は、店舗型性風俗特殊営業を営む者がその営業につき広告又は宣伝を行う場合の全てを対象とするものである。したがって、広告物又はビラ等により広告又は宣伝を行う場合だけでなく、新聞、雑誌、インターネット等を利用して広告又は宣伝を行う場合等も対象となる。[39]

3　本項の規定により18歳未満の者が営業所に立ち入ってはならない旨を明らかにする方法は、施行規則第47条第1項に規定するとおりであり、原則として個別の広告又は宣伝ごとに行う必要があるが、例えば、複数の店舗型性風俗特殊営業が雑誌等に広告又は宣伝を掲載する場合には、これらの広告又は宣伝に共通する事項として18歳未満の者が当該営業の営業所に立ち入ってはならない旨の文言を公衆の見やすいように表示することも可能である。[40]

4　施行規則第47条第2項の「当該店舗型性風俗特殊営業の営業所の名称又は店舗型性風俗特殊営業の種別のみを表示するもの」とは、営業所の名称又は営業所の種類のいずれかを表示するもののほか、営業所の名称及び営業の種類をいずれも表示するものも含む。また、「当該店舗型性風俗特殊営業の営業所の所在地を簡易な方法により表示するもの」とは、営業所周辺の略図、営業所の方向を示す矢印等をいう。[41]

5　施行規則第46条第3項を設けた趣旨は、営業所の入口に18歳未満の者が営業所に立ち入ってはならない旨が表示されている場合に、当該表示をもってその周辺に表示される広告物に18歳未満の者が営業所に立ち入ってはならない旨を表示しないことができることとするものであるから、同項中「営業所の入口周辺」とは、当該表示の直近の範囲内をいう。[42]

第10項

本項の規定による18歳未満の者が営業所に立ち入ってはならない旨の営業所の入口への表示は、施行規則第48条の規定による準用後の同規則第35条により、表示すべき事項に係る文言を表示した書面その他の物を公衆に見やすいように掲げることにより行うこととされている。

第11項

本項については、法第18条の2の解説（111頁）を参照されたい。

第12項

本項に掲げる各禁止行為の意義については、法第22条の解説（123頁）を参照さ

---

*39　解釈運用基準第19−2(6)ア
*40　解釈運用基準第19−2(6)イ
*41　解釈運用基準第19−2(6)ウ
*42　解釈運用基準第19−2(6)エ

158　第4章　性風俗関連特殊営業等の規制

れたい。

【罰則】

第1項の規定に違反した者は、法第49条第5号により処罰される（罰則：2年以下の懲役若しくは200万円以下の罰金又はこれらの併科）。

第2項の規定に基づく都道府県の条例の規定に違反した者は、法第49条第6号により処罰される（罰則：2年以下の懲役若しくは200万円以下の罰金又はこれらの併科）。

第5項の規定に違反した者は、法第53条第2号により処罰される（罰則：100万円以下の罰金）。

第12項第1号又は第2号の規定に違反した者は、法第52条第1号により処罰される（罰則：6月以下の懲役若しくは100万円以下の罰金又はこれらの併科）。

第12項第3号の規定又は同項第4号若しくは第5号の規定に違反した者は、法第50条第1項第5号により処罰される（罰則：1年以下の懲役若しくは100万円以下の罰金又はこれらの併科）。

（指示）

第二十九条　公安委員会は、店舗型性風俗特殊営業を営む者又はその代理人等が、当該営業に関し、この法律又はこの法律に基づく命令若しくは条例の規定（前条第一項の規定又は同条第二項の規定に基づく条例の規定を除く。）に違反したときは、当該店舗型性風俗特殊営業を営む者に対し、善良の風俗若しくは清浄な風俗環境を害する行為又は少年の健全な育成に障害を及ぼす行為を防止するため必要な指示をすることができる。

【趣旨】

本条は、店舗型性風俗特殊営業を営む者等に対する指示について規定するものである。

【沿革】

本条は、昭和59年の法改正により風俗関連営業に係る規制が導入された際に新たに設けられたものである。

第30条　営業の停止等　　*159*

【解釈・運用】

1　店舗型性風俗特殊営業については、風俗営業の場合とは異なり、「指示」を行う場合を「この法律又はこの法律に基づく命令若しくは条例の規定……に違反したとき」に限ることとしている。[*1]

　　なお、「前条第1項の規定又は同条第2項の規定に基づく条例の規定を除く」こととしているのは、これらの規定は店舗型性風俗特殊営業の営業禁止区域等を定める規定であり、当該区域等で営業を営んでいること自体が違法であることから、指示処分による改善の余地がないためである。[*2]

2　本条の規定に基づく指示に違反した場合は、法第30条の規定により、公安委員会から営業の停止等の処分を受けることとなる。

3　このほかの解釈・運用については、第25条の解説（134頁）を参照されたい。

（営業の停止等）

第三十条　公安委員会は、店舗型性風俗特殊営業を営む者若しくはその代理人等が当該営業に関しこの法律に規定する罪（第四十九条第五号及び第六号の罪を除く。）若しくは第四条第一項第二号ロからヘまで、チ、リ、ル若しくはヲに掲げる罪に当たる違法な行為その他善良の風俗を害し若しくは少年の健全な育成に障害を及ぼす重大な不正行為で政令で定めるものをしたとき、又は店舗型性風俗特殊営業を営む者がこの法律に基づく処分に違反したときは、当該店舗型性風俗特殊営業を営む者に対し、当該施設を用いて営む店舗型性風俗特殊営業について、八月を超えない範囲内で期間を定めて当該店舗型性風俗特殊営業の全部又は一部の停止を命ずることができる。

2　公安委員会は、前項の場合において、当該店舗型性風俗特殊営業を営む者が第二十八条第一項の規定又は同条第二項の規定に基づく条例の規定により店舗型性風俗特殊営業を営んではならないこととされる区域又は地域において店舗型性風俗特殊営業を営む者であるときは、その者に対し、前項の規定による停止の命令に代えて、当該施設を用いて営む店舗型性風俗特殊営業の廃止を命ずることができる。

3　公安委員会は、前二項の規定により店舗型性風俗特殊営業（第二条第六項第一号、第三号又は第四号の営業に限る。以下この項において同じ。）の停止又

---

*1　S59改正逐条153頁。また、第30条の解説（161頁）参照

*2　蔭山注解(2)86頁参照

160 第4章 性風俗関連特殊営業等の規制

は廃止を命ずるときは、当該店舗型性風俗特殊営業を営む者に対し、当該施設を用いて営む浴場業営業（公衆浴場法第二条第一項の許可を受けて営む営業をいう。以下同じ。）、興行場営業（興行場法第二条第一項の許可を受けて営む営業をいう。以下同じ。）、旅館業（旅館業法（昭和二十三年法律第百三十八号）第三条第一項の許可を受けて営む営業をいう。以下同じ。）又は住宅宿泊事業（住宅宿泊事業法（平成二十九年法律第六十五号）第三条第一項の届出をして営む事業をいう。以下同じ。）について、八月（第一項の規定により店舗型性風俗特殊営業の停止を命ずるときは、その停止の期間）を超えない範囲内で期間を定めて営業の全部又は一部の停止を命ずることができる。

参照：令第17条

【趣旨】

　本条は、店舗型性風俗特殊営業を営む者等に対する営業の停止等について規定するものである。

　店舗型性風俗特殊営業については、風俗営業の場合と比べて指示を行う場合が限定されており、一定の不正行為があった場合は、原則として直ちに営業の停止又は廃止によって対処することとしている。しかも、風俗営業の場合には、営業停止命令は著しく善良の風俗等を害するなどのおそれがある場合に限って行うこととされているのに対し、店舗型性風俗特殊営業の場合には、その営業の風俗環境等に及ぼす重大な影響に鑑み、一定の不正行為があれば、そのようなおそれの有無についての判断を介在させることなく、直ちに営業の停止又は廃止の処分を行うこととされている。[*1]

【沿革】

　本条は、昭和41年の法改正により設けられた個室付浴場業及び興行場営業の営業停止についての規定及び昭和47年の法改正により設けられた営業禁止地域において営まれたモーテル営業の営業廃止についての規定を、昭和59年の法改正により風俗関連営業に係る規制が導入された際に整備したものである。[*2]

　その後、第1項に規定する営業停止事由については、児童買春、児童ポルノに係

＊1　S59改正逐条154頁。また、第29条の解説（159頁）及び昭和59年8月7日参議院地方行政委員会鈴木政府委員（議事録5頁）参照

＊2　これに伴い第3項の規定が設けられたところであるが、平成29年の住宅宿泊事業法の制定に伴い、住宅宿泊事業についても新たに当該規定による営業停止等の対象とされた。

第30条 営業の停止等 *161*

る行為等の処罰及び児童の保護等に関する法律（平成11年法律第52号。平成26年法律第79号による改正後は、児童買春、児童ポルノに係る行為等の規制及び処罰並びに児童の保護等に関する法律）の制定に伴い同法に規定する罪が、平成17年の法改正により人身売買の罪等がそれぞれ追加された。

【解釈・運用】

1　第1項の「この法律に規定する罪……政令で定めるものをし」たは、法第25条、第29条等の「違反し」たと同様、法律、命令、条例等に違反した行為が行われたことをいい、送致、起訴、刑の言渡し等の判決等が既になされているか否かを問わない。[*3]

　なお、「第四十九条第五号及び第六号の罪を除く」こととしているのは、これらの規定は店舗型性風俗特殊営業の営業禁止区域等を定める規定であり、当該区域等で営業を営んでいること自体が違法であることから、営業の停止を命ずる余地がないためである。[*4]

2　「この法律に規定する罪……政令で定めるものをし」た場合に営業の停止等を命ずることができることとしているのは、当該行為自体が善良の風俗と少年の健全な育成に障害を及ぼすものであり、将来にわたって同種の行為が行われることを防止する必要があることによるものである。

　また、「この法律に基づく処分に違反した」場合に営業の停止等を命ずることができることとしているのは、公安委員会が法に基づいて行った処分に従わず、当該処分の事由となった行為に関して何らの自主的な改善もみられないことから、法又は法に基づく命令若しくは条例の規定に従った営業を営むことが期待できないことによるものである。

3　第1項の「八月を超えない範囲」について、営業停止の期間の上限が風俗営業等のそれ（6月）よりも長期間となっているのは、風俗営業等と比べた場合、店舗型性風俗特殊営業をはじめとする性風俗関連特殊営業の業態の性質上、本項に規定する犯罪及び法令違反が行われる可能性が高いので、取締りの実効を上げるために特に期間を長くしたものである。[*5]

4　第2項は、営業禁止区域等で既得権を認められて店舗型性風俗特殊営業を営んでいる者については、営業の停止に代えて、営業の廃止という厳しい行政処分をもできることとして、店舗型性風俗特殊営業の営業禁止区域等における善良の風

＊3　解釈運用基準第32-3
＊4　蔭山注解(2)78頁参照
＊5　学論集S41(2)36頁

162 第4章 性風俗関連特殊営業等の規制

俗の保持等に特に配慮することとした規定である。[*6]

　このような規定が設けられたのは、本来であれば営業禁止区域等において店舗型性風俗特殊営業が営まれるのは好ましくないところ、そのような場所で既得権により店舗型性風俗特殊営業を営む者が善良の風俗を害し若しくは少年の健全な育成に障害を及ぼす重大な不正行為等をした場合にまで、既得権を保護する必要はなく、このような悪質業者を排除することが妥当であると考えられたためである。[*7]

5　第3項は、公安委員会が店舗型性風俗特殊営業の営業停止等を命ずるときは、その施設を用いて営む浴場業営業（公衆浴場法の許可を受けて営むもの）、興行場営業（興行場法の許可を受けて営むもの）、旅館業（旅館業法の許可を受けて営むもの）又は住宅宿泊事業（住宅宿泊事業法の届出をして営むもの）についても、8月（営業停止処分の場合は、その停止の期間）を超えない範囲を定めて営業の全部又は一部の停止を命ずることができることとして、店舗型性風俗特殊営業の営業停止等の処分の実効性を担保することとした規定である。[*8]

　すなわち、浴場業営業、興行場営業、旅館業及び住宅宿泊事業については、それぞれ公衆浴場法、興行場法、旅館業法及び住宅宿泊事業法で規制されているところであるが、第3項による処分は、第1項又は第2項の規定により店舗型性風俗特殊営業の停止又は廃止を命じられた事業者が浴場業営業等を営んでいると称して、同じ施設内で実質的に処分の対象となった店舗型性風俗特殊営業が営まれる事態が生じかねないことから、善良の風俗と清浄な風俗環境の保持及び少年の健全な育成に障害を及ぼす行為の防止という観点から、公衆浴場法等の規定とは別個に公安委員会が行うものである。[*9]

【罰則】

　本条の規定による公安委員会の処分に違反した者は、法第49条第4号により処罰される（罰則：2年以下の懲役若しくは200万円以下の罰金又はこれらの併科）。

（標章のはり付け）
第三十一条　公安委員会は、前条第一項の規定により店舗型性風俗特殊営業の停止を命じたときは、国家公安委員会規則で定めるところにより、当該命令に係

＊6　S 59改正逐条158頁
＊7　藤山注解(2)88頁
＊8　旧逐条解説158頁
＊9　藤山注解(2)83頁、学論集 S 41(2)26頁、35頁参照

る施設の出入口の見やすい場所に、内閣府令で定める様式の標章をはり付けるものとする。

2　前条第一項の規定による命令を受けた者は、次の各号に掲げる事由のいずれかがあるときは、国家公安委員会規則で定めるところにより、前項の規定により標章をはり付けられた施設について、標章を取り除くべきことを申請することができる。この場合において、公安委員会は、標章を取り除かなければならない。

一　当該施設を当該店舗型性風俗特殊営業（前条第三項の規定による停止の命令に係る営業を含む。）の用以外の用に供しようとするとき。

二　当該施設を取り壊そうとするとき。

三　当該施設を増築し、又は改築しようとする場合であつて、やむを得ないと認められる理由があるとき。

3　第一項の規定により標章をはり付けられた施設について、当該命令に係る店舗型性風俗特殊営業を営む者から当該施設を買い受けた者その他当該施設の使用について権原を有する第三者は、国家公安委員会規則で定めるところにより、標章を取り除くべきことを申請することができる。この場合において、公安委員会は、標章を取り除かなければならない。

4　何人も、第一項の規定によりはり付けられた標章を破壊し、又は汚損してはならず、また、当該施設に係る前条第一項の命令の期間を経過した後でなければ、これを取り除いてはならない。

参照：内閣府令第10条、施行規則第49条～第51条

【趣旨】

　本条は、店舗型性風俗特殊営業の営業停止に係る標章の貼付けについて規定するものである。

　この規定は、店舗型性風俗特殊営業の営業の停止を命ぜられた者が、営業停止の期間中に当該命令に係る施設を用いて脱法的に営業を営むことを困難にし、営業停止処分の実効性を担保する必要があること、利用者にも処分が行われたことを周知して脱法行為が行われにくくする必要があることから設けられたものである。[*1]

　法律によっては、営業停止等の処分を行った場合には、官報等によりこれを公示すべき旨を定めている例があるが、法はそのような広範に処分を公示する仕組みは

＊1　蔭山注解(2)97頁、98頁参照

164　第4章　性風俗関連特殊営業等の規制

採らず、処分を受ける営業の善良の風俗等に与える影響と処分の実効性の担保の必要性及び処分を周知させる必要性とを比較、勘案した上で、標章を貼り付ける方法により処分を公示することとしたものである。[*2]

　第1項は、店舗型性風俗特殊営業の営業停止を命じたときは、施設の出入口の見やすい場所に標章を貼り付ける旨規定している。

　第2項は、一定の場合において、営業停止の処分を受けた者による標章の除去について規定している。

　第3項は、被処分者から標章が貼り付けられた施設を買い受けた者等による標章の除去について規定している。

　第4項は、貼り付けられた標章の破壊等の禁止について規定している。

【沿革】

　本条は、昭和59年の法改正により風俗関連営業に係る規制が導入された際に新設されたものである。

【解釈・運用】

1　第1項により、公安委員会は、店舗型性風俗特殊営業の停止を命じたときは、当該命令に係る施設の出入口の見やすい場所に、内閣府令第10条及び別記様式第1号に定める様式の標章を貼り付けるものとされている。標章の貼付けは、店舗型性風俗特殊営業の営業停止の命令があった後速やかにするものとされている（施行規則第49条）。

　「施設の出入口の見やすい場所」とは、施設の出入口付近であって、外部から容易に認識し得る場所をいう。[*3]

2　第2項及び第3項の規定は、店舗型性風俗特殊営業の営業停止処分に係る施設の利用を無制限に制約した場合には国民に過剰な負担を課すこととなることから、本条の規定による公示制度が営業停止処分を受けた者が店舗型性風俗特殊営業を営むことを困難にし、利用者に処分が行われたことを周知することにあることに鑑み、当該目的に抵触しない形で当該施設を利用する場合には、これを認めることとしたものであると考えられる。

　第2項第3号について、他の号と異なり「やむを得ないと認められる理由があるとき」との要件が付加されているのは、営業停止の期間中に、当該施設の増築

＊2　S59改正逐条159頁
＊3　藤山注解(2)99頁

又は改築が無制限に行われた場合には、営業の停止期間中に当該期間経過後における営業の準備行為を行っているのにほかならず、当該営業の停止を命じた趣旨が没却されてしまうことから、真にやむを得ない理由がある場合にのみ、これを認めることとしたものであると考えられる。[*4]

第2項に基づく標章除去申請の手続は施行規則第50条に、第3項に基づく標章除去申請の手続は施行規則第51条において、それぞれ規定されている。

3 第4項の「破壊」とは、物の実質を害して、その本来の用途の全部又は一部を不能ならしめることをいい、「汚損」とは汚し、又は損ずることをいう。[*5]

【罰則】

第4項の規定に違反した者は、法第55条第6号により処罰される（罰則：30万円以下の罰金）。

第2款　無店舗型性風俗特殊営業の規制

（営業等の届出）

第三十一条の二　無店舗型性風俗特殊営業を営もうとする者は、無店舗型性風俗特殊営業の種別（第二条第七項各号に規定する無店舗型性風俗特殊営業の種別をいう。以下同じ。）に応じて、営業の本拠となる事務所（事務所のない者にあつては、住所。以下単に「事務所」という。）の所在地を管轄する公安委員会に、次の事項を記載した届出書を提出しなければならない。

一　氏名又は名称及び住所並びに法人にあつては、その代表者の氏名

二　当該営業につき広告又は宣伝をする場合に当該営業を示すものとして使用する呼称（当該呼称が二以上ある場合にあつては、それら全部の呼称）

三　事務所の所在地

四　無店舗型性風俗特殊営業の種別

五　客の依頼を受ける方法

六　客の依頼を受けるための電話番号その他の連絡先

[*4]　いかなる場合に「やむを得ないと認められる理由がある」と判断されるかについては、個別具体的な事情に応じて判断せざるを得ないが、例えば、地震により当該施設の一部が損壊し、早急に補強工事を行う必要がある場合等については、「やむを得ないと認められる理由がある」と判断される場合が多いと考えられる。

[*5]　法令用語辞典43頁、639頁参照。例えば、標章の一部を破り取ることや、標章にペンキを塗りつける行為がこれらに当たるものと解される。

166 第4章 性風俗関連特殊営業等の規制

　　七　第二条第七項第一号の営業につき、受付所（同号に規定する役務の提供以
　　　外の客に接する業務を行うための施設をいう。以下同じ。）又は待機所（客
　　　の依頼を受けて派遣される同号に規定する役務を行う者を待機させるための
　　　施設をいう。第三十七条第二項第三号において同じ。）を設ける場合にあつ
　　　ては、その旨及びこれらの所在地
2　前項の届出書を提出した者は、当該無店舗型性風俗特殊営業を廃止したと
　き、又は同項各号（第四号を除く。）に掲げる事項に変更があつたときは、公
　安委員会（公安委員会の管轄区域を異にして事務所を変更したときは、変更し
　た後の事務所の所在地を管轄する公安委員会）に、廃止又は変更に係る事項そ
　の他の内閣府令で定める事項を記載した届出書を提出しなければならない。
3　前二項の届出書には、営業の方法を記載した書類その他の内閣府令で定める
　書類を添付しなければならない。
4　公安委員会は、第一項又は第二項の届出書（同項の届出書にあつては、無店
　舗型性風俗特殊営業を廃止した場合におけるものを除く。）の提出があつたと
　きは、その旨を記載した書面を当該届出書を提出した者に交付しなければなら
　ない。ただし、当該届出書に受付所を設ける旨が記載されている場合におい
　て、当該届出書に係る受付所が、第三十一条の三第二項の規定により適用する
　第二十八条第一項の規定又は同条第二項の規定に基づく条例の規定により、受
　付所を設けて営む第二条第七項第一号の営業（受付所における業務に係る部分
　に限る。以下この款において「受付所営業」という。）を営んではならないこ
　ととされる区域又は地域にあるときは、この限りでない。
5　無店舗型性風俗特殊営業を営む者は、前項の規定により交付された書面を事
　務所に備え付けるとともに、関係者から請求があつたときは、これを提示しな
　ければならない。

参照：内閣府令第11条・第12条、施行規則第52条～第55条

【趣旨】

　本条は、無店舗型性風俗特殊営業の営業の届出の手続等について規定するもので
ある。

【沿革】

　本条は、平成10年の法改正により無店舗型性風俗特殊営業に係る規制が導入され
た際に新設されたものである。

無店舗型性風俗特殊営業を規制することとした趣旨は、

①　ホテル、客の自宅等に女性を派遣して性的なサービスを提供する営業やアダルトビデオ等を通信販売する営業に関しては、これらの営業のチラシが繁華街の電話ボックス一面に貼られたり、一般家庭の郵便受箱等にまで投げ込まれるなど、清浄な風俗環境の保持及び少年の健全な育成という観点から大きな問題となっていたこと

②　その営業に関して、売春事犯やわいせつ物頒布等事犯が行われる事例が散見されたほか、18歳未満の者が異性の客に接触する役務を提供する業務に従事させられる事例も発生するなど、年少者に対する悪影響が懸念されたこと

を踏まえ、これらの営業を無店舗型性風俗特殊営業として法の規制の対象に加え、店舗型性風俗特殊営業に対する規制と同様の規制を設けることにより、善良の風俗及び清浄な風俗環境の保持並びに少年の健全な育成に障害を及ぼす行為の防止を図ることとしたものである。[*1]

　その後、平成17年の法改正により、無届業者を排除する仕組みを構築するため、届出確認書の交付（第4項）及びその備付け・提示義務（第5項）に係る規定が新設された。また、営業の方法を記載した書類等を届出書に添付させることとする（第3項）など届出制の強化が図られたほか、客が立ち入る受付所や派遣従事者の待機所を把握するため、事務所のほか受付所や待機所を設ける場合には、その旨及びこれらの所在地についても届出事項とする（第1項第7号）こととされた。[*2*3]

【解釈・運用】

1　無店舗型性風俗特殊営業の届出は、その営業を「営む者」ごとに行うこととなる。したがって、例えば、派遣型ファッションヘルス営業を営む者が、客の依頼を受けて派遣される従業者の集団や従業者を派遣する地域の区分に応じて複数の呼称や電話番号を使い分けるなど、複数の派遣型ファッションヘルス営業を営んでいると認識している場合であっても、その営業を営む者が同一の主体である限り、これらの営業を全体として一の営業として、当該一の営業について届出をすることになる。この場合、その営業について複数の呼称を使用する場合には、そ

---

*1　学論集H11(1)125頁
*2　学論集H18(1)20〜24頁、28頁
*3　このほか、平成17年の法改正では、第1項に規定する届出書を提出しないで無店舗型性風俗特殊営業を営む無届営業の罰則について、法定刑が30万円以下の罰金から、6月以下の懲役若しくは100万円以下の罰金又はこれらの併科に引き上げられた。
*4　解釈運用基準第18−3(1)

168　第4章　性風俗関連特殊営業等の規制

の全部の呼称について届出が必要である（第1項第2号）。[*4][*5]

2　第1項各号列記以外の部分中「事務所」とは、無店舗型性風俗特殊営業の営業活動の中心である一定の場所のことをいい、事務所が複数ある場合には、それらのうちの中枢となる事務所が「営業の本拠となる事務所」に当たる。この場合、「事務所」といえる場所がないときは、営業を営む者の「住所」がこれに代わることとなる。[*6]

3　第1項第2号中「呼称」とは、広告及び宣伝をする際に使用する呼び名のことをいう。[*7]

4　第1項第6号中「客の依頼を受けるための電話番号その他の連絡先」とは、例えば、郵便により依頼を受ける場合には郵便の宛先が、電話、ファクシミリ等により依頼を受ける場合には電話番号が、インターネットを利用して依頼を受ける場合には電子メールアドレス等がこれに当たる。電話番号、電子メールアドレス等の連絡先が複数ある場合は、全ての連絡先を記載させる必要がある（施行規則別記様式第25号の備考7参照）。[*8]

5　第1項第7号中「同号に規定する役務の提供以外の客に接する業務」とは、派遣型ファッションヘルス営業に係る「客に接する業務」[*9]のうち「異性の客の性的好奇心に応じてその客に接触する役務」（法第2条第7項第1号）を提供する業務以外のものであり、具体的には、来訪した客と対面して行う次のような業務が広く含まれる。

①　客から役務の提供の依頼を受ける業務（受付業務）

②　接客従業者の写真を客に見せるなどして、客に紹介する業務

　したがって、これらの業務を行うための施設を設ける場合には、受付所を設ける旨及びその所在地を届出書に記載しなければならない。事務所と同一の施設を受付所として用いる場合には、届出書にその旨を記載しなければならない。

　一方、客が来訪せず、電話やファクシミリのみにより客の依頼を受け付ける事

＊5　この点、平成17年の法改正前は、無店舗型性風俗特殊営業については営業所が存在しないことから、「営業所ごとに」（法第27条第1項）といった届出の単位の定めがなく、実質的に「一の営業」と認められる範囲のものを届出の単位とする運用がなされてきたが、「一の営業」と他の営業の区別が必ずしも明確ではなかったことや、「一の営業」ごとに届出書を提出させることとすれば、同一の者が複数の届出確認書の交付を受けることとなり合理的ではないと考えられたこと等を踏まえ、平成17年の法改正で届出確認書の交付等に係る規定が新設されたことに伴い、上記のように解釈運用が改められた（学論集H18(1)31頁、藤山注解(2)165頁参照）。

＊6　解釈運用基準第18-3(2)

＊7　解釈運用基準第18-3(3)

＊8　解釈運用基準第18-3(4)

＊9　「客に接する業務」の意義については、法第2条第13項の解説（53頁）を参照

務所は受付所に当たらない。

　なお、いわゆる風俗案内所等の第三者が、派遣型ファッションヘルス営業を営む者の委託を受け、広告又は宣伝の範囲を超えて、その第三者の施設に来訪する者と対面して前記①又は②の業務を行っている場合、その施設は、派遣型ファッションヘルス営業を営む者が設ける受付所に当たる。[*10]

6　第１項第７号中「待機所」とは、客の依頼を受けたときに「異性の客の性的好奇心に応じてその客に接触する役務」（法第２条第７項第１号）を行うために派遣することができる状態で従業者を待機させるための施設又は施設の区画された部分をいい、単に従業者が居住している施設は、これに当たらない。[*11]

7　無店舗型性風俗特殊営業を営む者は、届出確認書を事務所に備え付けるとともに、関係者から請求があったときは、これを提示しなければならないこととされているところ、派遣型ファッションヘルスを営む者が、事務所と別に受付所を設ける場合は、受付所を訪れた者から届出確認書の提示を求められた場合に備え、届出確認書の写しを受付所に備え付けておくことが必要である。[*12]

8　このほか、届出の手続や届出確認書に係る解釈・運用に関しては、第27条の解説（140頁）を参照されたい。

【罰則】

　第１項の届出書を提出しないで性風俗関連特殊営業を営んだ者は、法第52条第４号により、同項の届出書の添付書類であって虚偽の記載のあるものを提出した者は、法第52条第５号により処罰される（罰則：６月以下の懲役若しくは100万円以下の罰金又はこれらの併科）。

　第２項の規定に違反して届出書を提出せず、又は、同項の届出書の添付書類であって虚偽の記載のあるものを提出した者は、法第54条第６号により処罰される（罰則：50万円以下の罰金）。

　第１項の届出書に係る第３項の添付書類であって虚偽の記載のあるものを提出した者は、法第52条第５号により処罰される（罰則：６月以下の懲役若しくは100万円以下の罰金又はこれらの併科）。

　第２項の届出書に係る第３項の添付書類であって虚偽の記載のあるものを提出した者は、法第54条第６号により処罰される（罰則：50万円以下の罰金）。

＊10　解釈運用基準第18−3⑸
＊11　解釈運用基準第18−3⑹
＊12　解釈運用基準第18−8⑵

170 第4章 性風俗関連特殊営業等の規制

（広告宣伝の禁止）
第三十一条の二の二　前条第一項の届出書を提出した者（同条第四項ただし書の
　規定により同項の書面の交付がされなかつた者を除く。）は、当該無店舗型性
　風俗特殊営業以外の無店舗型性風俗特殊営業を営む目的をもつて、広告又は宣
　伝をしてはならない。
2　前項に規定する者以外の者は、無店舗型性風俗特殊営業を営む目的をもつ
　て、広告又は宣伝をしてはならない。

【趣旨】

　本条は、無届で無店舗型性風俗特殊営業を営む者による広告宣伝の禁止等につい
て規定するものである。

【沿革】

　本条は、平成17年の法改正により、第27条の2の規定が設けられた際に併せて新
設された。[*1]

【解釈・運用】

1　法第31条の2第1項の届出書を提出した者は、その届出書に記載された営業以
　外の無店舗型性風俗特殊営業を営む目的をもつて、広告又は宣伝をしてはならな
　い。また、法第31条の2第1項の届出書を提出していない者は、無店舗型性風俗
　特殊営業を営む目的をもつて、広告又は宣伝をしてはならない。

　　なお、法第31条の2第1項の届出書を提出した者であつても、受付所が営業禁
　止区域等にあることを理由に届出確認書が交付されなかつた者は、無店舗型性風
　俗特殊営業を営む目的をもつて、広告又は宣伝をしてはならない。[*2]

2　「広告又は宣伝」には、法第31条の3第1項において準用する法第28条第5項
　に規定する広告物又はビラ等により行うものだけでなく、新聞、雑誌、インター
　ネット等を利用して行うものも全て含まれる。[*3]

＊1　法第27条の2の解説（144頁）も参照されたい。
＊2　解釈運用基準第20−2(1)
＊3　同上

第31条の3　接客従業者に対する拘束的行為の規制等　　*171*

【罰則】

　本条の規定に違反した者は、法第53条第1号により処罰される（罰則：100万円以下の罰金）。

　（接客従業者に対する拘束的行為の規制等）

第三十一条の三　第十八条の二第一項並びに第二十八条第五項及び第七項から第九項までの規定は、無店舗型性風俗特殊営業を営む者について準用する。この場合において、第十八条の二第一項第一号中「営業所で客に」とあるのは「客に」と、第二十八条第五項中「前条」とあるのは「第三十一条の二の二」と、同項第一号ロ中「地域のうち」とあるのは「地域（第二条第七項第一号の営業にあつては同条第六項第二号の営業について、同条第七項第二号の営業にあつては同条第六項第五号の営業について、それぞれ当該条例で定める地域をいう。）のうち」と、同条第七項中「第五項第一号」とあるのは「第三十一条の三第一項において準用する第五項第一号」と、「第二十七条第一項」とあるのは「第三十一条の二第一項」と、同条第八項中「前条及び第五項」とあるのは「第三十一条の二の二及び第三十一条の三第一項において準用する第五項」と、同条第九項中「その営業所に立ち入つて」とあるのは「客となつて」と読み替えるものとする。

2　受付所営業は、第二条第六項第二号の営業とみなして、第二十八条第一項から第四項まで、第六項、第十項及び第十二項（第三号を除く。）の規定を適用する。この場合において、同条第三項中「第二十七条第一項の届出書」とあるのは「第三十一条の二第一項又は第二項の届出書で受付所を設ける旨が記載されたもの」と、同条第六項中「前項」とあるのは「第三十一条の三第一項において準用する前項」と、同項、同条第十項並びに第十二項第四号及び第五号中「営業所」とあるのは「受付所」とする。

3　無店舗型性風俗特殊営業を営む者は、その営業に関し、次に掲げる行為をしてはならない。

一　十八歳未満の者を客に接する業務に従事させること。

二　十八歳未満の者を客とすること。

〈第三十一条の三第一項において準用する第十八条の二第一項〉

第十八条の二　無店舗型性風俗特殊営業を営む者は、その営業に関し、次に掲げる行為をしてはならない。

一　客に接する業務に従事する者（以下「接客従業者」という。）に対し、接客従業者でなくなつた場合には直ちに残存する債務を完済することを条件として、その支払能力に照らし不相当に高額の債務（利息制限法（昭和二十九年法律第百号）その他の法令の規定によりその全部又は一部が無効とされるものを含む。以下同じ。）を負担させること。

二　その支払能力に照らし不相当に高額の債務を負担させた接客従業者の旅券等（出入国管理及び難民認定法第二条第五号の旅券、道路交通法（昭和三十五年法律第百五号）第九十二条第一項の運転免許証その他求人者が求職者の本人確認のため通常提示を求める書類として政令で定めるものをいう。以下同じ。）を保管し、又は第三者に保管させること。

〈第三十一条の三第一項において準用する第二十八条第五項及び第七項から第九項まで〉

第二十八条

5　無店舗型性風俗特殊営業を営む者は、第三十一条の二の二に規定するもののほか、その営業につき、次に掲げる方法で広告又は宣伝をしてはならない。

一　次に掲げる区域又は地域（第三号において「広告制限区域等」という。）において、広告物（常時又は一定の期間継続して公衆に表示されるものであつて、看板、立看板、はり紙及びはり札並びに広告塔、広告板、建物その他の工作物等に掲出され、又は表示されたもの並びにこれらに類するものをいう。以下同じ。）を表示すること。

　　イ　第一項に規定する敷地（同項に規定する施設の用に供するものと決定した土地を除く。）の周囲二百メートルの区域

　　ロ　第二項の規定に基づく条例で定める地域（第二条第七項第一号の営業にあつては同条第六項第二号の営業について、同条第七項第二号の営業にあつては同条第六項第五号の営業について、それぞれ当該条例で定める地域をいう。）のうち当該無店舗型性風俗特殊営業の広告又は宣伝を制限すべき地域として条例で定める地域

二　人の住居にビラ等（ビラ、パンフレット又はこれらに類する広告若しくは宣伝の用に供される文書図画をいう。以下同じ。）を配り、又は差し入れること。

三　前号に掲げるもののほか、広告制限区域等においてビラ等を頒布し、又は広告制限区域等以外の地域において十八歳未満の者に対してビラ等を頒布すること。

7　第三十一条の三第一項において準用する第五項第一号の規定は、同号の規定の適用に関する第一項の規定又は同号ロの規定に基づく条例の規定の施行又は適用の際無店舗型性風俗特殊営業を営む者が現に表示している広告物（当該施行又は適用の際現に第三十一条の二第一項の届出書を提出して無店舗型性風俗特殊営業を営んでいる者が表示するものに限る。）については、当該施行又は適用の日から一月を経過する日までの間は、適用しない。

8　第三十一条の二の二及び第三十一条の三第一項において準用する第五項に規定するもののほか、無店舗型性風俗特殊営業を営む者は、その営業につき、清浄な風俗環境を害するおそれのある方法で広告又は宣伝をしてはならない。

9　無店舗型性風俗特殊営業を営む者は、その営業につき広告又は宣伝をするときは、国家公安委員会規則で定めるところにより、十八歳未満の者が客となつてはならない旨を明らかにしなければならない。

〈第三十一条の三第二項の規定によるみなし適用後の第二十八条第一項から第四項まで、第六項、第十項及び第十二項（第三号を除く。）〉

第二十八条　受付所営業は、一団地の官公庁施設（官公庁施設の建設等に関する法律（昭和二十六年法律第百八十一号）第二条第四項に規定するものをいう。）、学校（学校教育法（昭和二十二年法律第二十六号）第一条に規定するものをいう。）、図書館（図書館法（昭和二十五年法律第百十八号）第二条第一項に規定するものをいう。）若しくは児童福祉施設（児童福祉法第七条第一項に規定するものをいう。）又はその他の施設でその周辺における善良の風俗若しくは清浄な風俗環境を害する行為若しくは少年の健全な育成に障害を及ぼす行為を防止する必要のあるものとして都道府県の条例で定めるものの敷地（これらの用に供するものと決定した土地を含む。）の周囲二百メートルの区域内においては、これを営んではならない。

2　前項に定めるもののほか、都道府県は、善良の風俗若しくは清浄な風俗環境を害する行為又は少年の健全な育成に障害を及ぼす行為を防止するため必要があるときは、条例により、地域を定めて、受付所営業を営むことを禁止することができる。

3　第一項の規定又は前項の規定に基づく条例の規定は、これらの規定の施行又は適用の際現に第三十一条の二第一項又は第二項の届出書で受付所を設ける旨が記載されたものを提出して受付所営業を営んでいる者の当該受付所営業については、適用しない。

4　都道府県は、善良の風俗を害する行為を防止するため必要があるときは、政令で定める基準に従い条例で定めるところにより、受付所営業の深夜における営業時間を制限することができる。

6　第三十一条の三第一項において準用する前項の規定は、第三項の規定により第一項の規定又は第二項の規定に基づく条例の規定を適用しないこととされる受付所営業を営む者が当該受付所営業の受付所の外周又は内部に広告物を表示する場合及び当該受付所の内部においてビラ等を頒布する場合については、適用しない。

10　受付所営業を営む者は、国家公安委員会規則で定めるところにより、十八歳未満の者がその受付所に立ち入つてはならない旨を受付所の入り口に表示しなければならない。

12　受付所営業を営む者は、次に掲げる行為をしてはならない。
　一　当該営業に関し客引きをすること。
　二　当該営業に関し客引きをするため、道路その他公共の場所で、人の身辺に立ちふさがり、又はつきまとうこと。
　四　十八歳未満の者を受付所に客として立ち入らせること。
　五　受付所で二十歳未満の者に酒類又はたばこを提供すること。

参照：施行規則第57条第1項・第2項

【趣旨】

　本条は、無店舗型性風俗特殊営業に係る規制について規定するものである。

1　第1項は、無店舗型性風俗特殊営業を営む者について、法第18条の2第1項（接客従業者に対する拘束的行為の規制）並びに法第28条第5項及び第7項から第9項まで（広告宣伝の規制）の規定を準用することとしている。

2　第2項は、受付所営業について、法第2条第6項第2号の営業（店舗型ファッションヘルス）とみなして、法第28条第1項から第4項まで、第6項、第10項及び第12項（第3号を除く。）の規定（営業禁止区域等の規制、条例による営業時間の制限、18歳未満の者の立入禁止の表示、客引きの禁止等）を適用することとしている。

3　第3項は、無店舗型性風俗特殊営業を営む者の禁止行為について規定している。

第31条の3　接客従業者に対する拘束的行為の規制等　*175*

【沿革】

　本条は、平成10年の法改正により、無店舗型性風俗特殊営業に係る規制が導入された際に新設されたものである。

　その後、平成17年の法改正により、店舗型性風俗特殊営業に係る広告宣伝規制が再構成された際に、住居への営業ビラの配布が全面的に禁止された。また、いわゆるデリバリーヘルスについて、営業所類似の受付所が多数出現し、善良の風俗と清浄な風俗環境を害している実態となっていた状況等を踏まえ、受付所に対する規制が強化された。[1]

【解釈・運用】

第1項

1　本項において準用する法第18条の2第1項については、法第18条の2の解説（111頁）を参照されたい。

2　本項において準用する法第28条第5項、第7項及び第8項については、法第28条の解説（151頁）を参照されたい。

3　本項において準用する法第28条第9項の規定は、無店舗型性風俗特殊営業を営む者がその営業につき広告又は宣伝を行う場合の全てを対象とするものである。したがって、広告物又はビラ等により広告又は宣伝を行う場合だけでなく、新聞、雑誌、インターネット等を利用して広告又は宣伝を行う場合等も対象となる。[2]

4　本項において準用する法第28条第9項の規定により18歳未満の者が客となってはならない旨を明らかにする方法は、施行規則第57条第1項において準用する施行規則第47条第1項に規定するとおりであり、原則として個別の広告又は宣伝ごとに行う必要があるが、例えば、複数の無店舗型性風俗特殊営業が雑誌等に広告又は宣伝を掲載する場合には、これらの広告又は宣伝に共通する事項として18歳未満の者が客となってはならない旨の文言を公衆の見やすいように表示することも可能である。[3]

5　施行規則第57条第1項において準用する施行規則第47条第2項の「当該営業に係る法第31条の2第1項第2号に規定する呼称又は法第2条第7項第1号の営業である旨のみを表示するもの」とは、当該派遣型ファッションヘルス営業の呼称

＊1　学論集H18(1)27〜29頁参照
＊2　解釈運用基準第20−2(3)ア
＊3　解釈運用基準第20−2(3)イ

176 第4章 性風俗関連特殊営業等の規制

又は派遣型ファッションヘルス営業である旨のいずれかを表示するもののほか、これらの事項のいずれも表示するものも含む。また、「当該受付所の所在地を簡易な方法により表示するもの」とは、受付所周辺の略図、受付所の方向を示す矢印等をいう。[*4]

6 　施行規則第57条第1項において準用する施行規則第47条第3項を設けた趣旨は、受付所の入口に18歳未満の者が受付所に立ち入ってはならない旨が表示されている場合に、当該表示をもってその周辺に表示される広告物に18歳未満の者が客となってはならない旨を表示しないことができることとするものであるから、同項中「受付所の入口周辺」とは、当該表示の直近の範囲内をいう。[*5]

第2項

1 　受付所営業については、法第2条第6項第2号の営業（店舗型ファッションヘルス営業）とみなして、法第28条第1項から第4項まで、第6項、第10項及び第12項（第3号を除く。）の規定が適用される。本項の規定によるみなし適用後の第28条第1項から第4項まで、第6項及び第10項については、第28条の解説（149頁）を参照されたい。[*6][*7]

2 　本項の規定によるみなし適用後の法第28条第12項第1号の「客引き」、第2号の「客引きをするため、道路その他公共の場所で、人の身辺に立ちふさがり、又はつきまとうこと」及び第5号の「提供」については、それぞれ法第22条第1項第1号、第2号及び第6号におけるものと同様である。また、「受付所営業を営む者」以外の者が、「受付所営業を営む者」と意を通じて法第28条第12項第1号、第2号、第4号又は第5号に掲げる行為をした場合は、いわゆる身分なき共犯として処罰することができる。[*8]

第3項

1 　第1号中「客に接する業務」とは、客に接し、客にサービスを提供する等の業務をいい、具体的には、客から代金を徴収することのほか、派遣型ファッションヘルス営業については客の身体に接触する役務を提供すること、アダルトビデオ等通信販売営業については客に物品を配達すること等がこれに当たる。[*9]

＊4 　解釈運用基準第20-2(3)ウ
＊5 　解釈運用基準第20-2(3)エ
＊6 　解釈運用基準第20-3。法第22条の解説（123頁）も参照されたい。
＊7 　法第28条第5項及び第7項から第9項までの規定による広告宣伝の規制は、法第2条第7項第1号の営業（派遣型ファッションヘルス営業）全体に適用されるので（本条第1項）、これらの規定の適用については、受付所営業を店舗型ファッションヘルス営業とみなすこととはしていない（解釈運用基準第20-3）。
＊8 　解釈運用基準第20-3

第31条の3　接客従業者に対する拘束的行為の規制等　*177*

2　第2号中「客とすること」とは、対価を得て、18歳未満の者を、派遣型ファッションヘルス営業についてはその者の性的好奇心に応じてその者に接触する役務を提供すること、アダルトビデオ等通信販売営業についてはその者の依頼を受けてアダルトビデオ等の物品を販売し、又は貸し付けることの相手方とすることである。したがって、無店舗型性風俗特殊営業を営む者は、一般的には、それぞれ次のような措置を執ることにより、同号違反とならないことが求められると解されている。[*10]

①　派遣型ファッションヘルス営業又はアダルトビデオ等通信販売営業のうち営業を営む者又はその代理人等が客にアダルトビデオ等を配達するものについては、営業を営む者又はその代理人等が客に接することとなることから、その客が18歳未満であると疑われる場合に、その者の年齢を確認すること。

②　アダルトビデオ等通信販売営業のうち客にアダルトビデオ等を郵便等を利用して配達させるものについては、営業を営む者又はその代理人等が客に接することがないため、依頼があった段階で、その者から18歳以上である旨の証明を受けること（例えば、申込みを受けるに際し、運転免許証のコピーの送付を受けること等により年齢を確認すること等をいい、単に客に年齢を申告させるだけでは足りない。）、18歳未満の者が通常利用できない方法により料金を支払う旨の同意を得ること（例えば、クレジットカードにより決済するなどの方法）等の方法により、その者が18歳未満でないことを確認すること。

3　店舗型性風俗特殊営業については18歳未満の者を営業所に客として立ち入らせた場合には直接罰則が科されることとされているのに対し、無店舗型性風俗特殊営業については18歳未満の者を客とした場合には公安委員会が指示を行うこととされており、直接罰則が科されることとはされていない。これは、店舗型性風俗特殊営業については現実に客に接してその者の年齢を確認することが可能であるのに対し、無店舗型性風俗特殊営業については必ずしも客に接することなく違反が成立する場合も想定されることから、罰則ではなく、公安委員会の指示により対処することとされたものである。[*11]

【罰則】

第1項において準用する法第28条第5項の規定に違反した者は、法第53条第2号

＊9　解釈運用基準第20−4⑴。法第2条第13項の解説（53頁）も参照されたい。
＊10　解釈運用基準第20−4⑵
＊11　学論集H11⑵129頁

により処罰される（罰則：100万円以下の罰金）。

　第2項の規定により適用する法第28条第1項の規定に違反した者は、法第49条第5号により処罰される（罰則：2年以下の懲役若しくは200万円以下の罰金又はこれらの併科）。

　第2項の規定により適用する法第28条第2項の規定に基づく都道府県の条例の規定に違反した者は、法第49条第6号により処罰される（罰則：2年以下の懲役若しくは200万円以下の罰金又はこれらの併科）。

　第2項の規定により適用する法第28条第12項第3号の規定又は同項第4号若しくは第5号の規定に違反した者は、法第50条第1項第5号により処罰される（罰則：1年以下の懲役若しくは100万円以下の罰金又はこれらの併科）。

　第2項の規定により適用する法第28条第12項第1号又は第2号の規定に違反した者は、法第52条第1号により処罰される（罰則：6月以下の懲役若しくは100万円以下の罰金又はこれらの併科）。

　第3項第1号の規定に違反した者は、法第50条第1項第6号により処罰される（罰則：1年以下の懲役若しくは100万円以下の罰金又はこれらの併科）。

　（指示等）
第三十一条の四　無店舗型性風俗特殊営業を営む者又はその代理人等が、当該営業に関し、この法律又はこの法律に基づく命令若しくは条例の規定に違反したときは、当該違反行為が行われた時における事務所の所在地を管轄する公安委員会は、当該無店舗型性風俗特殊営業を営む者に対し、善良の風俗若しくは清浄な風俗環境を害する行為又は少年の健全な育成に障害を及ぼす行為を防止するため必要な指示をすることができる。

2　無店舗型性風俗特殊営業を営む者又はその代理人等が、当該営業に関し、前条第一項において準用する第二十八条第五項第一号の規定に違反した場合において、当該違反行為が行われた時における事務所を知ることができず、かつ、当該違反行為がはり紙、はり札（ベニヤ板、プラスチック板その他これらに類する物に紙をはり、容易に取り外すことができる状態で工作物等に取り付けられているものに限る。以下この項及び第三十一条の十九第二項において同じ。）又は立看板（木枠に紙張り若しくは布張りをし、又はベニヤ板、プラスチック板その他これらに類する物に紙をはり、容易に取り外すことができる状態で立てられ、又は工作物等に立て掛けられているものに限る。以下この項及び第三十一条の十九第二項において同じ。）を前条第一項において準用する同号イ

に掲げる区域において表示することであるときは、当該違反行為が行われた場所を管轄する公安委員会は、当該違反行為に係るはり紙、はり札又は立看板を警察職員に除却させることができる。

【趣旨】

　本条は、無店舗型性風俗特殊営業を営む者等に対する公安委員会の指示及び無店舗型性風俗特殊営業に係る違反広告物の除却について規定するものである。

【沿革】

　本条は、平成10年の法改正により、無店舗型性風俗特殊営業に係る規制が導入された際に新設されたものである。

【解釈・運用】

1　第1項については、法第29条の解説（159頁）を参照されたい。
2　第2項の規定は、無店舗型性風俗特殊営業に係る違反広告物により清浄な風俗環境の保持及び少年の健全な育成に障害を及ぼす行為の防止という観点から問題が生じることのないように、一定の場合に当該違反広告物を除却することができることとしたものである。[*1]
3　無店舗型性風俗特殊営業については、違反広告物の除却に関する規定が設けられているが、同様の規定は店舗型性風俗特殊営業については設けられていない。これは、店舗型性風俗特殊営業は営業所を設けて営むことから、広告又は宣伝に関して違反行為が行われた場合には、その違反広告物の除却を指示したり、その指示に従わない者に対して営業停止処分を、更にその営業停止処分に従わない者に対しては罰則を適用することが可能であることによるものである。一方、無店舗型性風俗特殊営業については、無届で営業を営んでいる場合や公安委員会に営業開始の届出書は提出したが変更の届出なく事務所を変更した場合には、広告又は宣伝に関して違反行為が行われても、その営業を営む者の所在が明らかではないため、必要な処分をすることができないことも予想されたことから、一定の場合に公安委員会が警察職員にその違反広告物を除却させることができるとしたものである。[*2]

＊1　学論集 H11⑴131頁
＊2　学論集 H11⑴131頁

180 第4章 性風俗関連特殊営業等の規制

4 第2項中「事務所を知ることができず」とは、無店舗型性風俗特殊営業を営む者が公安委員会に届出書を提出していない場合や届出書は提出したが事務所の変更届を出さずに事務所を変更した場合において、電話等による確認等通常想定される手段を講じたにもかかわらず事務所の所在地が判明しない場合をいう。[*3]

5 第2項の規定に基づく除却の対象となるのは、法第28条第5項第1号イの区域における貼紙、貼札又は立看板に該当する違反広告物のみであり、その区域に該当しない同号ロの地域における違反広告物及び貼紙、貼札又は立看板に該当しない違反広告物を除却することはできない。[*4]

6 第2項の規定に基づく除却は、行政手続法第2条第4号イの「事実上の行為」に該当すると考えられることから、同法の「不利益処分」には当たらず、したがって、除却をするに当たって同法に規定する事前手続を執る必要はない。[*5]一方、この除却は行政不服審査法上の「処分」には含まれることから、除却に対する不服申立ては可能である。[*6]

（営業の停止等）

第三十一条の五　無店舗型性風俗特殊営業を営む者若しくはその代理人等が当該営業に関しこの法律に規定する罪若しくは第四条第一項第二号ロからへまで、チ、リ、ル若しくはヲに掲げる罪に当たる違法な行為その他善良の風俗を害し若しくは少年の健全な育成に障害を及ぼす重大な不正行為で政令で定めるものをしたとき、又は無店舗型性風俗特殊営業を営む者がこの法律に基づく処分に違反したときは、当該行為又は当該違反行為が行われた時における事務所の所在地を管轄する公安委員会は、当該無店舗型性風俗特殊営業を営む者に対し、八月を超えない範囲内で期間を定めて、当該営業の全部又は一部の停止を命ずることができる。

2　公安委員会は、前項の場合において、当該無店舗型性風俗特殊営業を営む者が第三十一条の三第二項の規定により適用する第二十八条第一項の規定又は同条第二項の規定に基づく条例の規定により受付所営業を営んではならないこととされる区域又は地域において受付所営業を営む者であるときは、その者に対し、前項の規定による当該受付所営業の停止の命令に代えて、当該受付所営業

＊3　解釈運用基準第20-5⑴
＊4　解釈運用基準第20-5⑵
＊5　解釈運用基準第20-5⑶
＊6　解釈運用基準第20-5⑷

の廃止を命ずることができる。

3　第三十一条の規定は、第一項の規定により受付所営業の停止を命じた場合について準用する。

〈第三十一条の五第三項において準用する第三十一条〉

第三十一条　公安委員会は、第三十一条の五第一項の規定により受付所営業の停止を命じたときは、国家公安委員会規則で定めるところにより、当該命令に係る施設の出入口の見やすい場所に、内閣府令で定める様式の標章をはり付けるものとする。

2　第三十一条の五第一項の規定による命令を受けた者は、次の各号に掲げる事由のいずれかがあるときは、国家公安委員会規則で定めるところにより、前項の規定により標章をはり付けられた施設について、標章を取り除くべきことを申請することができる。この場合において、公安委員会は、標章を取り除かなければならない。

一　当該施設を当該受付所営業の用以外の用に供しようとするとき。

二　当該施設を取り壊そうとするとき。

三　当該施設を増築し、又は改築しようとする場合であつて、やむを得ないと認められる理由があるとき。

3　第一項の規定により標章をはり付けられた施設について、当該命令に係る受付所営業を営む者から当該施設を買い受けた者その他当該施設の使用について権原を有する第三者は、国家公安委員会規則で定めるところにより、標章を取り除くべきことを申請することができる。この場合において、公安委員会は、標章を取り除かなければならない。

4　何人も、第一項の規定によりはり付けられた標章を破壊し、又は汚損してはならず、また、当該施設に係る第三十一条の五第一項の命令の期間を経過した後でなければ、これを取り除いてはならない。

参照：令第18条、施行規則第57条第3項

【趣旨】

　本条は、無店舗型性風俗特殊営業を営む者等に対する営業の停止等について規定するものである。

182　第4章　性風俗関連特殊営業等の規制

【沿革】

　本条は、平成10年の法改正により、無店舗型性風俗特殊営業に係る規制が導入された際に新設されたものである。

　その後、平成17年の法改正では、「営業の禁止」が「営業の停止」に改められた[*1]ほか、受付所営業に対する営業停止処分及び営業廃止処分の規定が新設されるとともに、受付所営業に対する営業停止処分が行われた場合の標章の貼付けに関する準用規定が設けられた。[*2]

【解釈・運用】

1　第1項の「この法律に規定する罪……政令で定めるものをし」たの意義については法第30条第1項のものと同様である。[*3]

2　第1項の規定に基づき「当該営業の全部」の停止を命ぜられた場合には、「当該営業」すなわち命令を受けた者が営む無店舗型性風俗特殊営業（違反行為に係る無店舗型性風俗特殊営業と同一の種別のものに限る。）の全部が禁止される。

　　この場合、当該営業を営む者が同一の主体である限り、別の呼称や電話番号を用いて当該違反行為に係る無店舗型性風俗特殊営業と同一の種別の無店舗型性風俗特殊営業を開始することも「当該営業」を営むこととして禁止されるから、当該営業を営む者が法第31条の2第2項の規定により「当該営業」を廃止する旨の届出を提出したとしても、営業の停止を命ぜられた期間は、当該違反行為に係る無店舗型性風俗特殊営業と同一の種別の無店舗型性風俗特殊営業を開始することはできない。[*4]

3　「当該営業」の「一部の停止」を命ずる場合としては、例えば、特定の地域に限って、当該営業を営むことを禁止することが考えられる。また、派遣型ファッ

＊1　従前は、「一の営業」ごとに無店舗型性風俗特殊営業の届出を行うとの解釈運用の下、届出がなされた一の営業について営業の停止を命ずるのではなく、同種の無店舗型性風俗特殊営業を営んではならないという「営業の禁止」を命ずることができると規定されていたが（例えば、1人の者が3つのデリバリーヘルス営業を営んでいた場合に営業禁止命令を受けたときは、3つの営業が禁止されるだけでなく、新規に4つ目のデリバリーヘルス営業を開始することもできなくなる。）、平成17年の法改正では、無店舗型性風俗特殊営業の届出は「一の営業主体」につき一の届出書により行うよう解釈運用を改めた上で、一の営業ごとに営業の禁止を行うのではなく、一の営業主体に対し「営業の停止」を命ずることとされたものである（学論集H18(1)31頁、藤山注釈(2)165頁参照。また、第31条の2の解説（167頁）参照）。

＊2　第1項に規定する営業停止事由については、店舗型性風俗特殊営業に係るものと同様の追加がなされている（第30条の解説（161頁）参照）。

＊3　解釈運用基準第32－4(1)。第30条の解説（161頁）も参照されたい。

＊4　解釈運用基準第32－4(2)

ションヘルス営業の受付所において客引きが行われたような場合において、その受付所において行われる業務のみについて営業の停止を命ずる必要があるときには、「当該営業」の「一部の停止」を命ずることとなる。[*5]

4　平成17年の法改正で第2項の規定が設けられたのは、同改正により受付所営業について店舗型ファッションヘルス営業とみなして営業禁止区域等の規定を適用することとされ、かつ、既得権を認めることとされたことから、既得権に基づいて営業禁止区域等において受付所営業を営む者が営業停止命令を受けた場合の既得権の剝奪についても規定を設ける必要があると考えられたことによるものである。[*6]

5　このほかの解釈・運用については法第30条及び第31条の解説（161頁・164頁）を参照されたい。

【罰則】

　第1項又は第2項の規定による公安委員会の処分に違反した者は、法第49条第4号により処罰される（罰則：2年以下の懲役若しくは200万円以下の罰金又はこれらの併科）。

　第3項において準用する法第31条第4項の規定に違反した者は、法第55条第6号により処罰される（罰則：30万円以下の罰金）。

（処分移送通知書の送付等）
第三十一条の六　公安委員会は、無店舗型性風俗特殊営業を営む者に対し、第三十一条の四第一項の規定による指示又は前条第一項若しくは第二項の規定による命令をしようとする場合において、当該処分に係る無店舗型性風俗特殊営業を営む者が事務所を他の公安委員会の管轄区域内に変更していたときは、当該処分に係る事案に関する弁明の機会の付与又は聴聞を終了している場合を除き、速やかに現に事務所の所在地を管轄する公安委員会に国家公安委員会規則で定める処分移送通知書を送付しなければならない。

2　前項の規定により処分移送通知書が送付されたときは、当該処分移送通知書の送付を受けた公安委員会は、次の各号に掲げる場合の区分に従い、それぞれ当該各号に定める処分をすることができるものとし、当該処分移送通知書を送

[*5]　解釈運用基準第32-4(3)
[*6]　学論集H18(1)30頁

184　第4章　性風俗関連特殊営業等の規制

付した公安委員会は、第三十一条の四第一項並びに前条第一項及び第二項の規定にかかわらず、当該事案について、これらの規定による処分をすることができないものとする。

一　当該無店舗型性風俗特殊営業を営む者又はその代理人等が、当該営業に関し、この法律又はこの法律に基づく命令若しくは条例の規定に違反した場合　善良の風俗若しくは清浄な風俗環境を害する行為又は少年の健全な育成に障害を及ぼす行為を防止するため必要な指示をすること。

二　当該無店舗型性風俗特殊営業を営む者若しくはその代理人等が当該営業に関しこの法律に規定する罪若しくは第四条第一項第二号ロからへまで、チ、リ、ル若しくはヲに掲げる罪に当たる違法な行為若しくは前条第一項の政令で定める重大な不正行為をした場合又は当該無店舗型性風俗特殊営業を営む者がこの法律に基づく処分に違反した場合　八月を超えない範囲内で期間を定めて、当該営業の全部又は一部の停止を命ずること。

三　前号に掲げる場合において、当該無店舗型性風俗特殊営業を営む者が第三十一条の三第二項の規定により適用する第二十八条第一項の規定又は同条第二項の規定に基づく条例の規定により受付所営業を営んではならないこととされる区域又は地域において受付所営業を営む者であるとき　当該受付所営業に係る同号に定める命令に代えて、当該受付所営業の廃止を命ずること。

3　第一項の規定は公安委員会が前項の規定により処分をしようとする場合について、第三十一条の規定は公安委員会が同項第二号の規定により受付所営業の停止を命じた場合について、それぞれ準用する。

〈第三十一条の六第三項において準用する第三十一条の六第一項及び第三十一条〉
第三十一条の六　公安委員会は、無店舗型性風俗特殊営業を営む者に対し、次項の規定により処分をしようとする場合において、当該処分に係る無店舗型性風俗特殊営業を営む者が事務所を他の公安委員会の管轄区域内に変更していたときは、当該処分に係る事案に関する弁明の機会の付与又は聴聞を終了している場合を除き、速やかに現に事務所の所在地を管轄する公安委員会に国家公安委員会規則で定める処分移送通知書を送付しなければならない。
第三十一条　公安委員会は、第三十一条の六第二項第二号の規定により受付所営業の停止を命じたときは、国家公安委員会規則で定めるところにより、当該命令に係る施設の出入口の見やすい場所に、内閣府令で定める様式の標章をはり

付けるものとする。

2　第三十一条の六第二項第二号の規定による命令を受けた者は、次の各号に掲げる事由のいずれかがあるときは、国家公安委員会規則で定めるところにより、前項の規定により標章をはり付けられた施設について、標章を取り除くべきことを申請することができる。この場合において、公安委員会は、標章を取り除かなければならない。

一　当該施設を当該受付所営業の用以外の用に供しようとするとき。

二　当該施設を取り壊そうとするとき。

三　当該施設を増築し、又は改築しようとする場合であつて、やむを得ないと認められる理由があるとき。

3　第一項の規定により標章をはり付けられた施設について、当該命令に係る受付所営業を営む者から当該施設を買い受けた者その他当該施設の使用について権原を有する第三者は、国家公安委員会規則で定めるところにより、標章を取り除くべきことを申請することができる。この場合において、公安委員会は、標章を取り除かなければならない。

4　何人も、第一項の規定によりはり付けられた標章を破壊し、又は汚損してはならず、また、当該施設に係る第三十一条の六第二項第二号の命令の期間を経過した後でなければ、これを取り除いてはならない。

参照：施行規則第56条

【趣旨】

　本条は、無店舗型性風俗特殊営業を営む者に係る処分移送通知書の送付等について規定するものである。

　このような規定が設けられた趣旨は、無店舗型性風俗特殊営業を営む者が違反行為等を行った場合には、当該違反行為等が行われた時におけるその者の事務所を管轄する公安委員会が指示又は営業停止の処分を行うのが原則であるが、この原則を貫くこととすると、当該事由に該当することとなった後に公安委員会の管轄区域を超えて事務所の所在地を変更した場合には、聴聞等のため旧事務所の所在地を管轄する公安委員会に出頭しなければならないこととなり、被処分者にとって少なからぬ不利益になると考えられたことによるものである。[1]

---

*1　学論集H11(1)132頁

186 第4章 性風俗関連特殊営業等の規制

【沿革】

　本条は、平成10年の法改正により、無店舗型性風俗特殊営業に係る規制が導入された際に新設されたものである。[*2]

【解釈・運用】

　本条は、事前手続が終了している場合には処分移送通知書を送付することとはしていない。これは、既に行われた手続を尊重し、当該手続が二度行われることを避けるためである。[*3]

【罰則】

　第2項第2号又は第3号の規定による公安委員会の処分に違反した者は、法第49条第4号により処罰される（罰則：2年以下の懲役若しくは200万円以下の罰金又はこれらの併科）。

　第3項において準用する第31条第4項の規定に違反した者は、法第55条第6号により処罰される（罰則：30万円以下の罰金）。

第3款　映像送信型性風俗特殊営業の規制等

（営業等の届出）

第三十一条の七　映像送信型性風俗特殊営業を営もうとする者は、事務所の所在地を管轄する公安委員会に、次の事項を記載した届出書を提出しなければならない。

　一　氏名又は名称及び住所並びに法人にあつては、その代表者の氏名

　二　当該営業につき広告又は宣伝をする場合に当該営業を示すものとして使用する呼称

　三　事務所の所在地

　四　第二条第八項に規定する映像の伝達の用に供する電気通信設備（自動公衆送信装置（著作権法（昭和四十五年法律第四十八号）第二条第一項第九号の五イに規定する自動公衆送信装置をいう。以下同じ。）を用いる場合にあつては自動公衆送信装置のうち当該映像の伝達の用に供する部分をいい、電気

＊2　その後、本条については営業停止事由の追加に伴う第2項第2号の改正がなされたほか（第30条の解説（161頁）参照）、平成17年の法改正では「営業の禁止」が「営業の停止」に改められたことや受付所営業に係る営業停止処分等が新設されたことに伴う規定の整備がなされた。

＊3　学論集H11(1)132頁

通信回線の部分を除く。次条において「映像伝達用設備」という。）を識別
するための電話番号その他これに類する記号であつて、当該映像を伝達する
際に用いるもの

五　前号に規定する場合における自動公衆送信装置が他の者の設置するもので
ある場合にあつては、当該自動公衆送信装置の設置者の氏名又は名称及び住
所

2　第三十一条の二第二項から第五項まで（第四項ただし書を除く。）の規定
は、前項の規定による届出書の提出について準用する。この場合において、同
条第二項中「同項各号（第四号を除く。）」とあるのは「第三十一条の七第一項
各号」と、同条第三項中「前二項」とあるのは「第三十一条の七第一項又は同
条第二項において準用する前項」と、同条第四項中「第一項又は第二項」とあ
るのは「第三十一条の七第一項又は同条第二項において準用する第二項」と読
み替えるものとする。

〈第三十一条の七第二項の規定による準用後の第三十一条の二第二項から第五
項まで（第四項ただし書を除く。）〉

第三十一条の二

2　第三十一条の七第一項の届出書を提出した者は、当該映像送信型性風俗特殊
営業を廃止したとき、又は第三十一条の七第一項各号に掲げる事項に変更があ
つたときは、公安委員会（公安委員会の管轄区域を異にして事務所を変更した
ときは、変更した後の事務所の所在地を管轄する公安委員会）に、廃止又は変
更に係る事項その他の内閣府令で定める事項を記載した届出書を提出しなけれ
ばならない。

3　第三十一条の七第一項又は同条第二項において準用する前項の届出書には、
営業の方法を記載した書類その他の内閣府令で定める書類を添付しなければな
らない。

4　公安委員会は、第三十一条の七第一項又は同条第二項において準用する第二
項の届出書（同項の届出書にあつては、映像送信型性風俗特殊営業を廃止した
場合におけるものを除く。）の提出があつたときは、その旨を記載した書面を
当該届出書を提出した者に交付しなければならない。

5　映像送信型性風俗特殊営業を営む者は、前項の規定により交付された書面を
事務所に備え付けるとともに、関係者から請求があつたときは、これを提示し
なければならない。

188 第4章 性風俗関連特殊営業等の規制

参照：施行規則第58条～第61条

【趣旨】

　本条は、映像送信型性風俗特殊営業の営業の届出の手続等について規定するものである。

【沿革】

　本条は、平成10年の法改正により映像送信型性風俗特殊営業に係る規制が導入された際に新設されたものである。[*1]

　その後、平成17年の法改正により、無届業者を排除する仕組みを構築するため、映像送信型性風俗特殊営業を含む性風俗関連特殊営業に係る届出制の強化が図られた。[*2]

【解釈・運用】

1　映像送信型性風俗特殊営業の届出は、営業ごとに行うこととなり、通常は、例えば、インターネット利用型であればホームページ単位で行うことになる。[*3]

　　なお、ホームページの中を幾つかのセクションに分割し、そのうちの一部で性的な行為を表す場面又は衣服を脱いだ人の姿態の映像を見せている場合については、そのセクションについて別料金を設定しているなどの事情が認められる場合を除き、ホームページ全体を通じて「専ら」その映像を見せているかどうかを判断することとなる。[*4]

2　届出書の提出義務を負うのは、実質的に映像送信型性風俗特殊営業を営むと認められる者である。したがって、単にホームページ開設サービスのみを行う自動公衆送信装置設置者[*5]や単に料金の回収の代行を行う電気通信事業者は、一般的には、ここでいう営業を営もうとする者には当たらないと解される。[*6]

3　第1項各号列記以外の部分中「事務所」とは、法第31条の2第1項各号列記以外の部分の「事務所」と同趣旨である。すなわち、当該映像送信型性風俗特殊営

＊1　映像送信型性風俗特殊営業に係る規制の趣旨については、法第2条第8項の解説（45頁）を参照されたい。
＊2　法第27条及び第31条の2の解説を参照されたい。
＊3　解釈運用基準第18－4(1)
＊4　解釈運用基準第7－3(2)
＊5　法第31条の8第5項の解説（194頁）を参照されたい。
＊6　解釈運用基準第18－4(2)

業の営業活動の中心である一定の場所のことをいい、事務所が複数ある場合には、それらのうちの中枢となる事務所が「営業の本拠となる事務所」に当たる。この場合、「事務所」といえる場所がないときは、その営業を営む者の「住所」がこれに代わることとなる。[*7]

4　第1項第2号中「呼称」とは、法第31条の2第1項第2号の「呼称」と同趣旨であり、広告及び宣伝をする際に使用する呼び名のことをいう。[*8]

5　第1項第4号中「電気通信設備（自動公衆送信装置を用いる場合にあつては自動公衆送信装置のうち当該映像の伝達の用に供する部分をいい、電気通信回線の部分を除く。）を識別するための電話番号その他これに類する記号であつて、当該映像を伝達する際に用いるもの」とは、客がその映像送信型性風俗特殊営業に接続する際に用いる記号等をいい、インターネットを利用する営業の形態の場合はホームページのURL等がこれに当たる。[*9]

6　第1項第5号の趣旨は、いわゆるサーバ貸しによるホームページ開設サービスを行っている自動公衆送信装置設置者を利用して営業を営む場合には、その自動公衆送信装置設置者の氏名又は名称及び住所を届出書に記載しなければならないということである。[*10]

7　届出の対象となるのは、我が国において営業を営んでいる者であり、客に見せる映像が蔵置されている自動公衆送信装置の所在地を問わない。[*11]したがって、外国の自動公衆送信装置設置者を利用して営業を営む場合には、その外国の自動公衆送信装置設置者の氏名又は名称及び住所を届出書に記載することとなる。[*12]

8　第2項については、法第31条の2第2項から第5項までの解説（168頁・169頁）を参照されたい。

（街頭における広告及び宣伝の規制等）

第三十一条の八　第二十八条第五項及び第七項から第九項までの規定は、映像送信型性風俗特殊営業を営む者について準用する。この場合において、同条第五項中「前条に規定するもののほか、その」とあるのは「その」と、同項第一号

＊7　解釈運用基準第18-4(3)、第18-3(2)
＊8　解釈運用基準第18-4(4)、第18-3(3)
＊9　解釈運用基準第18-4(5)
＊10　解釈運用基準第18-4(6)
＊11　法第31条の8第5項の解説（194頁）を参照されたい。
＊12　解釈運用基準第18-4(7)

ロ中「第二項」とあるのは「第二条第六項第五号の営業について第二項」と、同条第七項中「第五項第一号」とあるのは「第三十一条の八第一項において準用する第五項第一号」と、「第二十七条第一項」とあるのは「第三十一条の七第一項」と、同条第八項中「前条及び第五項」とあるのは「第三十一条の八第一項において準用する第五項」と、同条第九項中「その営業所に立ち入つて」とあるのは「客となつて」と読み替えるものとする。

2　映像送信型性風俗特殊営業を営む者は、十八歳未満の者を客としてはならない。

3　映像送信型性風俗特殊営業（電気通信設備を用いた客の依頼を受けて、客の本人確認をしないで第二条第八項に規定する映像を伝達するものに限る。）を営む者は、十八歳未満の者が通常利用できない方法による客の依頼のみを受けることとしている場合を除き、電気通信事業者に対し、当該映像の料金の徴収を委託してはならない。

4　映像送信型性風俗特殊営業（前項に規定するものを除く。）を営む者は、客が十八歳以上である旨の証明又は十八歳未満の者が通常利用できない方法により料金を支払う旨の同意を客から受けた後でなければ、その客に第二条第八項に規定する映像を伝達してはならない。

5　その自動公衆送信装置の全部又は一部を映像伝達用設備として映像送信型性風俗特殊営業を営む者に提供している当該自動公衆送信装置の設置者（次条において「自動公衆送信装置設置者」という。）は、その自動公衆送信装置の記録媒体に映像送信型性風俗特殊営業を営む者がわいせつな映像又は児童ポルノ映像（児童買春、児童ポルノに係る行為等の規制及び処罰並びに児童の保護等に関する法律第二条第三項各号に規定する児童の姿態に該当するものの映像をいう。次条第二項において同じ。）を記録したことを知つたときは、当該映像の送信を防止するため必要な措置を講ずるよう努めなければならない。

〈第三十一条の八第一項の規定による準用後の第二十八条第五項及び第七項から第九項まで〉

第二十八条

5　映像送信型性風俗特殊営業を営む者は、その営業につき、次に掲げる方法で広告又は宣伝をしてはならない。

一　次に掲げる区域又は地域（第三号において「広告制限区域等」という。）において、広告物（常時又は一定の期間継続して公衆に表示されるものであ

つて、看板、立看板、はり紙及びはり札並びに広告塔、広告板、建物その他の工作物等に掲出され、又は表示されたもの並びにこれらに類するものをいう。以下同じ。）を表示すること。

　イ　第一項に規定する敷地（同項に規定する施設の用に供するものと決定した土地を除く。）の周囲二百メートルの区域
　ロ　第二条第六項第五号の営業について第二項の規定に基づく条例で定める地域のうち映像送信型性風俗特殊営業の広告又は宣伝を制限すべき地域として条例で定める地域

二　人の住居にビラ等（ビラ、パンフレット又はこれらに類する広告若しくは宣伝の用に供される文書図画をいう。以下同じ。）を配り、又は差し入れること。

三　前号に掲げるもののほか、広告制限区域等においてビラ等を頒布し、又は広告制限区域等以外の地域において十八歳未満の者に対してビラ等を頒布すること。

7　第三十一条の八第一項において準用する第五項第一号の規定は、同号の規定の適用に関する第一項の規定又は同号ロの規定に基づく条例の規定の施行又は適用の際映像送信型性風俗特殊営業を営む者が現に表示している広告物（当該施行又は適用の際現に第三十一条の七第一項の届出書を提出して映像送信型性風俗特殊営業を営んでいる者が表示するものに限る。）については、当該施行又は適用の日から一月を経過する日までの間は、適用しない。

8　第三十一条の八第一項において準用する第五項に規定するもののほか、映像送信型性風俗特殊営業を営む者は、その営業につき、清浄な風俗環境を害するおそれのある方法で広告又は宣伝をしてはならない。

9　映像送信型性風俗特殊営業を営む者は、その営業につき広告又は宣伝をするときは、国家公安委員会規則で定めるところにより、十八歳未満の者が客となつてはならない旨を明らかにしなければならない。

参照：施行規則第62条第1項

【趣旨】

　本条は、映像送信型性風俗特殊営業に係る広告宣伝の規制や禁止行為等について規定するものである。

　第1項は、映像送信型性風俗特殊営業を営む者について法第28条第5項及び第7項から第9項まで（広告宣伝の規制）の規定を準用することとしている。

第2項は、18歳未満の者を客とすることを禁止する旨を規定している。

第3項は、18歳未満の者が通常利用できない方法による客の依頼を受けることとしている場合を除き、電気通信事業者に対し、映像の料金の徴収を委託してはならない旨を規定している。

第4項は、客が18歳以上であることの証明等を受けた後でなければ、映像を伝達してはならない旨を規定している。

第5項は、いわゆるインターネットのプロバイダが、そのサーバに映像送信型性風俗特殊営業を営む者がわいせつな映像や児童ポルノ映像を記録したことを知った場合には、それらの映像の送信の防止のため必要な措置を講ずるよう努めなければならない旨を規定している。

【沿革】

本条は、平成10年の法改正により映像送信型性風俗特殊営業に係る規制が導入された際に新設されたものである。

その後、平成13年の法改正により、インターネット上の児童ポルノの蔓延防止に資するため、プロバイダに送信防止措置を講ずる努力義務が生じる場合として、児童ポルノ映像を記録したことを知ったときが追加された。[*1]また、平成17年の法改正により、店舗型性風俗特殊営業と併せて住居へのビラ等の頒布が全面的に禁止された。

【解釈・運用】

第1項

1 本項の規定による準用後の法第28条第5項、第7項及び第8項については、法第28条の解説（151頁・156頁）を参照されたい。

2 本項において準用する法第28条第9項の規定により18歳未満の者が客となってはならない旨を明らかにする方法は、施行規則第62条第1項において準用する施行規則第47条第1項で規定されている。[*2]

第2項

本項中「客とすること」とは、対価を得て、18歳未満の者に映像を見せることをいう。[*3]

---

*1　学論集H13(1)34頁
*2　解釈運用基準第21-1
*3　解釈運用基準第21-2

第31条の8　街頭における広告及び宣伝の規制等　　193

第3項・第4項

1　第3項及び第4項は、本条第2項で「18歳未満の者を客としてはならない」こととされていることを踏まえ、当該規定を遵守するための具体的な措置を定めたものである。[*4]

2　第3項中「電気通信設備を用いた客の依頼を受けて、客の本人確認をしないで第2条第8項に規定する映像を伝達するもの」とは、依頼をしてきた者が当該映像にアクセスすることができる者であるかどうかを判断するため当該営業を営む者があらかじめ交付するID、パスワード等（その営業を営む者が交付するID、パスワード等のほか、クレジットカードの番号等、その番号自体が通常18歳以上の者でなければ利用することができないこととされているものを含む。）を入力させるという形態を採らずに、その依頼をしてきた者に映像を伝達する形態が想定されている。

　　また、「18歳未満の者が通常利用できない方法による客の依頼を受けることとしている場合」とは、客の本人確認をしないで映像を伝達しても、18歳未満の者が通常利用できないような措置を講じていることをいう。[*5]

3　第4項は、第3項とは異なり、客に映像を伝達する際に、営業者が当該客からID、パスワード等の入力を受ける形態のものを想定している。[*6]

　ア　本項中「客が18歳以上である旨の証明」とは、客からその者が18歳以上である旨の証明を受けることをいい、単に客が18歳以上であることを自己申告するだけでは足りないと解されている。具体的には、運転免許証等本人の年齢を確認することができる文書の写しの送付を受けることがこれに当たる。

　　なお、年齢確認をすることができる文書には、運転免許証等公的機関が発行する証明書だけでなく、会社等が発行する身分証明書で、その者の年齢を確認することができるものも含まれる。

　　また、客が18歳以上である旨の証明は、客の年齢を確認するために行うものであることから、映像送信型性風俗特殊営業を営む者があらかじめ客が18歳以上であることを知っている場合には、その者であることを営業者が確認することにより「客が18歳以上である旨の証明」を受けたことになると解される。[*7]

　イ　本項中「18歳未満の者が通常利用できない方法により料金を支払う旨の同意」とは、法令の規定、業界の自主規制等により18歳未満の者が通常利用でき

[*4]　解釈運用基準第21-3(1)

[*5]　解釈運用基準第21-3(2)

[*6]　解釈運用基準第21-3(3)

[*7]　同上

194　第4章　性風俗関連特殊営業等の規制

ないこととされている方法を用いて料金を支払う旨の客の同意をいう。例えば、料金をクレジットカードによる決済とする旨の同意がこれに該当すると考えられる。[*8]

ウ　現在構築が進められている電子ネットワーク上の認証局による本人確認の仕組み等についても、その信頼性等が確認できた場合には、上記と同様の扱いをすることもあると考えられる。[*9]

エ　本項の規定は、例えば、映像送信型性風俗特殊営業を営む者が客からクレジットカードで料金を支払う旨の同意を得た場合に、そのクレジットカードを使用している者がそのクレジットカードの真正な名義人であるかどうかの確認を行うことを一律に求めるものではない。[*10]

第5項

1　本項中「自動公衆送信装置」とは公衆の用に供する電気通信回線に接続することにより、その記録媒体のうち自動公衆送信の用に供する部分に記録され、又は当該装置に入力される情報を自動公衆送信する機能を有する装置をいい（著作権法（昭和45年法律第48号）第2条第1項第9号の5イ）、「自動公衆送信装置設置者」とはこのような自動公衆送信装置を設置している者をいう。

　　なお、「自動公衆送信装置設置者」は、電気通信事業法（昭和59年法律第86号）による届出等を行っているかどうかを問わない。[*11]

2　本項の努力義務の対象となるのは、自動公衆送信装置設置者が、映像送信型性風俗特殊営業を営む者がその自動公衆送信装置にわいせつな映像又は児童ポルノ映像（以下「わいせつ映像等」という。）を記録したことを知ったときである。第三者から単にわいせつ映像等がある旨の一般的な苦情等があっただけでは、通常は、それだけで直ちに「知ったとき」に該当するものではないと考えられるが、例えば、その自動公衆送信装置設置者が、映像送信型性風俗特殊営業を営む者が自動公衆送信装置にわいせつ映像等を記録して客に見せていることを発見した場合、映像送信型性風俗特殊営業を営む者が客に見せているわいせつ映像等を添付した苦情等があった場合、映像送信型性風俗特殊営業を営む者が客に見せているわいせつ映像等に関し同種の苦情が繰り返しあった場合等には、一般的にはこれに該当することになると解される。

　　なお、この規定は、自動公衆送信装置設置者が「知った」場合の措置について

---

*8　解釈運用基準第21-3(3)
*9　同上
*10　同上
*11　解釈運用基準第34-1(1)

規定したものであり、自動公衆送信装置設置者に対し、その者の自動公衆送信装置の記録媒体に記録された映像等の一般的な調査義務を課すものではない。[*12]

3　本項の「わいせつ」については、刑法第175条の「わいせつ」と同義である。[*13]

4　本項中「当該映像の送信を防止するため必要な措置」とは、例えば、わいせつ映像等を記録した映像送信型性風俗特殊営業を営む者にそのわいせつ映像等を削除するよう注意喚起を行うこと、そのわいせつ映像等について送信停止の措置を執ること、当該映像送信型性風俗特殊営業を営む者との利用契約を解除すること等をいう。[*14]

5　本項中「努めなければならない」とは、一定のことを実行し、実現することに努力しなければならないという意味である。したがって、例えば、わいせつ映像等を防止するための措置を執り得るにもかかわらず、漫然とこれを行わない場合や他に執り得る措置があるにもかかわらず既に注意喚起を行ったことを理由としてこれに従わない映像送信型性風俗特殊営業を営む者に対して何らの措置も講じない場合には、一般的には、「努めなければならない」という規範を遵守したことにはならないものと解される。[*15]

6　映像送信型性風俗特殊営業を営む者に自動公衆送信装置を貸している自動公衆送信装置設置者が、自己の自動公衆送信装置ではなく、リンク先等他の自動公衆送信装置設置者の自動公衆送信装置に当該映像送信型性風俗特殊営業を営む者がわいせつ映像等を記録したことを知ったような場合については、その努力義務は生じない。[*16]

（指示等）

第三十一条の九　映像送信型性風俗特殊営業を営む者又はその代理人等が、当該営業に関し、この法律又はこの法律に基づく命令若しくは条例の規定に違反したときは、当該違反行為が行われた時における事務所の所在地を管轄する公安委員会は、当該映像送信型性風俗特殊営業を営む者に対し、善良の風俗若しくは清浄な風俗環境を害する行為又は少年の健全な育成に障害を及ぼす行為を防止するため必要な指示をすることができる。

---

*12　解釈運用基準第34−1(2)
*13　解釈運用基準第34−1(3)
*14　解釈運用基準第34−1(4)
*15　解釈運用基準第34−1(5)
*16　解釈運用基準第34−1(6)

196 第4章 性風俗関連特殊営業等の規制

2 映像送信型性風俗特殊営業を営む者が客にわいせつな映像又は児童ポルノ映像を見せた場合において、当該映像送信型性風俗特殊営業を営む者に係る自動公衆送信装置設置者が前条第五項の規定を遵守していないと認めるときは、当該自動公衆送信装置設置者の事務所の所在地を管轄する公安委員会は、当該自動公衆送信装置設置者に対し、同項の規定が遵守されることを確保するため必要な措置をとるべきことを勧告することができる。

3 公安委員会は、電気通信事業者たる自動公衆送信装置設置者に対して前項の規定による勧告をしようとするときは、あらかじめ総務大臣と協議しなければならない。

【趣旨】

本条は、映像送信型性風俗特殊営業を営む者等に対する公安委員会の指示等について規定するものである。

本条第2項では、公安委員会による勧告の規定が設けられている。これは、自動公衆送信装置設置者が法第31条の8第5項の努力義務を遵守していない場合に、強制力はないが、勧告という形でその自主的な改善を促すことを目的として設けられたものである。[*1]

また、本条第3項では、勧告に当たっては、あらかじめ総務大臣と協議しなければならないこととされている。これは、公安委員会による勧告の中には、総務大臣が電気通信事業法第36条等の規定に基づき行うことができることとされている業務の改善命令と事実上重複するものが含まれることが予想されることから、行政の効率性等の観点から、あらかじめ総務大臣に対して勧告の必要性等について説明し、相互の意見交換等を行うことにより、必要な調整をすることとしたものである。したがって、勧告自体は、公安委員会が法の目的である善良の風俗の保持、少年の健全な育成に障害を及ぼす行為防止等の観点から、その独自の判断に基づいて行うこととなる。[*2]

なお、映像送信型性風俗特殊営業については、表現の自由との関係、とりわけ事前の検閲との関係等について慎重な議論を要すると考えられたことから、営業停止命令の規定は設けられていない。[*3]

---

*1 学論集 H11(2)108頁
*2 同上
*3 平成17年10月14日衆議院内閣委員会竹花政府参考人（議事録23頁）

【沿革】

　本条は、平成10年の法改正により映像送信型性風俗特殊営業に係る規制が導入された際に新設されたものである。

　なお、平成13年の法改正により、法第31条の８第５項に規定するプロバイダが送信防止措置を講ずる努力義務を負う場合に「児童ポルノ映像を見せた場合」が追加されたことに伴い、本条第２項について所要の改正が行われた。

【解釈・運用】

1　第１項については、法第29条の解説（159頁）を参照されたい。

2　第２項の「勧告」は、法第31条の８第５項の規定が遵守されていない場合に、その規定が遵守されなかった原因に応じて、その改善措置等を具体的に示すことになると解されている。[*4]

3　第２項の「勧告」は、行政手続法第２条第６号の行政指導に当たり、自動公衆送信装置設置者が必要な措置を執るべきことを勧め、促し、その自動公衆送信装置設置者がこれを尊重することを期待するものであるが、法律上相手方を拘束する効果を伴うものではない。したがって、行政不服審査法に基づく不服申立て及び行政事件訴訟法（昭和37年法律第139号）に基づく取消訴訟の対象にはならない。[*5]

（年少者の利用防止のための命令）

第三十一条の十　映像送信型性風俗特殊営業を営む者又はその代理人等が、当該営業に関し、第三十一条の八第三項又は第四項の規定に違反したときは、当該違反行為が行われた時における事務所の所在地を管轄する公安委員会は、当該映像送信型性風俗特殊営業を営む者に対し、当該営業を営む方法について、十八歳未満の者を客としないため必要な措置をとるべきことを命ずることができる。

【趣旨】

　本条は、映像送信型性風俗特殊営業を営む者等に対する年少者利用防止のための命令について規定するものである。

＊４　解釈運用基準第34-2(1)
＊５　解釈運用基準第34-2(2)

198 第4章 性風俗関連特殊営業等の規制

【沿革】

本条は、平成10年の法改正により映像送信型性風俗特殊営業に係る規制が導入された際に新設されたものである。

【解釈・運用】

1 本条中「営業を営む方法について」とは、具体的には、当該営業を営む者が執っている法第31条の8第3項又は第4項に係る措置についてという意味である。[*1]

2 本条の「18歳未満の者を客としないため必要な措置」については、法第31条の8第3項又は第4項に違反する具体的な状況に応じて、これらの規定が遵守されることを確保するために必要な事項を命ずることとなる。[*2]

3 本条の規定に基づく命令は、施行規則第112条第1項の書面に不服申立てをすることができる旨を記載して行うものである。[*3]

（処分移送通知書の送付等）

第三十一条の十一 公安委員会は、映像送信型性風俗特殊営業を営む者に対し、第三十一条の九第一項の規定による指示又は前条の規定による命令をしようとする場合において、当該処分に係る映像送信型性風俗特殊営業を営む者が事務所を他の公安委員会の管轄区域内に変更していたときは、当該処分に係る事案に関する弁明の機会の付与を終了している場合を除き、速やかに現に事務所の所在地を管轄する公安委員会に国家公安委員会規則で定める処分移送通知書を送付しなければならない。

2 前項の規定により処分移送通知書が送付されたときは、当該処分移送通知書の送付を受けた公安委員会は、次の各号に掲げる場合の区分に従い、それぞれ当該各号に定める処分をすることができるものとし、当該処分移送通知書を送付した公安委員会は、第三十一条の九第一項及び前条の規定にかかわらず、当該事案について、これらの規定による処分をすることができないものとする。

一 当該映像送信型性風俗特殊営業を営む者又はその代理人等が、当該営業に関し、この法律又はこの法律に基づく命令若しくは条例の規定に違反した場

---

*1 解釈運用基準第33−1
*2 解釈運用基準第33−2
*3 解釈運用基準第33−3

合　善良の風俗若しくは清浄な風俗環境を害する行為又は少年の健全な育成
　　　に障害を及ぼす行為を防止するため必要な指示をすること。
　二　当該映像送信型性風俗特殊営業を営む者又はその代理人等が、当該営業に
　　関し、第三十一条の八第三項又は第四項の規定に違反した場合　当該営業を
　　営む方法について、十八歳未満の者を客としないため必要な措置をとるべき
　　ことを命ずること。
３　第一項の規定は、公安委員会が前項の規定により処分をしようとする場合に
　ついて準用する。

〈第三十一条の十一第三項の規定による準用後の同条第一項〉
第三十一条の十一　公安委員会は、映像送信型性風俗特殊営業を営む者に対し、
　次項の規定により処分をしようとする場合において、当該処分に係る映像送信
　型性風俗特殊営業を営む者が事務所を他の公安委員会の管轄区域内に変更して
　いたときは、当該処分に係る事案に関する弁明の機会の付与を終了している場
　合を除き、速やかに現に事務所の所在地を管轄する公安委員会に国家公安委員
　会規則で定める処分移送通知書を送付しなければならない。

参照：施行規則第62条第2項

【趣旨】
　本条は、映像送信型性風俗特殊営業を営む者に係る処分移送通知書の送付等につ
いて規定するものである。[*1]

【沿革】
　本条は、平成10年の法改正により映像送信型性風俗特殊営業に係る規制が導入さ
れた際に新設されたものである。

【解釈・運用】
　第1項については法第31条の6の解説（186頁）を、第2項に規定する各処分に
ついては法第31条の9及び法第31条の10の解説（197頁・198頁）をそれぞれ参照さ
れたい。

---

*1　このような規定が設けられた趣旨については、法第31条の6の解説を参照されたい。

200　第4章　性風俗関連特殊営業等の規制

第4款　店舗型電話異性紹介営業の規制

（営業等の届出）

第三十一条の十二　店舗型電話異性紹介営業を営もうとする者は、営業所ごとに、当該営業所の所在地を管轄する公安委員会に、次の事項を記載した届出書を提出しなければならない。

一　氏名又は名称及び住所並びに法人にあつては、その代表者の氏名

二　営業所の名称及び所在地

三　第二条第九項に規定する電気通信設備を識別するための電話番号

四　営業所の構造及び設備（第二条第九項に規定する電気通信設備を含む。）の概要

五　営業所における業務の実施を統括管理する者の氏名及び住所

2　第二十七条第二項から第五項までの規定は、前項の規定による届出書の提出について準用する。この場合において、同条第二項中「同項各号（第三号を除く。）」とあるのは「第三十一条の十二第一項各号」と、同条第三項中「前二項」とあるのは「第三十一条の十二第一項又は同条第二項において準用する前項」と、同条第四項中「第一項又は第二項」とあるのは「第三十一条の十二第一項又は同条第二項において準用する第二項」と、同項ただし書中「第二十八条第一項」とあるのは「第三十一条の十三第一項において準用する第二十八条第一項」と読み替えるものとする。

〈第三十一条の十二第二項の規定による準用後の第二十七条第二項から第五項まで〉

第二十七条

2　第三十一条の十二第一項の届出書を提出した者は、当該店舗型電話異性紹介営業を廃止したとき、又は第三十一条の十二第一項各号に掲げる事項（同項第二号に掲げる事項にあつては、営業所の名称に限る。）に変更があつたときは、公安委員会に、廃止又は変更に係る事項その他の内閣府令で定める事項を記載した届出書を提出しなければならない。

3　第三十一条の十二第一項又は同条第二項において準用する前項の届出書には、営業の方法を記載した書類その他の内閣府令で定める書類を添付しなければならない。

4　公安委員会は、第三十一条の十二第一項又は同条第二項において準用する第二項の届出書（同項の届出書にあつては、店舗型電話異性紹介営業を廃止した

場合におけるものを除く。）の提出があつたときは、その旨を記載した書面を
当該届出書を提出した者に交付しなければならない。ただし、当該届出書に係
る営業所が第三十一条の十三第一項において準用する第二十八条第一項の規定
又は同条第二項の規定に基づく条例の規定により店舗型電話異性紹介営業を営
んではならないこととされる区域又は地域にあるときは、この限りでない。
5　店舗型電話異性紹介営業を営む者は、前項の規定により交付された書面を営
業所に備え付けるとともに、関係者から請求があつたときは、これを提示しな
ければならない。

参照：内閣府令第14条、施行規則第63条～第66条

【趣旨】

　本条は、店舗型電話異性紹介営業の営業の届出の手続等について規定するもので
ある。

【沿革】

　本条は、平成13年の法改正により店舗型電話異性紹介営業に係る規制が導入され
た際に新設されたものである。[*1]
　その後、平成17年の法改正により、無届業者を排除する仕組みを構築するため、
店舗型電話異性紹介営業を含む性風俗関連特殊営業に係る届出制の強化が図られ
た。[*2]

【解釈・運用】

1　店舗型電話異性紹介営業の届出は、店舗型性風俗特殊営業と同様に営業所ごと
にその営業所の所在地を管轄する公安委員会に対して行う。したがって、一の店
舗型電話異性紹介営業を営もうとする者が同一の都道府県内で複数の営業所を設
ける場合は、営業所ごとに届出を行う必要がある。[*3]
2　第1項第3号中「電気通信設備を識別するための電話番号」とは、会話申込者
がその店舗型電話異性紹介営業に用いられる電気通信設備に接続するための電話
番号をいい、女性利用者専用のフリーダイヤルや全国共通ダイヤル等もこれに含

＊1　店舗型電話異性紹介営業に係る規制の趣旨については、法第2条第9項及び第10項の解説
　　（47頁・48頁）を参照されたい。
＊2　法第27条及び第31条の2の解説を参照されたい。
＊3　解釈運用基準第18－5(1)

202 第4章 性風俗関連特殊営業等の規制

まれる。したがって、客がその店舗型電話異性紹介営業に用いられる設備に接続するための電話番号が複数ある場合は、全ての電話番号を届出書に記載する必要があると解されている。[*4]

3 第1項第5号の「営業所における業務の実施を統括管理する者」とは、法第27条第1項第5号のそれと同様、全体をまとめて管理する者を意味し、店長、支配人等が該当する。また、店舗型電話異性紹介営業を営む者自らがその営業所内における業務の実施を統括管理する場合には、自らの氏名及び住所を届出書に記載することとなる。[*5]

4 第2項については、法第27条第2項から第5項までの解説（141頁・142頁）を参照されたい。

（店舗型電話異性紹介営業の禁止区域等）

第三十一条の十三　第二十八条第一項から第十項までの規定は、店舗型電話異性紹介営業について準用する。この場合において、同条第三項及び第七項中「第二十七条第一項」とあるのは「第三十一条の十二第一項」と、同条第五項中「前条に規定するもののほか、その」とあるのは「その」と、同条第八項中「前条及び第五項」とあるのは「第三十一条の十三第一項において準用する第五項」と、同条第九項中「ならない旨」とあるのは「ならない旨及び十八歳未満の者が第三十一条の十二第一項第三号に掲げる電話番号に電話をかけてはならない旨」と読み替えるものとする。

2　店舗型電話異性紹介営業を営む者は、次に掲げる行為をしてはならない。

一　当該営業に関し客引きをすること。

二　当該営業に関し客引きをするため、道路その他公共の場所で、人の身辺に立ちふさがり、又はつきまとうこと。

三　営業所で十八歳未満の者を客に接する業務に従事させること。

四　十八歳未満の従業者を第二条第九項の規定によりその機会を提供する会話の当事者にすること。

五　十八歳未満の者を営業所に客として立ち入らせること。

六　営業所で二十歳未満の者に酒類又はたばこを提供すること。

七　十八歳未満の者からの第二条第九項に規定する会話の申込みを取り次ぐこ

---

*4　解釈運用基準第18−5(2)

*5　解釈運用基準第18−5(3)、第18−2(2)

と。

3　店舗型電話異性紹介営業を営む者は、第二条第九項に規定する会話の申込みをした者が十八歳以上であることを確認するための措置であつて国家公安委員会規則で定めるものを講じておかなければならない。

〈第三十一条の十三第一項の規定による準用後の第二十八条第一項から第十項まで〉
第二十八条　店舗型電話異性紹介営業は、一団地の官公庁施設（官公庁施設の建設等に関する法律（昭和二十六年法律第百八十一号）第二条第四項に規定するものをいう。）、学校（学校教育法（昭和二十二年法律第二十六号）第一条に規定するものをいう。）、図書館（図書館法（昭和二十五年法律第百十八号）第二条第一項に規定するものをいう。）若しくは児童福祉施設（児童福祉法第七条第一項に規定するものをいう。）又はその他の施設でその周辺における善良の風俗若しくは清浄な風俗環境を害する行為若しくは少年の健全な育成に障害を及ぼす行為を防止する必要のあるものとして都道府県の条例で定めるものの敷地（これらの用に供するものと決定した土地を含む。）の周囲二百メートルの区域内においては、これを営んではならない。

2　前項に定めるもののほか、都道府県は、善良の風俗若しくは清浄な風俗環境を害する行為又は少年の健全な育成に障害を及ぼす行為を防止するため必要があるときは、条例により、地域を定めて、店舗型電話異性紹介営業を営むことを禁止することができる。

3　第一項の規定又は前項の規定に基づく条例の規定は、これらの規定の施行又は適用の際現に第三十一条の十二第一項の届出書を提出して店舗型電話異性紹介営業を営んでいる者の当該店舗型電話異性紹介営業については、適用しない。

4　都道府県は、善良の風俗を害する行為を防止するため必要があるときは、政令で定める基準に従い条例で定めるところにより、店舗型電話異性紹介営業の深夜における営業時間を制限することができる。

5　店舗型電話異性紹介営業を営む者は、その営業につき、次に掲げる方法で広告又は宣伝をしてはならない。

一　次に掲げる区域又は地域（第三号において「広告制限区域等」という。）において、広告物（常時又は一定の期間継続して公衆に表示されるものであつて、看板、立看板、はり紙及びはり札並びに広告塔、広告板、建物その他の工作物等に掲出され、又は表示されたもの並びにこれらに類するものをい

う。以下同じ。）を表示すること。

　　イ　第一項に規定する敷地（同項に規定する施設の用に供するものと決定した土地を除く。）の周囲二百メートルの区域

　　ロ　第二項の規定に基づく条例で定める地域のうち当該店舗型電話異性紹介営業の広告又は宣伝を制限すべき地域として条例で定める地域

　二　人の住居にビラ等（ビラ、パンフレット又はこれらに類する広告若しくは宣伝の用に供される文書図画をいう。以下同じ。）を配り、又は差し入れること。

　三　前号に掲げるもののほか、広告制限区域等においてビラ等を頒布し、又は広告制限区域等以外の地域において十八歳未満の者に対してビラ等を頒布すること。

6　前項の規定は、第三項の規定により第一項の規定又は第二項の規定に基づく条例の規定を適用しないこととされる店舗型電話異性紹介営業を営む者が当該店舗型電話異性紹介営業の営業所の外周又は内部に広告物を表示する場合及び当該営業所の内部においてビラ等を頒布する場合については、適用しない。

7　第五項第一号の規定は、同号の規定の適用に関する第一項の規定又は同号ロの規定に基づく条例の規定の施行又は適用の際店舗型電話異性紹介営業を営む者が現に表示している広告物（当該施行又は適用の際現に第三十一条の十二第一項の届出書を提出して店舗型電話異性紹介営業を営んでいる者が表示するものに限る。）については、当該施行又は適用の日から一月を経過する日までの間は、適用しない。

8　第三十一条の十三第一項において準用する第五項に規定するもののほか、店舗型電話異性紹介営業を営む者は、その営業につき、清浄な風俗環境を害するおそれのある方法で広告又は宣伝をしてはならない。

9　店舗型電話異性紹介営業を営む者は、その営業につき広告又は宣伝をするときは、国家公安委員会規則で定めるところにより、十八歳未満の者がその営業所に立ち入つてはならない旨及び十八歳未満の者が第三十一条の十二第一項第三号に掲げる電話番号に電話をかけてはならない旨を明らかにしなければならない。

10　店舗型電話異性紹介営業を営む者は、国家公安委員会規則で定めるところにより、十八歳未満の者がその営業所に立ち入つてはならない旨を営業所の入り口に表示しなければならない。

参照：令第19条、施行規則第67条・第68条第1項・第2項

【趣旨】

本条は、店舗型電話異性紹介営業に係る営業禁止区域等について規定するものである。

1　第1項は、店舗型電話異性紹介営業を営む者について法第28条第1項から第10項まで（営業禁止区域等、営業時間制限、広告宣伝の規制等）の規定を準用することとしている。

2　第2項は、店舗型電話異性紹介営業を営む者の禁止行為について規定している。

3　第3項は、会話の申込みをした者が18歳以上であることを確認するための措置について規定している。

【沿革】

本条は、平成13年の法改正により店舗型電話異性紹介営業に係る規制が導入された際に新設されたものである。

その後、平成17年の法改正により、店舗型性風俗特殊営業と併せて住居へのビラ等の頒布が全面的に禁止されたほか、客引きをするための立ちふさがり・つきまといが新たに禁止行為とされた。

【解釈・運用】

第1項

1　本項の規定による準用後の法第28条第1項から第10項までの規定については、法第28条の解説（149頁から157頁まで）を参照されたい。

2　本項において準用する法第28条第3項の規定の適用対象となる「当該店舗型電話異性紹介営業」とは、当該規定の施行又は適用の際現に営んでいる店舗型電話異性紹介営業の範囲内の営業を意味するものであり、営業所の新築、移築、増築等[*1]をしたときは、当該新築等した店舗型電話異性紹介営業については同項の適用はない。[*2]

3　本項において準用する法第28条第9項の規定により18歳未満の者がその営業所に立ち入ってはならない旨及び18歳未満の者が法第31条の12第1項第3号に掲げる電話番号に電話をかけてはならない旨を明らかにする方法は、施行規則第68条第1項において準用する施行規則第47条で規定されている。[*3]

第2項

1　本項第1号中「客引き」及び第2号中「客引きをするため、道路その他公共の場所で、人の身辺に立ちふさがり、又はつきまとうこと」については、法第22条

206　第4章　性風俗関連特殊営業等の規制

第1項の解説を参照されたい。

2　本項第3号中「客に接する業務」とは、来店した客の個室等への案内、会話の申込みの取次ぎ、客からの料金の徴収等がこれに当たる。[4][5]

3　本項第4号中「十八歳未満の従業者を第二条第九項の規定によりその機会を提供する会話の当事者にすること」とは、年少者である従業者を異性の客と通話させることをいう。[6]

4　「店舗型電話異性紹介営業を営む者」以外の者が、「店舗型電話異性紹介営業を営む者」と意を通じて法第31条の13第2項各号（第7号を除く。）に掲げる行為をした場合は、いわゆる身分なき共犯として処罰することができる。[7]

第3項

1　本項中「十八歳以上であることを確認するための措置」を講じさせることとした趣旨は、電話異性紹介営業が児童買春の温床となっていること、その営業の性質上、非対面型のサービスであること等から、少年を児童買春から守るために不

---

*1　営業所の新築、移築、増築等については、法第28条の解説（152頁）を参照されたい。

　　なお、会話の申込みを受ける場所若しくは部分又は電気通信設備の設置場所若しくは部分の改築はこれに相当し、例えば、営業所内の事務所に電話交換機を設置し、又は会話の申込みを受けるための個室を設けている場合における当該事務所又は当該個室の改築が含まれる（解釈運用基準第22-1(1)ア、第19-1(2)）。

　　また、店舗型電話異性紹介営業の営業の用に供される電気通信設備の変更については、次のような変更が行われたときには、本項において準用する法第28条第3項の適用はなくなる。

　　①　新たな電気通信設備の設置に係る変更

　　②　既存の電気通信設備の機能の向上、処理能力の拡大に係る変更

　　具体的には、従業者による手動取次ぎ方式の営業において新たに電気通信設備を設置し、その電気通信設備を用いた自動取次ぎ方式に変更する場合、営業に使用する電話回線を増設し、又は事務用に使用していた電話回線を営業用に転用する場合等の営業の規模が実質的に拡大する変更がこれに該当する。

　　一方、次のような変更は、特段の事情のない限り、同項が適用される「当該店舗型電話異性紹介営業」の範囲を超えるものに当たらない。

　　①　電気通信設備の軽微な破損箇所の原状回復に伴う変更

　　②　電気通信設備の同一の規格及び性能の範囲内で行われる設備の更新

　　具体的には、電気通信設備の機能や処理能力に影響を及ぼさない部分の部品を取り替える場合、電気通信設備の一部である電話交換機について同一の規格及び性能を有するものと交換する場合、営業に使用する電話番号の改番を行う場合等の営業の規模に特段の変更を及ぼさない変更がこれに該当する（解釈運用基準第22-1(1)イ）。

*2　解釈運用基準第22-1(1)ア、第19-1(2)

*3　解釈運用基準第22-1(2)

*4　解釈運用基準第22-2(2)

*5　「客に接する業務」の具体的内容については、第2条の解説（53頁）を参照されたい。

*6　解釈運用基準第22-2(3)

*7　解釈運用基準第22-2(4)

可欠なものと考えられるからである。[8]

2 本項に規定する法第2条第9項の会話の申込みをした者が18歳以上であることを確認するための措置は、施行規則第67条第1項で規定されている。

（指示）
第三十一条の十四　公安委員会は、店舗型電話異性紹介営業を営む者又はその代理人等が、当該営業に関し、この法律又はこの法律に基づく命令若しくは条例の規定（前条第一項において準用する第二十八条第一項の規定又は前条第一項において準用する第二十八条第二項の規定に基づく条例の規定を除く。）に違反したときは、当該店舗型電話異性紹介営業を営む者に対し、善良の風俗若しくは清浄な風俗環境を害する行為又は少年の健全な育成に障害を及ぼす行為を防止するため必要な指示をすることができる。

【趣旨】
　本条は、店舗型電話異性紹介営業を営む者等に対する公安委員会の指示について規定するものである。

【沿革】
　本条は、平成13年の法改正により店舗型電話異性紹介営業に係る規制が導入された際に新設されたものである。

【解釈・運用】
　本条については、法第29条の解説を参照されたい。

（営業の停止等）
第三十一条の十五　公安委員会は、店舗型電話異性紹介営業を営む者若しくはその代理人等が当該営業に関しこの法律に規定する罪（第四十九条第五号及び第六号の罪を除く。）若しくは第四条第一項第二号ロからへまで、チ、リ、ル若しくはヲに掲げる罪に当たる違法な行為その他善良の風俗を害し若しくは少年の健全な育成に障害を及ぼす重大な不正行為で政令で定めるものをしたとき、

---

[8]　解釈運用基準第22-3(1)

又は店舗型電話異性紹介営業を営む者がこの法律に基づく処分に違反したとき
は、当該店舗型電話異性紹介営業を営む者に対し、当該施設を用いて営む店舗
型電話異性紹介営業について、八月を超えない範囲内で期間を定めて当該店舗
型電話異性紹介営業の全部又は一部の停止を命ずることができる。

2　公安委員会は、前項の場合において、当該店舗型電話異性紹介営業を営む者
が第三十一条の十三第一項において準用する第二十八条第一項の規定又は第
三十一条の十三第一項において準用する第二十八条第二項の規定に基づく条例
の規定により店舗型電話異性紹介営業を営んではならないこととされる区域又
は地域において店舗型電話異性紹介営業を営む者であるときは、その者に対
し、前項の規定による停止の命令に代えて、当該施設を用いて営む店舗型電話
異性紹介営業の廃止を命ずることができる。

参照：令第20条

【趣旨】

　本条は、店舗型電話異性紹介営業の営業の停止等について規定するものである。

1　第1項は、営業停止の処分について規定している。

2　第2項は、営業禁止区域等において店舗型電話異性紹介営業を営む者に対する
営業廃止の処分について規定している。

【沿革】

　本条は、平成13年の法改正により店舗型電話異性紹介営業に係る規制が導入され
た際に新設されたものである。

　その後、平成17年の法改正により人身売買の罪等が営業停止の処分事由に追加さ
れた。

【解釈・運用】

　本条については、法第30条の解説を参照されたい。

（標章のはり付け）

第三十一条の十六　公安委員会は、前条第一項の規定により店舗型電話異性紹介
営業の停止を命じたときは、国家公安委員会規則で定めるところにより、当該
命令に係る施設の出入口の見やすい場所に、内閣府令で定める様式の標章をは

り付けるものとする。

2　前条第一項の規定による命令を受けた者は、次の各号に掲げる事由のいずれかがあるときは、国家公安委員会規則で定めるところにより、前項の規定により標章をはり付けられた施設について、標章を取り除くべきことを申請することができる。この場合において、公安委員会は、標章を取り除かなければならない。

一　当該施設を当該店舗型電話異性紹介営業の用以外の用に供しようとするとき。

二　当該施設を取り壊そうとするとき。

三　当該施設を増築し、又は改築しようとする場合であつて、やむを得ないと認められる理由があるとき。

3　第一項の規定により標章をはり付けられた施設について、当該命令に係る店舗型電話異性紹介営業を営む者から当該施設を買い受けた者その他当該施設の使用について権原を有する第三者は、国家公安委員会規則で定めるところにより、標章を取り除くべきことを申請することができる。この場合において、公安委員会は、標章を取り除かなければならない。

4　何人も、第一項の規定によりはり付けられた標章を破壊し、又は汚損してはならず、また、当該施設に係る前条第一項の命令の期間を経過した後でなければ、これを取り除いてはならない。

参照：内閣府令第15条、施行規則第68条第3項

【趣旨】

　本条は、店舗型電話異性紹介営業の営業停止に係る標章の貼付けについて規定するものである。

　第1項は、店舗型電話異性紹介営業の営業停止を命じたときは、施設の出入口の見やすい場所に標章を貼り付ける旨規定している。

　第2項は、一定の場合における営業停止の処分を受けた者による標章の除去について規定している。

　第3項は、被処分者から標章が貼り付けられた施設を買い受けた者等による標章の除去について規定している。

　第4項は、貼り付けられた標章の破壊等の禁止について規定している。

210　第4章　性風俗関連特殊営業等の規制

【沿革】

　本条は、平成13年の法改正により店舗型電話異性紹介営業に係る規制が導入された際に新設されたものである。

【解釈・運用】

　本条については、法第31条の解説を参照されたい。

第5款　無店舗型電話異性紹介営業の規制

（営業等の届出）

第三十一条の十七　無店舗型電話異性紹介営業を営もうとする者は、事務所の所在地を管轄する公安委員会に、次の事項を記載した届出書を提出しなければならない。

　一　氏名又は名称及び住所並びに法人にあつては、その代表者の氏名

　二　当該営業につき広告又は宣伝をする場合に当該営業を示すものとして使用する呼称（当該呼称が二以上ある場合にあつては、それら全部の呼称）

　三　事務所の所在地

　四　第二条第十項に規定する電気通信設備を識別するための電話番号

　五　第二条第十項に規定する電気通信設備の概要

2　第三十一条の二第二項から第五項まで（第四項ただし書を除く。）の規定は、前項の規定による届出書の提出について準用する。この場合において、同条第二項中「同項各号（第四号を除く。）」とあるのは「第三十一条の十七第一項各号」と、同条第三項中「前二項」とあるのは「第三十一条の十七第一項又は同条第二項において準用する前項」と、同条第四項中「第一項又は第二項」とあるのは「第三十一条の十七第一項又は同条第二項において準用する第二項」と読み替えるものとする。

〈第三十一条の十七第二項の規定による準用後の第三十一条の二第二項から第五項まで（第四項ただし書を除く。）〉

第三十一条の二

2　第三十一条の十七第一項の届出書を提出した者は、当該無店舗型電話異性紹介営業を廃止したとき、又は第三十一条の十七第一項各号に掲げる事項に変更があつたときは、公安委員会（公安委員会の管轄区域を異にして事務所を変更

したときは、変更した後の事務所の所在地を管轄する公安委員会）に、廃止又
は変更に係る事項その他の内閣府令で定める事項を記載した届出書を提出しな
ければならない。

3　第三十一条の十七第一項又は同条第二項において準用する前項の届出書に
は、営業の方法を記載した書類その他の内閣府令で定める書類を添付しなけれ
ばならない。

4　公安委員会は、第三十一条の十七第一項又は同条第二項において準用する第
二項の届出書（同項の届出書にあつては、無店舗型電話異性紹介営業を廃止し
た場合におけるものを除く。）の提出があつたときは、その旨を記載した書面
を当該届出書を提出した者に交付しなければならない。

5　無店舗型電話異性紹介営業を営む者は、前項の規定により交付された書面を
事務所に備え付けるとともに、関係者から請求があつたときは、これを提示し
なければならない。

参照：施行規則第69条～第72条

【趣旨】

　本条は、無店舗型電話異性紹介営業の営業の届出の手続等について規定するもの
である。

【沿革】

　本条は、平成13年の法改正により無店舗型電話異性紹介営業に係る規制が導入さ
れた際に新設されたものである。[1]

　その後、無届業者を排除する仕組みを構築するため、平成17年の法改正により、[2]
届出確認書の交付及びその備付け・提示義務（本条第2項の規定による準用後の法
第31条の2第4項及び第5項）に係る規定が新設されたほか、営業の方法を記載し
た書類等を届出書に添付させることとする（本条第2項の規定による準用後の法第
31条の2第3項）など届出制の強化が図られた。

＊1　無店舗型電話異性紹介営業に係る規制の趣旨については、第2条第9項及び第10項の解説
　　（47頁・48頁）を参照されたい。
＊2　学論集H18(1)20～24頁参照

212　第4章　性風俗関連特殊営業等の規制

【解釈・運用】

第1項

1　無店舗型電話異性紹介営業の届出は、無店舗型性風俗特殊営業と同様にその営業を「営む者」ごとに行うこととなる。したがって、例えば、無店舗型電話異性紹介営業を営む者が複数の呼称や電話番号を用いる場合であっても、当該営業を営む者が同一の主体である限り、これらの営業を全体として一の営業として、当該一の営業について届出をすることになる。この場合、当該営業について複数の呼称を使用する場合には、その全ての呼称について届出が必要である。[*3]

2　本項の「事務所」とは、法第31条の2第1項に規定する「事務所」と同意義であり、具体的には電話交換機等や顧客（会話申込者）の管理、広告又は宣伝の企画・実施等その営業に関する業務を継続的に行っている場所がこれに該当する。[*4]

3　本項第2号中「呼称」とは、法第31条の2第1項第2号に規定する「呼称」と同意義であり、広告及び宣伝をする際に使用する呼び名のことをいう。[*5]

4　本項第4号中「電気通信設備を識別するための電話番号」に関しては、電気通信設備の設置場所が国外であっても、当該電気通信設備に日本国内から接続する電話番号があれば届出の対象となる。[*6][*7]

第2項

本項については、法第31条の2第2項から第5項までの解説を参照されたい。

（街頭における広告及び宣伝の規制等）

第三十一条の十八　第二十八条第五項及び第七項から第九項までの規定は、無店舗型電話異性紹介営業を営む者について準用する。この場合において、同条第五項中「前条に規定するもののほか、その」とあるのは「その」と、同項第一号ロ中「第二項」とあるのは「第三十一条の十三第一項において準用する第二項」と、同条第七項中「第五項第一号」とあるのは「第三十一条の十八第一項において準用する第五項第一号」と、「第二十七条第一項」とあるのは「第三十一条の十七第一項」と、同条第八項中「前条及び第五項」とあるのは「第

＊3　解釈運用基準第18-6(1)
＊4　解釈運用基準第18-6(2)
＊5　解釈運用基準第18-6(3)、第18-3(3)
＊6　解釈運用基準第18-6(4)
＊7　「電気通信設備を識別するための電話番号」の意義については、第31条の12の解説（201頁）を参照されたい。

三十一条の十八第一項において準用する第五項」と、同条第九項中「その営業所に立ち入つて」とあるのは「第三十一条の十七第一項第四号に掲げる電話番号に電話をかけて」と読み替えるものとする。

2　無店舗型電話異性紹介営業を営む者は、次に掲げる行為をしてはならない。

一　十八歳未満の従業者を第二条第十項の規定によりその機会を提供する会話の当事者にすること。

二　十八歳未満の者からの第二条第十項に規定する会話の申込みを取り次ぎ、又は同項に規定する会話の申込みを十八歳未満の者に取り次ぐこと。

3　無店舗型電話異性紹介営業を営む者は、第二条第十項に規定する会話の申込みをした者及び同項に規定する会話の申込みを受けようとする者が十八歳以上であることを確認するための措置であつて国家公安委員会規則で定めるものを講じておかなければならない。

〈第三十一条の十八第一項の規定による準用後の第二十八条第五項及び第七項から第九項まで〉

第二十八条

5　無店舗型電話異性紹介営業を営む者は、その営業につき、次に掲げる方法で広告又は宣伝をしてはならない。

一　次に掲げる区域又は地域（第三号において「広告制限区域等」という。）において、広告物（常時又は一定の期間継続して公衆に表示されるものであつて、看板、立看板、はり紙及びはり札並びに広告塔、広告板、建物その他の工作物等に掲出され、又は表示されたもの並びにこれらに類するものをいう。以下同じ。）を表示すること。

イ　第一項に規定する敷地（同項に規定する施設の用に供するものと決定した土地を除く。）の周囲二百メートルの区域

ロ　第三十一条の十三第一項において準用する第二項の規定に基づく条例で定める地域のうち無店舗型電話異性紹介営業の広告又は宣伝を制限すべき地域として条例で定める地域

二　人の住居にビラ等（ビラ、パンフレット又はこれらに類する広告若しくは宣伝の用に供される文書図画をいう。以下同じ。）を配り、又は差し入れること。

三　前号に掲げるもののほか、広告制限区域等においてビラ等を頒布し、又は広告制限区域等以外の地域において十八歳未満の者に対してビラ等を頒布す

214　第4章　性風俗関連特殊営業等の規制

　　　ること。
　7　第三十一条の十八第一項において準用する第五項第一号の規定は、同号の規
　　　定の適用に関する第一項の規定又は同号ロの規定に基づく条例の規定の施行又
　　　は適用の際無店舗型電話異性紹介営業を営む者が現に表示している広告物（当
　　　該施行又は適用の際現に第三十一条の十七第一項の届出書を提出して無店舗型
　　　電話異性紹介営業を営んでいる者が表示するものに限る。）については、当該
　　　施行又は適用の日から一月を経過する日までの間は、適用しない。
　8　第三十一条の十八第一項において準用する第五項に規定するもののほか、無
　　　店舗型電話異性紹介営業を営む者は、その営業につき、清浄な風俗環境を害す
　　　るおそれのある方法で広告又は宣伝をしてはならない。
　9　無店舗型電話異性紹介営業を営む者は、その営業につき広告又は宣伝をする
　　　ときは、国家公安委員会規則で定めるところにより、十八歳未満の者が第
　　　三十一条の十七第一項第四号に掲げる電話番号に電話をかけてはならない旨を
　　　明らかにしなければならない。

参照：施行規則第73条、第74条第1項

【趣旨】

　本条は、無店舗型電話異性紹介営業に係る街頭における広告及び宣伝の規制等に
ついて規定するものである。
1　第1項は、無店舗型電話異性紹介営業を営む者について法第28条第5項及び第
　　7項から第9項まで（広告宣伝の規制）の規定を準用することとしている。
2　第2項は、無店舗型電話異性紹介営業を営む者の禁止行為について規定してい
　　る。
3　第3項は、会話の申込みをした者等が18歳以上であることを確認するための措
　　置について規定している。

【沿革】

　本条は、平成13年の法改正により無店舗型電話異性紹介営業に係る規制が導入さ
れた際に新設されたものである。

【解釈・運用】

1　第1項の規定による準用後の法第28条第5項及び第7項から第9項までの規定
　　については、法第28条及び法第31条の3の解説を参照されたい。

なお、第１項において準用する法第28条第９項の規定により18歳未満の者が法第31条の17第１項第４号に掲げる電話番号に電話をかけてはならない旨を明らかにする方法は、施行規則第74条第１項において準用する施行規則第47条第１項で規定されている。[*1]

2　第２項第１号中「十八歳未満の従業者を第二条第十項の規定によりその機会を提供する会話の当事者にすること」とは、法第31条の13第２項第４号と同様に、年少者である従業者を異性の客と通話させることをいう。[*2]

3　第３項については、法第31条の13の解説を参照されたい。

　　なお、同項に規定する法第２条第10項の会話の申込みをした者及び同項の会話の申込みを受けようとする者が18歳以上であることを確認するための措置は、施行規則第73条第１項で規定されている。

　（指示等）
第三十一条の十九　無店舗型電話異性紹介営業を営む者又はその代理人等が、当該営業に関し、この法律又はこの法律に基づく命令若しくは条例の規定に違反したときは、当該違反行為が行われた時における事務所の所在地を管轄する公安委員会は、当該無店舗型電話異性紹介営業を営む者に対し、善良の風俗若しくは清浄な風俗環境を害する行為又は少年の健全な育成に障害を及ぼす行為を防止するため必要な指示をすることができる。

2　無店舗型電話異性紹介営業を営む者又はその代理人等が、当該営業に関し、前条第一項において準用する第二十八条第五項第一号の規定に違反した場合において、当該違反行為が行われた時における事務所を知ることができず、かつ、当該違反行為がはり紙、はり札又は立看板を前条第一項において準用する同号イに掲げる区域において表示することであるときは、当該違反行為が行われた場所を管轄する公安委員会は、当該違反行為に係るはり紙、はり札又は立看板を警察職員に除却させることができる。

【趣旨】

　本条は、無店舗型電話異性紹介営業を営む者等に対する公安委員会の指示等について規定するものである。

＊１　解釈運用基準第23−1
＊２　解釈運用基準第22−2⑶

216 第4章 性風俗関連特殊営業等の規制

　なお、無店舗型電話異性紹介営業については、違反広告物の除却に関する規定（第2項）が設けられているが、同様の規定は店舗型電話異性紹介営業については設けられていない。^{*1}

【沿革】

　本条は、平成13年の法改正により無店舗型電話異性紹介営業に係る規制が導入された際に新設されたものである。

【解釈・運用】

　第1項については、法第29条の解説（159頁）を、第2項については、法第31条の4の解説（179頁）をそれぞれ参照されたい。

　（営業の停止）

第三十一条の二十　無店舗型電話異性紹介営業を営む者若しくはその代理人等が当該営業に関しこの法律に規定する罪若しくは第四条第一項第二号ロからヘまで、チ、リ、ル若しくはヲを掲げる罪に当たる違法な行為その他善良の風俗を害し若しくは少年の健全な育成に障害を及ぼす重大な不正行為で政令で定めるものをしたとき、又は無店舗型電話異性紹介営業を営む者がこの法律に基づく処分に違反したときは、当該行為又は当該違反行為が行われた時における事務所の所在地を管轄する公安委員会は、当該無店舗型電話異性紹介営業を営む者に対し、八月を超えない範囲内で期間を定めて、当該営業の全部又は一部の停止を命ずることができる。

参照：令第21条

【趣旨】

　本条は、無店舗型電話異性紹介営業の営業の停止について規定するものである。

【沿革】

　本条は、平成13年の法改正により無店舗型電話異性紹介営業に係る規制が導入された際に新設されたものである。

＊1　趣旨については、法第31条の4の解説を参照されたい。

第31条の21　処分移送通知書の送付等　　*217*

　その後、平成17年の法改正により「営業の禁止」が「営業の停止」に改められた[*1]ほか、営業停止事由について、店舗型性風俗特殊営業に係るものと同様の追加がなされた。[*2]

【解釈・運用】

　本条については、法第30条の解説（161頁）を参照されたい。

（処分移送通知書の送付等）

第三十一条の二十一　公安委員会は、無店舗型電話異性紹介営業を営む者に対し、第三十一条の十九第一項の規定による指示又は前条の規定による命令をしようとする場合において、当該処分に係る無店舗型電話異性紹介営業を営む者が事務所を他の公安委員会の管轄区域内に変更していたときは、当該処分に係る事案に関する弁明の機会の付与又は聴聞を終了している場合を除き、速やかに現に事務所の所在地を管轄する公安委員会に国家公安委員会規則で定める処分移送通知書を送付しなければならない。

2　前項の規定により処分移送通知書が送付されたときは、当該処分移送通知書の送付を受けた公安委員会は、次の各号に掲げる場合の区分に従い、それぞれ当該各号に定める処分をすることができるものとし、当該処分移送通知書を送付した公安委員会は、第三十一条の十九第一項及び前条の規定にかかわらず、当該事案について、これらの規定による処分をすることができないものとする。

一　当該無店舗型電話異性紹介営業を営む者又はその代理人等が、当該営業に関し、この法律又はこの法律に基づく命令若しくは条例の規定に違反した場合　善良の風俗若しくは清浄な風俗環境を害する行為又は少年の健全な育成に障害を及ぼす行為を防止するため必要な指示をすること。

二　当該無店舗型電話異性紹介営業を営む者若しくはその代理人等が当該営業に関しこの法律に規定する罪若しくは第四条第一項第二号ロからへまで、チ、リ、ル若しくはヲに掲げる罪に当たる違法な行為若しくは前条の政令で定める重大な不正行為をした場合又は当該無店舗型電話異性紹介営業を営む者がこの法律に基づく処分に違反した場合　八月を超えない範囲内で期間を定めて、当該営業の全部又は一部の停止を命ずること。

＊1　趣旨については、法第31条の5の解説を参照されたい。
＊2　法第30条の解説を参照されたい。

218 第4章 性風俗関連特殊営業等の規制

3 第一項の規定は、公安委員会が前項の規定により処分をしようとする場合について準用する。

〈第三十一条の二十一第三項の規定による準用後の第三十一条の二十一第一項〉
第三十一条の二十一 公安委員会は、無店舗型電話異性紹介営業を営む者に対し、次項の規定により処分をしようとする場合において、当該処分に係る無店舗型電話異性紹介営業を営む者が事務所を他の公安委員会の管轄区域内に変更していたときは、当該処分に係る事案に関する弁明の機会の付与又は聴聞を終了している場合を除き、速やかに現に事務所の所在地を管轄する公安委員会に国家公安委員会規則で定める処分移送通知書を送付しなければならない。

参照：施行規則第74条第2項

【趣旨】
　本条は、無店舗型電話異性紹介営業を営む者に係る処分移送通知書の送付等について規定するものである。[*1]

【沿革】
　本条は、平成13年の法改正により無店舗型電話異性紹介営業に係る規制が導入された際に新設されたものである。
　その後、平成17年の法改正により営業禁止処分が営業停止処分に改められたほか、人身売買の罪等が同処分の事由に追加された。[*2]

【解釈・運用】
　第1項については法第31条の6の解説（186頁）を、第2項に規定する各処分については法第31条の19及び法第31条の20の解説（216頁（159頁・179頁）・217頁（161頁））をそれぞれ参照されたい。

＊1　このような規定が設けられた趣旨については、法第31条の6の解説を参照されたい。
＊2　従前、一の営業ごとに届出を提出することとしていた解釈運用を、一の営業主体につき一の届出書により行うことと改めたことに伴い、一の営業ごとに営業を「禁止」するのではなく、一の営業主体に対し営業の「停止」を命ずる処分としたものである（学論集H18(1)32頁）。

第31条の22　営業の許可　　*219*

第2節　特定遊興飲食店営業等の規制等

第1款　特定遊興飲食店営業の規制等

（営業の許可）
第三十一条の二十二　特定遊興飲食店営業を営もうとする者は、営業所ごとに、
　　当該営業所の所在地を管轄する公安委員会の許可を受けなければならない。

参照：施行規則第78条第2項

【趣旨】
　本条は、特定遊興飲食店営業の許可について規定するものである。
　法は、特定遊興飲食店営業について許可制を採ることとしている。この点、風俗営業についても許可制が採られているが、同営業は、男女間の歓楽的雰囲気や射幸心に係る営業であり、それが不健全に営まれた場合には善良の風俗等を害するおそれがある。このため、時間帯にかかわらず、これを営むことを一般的に禁止した上で、一定の要件を満たす場合にのみ営業を許可することとしている。これに対し、客に遊興と飲酒をさせる営業は、男女間の歓楽的雰囲気や射幸心を直接的な要素とする営業ではないが、深夜という風俗上の問題が生じやすい時間帯に、酔客を相手としてこれを営む場合には、清浄な風俗環境等を害するおそれが生じることから、深夜における営業に起因する問題を防止するため、許可制を採る必要があると考えられたものである。[1]
　このように、特定遊興飲食店営業は、営業の性質や許可制を採る趣旨が風俗営業と異なっていることから、風俗営業とは別途の許可制度が設けられている。[2]

【沿革】
　本条は、平成27年の法改正により特定遊興飲食店営業に係る規制が導入された際に新設されたものである。

【解釈・運用】
1　特定遊興飲食店営業の許可に係る解釈・運用については、第3条の解説（56

---

*1　学論集H27(1)82頁。第32条の解説（246頁）も参照されたい。
*2　同上

220 第4章 性風俗関連特殊営業等の規制

頁）を参照されたい。

2 特定遊興飲食店営業を営もうとする者が、営業所内に法第2条第1項第5号の遊技設備を設置しようとする場合の取扱いは、次のとおり解されている。[*3]

(1) 例えば、遊技設備を設置しているが、それを用いた競技大会は開催していないナイトクラブのように、遊技設備を設置して客自身に使用させるとともに、その遊技設備を用いずに客に遊興をさせ、かつ、客に飲酒をさせる業態の営業を深夜に営もうとする場合は、遊技設備を客自身に使用させることにつき法第2条第1項第5号の営業（ゲームセンター等営業）の許可を受け、遊技設備を用いずに深夜に客に遊興と飲酒をさせることにつき特定遊興飲食店営業の許可を受ける必要がある。この場合、ゲームセンター等営業の部分には、風俗営業に係る営業時間の制限が適用されることから、風俗営業が認められない時間になった場合には、その遊技設備を客に使用させないための措置を講じる必要がある。[*4]

また、このような営業において、仮に遊技設備が少なく、客の遊技の用に供される客室の部分の床面積が小さいときは、法第2条第1項第5号の営業の許可を要しない扱いとされており、[*5]この場合には、風俗営業が認められない時間になった後も、その遊技設備を客自身に使用させることが可能である。

(2) 例えば、遊技設備を用いた競技大会であって客に参加させるものを恒常的に開催するバーのように、遊技設備を用いて客に遊興をさせ、かつ、客に飲酒をさせる業態の営業を深夜に営もうとする場合は、遊技設備を用いて客に遊興を

---

*3 解釈運用基準第24-4

*4 風俗営業終業後に引き続き同一の営業所を利用して特定遊興飲食店営業を営むことは、時間外営業等の脱法行為を誘発するおそれがあるので、

○ 遊技設備設置部分を区画して当該部分を閉鎖して立ち入れないこととする。

○ 遊技設備を撤去する（遊技設備の元の電源を切り、かつ、遊技設備に覆いを掛けるなど撤去に準ずる措置を講じることでも差し支えない。）。

といった措置が講じられ、営業の継続性が完全に断たれる場合に限り、特定遊興飲食店営業としての継続を認めるものとされている（解釈運用基準第17-2参照。第13条の解説（103頁）も参照されたい。）。

*5 ゲームセンター等営業の許可に関しては、遊技設備設置部分を含む店舗の1フロアの客の用に供される部分の床面積に対して客の遊技の用に供される部分（店舗でない区画された部分も含む。）の床面積（当該床面積は、客の占めるスペース、遊技設備の種類等を勘案し、遊技設備の直接占める面積のおおむね3倍として計算するものとする。ただし、1台の遊技設備の直接占める面積の3倍が1.5平方メートルに満たないときは、当該遊技設備に係る床面積は1.5平方メートルとして計算するものとする。）が占める割合が10パーセントを超えない場合は、当面問題を生じないかどうかの推移を見守ることとし、風俗営業の許可を要しない扱いとされている（解釈運用基準第3-3(1)イ参照）。

させることにつきゲームセンター等営業の許可を受ける必要がある。当該営業は全体として風俗営業に該当し、これを営業延長許容地域で深夜に営もうとする場合には、特定遊興飲食店営業の許可を受ける必要はない。このような営業において、仮に遊技設備が少なく、客の遊技の用に供される客室の部分の床面積が小さかったとしても、(1)と同様の取扱いは行わず、ゲームセンター等営業の許可を受けなければならないこととされている。これは、深夜に客に飲酒をさせ、かつ、営業者が客に働き掛けて当該遊技設備による遊興をさせることにより、享楽的雰囲気が過度のものとなって賭博をはじめとする風俗上の問題を誘発するおそれがあり、風俗営業として規制する必要性が小さいとは言えないためである。

【罰則】

偽りその他不正の手段により本条の許可の承認を受けた者は、法第49条第2号により処罰される（罰則：2年以下の懲役若しくは200万円以下の罰金又はこれらの併科）。

本条の規定に違反して本条の許可を受けないで特定遊興飲食店営業を営んだ者は、法第49条第7号により処罰される（罰則：2年以下の懲役若しくは200万円以下の罰金又はこれらの併科）。

（準用）
第三十一条の二十三　第三条第二項、第四条（第四項を除く。）、第五条（第一項第三号を除く。）、第八条、第十条及び第十一条の規定は前条の許可について、第六条から第七条の三まで、第九条、第十条の二、第十二条、第十三条（第一項を除く。）、第十四条、第十五条、第十八条、第十八条の二、第二十一条、第二十二条第一項（第三号を除く。）及び第二十四条の規定は特定遊興飲食店営業について、それぞれ準用する。この場合において、次の表の上欄に掲げる規定中同表の中欄に掲げる字句は、それぞれ同表の下欄に掲げる字句に読み替えるものとするほか、必要な技術的読替えは、政令で定める。

第四条第一項第五号及び第六号	第二十六条第一項	第三十一条の二十五第一項
第四条第二項第二号	を保全するため特にその設置を制限する必要	の保全に障害を及ぼすことがないため特にその設置が許容され

	がある	る
	あるとき	ないとき（当該営業所が、旅館業法（昭和二十三年法律第百三十八号）第二条第二項に規定する旅館・ホテル営業に係る施設内に所在し、かつ、良好な風俗環境の保全に障害を及ぼすことがないため特にその設置が許容されるものとして国家公安委員会規則で定める基準に適合するもの（次項において「ホテル等内適合営業所」という。）であるときを除く。）
第四条第三項	当該廃止した風俗営業と同一の風俗営業の種別の風俗営業で営業所が前項第二号の地域内にあるもの	第三十一条の二十三において準用する前項第二号の地域内になく、かつ、ホテル等内適合営業所に該当しない営業所
第四条第三項第二号イ	、当該滅失前から前項第二号の地域に含まれていた	当該滅失前から第三十一条の二十三において準用する前項第二号の地域に含まれておらず、かつ、当該滅失した営業所がホテル等内適合営業所に該当していなかつた
第四条第三項第二号ロ	、当該滅失以降に前項第二号の地域に含まれることとなつた	当該滅失以降に第三十一条の二十三において準用する前項第二号の地域に含まれないこととなり、かつ、当該滅失した営業所がホテル等内適合営業所に該当していなかつた
第十三条第二項	前項の規定によるほか、政令	政令

第十三条第三項及び第四項	第一項ただし書の場合において、午前零時から同項ただし書に規定する条例で定める時までの時間	深夜
第十四条及び第十五条	その営業	その深夜における営業
第十八条	十八歳未満の者が	午後十時以後翌日の午前零時前の時間においては保護者が同伴しない十八歳未満の者が、深夜においては十八歳未満の者が、
第二十一条	第十二条から第十九条まで、前条第一項及び次条第二項	第三十一条の二十三において準用する第十二条、第十三条（第一項を除く。）、第十四条、第十五条、第十八条及び第十八条の二
第二十二条第一項第一号及び第二号	当該営業	当該営業（深夜における営業に限る。）
第二十二条第一項第五号	十八歳未満	午後十時から翌日の午前六時までの時間において十八歳未満
	第二条第一項第五号の営業に係る営業所にあつては、午後十時から翌日の午前六時までの時間において客として立ち入らせること	午後十時以後翌日の午前零時前の時間において保護者が同伴する十八歳未満の者を客として立ち入らせる場合を除く

〈第三十一条の二十三において準用する第三条第二項、第四条（第四項を除く。）、第五条（第一項第三号を除く。）、第六条から第十二条まで、第十三条（第一項を除く。）、第十四条、第十五条、第十八条、第十八条の二、第二十一条、第二十二条第一項（第三号を除く。）及び第二十四条〉

第三条

224 第4章 性風俗関連特殊営業等の規制

2 公安委員会は、善良の風俗若しくは清浄な風俗環境を害する行為又は少年の健全な育成に障害を及ぼす行為を防止するため必要があると認めるときは、その必要の限度において、第三十一条の二十二の許可に条件を付し、及びこれを変更することができる。

第四条 公安委員会は、第三十一条の二十二の許可を受けようとする者が次の各号のいずれかに該当するときは、許可をしてはならない。

一 成年被後見人若しくは被保佐人又は破産者で復権を得ないもの

二 一年以上の懲役若しくは禁錮の刑に処せられ、又は次に掲げる罪を犯して一年未満の懲役若しくは罰金の刑に処せられ、その執行を終わり、又は執行を受けることがなくなつた日から起算して五年を経過しない者

　イ 第四十九条又は第五十条第一項の罪

　ロ 刑法（明治四十年法律第四十五号）第百七十四条、第百七十五条、第百八十二条、第百八十五条、第百八十六条、第二百二十四条、第二百二十五条（営利又はわいせつの目的に係る部分に限る。以下この号において同じ。）、第二百二十六条、第二百二十六条の二（第三項については、営利又はわいせつの目的に係る部分に限る。以下この号において同じ。）、第二百二十六条の三、第二百二十七条第一項（同法第二百二十四条、第二百二十五条、第二百二十六条、第二百二十六条の二又は第二百二十六条の三の罪を犯した者を幇助する目的に係る部分に限る。以下この号において同じ。）若しくは第三項（営利又はわいせつの目的に係る部分に限る。以下この号において同じ。）又は第二百二十八条（同法第二百二十四条、第二百二十五条、第二百二十六条、第二百二十六条の二、第二百二十六条の三又は第二百二十七条第一項若しくは第三項に係る部分に限る。）の罪

　ハ 組織的な犯罪の処罰及び犯罪収益の規制等に関する法律（平成十一年法律第百三十六号）第三条第一項（第五号又は第六号に係る部分に限る。）又は第六条（第一項第二号に係る部分に限る。）の罪

　ニ 売春防止法（昭和三十一年法律第百十八号）第二章の罪

　ホ 児童買春、児童ポルノに係る行為等の規制及び処罰並びに児童の保護等に関する法律（平成十一年法律第五十二号）第四条から第八条までの罪

　ヘ 労働基準法（昭和二十二年法律第四十九号）第百十七条、第百十八条第一項（同法第六条又は第五十六条に係る部分に限る。）又は第百十九条第一号（同法第六十一条又は第六十二条に係る部分に限る。）（これらの規定

を船員職業安定法（昭和二十三年法律第百三十号）又は労働者派遣事業の適正な運営の確保及び派遣労働者の保護等に関する法律（昭和六十年法律第八十八号）の規定により適用する場合を含む。）の罪

ト　船員法（昭和二十二年法律第百号）第百二十九条（同法第八十五条第一項又は第二項に係る部分に限る。）又は第百三十条（同法第八十六条第一項に係る部分に限る。）（これらの規定を船員職業安定法の規定により適用する場合を含む。）の罪

チ　職業安定法（昭和二十二年法律第百四十一号）第六十三条の罪

リ　児童福祉法（昭和二十二年法律第百六十四号）第六十条第一項又は第二項（同法第三十四条第一項第四号の三、第五号、第七号又は第九号に係る部分に限る。）の罪

ヌ　船員職業安定法第百十一条の罪

ル　出入国管理及び難民認定法（昭和二十六年政令第三百十九号）第七十三条の二第一項の罪

ヲ　労働者派遣事業の適正な運営の確保及び派遣労働者の保護等に関する法律第五十八条の罪

ワ　外国人の技能実習の適正な実施及び技能実習生の保護に関する法律（平成二十八年法律第八十九号）第百八条の罪

三　集団的に、又は常習的に暴力的不法行為その他の罪に当たる違法な行為で国家公安委員会規則で定めるものを行うおそれがあると認めるに足りる相当な理由がある者

四　アルコール、麻薬、大麻、あへん又は覚醒剤の中毒者

五　第三十一条の二十五第一項の規定により特定遊興飲食店営業の許可を取り消され、当該取消しの日から起算して五年を経過しない者（当該許可を取り消された者が法人である場合においては、当該取消しに係る聴聞の期日及び場所が公示された日前六十日以内に当該法人の役員（業務を執行する社員、取締役、執行役又はこれらに準ずる者をいい、相談役、顧問その他いかなる名称を有する者であるかを問わず、法人に対し業務を執行する社員、取締役、執行役又はこれらに準ずる者と同等以上の支配力を有するものと認められる者を含む。以下この項において同じ。）であつた者で当該取消しの日から起算して五年を経過しないものを含む。）

六　第三十一条の二十五第一項の規定による特定遊興飲食店営業の許可の取消処分に係る聴聞の期日及び場所が公示された日から当該処分をする日又は当

該処分をしないことを決定する日までの間に第三十一条の二十三において準用する第十条第一項第一号の規定による許可証の返納をした者（特定遊興飲食店営業の廃止について相当な理由がある者を除く。）で当該返納の日から起算して五年を経過しないもの

七　第三十一条の二十三において準用する前号に規定する期間内に合併により消滅した法人又は第三十一条の二十三において準用する第十条第一項第一号の規定による許可証の返納をした法人（合併又は特定遊興飲食店営業の廃止について相当な理由がある者を除く。）の第三十一条の二十三において準用する前号の公示の日前六十日以内に役員であつた者で当該消滅又は返納の日から起算して五年を経過しないもの

七の二　第三十一条の二十三において準用する第六号に規定する期間内に分割により同号の聴聞に係る特定遊興飲食店営業を承継させ、若しくは分割により当該特定遊興飲食店営業以外の特定遊興飲食店営業を承継した法人（分割について相当な理由がある者を除く。）又はこれらの法人の同号の公示の日前六十日以内に役員であつた者で当該分割の日から起算して五年を経過しないもの

八　営業に関し成年者と同一の行為能力を有しない未成年者。ただし、その者が特定遊興飲食店営業者の相続人であつて、その法定代理人が第三十一条の二十三において準用する前各号及び次号のいずれにも該当しない場合を除くものとする。

九　法人でその役員のうちに第三十一条の二十三において準用する第一号から第七号の二までのいずれかに該当する者があるもの

2　公安委員会は、第三十一条の二十二の許可の申請に係る営業所につき次の各号のいずれかに該当する事由があるときは、許可をしてはならない。

一　営業所の構造又は設備が国家公安委員会規則で定める技術上の基準に適合しないとき。

二　営業所が、良好な風俗環境の保全に障害を及ぼすことがないため特にその設置が許容されるものとして政令で定める基準に従い都道府県の条例で定める地域内にないとき（当該営業所が、旅館業法（昭和二十三年法律第百三十八号）第二条第二項に規定する旅館・ホテル営業に係る施設内に所在し、かつ、良好な風俗環境の保全に障害を及ぼすことがないため特にその設置が許容されるものとして国家公安委員会規則で定める基準に適合するもの（次項において「ホテル等内適合営業所」という。）であるときを除く。）。

三　営業所に第三十一条の二十三において準用する第二十四条第一項の管理者
　を選任すると認められないことについて相当な理由があるとき。
3　公安委員会は、第三十一条の二十二の許可又は第三十一条の二十三において
　準用する第七条第一項、第七条の二第一項若しくは第七条の三第一項の承認を
　受けて営んでいた特定遊興飲食店営業の営業所が火災、震災その他その者の責
　めに帰することができない事由で政令で定めるものにより滅失したために当該
　特定遊興飲食店営業を廃止した者が、第三十一条の二十三において準用する前
　項第二号の地域内になく、かつ、ホテル等内適合営業所に該当しない営業所に
　つき、第三十一条の二十二の許可を受けようとする場合において、当該許可の
　申請が次の各号のいずれにも該当するときは、第三十一条の二十三において準
　用する前項第二号の規定にかかわらず、許可をすることができる。
一　当該特定遊興飲食店営業を廃止した日から起算して五年以内にされたもの
　であること。
二　次のいずれかに該当すること。
　イ　当該滅失した営業所の所在地が当該滅失前から第三十一条の二十三にお
　　いて準用する前項第二号の地域に含まれておらず、かつ、当該滅失した営
　　業所がホテル等内適合営業所に該当していなかつたこと。
　ロ　当該滅失した営業所の所在地が当該滅失以降に第三十一条の二十三にお
　　いて準用する前項第二号の地域に含まれないこととなり、かつ、当該滅失
　　した営業所がホテル等内適合営業所に該当していなかつたこと。
三　当該滅失した営業所とおおむね同一の場所にある営業所につきされたもの
　であること。
四　当該滅失した営業所とおおむね等しい面積の営業所につきされたものであ
　ること。
第五条　第三十一条の二十二の許可を受けようとする者は、公安委員会に、次の
　事項を記載した許可申請書を提出しなければならない。この場合において、当
　該許可申請書には、営業の方法を記載した書類その他の内閣府令で定める書類
　を添付しなければならない。
一　氏名又は名称及び住所並びに法人にあつては、その代表者の氏名
二　営業所の名称及び所在地
四　営業所の構造及び設備の概要
五　第三十一条の二十三において準用する第二十四条第一項の管理者の氏名及
　び住所

六　法人にあつては、その役員の氏名及び住所

2　公安委員会は、第三十一条の二十二の許可をしたときは、国家公安委員会規則で定めるところにより、許可証を交付しなければならない。

3　公安委員会は、第三十一条の二十二の許可をしないときは、国家公安委員会規則で定めるところにより、申請者にその旨を通知しなければならない。

4　許可証の交付を受けた者は、当該許可証を亡失し、又は当該許可証が滅失したときは、速やかにその旨を公安委員会に届け出て、許可証の再交付を受けなければならない。

第六条　特定遊興飲食店営業者は、許可証（第三十一条の二十三において準用する第十条の二第一項の認定を受けた特定遊興飲食店営業者にあつては、同条第三項の認定証）を営業所の見やすい場所に掲示しなければならない。

第七条　特定遊興飲食店営業者が死亡した場合において、相続人（相続人が二人以上ある場合においてその協議により当該特定遊興飲食店営業を承継すべき相続人を定めたときは、その者。以下同じ。）が被相続人の営んでいた特定遊興飲食店営業を引き続き営もうとするときは、その相続人は、国家公安委員会規則で定めるところにより、被相続人の死亡後六十日以内に公安委員会に申請して、その承認を受けなければならない。

2　相続人が第三十一条の二十三において準用する前項の承認の申請をした場合においては、被相続人の死亡の日からその承認を受ける日又は承認をしない旨の通知を受ける日までは、被相続人に対してした特定遊興飲食店営業の許可は、その相続人に対してしたものとみなす。

3　第三十一条の二十三において準用する第四条第一項の規定は、第三十一条の二十三において準用する第一項の承認の申請をした相続人について準用する。

4　第三十一条の二十三において準用する第一項の承認を受けた相続人は、被相続人に係る特定遊興飲食店営業者の地位を承継する。

5　第三十一条の二十三において準用する第一項の承認の申請をした相続人は、その承認を受けたときは、遅滞なく、被相続人が交付を受けた許可証を公安委員会に提出して、その書換えを受けなければならない。

6　第三十一条の二十三において準用する前項に規定する者は、第三十一条の二十三において準用する第一項の承認をしない旨の通知を受けたときは、遅滞なく、被相続人が交付を受けた許可証を公安委員会に返納しなければならない。

第七条の二　特定遊興飲食店営業者たる法人がその合併により消滅することとな

る場合において、あらかじめ合併について国家公安委員会規則で定めるところにより公安委員会の承認を受けたときは、合併後存続し、又は合併により設立された法人は、特定遊興飲食店営業者の地位を承継する。

2　第三十一条の二十三において準用する第四条第一項の規定は、第三十一条の二十三において準用する前項の承認について準用する。この場合において、同条第一項中「第三十一条の二十二の許可を受けようとする者」とあるのは、「第三十一条の二十三において準用する第七条の二第一項の承認を受けようとする法人」と読み替えるものとする。

3　第三十一条の二十三において準用する前条第五項の規定は、第三十一条の二十三において準用する第一項の承認を受けようとした法人について準用する。この場合において、同条第五項中「被相続人」とあるのは、「合併により消滅した法人」と読み替えるものとする。

第七条の三　特定遊興飲食店営業者たる法人が分割により特定遊興飲食店営業を承継させる場合において、あらかじめ当該分割について国家公安委員会規則で定めるところにより公安委員会の承認を受けたときは、分割により当該特定遊興飲食店営業を承継した法人は、当該特定遊興飲食店営業についての特定遊興飲食店営業者の地位を承継する。

2　第三十一条の二十三において準用する第四条第一項の規定は、第三十一条の二十三において準用する前項の承認について準用する。この場合において、同条第一項中「第三十一条の二十二の許可を受けようとする者」とあるのは、「第三十一条の二十三において準用する第七条の三第一項の承認を受けようとする法人」と読み替えるものとする。

3　第三十一条の二十三において準用する第七条第五項の規定は、第三十一条の二十三において準用する第一項の承認を受けようとした法人について準用する。この場合において、同条第五項中「被相続人」とあるのは、「分割をした法人」と読み替えるものとする。

第八条　公安委員会は、第三十一条の二十二の許可を受けた者（第三十一条の二十三において準用する第七条第一項、第七条の二第一項又は前条第一項の承認を受けた者を含む。第三十一条の二十三において準用する第十一条において同じ。）について、次の各号に掲げるいずれかの事実が判明したときは、その許可を取り消すことができる。

一　偽りその他不正の手段により当該許可又は承認を受けたこと。

二　第三十一条の二十三において準用する第四条第一項各号に掲げる者のいず

れかに該当していること。

　三　正当な事由がないのに、当該許可を受けてから六月以内に営業を開始せ
　　ず、又は引き続き六月以上営業を休止し、現に営業を営んでいないこと。

　四　三月以上所在不明であること。

第九条　特定遊興飲食店営業者は、増築、改築その他の行為による営業所の構造
　又は設備の変更（内閣府令で定める軽微な変更を除く。第三十一条の二十三に
　おいて準用する第五項において同じ。）をしようとするときは、国家公安委員
　会規則で定めるところにより、あらかじめ公安委員会の承認を受けなければな
　らない。

2　公安委員会は、第三十一条の二十三において準用する前項の承認の申請に係
　る営業所の構造及び設備が第三十一条の二十三において準用する第四条第二項
　第一号の技術上の基準及び第三十一条の二十三において準用する第三条第二項
　の規定により公安委員会が付した条件に適合していると認めるときは、第
　三十一条の二十三において準用する前項の承認をしなければならない。

3　特定遊興飲食店営業者は、次の各号のいずれかに該当するときは、公安委員
　会に、内閣府令で定める事項を記載した届出書を提出しなければならない。こ
　の場合において、当該届出書には、内閣府令で定める書類を添付しなければな
　らない。

　一　第三十一条の二十三において準用する第五条第一項各号（第四号を除く。）
　　に掲げる事項（同項第二号に掲げる事項にあつては、営業所の名称に限る。）
　　に変更があつたとき。

　二　営業所の構造又は設備につき第三十一条の二十三において準用する第一項
　　の軽微な変更をしたとき。

4　第三十一条の二十三において準用する前項第一号の規定により届出書を提出
　する場合において、当該届出書に係る事項が許可証の記載事項に該当するとき
　は、その書換えを受けなければならない。

5　第三十一条の二十三において準用する第一項の規定は、第三十一条の二十三
　において準用する第十条の二第一項の認定を受けた特定遊興飲食店営業者が営
　業所の構造又は設備の変更をしようとする場合については、適用しない。この
　場合において、当該特定遊興飲食店営業者は、当該変更をしたときは、公安委
　員会に、内閣府令で定める事項を記載した届出書を内閣府令で定める添付書類
　とともに提出しなければならない。

第十条　許可証の交付を受けた者は、次の各号のいずれかに該当することとなつ

たときは、遅滞なく、許可証（第三号の場合にあつては、発見し、又は回復した許可証）を公安委員会に返納しなければならない。

一　特定遊興飲食店営業を廃止したとき（当該特定遊興飲食店営業につき第三十一条の二十三において準用する第七条の三第一項の承認を受けたときを除く。）。

二　許可が取り消されたとき。

三　許可証の再交付を受けた場合において、亡失した許可証を発見し、又は回復したとき。

2　第三十一条の二十三において準用する前項第一号の規定による許可証の返納があつたときは、許可は、その効力を失う。

3　許可証の交付を受けた者が次の各号に掲げる場合のいずれかに該当することとなつたときは、当該各号に掲げる者は、遅滞なく、許可証を公安委員会に返納しなければならない。

一　死亡した場合（相続人が第三十一条の二十三において準用する第七条第一項の承認の申請をしなかつた場合に限る。）　同居の親族又は法定代理人

二　法人が合併以外の事由により解散した場合　清算人又は破産管財人

三　法人が合併により消滅した場合（その消滅までに、合併後存続し、又は合併により設立される法人につき第三十一条の二十三において準用する第七条の二第一項の承認がされなかつた場合に限る。）　合併後存続し、又は合併により設立された法人の代表者

第十条の二　公安委員会は、次の各号のいずれにも該当する特定遊興飲食店営業者を、その申請により、第三十一条の二十三において準用する第六条及び第九条第一項の規定の適用につき特例を設けるべき特定遊興飲食店営業者として認定することができる。

一　当該特定遊興飲食店営業の許可（第三十一条の二十三において準用する第七条第一項、第七条の二第一項又は第七条の三第一項の承認を受けて営んでいる特定遊興飲食店営業にあつては、当該承認）を受けてから十年以上経過していること。

二　過去十年以内にこの法律に基づく処分（指示を含む。以下同じ。）を受けたことがなく、かつ、受けるべき事由が現にないこと。

三　第三十一条の二十三において準用する前二号に掲げるもののほか、当該特定遊興飲食店営業に関し法令及びこの法律に基づく条例の遵守の状況が優良な者として国家公安委員会規則で定める基準に適合する者であること。

2 第三十一条の二十三において準用する前項の認定を受けようとする者は、公
安委員会に、次の事項を記載した認定申請書を提出しなければならない。この
場合において、当該認定申請書には、内閣府令で定める書類を添付しなければ
ならない。
一 氏名又は名称及び住所並びに法人にあつては、その代表者の氏名
二 営業所の名称及び所在地
三 営業所の構造及び設備の概要
3 公安委員会は、第三十一条の二十三において準用する第一項の認定をしたと
きは、国家公安委員会規則で定めるところにより、認定証を交付しなければな
らない。
4 公安委員会は、第三十一条の二十三において準用する第一項の認定をしない
ときは、国家公安委員会規則で定めるところにより、申請者にその旨を通知し
なければならない。
5 認定証の交付を受けた者は、当該認定証を亡失し、又は当該認定証が滅失し
たときは、速やかにその旨を公安委員会に届け出て、認定証の再交付を受けな
ければならない。
6 公安委員会は、第三十一条の二十三において準用する第一項の認定を受けた
者につき次の各号のいずれかに該当する事由があつたときは、当該認定を取り
消さなければならない。
一 偽りその他不正の手段により当該認定を受けたことが判明したこと。
二 当該特定遊興飲食店営業の許可が取り消されたこと。
三 この法律に基づく処分を受けたこと。
四 第三十一条の二十三において準用する第一項第三号に該当しなくなつたこ
と。
7 認定証の交付を受けた者は、次の各号のいずれかに該当することとなつたと
きは、遅滞なく、認定証（第三号の場合にあつては、発見し、又は回復した認
定証）を公安委員会に返納しなければならない。
一 当該特定遊興飲食店営業を廃止したとき。
二 認定が取り消されたとき。
三 認定証の再交付を受けた場合において、亡失した認定証を発見し、又は回
復したとき。
8 第三十一条の二十三において準用する前項第一号の規定による認定証の返納
があつたときは、認定は、その効力を失う。

9 認定証の交付を受けた者が次の各号に掲げる場合のいずれかに該当することとなつたときは、当該各号に掲げる者は、遅滞なく、認定証を公安委員会に返納しなければならない。

一 死亡した場合 同居の親族又は法定代理人

二 法人が合併以外の事由により解散した場合 清算人又は破産管財人

三 法人が合併により消滅した場合 合併後存続し、又は合併により設立された法人の代表者

第十一条 第三十一条の二十二の許可を受けた者は、自己の名義をもつて、他人に特定遊興飲食店営業を営ませてはならない。

第十二条 特定遊興飲食店営業者は、営業所の構造及び設備を、第三十一条の二十三において準用する第四条第二項第一号の技術上の基準に適合するように維持しなければならない。

第十三条

2 都道府県は、善良の風俗若しくは清浄な風俗環境を害する行為又は少年の健全な育成に障害を及ぼす行為を防止するため必要があるときは、政令で定める基準に従い条例で定めるところにより、地域を定めて、特定遊興飲食店営業の営業時間を制限することができる。

3 特定遊興飲食店営業者は、深夜においてその営業を営むときは、国家公安委員会規則で定めるところにより、客が大声若しくは騒音を発し、又は酒に酔つて粗野若しくは乱暴な言動をすることその他営業所の周辺において他人に迷惑を及ぼすことがないようにするために必要な措置を講じなければならない。

4 特定遊興飲食店営業者は、深夜においてその営業を営むときは、国家公安委員会規則で定めるところにより、営業所ごとに、苦情の処理に関する帳簿を備え付け、必要な事項を記載するとともに、苦情の適切な処理に努めなければならない。

第十四条 特定遊興飲食店営業者は、国家公安委員会規則で定めるところにより計つた営業所内の照度を、国家公安委員会規則で定める数値以下としてその深夜における営業を営んではならない。

第十五条 特定遊興飲食店営業者は、営業所周辺において、政令で定めるところにより、都道府県の条例で定める数値以上の騒音又は振動（人声その他その深夜における営業活動に伴う騒音又は振動に限る。）が生じないように、その深夜における営業を営まなければならない。

第十八条 特定遊興飲食店営業者は、国家公安委員会規則で定めるところによ

り、午後十時以後翌日の午前零時前の時間においては保護者が同伴しない十八歳未満の者が、深夜においては十八歳未満の者が、その営業所に立ち入つてはならない旨を営業所の入口に表示しなければならない。

第十八条の二　特定遊興飲食店営業者は、その営業に関し、次に掲げる行為をしてはならない。

　一　営業所で客に接する業務に従事する者（以下「接客従業者」という。）に対し、接客従業者でなくなつた場合には直ちに残存する債務を完済することを条件として、その支払能力に照らし不相当に高額の債務（利息制限法（昭和二十九年法律第百号）その他の法令の規定によりその全部又は一部が無効とされるものを含む。以下同じ。）を負担させること。

　二　その支払能力に照らし不相当に高額の債務を負担させた接客従業者の旅券等（出入国管理及び難民認定法第二条第五号の旅券、道路交通法（昭和三十五年法律第百五号）第九十二条第一項の運転免許証その他求人者が求職者の本人確認のため通常提示を求める書類として政令で定めるものをいう。以下同じ。）を保管し、又は第三者に保管させること。

2　特定遊興飲食店営業者は、接客業務受託営業を営む者が当該接客業務受託営業に関し第三十五条の三の規定に違反する行為又は売春防止法第九条、第十条若しくは第十二条の罪に当たる違法な行為をしている疑いがあると認められるときは、当該接客業務受託営業を営む者の使用人その他の従業者で当該違反行為の相手方となつているものが営業所で客に接する業務に従事することを防止するため必要な措置をとらなければならない。

第二十一条　第三十一条の二十三において準用する第十二条、第十三条（第一項を除く。）、第十四条、第十五条、第十八条及び第十八条の二に定めるもののほか、都道府県は、条例により、特定遊興飲食店営業者の行為について、善良の風俗若しくは清浄な風俗環境を害し、又は少年の健全な育成に障害を及ぼす行為を防止するため必要な制限を定めることができる。

第二十二条　特定遊興飲食店営業を営む者は、次に掲げる行為をしてはならない。

　一　当該営業（深夜における営業に限る。）に関し客引きをすること。

　二　当該営業（深夜における営業に限る。）に関し客引きをするため、道路その他公共の場所で、人の身辺に立ちふさがり、又はつきまとうこと。

　四　営業所で午後十時から翌日の午前六時までの時間において十八歳未満の者を客に接する業務に従事させること。

五　午後十時から翌日の午前六時までの時間において十八歳未満の者を営業所に客として立ち入らせること（午後十時以後翌日の午前零時前の時間において保護者が同伴する十八歳未満の者を客として立ち入らせる場合を除く。）。

六　営業所で二十歳未満の者に酒類又はたばこを提供すること。

第二十四条　特定遊興飲食店営業者は、営業所ごとに、当該営業所における業務の実施を統括管理する者のうちから、第三十一条の二十三において準用する第三項に規定する業務を行う者として、管理者一人を選任しなければならない。ただし、管理者として選任した者が欠けるに至つたときは、その日から十四日間は、管理者を選任しておかなくてもよい。

2　次の各号のいずれかに該当する者は、管理者となることができない。

一　未成年者

二　第三十一条の二十三において準用する第四条第一項第一号から第七号の二までのいずれかに該当する者

3　管理者は、当該営業所における業務の実施に関し、特定遊興飲食店営業者又はその代理人、使用人その他の従業者（以下「代理人等」という。）に対し、これらの者が法令の規定を遵守してその業務を実施するため必要な助言又は指導を行い、その他当該営業所における業務の適正な実施を確保するため必要な業務で国家公安委員会規則で定めるものを行うものとする。

4　特定遊興飲食店営業者又はその代理人は、管理者が第三十一条の二十三において準用する前項に規定する業務として行う助言を尊重しなければならず、特定遊興飲食店営業者の使用人その他の従業者は、管理者がその業務として行う指導に従わなければならない。

5　公安委員会は、管理者が第三十一条の二十三において準用する第二項第二号に該当すると認めたとき、又はその者がその職務に関し法令若しくはこの法律に基づく条例の規定に違反した場合において、その情状により管理者として不適当であると認めたときは、特定遊興飲食店営業者に対し、当該管理者の解任を勧告することができる。

6　公安委員会は、第三十一条の二十三において準用する第三項に規定する管理者の業務を適正に実施させるため必要があると認めるときは、国家公安委員会規則で定めるところにより、管理者に対する講習を行うことができる。

7　特定遊興飲食店営業者は、公安委員会からその選任に係る管理者について第三十一条の二十三において準用する前項の講習を行う旨の通知を受けたときは、当該管理者に講習を受けさせなければならない。

236 第4章 性風俗関連特殊営業等の規制

参照：令第22条～第25条、内閣府令第17条～第21条、施行規則第75条～第77条・第
　　　78条第1項・第79条～第98条

【趣旨】

　本条は、特定遊興飲食店営業に係る規制の内容について規定するものである。

　特定遊興飲食店営業は、風俗営業とは性質が異なるが、特定遊興飲食店営業に伴い生じ得る風俗上の問題は、風俗営業（特に接待飲食等営業）に伴い生じ得るそれと類似する。このため、風俗上の問題を防止するための規制の内容も基本的に類似することとなり、風俗営業の許可等（法第2章）及び遵守事項等（法第3章）に係る規定の多くが、本条において特定遊興飲食店営業について準用することとされている。[*1]

【沿革】

　本条は、平成27年の法改正により特定遊興飲食店営業に係る規制が導入された際に新設されたものである。

【解釈・運用】

　本条において準用する各規定の解釈・運用については、原則として、準用される風俗営業のそれぞれの規定の解説を参照されたい。

　以下では、特定遊興飲食店営業に係る規制のうち、風俗営業に係る規制とは異なる箇所について記載する。

1　本条において準用する第4条（第4項を除く。）（許可の基準）

（1）本条において準用する第4条第2項第1号の「国家公安委員会規則で定める技術上の基準」は、施行規則第75条において次のように定められている。

　　① 客室の床面積は、一室の床面積を33平方メートル以上とすること。

　　② 客室の内部に見通しを妨げる設備を設けないこと。

　　③ 善良の風俗若しくは清浄な風俗環境を害し、又は少年の健全な育成に障害を及ぼすおそれのある写真、広告物、装飾その他の設備を設けないこと。

　　④ 客室の出入口に施錠の設備を設けないこと。ただし、営業所外に直接通じる客室の出入口については、この限りではない。

　　⑤ 営業所内の照度が10ルクス以下とならないように維持されるため必要な構造又は設備を有すること。[*2]

────────────

*1　学論集 H27(1)82頁

⑥　騒音又は振動の数値が条例で定める数値に満たないように維持されるため必要な構造又は設備を有すること。

　このうち、①の床面積の基準については、特定遊興飲食店営業では客の接待が認められないことを踏まえ、特定の客のみを対象とするサービスの提供という状態を回避することが可能な広さであるといえる33平方メートルとされたものである。[*3][*4]

　なお、特定遊興飲食店営業については、風俗営業とは異なり、「客室の内部が当該営業所の外部から容易に見通すことができないものであること」との基準は設けられていない。これは、特定遊興飲食店営業は、客の接待をせず、33平方メートル以上の比較的広い客室において、客席を10ルクスを超える状態にして営まれるものであり、男女間の歓楽的・享楽的な雰囲気が醸成される蓋然性は風俗営業と同程度に高いというわけではないと考えられたからである。[*5]

(2)　本条において準用する第4条第2項第2号の「政令で定める基準」は令第22条において定められている。すなわち、営業所設置許容地域の指定は、次の積極要件及び消極要件の双方を満たす地域内の地域について行うこととされている。

　ア　積極要件

　　風俗営業等密集地域又は深夜居住者僅少地域（深夜において1平方キロ

＊2　本基準については、本条の規定による準用後の第14条の解説（104頁）を参照されたい。
＊3　学論集H27⑶84頁
＊4　法第2条第1項第1号の風俗営業（キャバレー等）については、床面積を16.5平方メートル以上とすることとされているが、仮に約4メートル四方の客室で客に遊興をさせた場合、必然的にその客のみを対象とするサービスを提供していることとなり、接待に該当することとなる。接待に当たらないようにするためには、遊興をさせる相手が特定の客だけではない状態にする必要があるが、16.5平方メートルの2倍の33平方メートルの客室であれば、一般的には少なくとも2グループの客が入ることができると考えられる（学論集H27⑶84頁参照）。
＊5　学論集H27⑶84頁
＊6　風俗営業等密集地域において特定遊興飲食店営業を認めることとされたのは、客に娯楽と憩いを提供する営業所が密集している歓楽街においては、①深夜も飲酒と遊興をさせる営業に対する需要が高いこと、②一般的に歓楽街では既に深夜酒類提供飲食店営業等が数多く営まれており、新たに特定遊興飲食店営業を営むことを認めたとしても、その地域の風俗環境に与える影響は比較的小さいと考えられること、③地域住民からも一定の理解が得られることが期待されることを踏まえたものである。
　　また、深夜居住者僅少地域において特定遊興飲食店営業を認めることとされたのは、そうした地域においては、①特定遊興飲食店営業によって風俗環境に変化が生じたとしても、その影響を受ける者がその他の地域よりも少ないと考えられること、②特定遊興飲食店営業を含む娯楽施設を開発する需要も高いと考えられること等を踏まえたものである（学論集H27⑶87頁参照）。

メートルにつきおおむね100人以下の割合で人が居住する地域）のいずれか
に該当する地域であること。[*6]

イ　消極要件

　　住居集合地域（住居が多数集合しており、住居以外の用途に供される土地
が少ない地域）、住居相当数集合地域（住居集合地域以外の地域のうち、住
居の用に併せて商業又は工業の用に供されている地域で、住居が相当数集合
しているため、深夜におけるその地域の風俗環境の保全につき特に配慮を必
要とするもの）及びこれらに隣接する地域（住居隣接地域）ではないこと。[*7]

(3)　本条において準用する第4条第2項第2号の「国家公安委員会規則で定める
基準」は、施行規則第76条において定められている。

　　営業所が、ホテル等内適合営業所（旅館・ホテル営業に係る施設内に所在
し、かつ、当該基準に適合するもの）であるときは、営業所設置許容地域内に
ない場合であっても特定遊興飲食店営業の許可をすることができることとされ
ている。これは、例えば客の出入りの管理が適切に行われているホテルの中で
特定遊興飲食店営業が営まれた場合には、店内の喧噪や歓楽的雰囲気が直ちに
ホテルの周辺地域に影響を及ぼすわけではなく、店から出た酔客が蝟集して迷
惑行為を行うおそれも小さいと考えられたためである。[*8]

2　本条において準用する第13条（第1項を除く。）（営業時間の制限等）

　　本条において準用する第13条第2項の「政令で定める基準」は、令第24条にお
いて次の2つの基準が定められている。[*9]

ア　深夜において営業を営んではならない時間として午前5時から午前6時まで
の時間内の時間を指定し、又は深夜から引き続き営業を営んではならない時間
として午前6時後午前10時までの時間内の時間を指定して行うこと。[*10]

イ　居住、勤務その他日常生活又は社会生活の平穏が害されることを防止するた
め早朝における風俗環境の保全につき特に配慮を必要とする地域内の地域につ
いて行うこと。

＊7　ただし、風俗営業等密集地域の中に存在する幹線道路沿いの地域については、幹線道の側端
からおおむね50メートルを限度として住居隣接地域には含めないこととされている。これは、
①幹線道路に面する地域は、それが大規模な歓楽街の中にある場合には、その歓楽街の中でも
特に人通りが集中して賑わっていることが通常であり、そうした地域では深夜も飲酒と遊興を
させる営業への需要が特に高いと考えられること、②歓楽街の中でも特に人通りが集中して賑
わっている地域で特定遊興飲食店営業を営ませることについては、一定の理解が得られること
が期待されること等によるものである（学論集H27(3)89頁）。

＊8　学論集H27(1)84頁

＊9　学論集H27(3)94頁

3　本条において準用する第14条（照度の規制）

　　特定遊興飲食店営業の営業所の照度については、その技術上の基準として「営業所内の照度が10ルクス以下とならないように維持されるため必要な構造又は設備を有すること」（施行規則第75条第5号）とされているほか、営業者の遵守事項として、営業所内の照度を10ルクス以下としてその深夜における営業を営んではならない（第31条の23の規定による準用後の第14条及び施行規則第96条）こととされている。[*11]

4　本条において準用する第21条（条例への委任）

　　本条において準用する第21条に基づき、都道府県は、法に規定された遵守事項のほか、特に考慮するべき地域の実情がある場合に、それに応じた必要な規制を行うため、条例により特定遊興飲食店営業の遵守事項を追加することができることとされている。

　　これにより、例えば、午後10時前の時間帯に特定遊興飲食店営業の営業所が年少者のたまり場になっているような状況が生じており、又はそのおそれが大きい場合に、その時間帯における年少者の客としての立ち入らせについて、保護者の同伴を求めなければならないこととすること等の遵守事項を条例で定めることが可能である。[*12]

---

*10　特定遊興飲食店営業が人々の早朝における日常生活や社会生活に悪影響を及ぼすのは、一般に、その営業が深夜に営まれて歓楽的・享楽的雰囲気が過度なものになっている場合又はその過度な歓楽的・享楽的雰囲気が午前6時後もそのまま受け継がれている場合である。これに対し、午前6時後午前10時までのいずれかの時刻に営業が始まる特定遊興飲食店営業であれば、その営業開始時刻から午前10時までの時間帯のみに着目すると、一般的には、通常の飲食店営業において客に遊興と飲酒をさせる場合と特段の差異はなく、早朝における日常生活や社会生活に直ちに悪影響を与えるとまでは言えないと考えられる。こうしたことを踏まえ、午前5時から午前6時までの営業及びそれに引き続いて営まれる営業の双方による悪影響から日常生活や社会生活を保護する必要がある場合には「午前5時から午前6時までの時間内の時間」を指定し、午前5時から午前6時までの営業自体は制限する必要はないものの、午前6時後のある時点以降の営業による悪影響から日常生活や社会生活を保護する必要がある場合には「午前6時後午前10時までの時間内の時間」を指定することとしたものである（学論集H27(3)95頁）。

*11　施行規則第95条により、照度の測定場所は客室に限定されている。そのため、深夜においては、客に飲食をさせるための客席の照度は、常態として10ルクスを超えていなければならないこととなるが、例外として、ステージにおけるショーを客に見せる客室のように、客席のみにおいて客に遊興をさせるための客室については、深夜における個々の営業時間につき半分未満の時間に限って、客席のいずれかの場所の照度を10ルクス以下とする場合は、本条の規定による準用後の第14条違反には当たらないと解されている（解釈運用基準第27-3、学論集H27(3)103頁参照）。

*12　学論集H27(1)92頁

240 第4章 性風俗関連特殊営業等の規制

5 本条において準用する第22条第1項（第3号を除く。）（禁止行為）

(1) 本条において準用する第22条第1項第1号及び第2号は、風俗営業に係る客引き等の規制とは異なり、深夜における営業に関する行為のみを禁止している。[*13]

(2) 本条において準用する第22条第1項第5号は、風俗営業に係る18歳未満の年少者の立ち入らせ規制とは異なり、午後10時から翌日の午前6時までの時間における立ち入らせを禁止する一方で、午後10時から翌日の午前0時前までの時間においては、保護者が同伴していれば立ち入らせることができることとしている。[*14]

(3) 法第22条第1項第3号の規定（営業所で、18歳未満の者に客の接待をさせることの禁止）は、特定遊興飲食店営業を営む者については準用されていない。これは、仮に特定遊興飲食店営業を営む者が同号の禁止行為を行えば、法第2条第1項第1号の営業（キャバレー等）に該当し、風俗営業の無許可営業となるためである。[*15]

【罰則】

偽りその他不正の手段により本条において準用する法第7条第1項、法第7条の2第1項又は法第7条の3第1項の承認を受けた者は、法第49条第2号により処罰される（罰則：2年以下の懲役若しくは200万円以下の罰金又はこれらの併科）。

本条において準用する法第11条の規定に違反した者は、法第49条第3号により処罰される（罰則：2年以下の懲役若しくは200万円以下の罰金又はこれらの併科）。

本条において準用する法第9条第1項の規定に違反して本条の承認を受けないで営業所の構造又は設備（第4条第4項に規定する遊技機を含む。）の変更をした者は、法第50条第1項第1号により処罰される（罰則：1年以下の懲役若しくは100

---

*13 深夜という限定を設けたのは、一般の飲食店営業については、深夜における営業に関する客引き等のみが禁止され、深夜以外の時間帯に客に遊興と飲酒をさせていたとしても客引き等は禁止されていないこと（法第32条第3項の規定による準用後の第22条第1項第1号及び第2号）との均衡に配意したためである（学論集H27(1)93頁）。

*14 特定遊興飲食店営業の営業所は、いわば大人の遊び場であり、そこで生じる過度な歓楽的・享楽的雰囲気の影響により、少年の健全な育成が阻害されるおそれがあるため、歓楽的・享楽的雰囲気が過度なものとなりやすい深夜における立ち入らせが全面的に禁止され、また、営業所が年少者の夜間のたまり場となって、そこで非行集団が形成されることを防止するため、一般の飲食店営業に対する規制との均衡にも配意し、午後10時から翌日の午前0時までの時間においては、保護者が同伴していない限り、立ち入らせを禁止することとされているものである（学論集H27(1)94頁）。

*15 学論集H27(1)94頁

万円以下の罰金又はこれらの併科）。

　偽りその他不正の手段により本条において準用する法第９条第１項の承認を受けた者は、法第50条第１項第２号により処罰される（罰則：１年以下の懲役若しくは100万円以下の罰金又はこれらの併科）。

　偽りその他不正の手段により本条において準用する法第10条の２第１項の認定を受けた者は、法第50条第１項第３号により処罰される（罰則：１年以下の懲役若しくは100万円以下の罰金又はこれらの併科）。

　本条において準用する法第22条第１項第４号から第６号までの規定に違反した者は、法第50条第１項第４号により処罰される（罰則：１年以下の懲役若しくは100万円以下の罰金又はこれらの併科）。

　本条において準用する法第22条第１項第１号又は第２号の規定に違反した者は、法第52条第１号により処罰される（罰則：６月以下の懲役若しくは100万円以下の罰金又はこれらの併科）。

　本条において準用する法第５条第１項の許可申請書又は添付書類であって虚偽の記載のあるものを提出した者は、法第54条第１号により処罰される（罰則：50万円以下の罰金）。

　本条において準用する法第９条第５項後段の規定に違反して、届出書を提出せず、又は同項後段の届出書若しくは添付書類であって虚偽の記載のあるものを提出した者は、法第54条第２号により処罰される（罰則：50万円以下の罰金）。

　本条において準用する法第10条の２第２項の認定申請書又は添付書類であって虚偽の記載のあるものを提出した者は、法第54条第３号により処罰される（罰則：50万円以下の罰金）。

　本条において準用する法第24条第１項の規定に違反した者は、法第54条第５号により処罰される（罰則：50万円以下の罰金）。

　本条において準用する法第６条の規定に違反した者は、法第55条第１号により処罰される（罰則：30万円以下の罰金）。

　本条において準用する法第７条第５項（本条において準用する法第７条の２第３項及び法第７条の３第３項において準用する場合を含む。）の規定に違反した者は、法第55条第２号により処罰される（罰則：30万円以下の罰金）。

　本条において準用する法第９条第３項の規定に違反して届出書を提出せず、又は本条において準用する法第９条第３項の届出書若しくはこの届出書に係る本条において準用する法第９条第３項の添付書類であって虚偽の記載のあるものを提出した者は、法第55条第３号により処罰される（罰則：30万円以下の罰金）。

　本条において準用する法第10条第１項の規定に違反した者は、法第55条第４号に

242　第4章　性風俗関連特殊営業等の規制

より処罰される（罰則：30万円以下の罰金）。

　本条において準用する法第10条の2第7項の規定に違反した者は、法第55条第5号により処罰される（罰則：30万円以下の罰金）。

　本条において準用する法第7条第6項の規定に違反した者は、法第57条第1号により処罰される（罰則：10万円以下の過料）。

　本条において準用する法第10条第3項の規定に違反した者は、法第57条第2号により処罰される（罰則：10万円以下の過料）。

　本条において準用する法第10条の2第9項の規定に違反した者は、法第57条第3号により処罰される（罰則：10万円以下の過料）。

　（指示）
第三十一条の二十四　公安委員会は、特定遊興飲食店営業者又はその代理人等が、当該営業に関し、法令又はこの法律に基づく条例の規定に違反した場合において、善良の風俗若しくは清浄な風俗環境を害し、又は少年の健全な育成に障害を及ぼすおそれがあると認めるときは、当該特定遊興飲食店営業者に対し、善良の風俗若しくは清浄な風俗環境を害する行為又は少年の健全な育成に障害を及ぼす行為を防止するため必要な指示をすることができる。

【趣旨】

　本条は、特定遊興飲食店営業者等に対する指示について規定するものである。

【沿革】

　本条は、平成27年の法改正により特定遊興飲食店営業に係る規制が導入された際に新設されたものである。

【解釈・運用】

　本条については、第25条の解説（134頁）を参照されたい。

　（営業の停止等）
第三十一条の二十五　公安委員会は、特定遊興飲食店営業者若しくはその代理人等が当該営業に関し法令若しくはこの法律に基づく条例の規定に違反した場合において著しく善良の風俗若しくは清浄な風俗環境を害し若しくは少年の健全

な育成に障害を及ぼすおそれがあると認めるとき、又は特定遊興飲食店営業者がこの法律に基づく処分若しくは第三十一条の二十三において準用する第三条第二項の規定に基づき付された条件に違反したときは、当該特定遊興飲食店営業者に対し、当該特定遊興飲食店営業の許可を取り消し、又は六月を超えない範囲内で期間を定めて当該特定遊興飲食店営業の全部若しくは一部の停止を命ずることができる。

2　公安委員会は、前項の規定により特定遊興飲食店営業の許可を取り消し、又は特定遊興飲食店営業の停止を命ずるときは、当該特定遊興飲食店営業を営む者に対し、当該施設を用いて営む飲食店営業について、六月（同項の規定により特定遊興飲食店営業の停止を命ずるときは、その停止の期間）を超えない範囲内で期間を定めて営業の全部又は一部の停止を命ずることができる。

【趣旨】

　本条は、特定遊興飲食店営業者等に対する営業の停止、許可の取消し等について規定するものである。

【沿革】

　本条は、平成27年の法改正により特定遊興飲食店営業に係る規制が導入された際に新設されたものである。

【解釈・運用】

　本条については、第26条の解説（137頁）を参照されたい。

【罰則】

　本条の規定による公安委員会の処分に違反した者は、法第49条第4号により処罰される（罰則：2年以下の懲役若しくは200万円以下の罰金又はこれらの併科）。

244　第4章　性風俗関連特殊営業等の規制

第2款　深夜における飲食店営業の規制等

（深夜における飲食店営業の規制等）

第三十二条　深夜において飲食店営業を営む者は、営業所の構造及び設備を、国家公安委員会規則で定める技術上の基準に適合するように維持しなければならない。

2　第十四条及び第十五条の規定は、深夜において飲食店営業を営む者について準用する。この場合において、これらの規定中「その営業」とあるのは、「その深夜における営業」と読み替えるものとする。

3　第二十二条第一項（第三号を除く。）の規定は、飲食店営業を営む者について準用する。この場合において、同項第一号及び第二号中「当該営業」とあるのは「当該営業（深夜における営業に限る。）」と、同項第四号中「業務」とあるのは「業務（少年の健全な育成に及ぼす影響が少ないものとして国家公安委員会規則で定める営業に係るものを除く。）」と、同項第五号中「十八歳未満」とあるのは「午後十時から翌日の午前六時までの時間において十八歳未満」と、「を営業所」とあるのは「を営業所（少年の健全な育成に及ぼす影響が少ないものとして国家公安委員会規則で定める営業に係るものを除く。）」と、「第二条第一項第五号の営業に係る営業所にあつては、午後十時から翌日の午前六時までの時間において客として立ち入らせること」とあるのは「保護者が同伴する十八歳未満の者を客として立ち入らせる場合を除く」と読み替えるものとする。

〈第三十二条第二項において準用する第十四条及び第十五条〉

第十四条　深夜において飲食店営業を営む者は、国家公安委員会規則で定めるところにより計つた営業所内の照度を、国家公安委員会規則で定める数値以下としてその深夜における営業を営んではならない。

第十五条　深夜において飲食店営業を営む者は、営業所周辺において、政令で定めるところにより、都道府県の条例で定める数値以上の騒音又は振動（人声その他その深夜における営業活動に伴う騒音又は振動に限る。）が生じないように、その深夜における営業を営まなければならない。

〈第三十二条第三項において準用する第二十二条第一項（第三号を除く。）〉

第32条　深夜における飲食店営業の規制等　　245

> 第二十二条　飲食店営業を営む者は、次に掲げる行為をしてはならない。
> 　一　当該営業（深夜における営業に限る。）に関し客引きをすること。
> 　二　当該営業（深夜における営業に限る。）に関し客引きをするため、道路その他公共の場所で、人の身辺に立ちふさがり、又はつきまとうこと。
> 　四　営業所で午後十時から翌日の午前六時までの時間において十八歳未満の者を客に接する業務（少年の健全な育成に及ぼす影響が少ないものとして国家公安委員会規則で定める営業に係るものを除く。）に従事させること。
> 　五　午後十時から翌日の午前六時までの時間において十八歳未満の者を営業所（少年の健全な育成に及ぼす影響が少ないものとして国家公安委員会規則で定める営業に係るものを除く。）に客として立ち入らせること（保護者が同伴する十八歳未満の者を客として立ち入らせる場合を除く。）。
> 　六　営業所で二十歳未満の者に酒類又はたばこを提供すること。

参照：令第26条、施行規則第99条～第102条

【趣旨】

　本条は、深夜における飲食店営業の規制等について規定するものである。

　第1項は、深夜において飲食店営業を営む者は、営業所の構造及び設備を、国家公安委員会規則で定める技術上の基準に適合するように維持しなければならない旨を定めた規定である。

　第2項は、風俗営業の遵守事項を定める法第14条（照度の規制）及び第15条（騒音及び振動の規制）の規定を深夜において飲食店営業を営む者について準用する規定である。

　第3項は、風俗営業を営む者の禁止行為を定める第22条第1項（第3号を除く。）の規定を飲食店営業を営む者に準用する規定である。

【沿革】

　深夜における飲食店営業の規制は、昭和34年の法改正により新たに設けられた。これは、当時いわゆる深夜喫茶等の営業が深夜にわたって営まれ、青少年の非行・不純異性交遊の温床となるなど善良の風俗を害する行為を誘発していたところ、この種営業は風俗営業のいずれの種別にも属さないが、客に享楽的雰囲気を提供する点においては一般の飲食店営業と同一に論ずることは適当でないと考えられたこと等を踏まえたものである。[1][2][3]

　その後、昭和59年の法改正では、国民の生活様式の多様化及び国民の生活時間帯

の変化に鑑み、それ以前は条例により定められていた場所的・時間的な規制につい
て、地域を限ってその営業を禁止するほかは廃止された[*4*5]。また、飲食店営業につい
ては、その禁止行為に関する規定を設けるとともに、少年の健全な育成に及ぼす影
響が少ない営業所に限り、午後10時から翌日の日出時[*6]までの時間における年少者の
従業及び立入りを認めることとされた[*7]。

　さらに、近年、ナイトクラブ等営業については、深夜営業に対する一定程度の需
要が生じており、平成26年6月には内閣府の規制改革会議から営業時間の規制の緩
和を求める答申が出されるなどしたところであり、また、深夜における娯楽の充実
を求める国民の声がある中で、ダンスに限らずバンドの生演奏、ショー等について
も、時間帯にかかわらず飲食をしながら楽しみたいとの需要があるものと考えられ
たことから、深夜において客に遊興させないことを第1項の遵守事項から除外する
とともに、深夜にわたって客に遊興をさせ、かつ、客に酒類の提供を伴う飲食をさ
せる営業を特定遊興飲食店営業として許可制の下で認めることとされた[*8]。

【解釈・運用】

1　飲食店営業の意義については、第2条第13項の解説（54頁）を参照されたい。
2　第1項の「技術上の基準」は、施行規則第99条において定められている。この
　ように、構造及び設備の基準を設けているのは、風俗営業の場合と同様に、客室
　の内部に見通しを妨げる設備を設けるなどにより、善良の風俗若しくは清浄な風
　俗環境を害し、又は少年の健全な育成に障害を及ぼす行為が行われることを防止

---

*1　学論集S41(1)7頁、蔭山注解(2)349頁参照
*2　このほか昭和34年の法改正では、低照度飲食店営業及び区画席飲食店営業が追加されるとと
　　もに、風俗営業が7つの種別に整理された（第2条の解説（22頁）参照）。
*3　昭和34年の法改正では、都道府県は、条例により「深夜……における業態について、善良の
　　風俗を害する行為を防止するために必要な制限を定めることができる」とされていたが、その
　　後、昭和39年の法改正により、「深夜……における営業に関し、営業の場所、営業時間、営業
　　を営む者の行為及び営業所の構造設備について、善良の風俗を害する行為を防止するために必
　　要な制限を定めることができる」と改められた。
*4　深夜における酒類飲食店営業については、その実態把握のため届出制をとることとされた
　　（旧逐条解説161頁）。第33条の解説（250頁）も参照されたい。
*5　このほか、昭和59年の法改正では、深夜の範囲が「午後11時から翌日の日出時まで」から
　　「午前0時から翌日の日出時まで」に短縮された（第13条の解説（102頁）も参照されたい。）。
*6　平成27年の法改正により、午前6時に改められた。
*7　S59改正逐条161頁
*8　学論集H27(1)77頁参照。特定遊興飲食店営業については、序説（8頁）、第2条第11項及び
　　第31条の22の解説（49頁・219頁）も参照されたい。

するためである。^{＊9}

3　第２項において準用する第14条中「国家公安委員会規則で定めるところにより計つた営業所内の照度」は施行規則第100条において、「国家公安委員会規則で定める数値」は施行規則第101条において定められている。また、第２項の規定による準用後の第15条に基づく騒音及び振動の規制に関する条例の基準等は、令第26条において定められている。

　　第２項において法第14条及び第15条の規定を準用することとしているのは、一定のレベル以下で飲食店営業が営まれた場合には、善良の風俗を害する行為等が行われやすいこと、飲食店営業に関して一定レベル以上の騒音及び振動が発生した場合には、周辺における清浄な風俗環境を害するおそれがあることによるものである。^{＊10}

4　第３項において準用する法第22条第１項第４号及び第５号の規定により、飲食店営業を営む者が、当該営業所で午後10時から翌日の午前６時までの時間において、18歳未満の者を客に接する業務に従事させ、又は客として立ち入らせることは禁止される。ただし、施行規則第102条に規定する営業には、この規定の適用はない。^{＊11}これは、こうした営業については、少年の健全な育成に及ぼす影響が少ないと考えられたためである。^{＊12}

　　施行規則第102条第１号に掲げる営業は、法第２条第13項第４号に規定する「営業の常態として、通常主食と認められる食事を提供して営むもの」と同一である。^{＊13}

　　施行規則第102条第２号中「コーヒー、ケーキその他の茶菓類」とは、コーヒー、紅茶、ジュース等の飲物やケーキ、パフェ、アイスクリーム、おしるこ等の菓子類をいい、それ以外の飲食物とは、通常食事の際食べる主食以外の飲食物であり、例えば、フライドチキン、サラダ、たこ焼き等がこれに当たる。ただし、このような飲食物を提供する飲食店営業であっても、午後10時以後酒類を提供する場合（自動販売機による販売を含む。）は、同号に規定する飲食店営業から除かれることに注意する必要がある。^{＊14}

　　また、保護者が同伴する18歳未満の者を客として立ち入らせる場合を規制の対

＊9　蔭山注解(2)353頁参照
＊10　蔭山注解(2)356頁参照
＊11　解釈運用基準第28−3
＊12　蔭山注解(2)360頁、362頁参照
＊13　解釈運用基準第28−3。法第２条第13項の解説（54頁）も参照されたい。
＊14　解釈運用基準第28−3

248 第4章 性風俗関連特殊営業等の規制

象から除いているのは、保護者が同伴している場合には、少年の健全な育成に障害を及ぼす影響が少ないと考えられたためである。[*15]

【罰則】

第3項において準用する法第22条第1項第1号又は第2号の規定に違反した者は、法第52条第1号により処罰される（罰則：6月以下の懲役若しくは100万円以下の罰金又はこれらの併科）。

第3項において準用する法第22条第1項第4号から第6号までの規定に違反した者は、法第50条第1項第4号により処罰される（罰則：1年以下の懲役若しくは100万円以下の罰金又はこれらの併科）。

（深夜における酒類提供飲食店営業の届出等）

第三十三条 酒類提供飲食店営業を深夜において営もうとする者は、営業所ごとに、当該営業所の所在地を管轄する公安委員会に、次の事項を記載した届出書を提出しなければならない。

一 氏名又は名称及び住所並びに法人にあつては、その代表者の氏名

二 営業所の名称及び所在地

三 営業所の構造及び設備の概要

2 前項の届出書を提出した者は、当該営業を廃止したとき、又は同項各号（同項第二号に掲げる事項にあつては、営業所の名称に限る。）に掲げる事項に変更（内閣府令で定める軽微な変更を除く。）があつたときは、公安委員会に、廃止又は変更に係る事項その他の内閣府令で定める事項を記載した届出書を提出しなければならない。

3 前二項の届出書には、営業の方法を記載した書類その他の内閣府令で定める書類を添付しなければならない。

4 都道府県は、善良の風俗若しくは清浄な風俗環境を害する行為又は少年の健全な育成に障害を及ぼす行為を防止するため必要があるときは、政令で定める基準に従い条例で定めるところにより、地域を定めて、深夜において酒類提供飲食店営業を営むことを禁止することができる。

5 前項の規定に基づく条例の規定は、その規定の施行又は適用の際現に第一項

[*15] 蔭山注解(2)362頁参照

の届出書を提出して深夜において酒類提供飲食店営業を営んでいる者の当該営業については、適用しない。

6 　第十八条の二の規定は、酒類提供飲食店営業（午前六時から午後十時までの時間においてのみ営むものを除く。）を営む者について準用する。

〈第三十三条第六項において準用する第十八条の二〉

第十八条の二　酒類提供飲食店営業（午前六時から午後十時までの時間においてのみ営むものを除く。）を営む者は、その営業に関し、次に掲げる行為をしてはならない。

　一　営業所で客に接する業務に従事する者（以下「接客従業者」という。）に対し、接客従業者でなくなつた場合には直ちに残存する債務を完済することを条件として、その支払能力に照らし不相当に高額の債務（利息制限法（昭和二十九年法律第百号）その他の法令の規定によりその全部又は一部が無効とされるものを含む。以下同じ。）を負担させること。

　二　その支払能力に照らし不相当に高額の債務を負担させた接客従業者の旅券等（出入国管理及び難民認定法第二条第五号の旅券、道路交通法（昭和三十五年法律第百五号）第九十二条第一項の運転免許証その他求人者が求職者の本人確認のため通常提示を求める書類として政令で定めるものをいう。以下同じ。）を保管し、又は第三者に保管させること。

2 　酒類提供飲食店営業（午前六時から午後十時までの時間においてのみ営むものを除く。）を営む者は、接客業務受託営業を営む者が当該接客業務受託営業に関し第三十五条の三の規定に違反する行為又は売春防止法第九条、第十条若しくは第十二条の罪に当たる違法な行為をしている疑いがあると認められるときは、当該接客業務受託営業を営む者の使用人その他の従業者で当該違反行為の相手方となつているものが営業所で客に接する業務に従事することを防止するため必要な措置をとらなければならない。

参照：令第27条、内閣府令第22条〜第24条、施行規則第103条・第104条

【趣旨】

　本条は、深夜における酒類提供飲食店営業の届出等について規定するものである。

250　第4章　性風俗関連特殊営業等の規制

【沿革】

　本条は、昭和59年の法改正により新たに設けられたものである。それ以前は、各都道府県の条例で、喫茶店、酒場等について、営業地域及び営業時間の制限が規定されており、午前0時以降は原則として営業が禁止されていたが、昭和59年の法改正では、国民の生活様式の多様化、国民の生活時間帯の変化等最近の社会的実態を考慮して、施行条例で定める地域を除き深夜におけるこれらの営業を一般的に認めることとしたものである。これに伴い、法に違反した接待行為が行われやすく、また、酔客の騒ぎやすい深夜における酒類提供飲食店営業（営業の常態として、通常主食と認められる食事を提供して営むものを除く。）については、その実態を把握するため、営業所ごとの届出制を採ることとされた。[*1]

　その後、平成10年の法改正において、接客従業者に対する拘束的行為の規制に係る規定が新設され、酒類提供飲食店営業（日出時から午後10時までの時間においてのみ営むものを除く。）[*2]を営む者について準用することとされた。

【解釈・運用】

1　酒類提供飲食店営業の意義については、第2条第13項の解説（54頁）を参照されたい。

2　本条が深夜における酒類提供飲食店営業について届出制を採っているのは、上記沿革のとおり、違法な接待行為が行われやすく、また、酔客が騒ぎやすいからであるが、当該営業以外の飲食店営業（喫茶店や主として主食を提供する店等）については、こうした問題が通常予想されず、法の目的を達成するためには、遵守事項や禁止行為を定めれば足りると考えられたため、届出制の対象とはされていない。[*3]

3　第2項の「内閣府令で定める軽微な変更」については、内閣府令第22条により定められており、その具体的内容は以下のとおり解されている。[*4]

　○　内閣府令第22条第3号中「営業所の内部を仕切るための設備」とは、壁、ふすまのほか、カーテン、ついたて等をいうものであり、その変更には、破損箇所の原状回復、色の塗り替え等を含まない。

　○　内閣府令第22条第4号中「照明設備の変更」には、照度につき同性能の電球等の更新を含まない。客の利用に供しない調理室等の場所の照明設備の更新に

＊1　旧逐条解説168頁
＊2　平成27年の法改正により、午前6時に改められた。
＊3　藤山注解(2)368頁参照
＊4　解釈運用基準第29－2

第33条　深夜における酒類提供飲食店営業の届出等　　251

ついては、客室等に影響がない限り届出を要しない。

○　内閣府令第22条第5号中「音響設備の変更」には、音に影響のない同性能の
デッキ、プレーヤー、画像装置の変更までは含まれない。

4　第4項の規定は、深夜における酒類提供飲食店営業に関しては、酔客が騒ぐな
どの問題があることから、都道府県は、善良の風俗若しくは清浄な風俗環境を害
する行為又は少年の健全な育成に障害を及ぼす行為を防止するため必要があると
きは、政令で定める基準に従い条例で定めるところにより、地域を定めて当該営
業を営むことを禁止することができることとしたものである。[*5]　また、第5項の規
定は、第4項の規定と深夜における酒類提供飲食店営業を営む者の営業権との調
整を図った規定である。[*6]

5　第5項中「その規定」の「適用」とは、例えば、条例で他法令等を引用して禁
止地域を定めた場合に、当該条例の規定の施行後に、禁止地域が変動し、その場
所にある酒類提供飲食店営業について当該条例の規定が適用されることとなった
場合等をいう。[*7]

　　第5項の規定の適用対象となる「当該営業」とは、当該規定の施行又は適用の
際現に深夜において営んでいる酒類提供飲食店営業の範囲内の営業を意味するも
のであり、営業所の新築、移築、増築等をした場合には、その酒類提供飲食店営
業については、同項の適用はなくなる。[*8]

6　第6項が酒類提供飲食店営業（午前6時から午後10時までの時間においてのみ
営むものを除く。）を営む者について第18条の2の規定を準用することとしてい
るのは、酒類提供飲食店営業に関して行われる売春事犯を防止するためである。[*9*10]

　　第6項において準用する第18条の2の解釈・運用については、第18条の2の解
説（111頁）を参照されたい。

【罰則】

　第1項の規定に違反して届出書を提出せず、又は同項の届出書であって虚偽の記
載のあるものを提出した者は、法第54条第6号により処罰される（罰則：50万円以
下の罰金）。

　第2項の規定に違反して届出書を提出せず、又は同項の届出書であって虚偽の記
載のあるものを提出した者は、法第55条第3号により処罰される（罰則：30万円以

＊5　蔭山注解(2)373頁
＊6　蔭山注解(2)374頁、宮城手引き242頁
＊7　解釈運用基準第29-3(1)

252　第4章　性風俗関連特殊営業等の規制

下の罰金）。

　第3項の添付書類であって虚偽の記載のあるものを提出した者は、法第54条第6号により処罰される（罰則：50万円以下の罰金）。

　第4項の規定に基づく都道府県の条例の規定に違反した者は、法第50条第1項第10号により処罰される（罰則：1年以下の懲役若しくは100万円以下の罰金又はこれらの併科）。

＊8　解釈運用基準第29－3⑵。なお、「営業所の新築、移築、増築等」には、次のような行為が該当する。
　①　営業所の建物の新築、移築又は増築
　②　客室の改築
　③　営業所の建物につき行う大規模の修繕若しくは大規模の模様替又はこれらに準ずる程度の間仕切り等の変更
　④　営業所の建物内の客の用に供する部分の床面積の増加
　（注）
　　「新築」とは、建築物の存しない土地（既存の建築物の全てを除去し、又はその全てが災害等によって滅失した後の土地を含む。）に建築物を造ることをいう。
　　「移築」とは、建築物の存在する場所を移転することをいう。
　　「増築」とは、一の敷地内の既存の建築物の延べ面積を増加させること（当該建築物内の営業所の延べ面積を増加させる場合及び別棟で造る場合を含む。）をいう。
　　「改築」とは、建築物の一部（客室の主要構造部の全て）を除却し、又はこれらの部分が災害等によって消滅した後、これと用途、規模、構造の著しく異ならないものを造ることをいう。
　　「大規模の修繕」とは、建築物の一種以上の主要構造部の過半に対しおおむね同様の形状、寸法、材料により行われる工事をいう。
　　「大規模の模様替」とは、建築物の一種以上の主要構造部の過半に対し行われるおおむね同様の形状、寸法によるが材料、構造等は異なるような工事をいう。
　　「主要構造部」とは、壁、柱、床、はり、屋根又は階段をいう。ただし、間仕切り、最下階の床、屋外階段等は含まない（建築基準法第2条第5号参照）。
　　「これらに準ずる程度の間仕切り等の変更」とは、営業所の過半について間仕切りを変更し、個室の数、面積等を変える場合等をいう。
＊9　藤山注解⑵375頁参照。第18条の2の解説（111頁）も参照されたい。
＊10　午前6時から午後10時までの時間においてのみ営む酒類提供飲食店営業について規制の対象としていないのは、午後10時までに営業を終えるような営業所であれば、年少者の従業及び客としての立ち入らせを認めているところであり、営業に関して行われる売春事犯に係る問題も生じ難いと考えられたことによるものであると解される（藤山注解⑵376頁参照）。

（指示等）

第三十四条　公安委員会は、飲食店営業を営む者（以下この条において「飲食店営業者」という。）又はその代理人等が、当該営業に関し、法令又はこの法律に基づく条例の規定に違反した場合において、善良の風俗若しくは清浄な風俗環境を害し、又は少年の健全な育成に障害を及ぼすおそれがあると認めるときは、当該飲食店営業者に対し、善良の風俗若しくは清浄な風俗環境を害する行為又は少年の健全な育成に障害を及ぼす行為を防止するため必要な指示をすることができる。

2　公安委員会は、飲食店営業者若しくはその代理人等が当該営業に関し法令若しくはこの法律に基づく条例の規定に違反した場合において著しく善良の風俗若しくは清浄な風俗環境を害し若しくは少年の健全な育成に障害を及ぼすおそれがあると認めるとき、又は飲食店営業者がこの法律に基づく処分に違反したときは、当該飲食店営業者に対し、当該施設を用いて営む飲食店営業について、六月を超えない範囲内で期間を定めて営業の全部又は一部の停止を命ずることができる。

【趣旨】

　本条は、飲食店営業者等に対する指示等について規定するものである。

【沿革】

　本条は、昭和59年の法改正により設けられた。それまでも、飲食店営業については、深夜における営業に関し法令又は都道府県条例の規定に違反する行為に対しては、6月を超えない範囲内での営業の停止等の行政処分ができることとされていたが、同改正では、飲食店営業が、少年非行や福祉犯等の温床となっていることにも鑑み、飲食店営業一般に関し行政処分をすることができることとするなど飲食店営業に関する行政処分の規定を整備することとされたものである。[*3]

＊1　第32条の解説（246頁）も参照されたい。

＊2　飲食店営業は食品衛生法の許可を受けて営まれるものであるが、同法は衛生的見地からの規制を課しているものであり、風俗的側面からの飲食店営業に係る行政処分については、専ら法に基づき公安委員会において行うこととされている（藤山注解(2)380頁、学論集S39 10頁参照）。

＊3　旧逐条解説173頁

254 第4章 性風俗関連特殊営業等の規制

【解釈・運用】

1 　無許可で接待飲食等営業又は特定遊興飲食店営業を営み摘発された者が、当該接待飲食等営業又は特定遊興飲食店営業に該当する行為のみを止め、飲食店営業については引き続いて営もうとする場合には、法第34条第1項又は第2項の規定に基づき、必要な指示を行い、又は飲食店営業の停止を命ずることができる。[*4]

2 　第2項の規定による営業停止処分が深夜以外における営業も対象としているのは、深夜における営業に関して行われる飲食店営業の法令違反等については、営業の一体性から見て、それが深夜以外の部分と無関係に行われるということはあり得ず、業そのものに問題があると見るべきであるためである。[*5]

3 　このほかの解釈・運用については、第25条及び第26条の解説（134頁から138頁まで）を参照されたい。

【罰則】

　第2項の規定による公安委員会の処分に違反した者は、法第49条第4号により処罰される（罰則：2年以下の懲役若しくは200万円以下の罰金又はこれらの併科）。

第3節　興行場営業の規制

（興行場営業の規制）
第三十五条　公安委員会は、興行場営業（第二条第六項第三号の営業を除く。第三十八条第二項において同じ。）を営む者又はその代理人等が、当該営業に関し、刑法第百七十四条若しくは第百七十五条の罪又は児童買春、児童ポルノに係る行為等の規制及び処罰並びに児童の保護等に関する法律第七条第二項から第八項までの罪を犯した場合においては、当該営業を営む者に対し、当該施設を用いて営む興行場営業について、六月を超えない範囲内で期間を定めて営業の全部又は一部の停止を命ずることができる。

【趣旨】

　本条は、興行場営業の営業停止について規定するものである。

---

*4 　解釈運用基準第32−7(2)
*5 　藤山注解(2)382頁

【沿革】

　本条の規定は、いわゆるヌードスタジオ、ストリップ劇場等の風俗上問題のある営業に対処するため、昭和41年の法改正により設けられた。昭和59年の法改正では、風俗関連営業に係る規制が導入され、興行場営業のうち風俗関連営業に該当するもの（ストリップ劇場等）については別途の規制が課されることとなったが、それ以外の興行場営業（例えば成人映画館）についても規制の必要性は変わらないと考えられたため、引き続き規定を置くこととされたものである。[*1][*2]

【解釈・運用】

1　興行場営業とは、興行場法第2条第1項の許可を受けて営む営業をいう（法第30条第3項）。すなわち、都道府県知事（保健所を設置する市又は特別区にあっては、市長又は区長）の許可を受けて、業として映画、演劇、音楽、スポーツ、演芸又は観せ物を、公衆に見せ、又は聞かせる施設を経営することをいう（興行場法第1条参照）。

2　本条の規定は、法第2条第6項第3号の営業（ストリップ劇場等）を除く興行場営業を対象としており、例えば映画館、一般劇場等を営む者等が刑法第174条若しくは第175条の罪（公然わいせつ、わいせつ物頒布等）又は児童買春、児童ポルノに係る行為等の規制及び処罰並びに児童の保護等に関する法律第7条第2項から第8項までの罪（児童ポルノ提供等）を犯した場合には、公安委員会は本条の規定に基づく営業停止処分をすることができる。[*3]

3　このほかの解釈・運用については第30条の解説（161頁）を参照されたい。

【罰則】

　本条の規定による公安委員会の処分に違反した者は、法第49条第4号により処罰される（罰則：2年以下の懲役若しくは200万円以下の罰金又はこれらの併科）。

＊1　旧逐条解説174頁
＊2　その後、児童買春、児童ポルノに係る行為等の処罰及び児童の保護等に関する法律（平成11年法律第52号。平成26年法律第79号による改正後は、児童買春、児童ポルノに係る行為等の規制及び処罰並びに児童の保護等に関する法律）の制定に伴い、同法に規定する罪が営業停止事由に追加されている。
＊3　具体的には、成人映画館がわいせつな映画を上映したり、わいせつな宣伝ポスター等を貼り出した場合等が考えられる（宮城手引き244頁参照）。

256　第4章　性風俗関連特殊営業等の規制

第4節　特定性風俗物品販売等営業の規制

（特定性風俗物品販売等営業の規制）
第三十五条の二　公安委員会は、店舗を設けて物品を販売し、若しくは貸し付ける営業（その販売し、又は貸し付ける物品が第二条第六項第五号の政令で定める物品を含むものに限るものとし、同号の営業に該当するものを除く。以下「特定性風俗物品販売等営業」という。）を営む者又はその代理人等が、当該特定性風俗物品販売等営業に関し、刑法第百七十五条の罪又は児童買春、児童ポルノに係る行為等の規制及び処罰並びに児童の保護等に関する法律第七条第二項から第八項までの罪を犯した場合においては、当該特定性風俗物品販売等営業を営む者に対し、当該施設を用いて営む特定性風俗物品販売等営業（第二条第六項第五号の政令で定める物品を販売し、又は貸し付ける部分に限る。）について、六月を超えない範囲内で期間を定めて営業の全部又は一部の停止を命ずることができる。

【趣旨】

　本条は、特定性風俗物品販売等営業（いわゆるアダルトコーナー等営業）の営業停止について規定するものである。

【沿革】

　本条は、平成13年の法改正により設けられた。それまでも、「専ら」性的好奇心をそそる物品を販売等する営業（アダルトショップ等）は、店舗型性風俗特殊営業として規制の対象とされていた（法第2条第6項第5号）が、「専ら」の要件を充足しない形で性的好奇心をそそる物品を販売等する営業（例えば、アダルトショップ以外のアダルトビデオを取り扱うビデオ店）はこれに該当しないため、何らの規制もなされていなかった。

　他方、当時のわいせつ物・児童ポルノ販売等事件で検挙された小売店舗の7割以上がアダルトショップに該当しない営業形態であり、これらについても一定の範囲内で公安委員会による行政処分の対象とし、実効ある規制を行う必要が生じていた。

　そこで、いわゆるアダルトショップに該当しない形態により性的好奇心をそそる物品を販売等する営業を「特定性風俗物品販売等営業」と定義し、当該営業を営む者又はその代理人等が、当該営業に関し、わいせつ物頒布等又は児童ポルノ頒布等

の罪を犯した場合には、公安委員会は、6月を超えない範囲内で期間を定めて、性的好奇心をそそる物品を販売し又は貸し付ける部分に限り、当該営業の全部又は一部の停止を命ずることができることとしたものである。[*1]

【解釈・運用】

1　特定性風俗物品販売等営業とは、店舗を設けて物品を販売し、又は貸し付ける営業であって、その販売し、又は貸し付ける物品が法第2条第6項第5号の政令で定める物品（以下「アダルト物品」という。）を含むもののうち同号の営業（アダルトショップ等）を除いたものをいう。すなわち、アダルト物品を販売し、又は貸し付けている店舗は、アダルトショップ等でなければ特定性風俗物品販売等営業に該当することになり、いわゆるアダルトコーナーの設置の有無やアダルト物品の多寡により左右されるものではない。[*2][*3]

2　「第2条第6項第5号の政令で定める物品を販売し、又は貸し付ける部分」とは、場所的区画をいうのではなく、営業自体の部分をいう。例えば、営業所内の一角にアダルトコーナーを設けて特定性風俗物品販売等営業を営む者が、営業停止を命じられることを予測し、これを免れようとして当該コーナーを撤去したとしても、公安委員会はなお営業停止を命ずることができる。したがって、営業停止を命じられた特定性風俗物品販売等営業を営む者が、アダルトコーナーを撤去したまま客の依頼に応じてアダルト物品を販売し、又は貸し付けた場合、営業停止処分に違反することになる。また、販売や貸付けはしなくても、例えば近日に入荷する旨表示して展示するなど営業の宣伝を行っているとみられる場合には、やはり営業停止処分に違反することになる。[*4]

3　例えば、特定性風俗物品販売等営業を営む者が当該営業に関しわいせつなビデオテープを販売した場合、公安委員会は営業停止命令によってアダルト物品であるビデオテープの販売・貸付けの停止を命ずることができるほか、必要に応じて、ビデオテープ以外のアダルト物品についてもその販売・貸付けの停止を命ずることができる。[*5]

[*1]　学論集H13(2)71頁
[*2]　解釈運用基準第32−8(2)
[*3]　一般の書店、コンビニエンスストア、ディスカウントショップ等であっても、少年の健全な育成に障害を及ぼすおそれのあるアダルト物品を販売するならば、これを規制の対象とするものである（蔭山注解(2)397頁、学論集H17 97頁）。
[*4]　解釈運用基準第32−8(3)
[*5]　解釈運用基準第32−8(4)

258　　第4章　性風俗関連特殊営業等の規制

4　特定性風俗物品販売等営業を営む者が常連客にわいせつなビデオテープを通信販売した場合、当該通信販売が当該特定性風俗物品販売等営業の常連客に対する付随的なサービス行為であるなど、独立した無店舗型性風俗特殊営業と認められないものであれば、公安委員会は法第35条の2の規定に基づき営業停止を命ずることができる。他方、当該通信販売が無店舗型性風俗特殊営業と認められれば、公安委員会は法第31条の5第1項の規定に基づきその営業停止を命ずることができるが、特定性風俗物品販売等営業としての営業停止を命ずることはできない。[*6]

5　このほかの解釈・運用については、第30条の解説（161頁）を参照されたい。

【罰則】

本条の規定による公安委員会の処分に違反した者は、法第49条第4号により処分される（罰則：2年以下の懲役若しくは200万円以下の罰金又はこれらの併科）。

第5節　接客業務受託営業の規制

> （受託接客従業者に対する拘束的行為の規制等）
> 第三十五条の三　接客業務受託営業を営む者は、その営業に関し、次に掲げる行為をしてはならない。
> 一　当該接客業務受託営業を営む者の使用人その他の従業者で第二条第十三項に規定する業務の一部に従事するもの（以下この節において「受託接客従業者」という。）に対し、受託接客従業者でなくなつた場合には直ちに残存する債務を完済することを条件として、その支払能力に照らし不相当に高額の債務を負担させること。
> 二　その支払能力に照らし不相当に高額の債務を負担させた受託接客従業者の旅券等を保管し、又は第三者に保管させること。

【趣旨】

本条は、接客業務受託営業を営む者に係る受託接客従業者に対する拘束的行為の規制について規定するものである。

---

*6　解釈運用基準第32−8(5)

第35条の4　指 示 等　　*259*

【沿革】

　本条は、平成10年の法改正により設けられたものである。

　なお、本条が設けられた経緯については、第2条第13項の解説（52頁）を参照されたい。

【解釈・運用】

　本条の「接客従業者でなくなつた場合」、「その支払能力に照らし不相当に高額の債務」、「債務」、「保管し」及び「第三者に保管させる」の意義については、法第18条の2の解説（111頁）を参照されたい。

　（指示等）

第三十五条の四　接客業務受託営業を営む者又はその代理人等が、当該営業に関し、前条の規定に違反する行為をした場合において、善良の風俗若しくは清浄な風俗環境を害し、又は少年の健全な育成に障害を及ぼすおそれがあると認めるときは、当該違反行為が行われた時における事務所の所在地を管轄する公安委員会は、当該接客業務受託営業を営む者に対し、善良の風俗若しくは清浄な風俗環境を害する行為又は少年の健全な育成に障害を及ぼす行為を防止するため必要な指示をすることができる。

2　接客業務受託営業を営む者若しくはその代理人等が当該営業に関し刑法第二百二十三条の罪に当たる違法な行為その他の受託接客従業者に善良の風俗若しくは清浄な風俗環境を害し若しくは少年の健全な育成に障害を及ぼす行為を行わせる手段となるおそれがある重大な不正行為で政令で定めるものをしたとき、又は接客業務受託営業を営む者が前項の規定による指示に違反したときは、当該行為又は当該違反行為が行われた時における事務所の所在地を管轄する公安委員会は、当該接客業務受託営業を営む者に対し、六月を超えない範囲内で期間を定めて、当該営業の全部又は一部の停止を命ずることができる。

3　公安委員会は、接客業務受託営業を営む者に対し、第一項の規定による指示又は前項の規定による命令をしようとする場合において、当該処分に係る接客業務受託営業を営む者が事務所を他の公安委員会の管轄区域内に変更していたときは、当該処分に係る事案に関する弁明の機会の付与又は聴聞を終了している場合を除き、速やかに現に事務所の所在地を管轄する公安委員会に国家公安委員会規則で定める処分移送通知書を送付しなければならない。

4　前項の規定により処分移送通知書が送付されたときは、当該処分移送通知書

260　第4章　性風俗関連特殊営業等の規制

の送付を受けた公安委員会は、次の各号に掲げる場合の区分に従い、それぞれ当該各号に定める処分をすることができるものとし、当該処分移送通知書を送付した公安委員会は、第一項及び第二項の規定にかかわらず、当該事案について、これらの規定による処分をすることができないものとする。

一　当該接客業務受託営業を営む者又はその代理人等が、当該営業に関し、前条の規定に違反する行為をした場合（善良の風俗若しくは清浄な風俗環境を害し、又は少年の健全な育成に障害を及ぼすおそれがあると認める場合に限る。）　善良の風俗若しくは清浄な風俗環境を害する行為又は少年の健全な育成に障害を及ぼす行為を防止するため必要な指示をすること。

二　当該接客業務受託営業を営む者若しくはその代理人等が当該営業に関し第二項の政令で定める重大な不正行為をした場合又は接客業務受託営業を営む者が第一項の規定による指示に違反した場合　六月を超えない範囲内で期間を定めて、当該営業の全部又は一部の停止を命ずること。

5　第三項の規定は、公安委員会が前項の規定により処分をしようとする場合について準用する。

〈第三十五条の四第五項において準用する同条第三項〉
第三十五条の四
3　公安委員会は、接客業務受託営業を営む者に対し、次項の規定により処分をしようとする場合において、当該処分に係る接客業務受託営業を営む者が事務所を他の公安委員会の管轄区域内に変更していたときは、当該処分に係る事案に関する弁明の機会の付与又は聴聞を終了している場合を除き、速やかに現に事務所の所在地を管轄する公安委員会に国家公安委員会規則で定める処分移送通知書を送付しなければならない。

参照：令第28条、施行規則第105条

【趣旨】

　本条は、接客業務受託営業を営む者等に対する指示等について規定するものである。

【沿革】

　本条は、平成10年の法改正により法第35条の3の規定と併せて設けられたものである。[*1]

【解釈・運用】

1　法第35条の４第２項又は第４項第２号の規定に基づき「当該営業の全部」の停止を命ぜられた場合には、「当該営業」すなわち命令を受けた者が営む接客業務受託営業の全部が禁止される。この場合、当該営業を営む者が同一の主体である限り、事務所や名称を変更して接客業務受託営業を開始することも「当該営業」を営むこととして禁止される。[*2]

　　また、「当該営業」の「一部の停止」を命ずる場合としては、特定の地域に限って、当該営業を営むことを禁止することが考えられる。[*3]

2　このほかの解釈・運用については第25条及び第26条の解説（134頁から138頁まで）並びに第30条の解説（161頁）を参照されたい。

【罰則】

　第２項又は第４項第２号の規定による公安委員会の処分に違反した者は、法第49条第４号により処罰される（罰則：２年以下の懲役若しくは200万円以下の罰金又はこれらの併科）。

＊１　法第２条第13項の解説（52頁）及び第35条の３の解説（259頁）も参照されたい。

＊２　解釈運用基準第32−９(2)

＊３　同上

262　第5章　監　　督

第5章　監　　督

（従業者名簿）
第三十六条　風俗営業者、店舗型性風俗特殊営業を営む者、無店舗型性風俗特殊
　営業を営む者、店舗型電話異性紹介営業を営む者、無店舗型電話異性紹介営業
　を営む者、特定遊興飲食店営業者、第三十三条第六項に規定する酒類提供飲食
　店営業を営む者及び深夜において飲食店営業（酒類提供飲食店営業を除く。）
　を営む者は、国家公安委員会規則で定めるところにより、営業所ごと（無店舗
　型性風俗特殊営業を営む者及び無店舗型電話異性紹介営業を営む者にあつて
　は、事務所）に、従業者名簿を備え、これに当該営業に係る業務に従事する者
　の住所及び氏名その他内閣府令で定める事項を記載しなければならない。

参照：内閣府令第25条、施行規則第106条・第107条

【趣旨】

　本条は、従業者名簿の備付けについて規定するものである。

　本条の規定が設けられたのは、営業に従事する者の実態を常に明らかな状態とすることにより、年少者の従業禁止規定を担保するとともに、人身取引の防止を図り、もって善良の風俗及び少年の健全な育成に障害を及ぼす行為を未然に防止するためであると解される。[1]

【沿革】

　本条は、昭和59年の法改正により設けられたものである。これにより、同改正前には条例で規定されていた風俗営業者に係る従業者名簿の備付けが法律事項とされるとともに、風俗関連営業を営む者等にも備付けが義務付けられることとなった。[2][3]

【解釈・運用】

1　本条の義務の対象となるのは、風俗営業者、店舗型性風俗特殊営業を営む者、
　無店舗型性風俗特殊営業を営む者、店舗型電話異性紹介営業を営む者、無店舗型

＊1　藤山注解(2)424頁参照
＊2　Ｓ59改正逐条176頁

電話異性紹介営業を営む者、特定遊興飲食店営業者、第33条第6項に規定する酒類提供飲食店営業を営む者及び深夜において飲食店営業（酒類提供飲食店営業を除く。）を営む者である。

2　従業者名簿の記載については、雇用契約のある労働者に限るものではないが、労働基準法（昭和22年法律第49号）に基づく労働者名簿の記載により従業者名簿に代替できる場合には、別に従業者名簿を作成することを要しない。[4][5]

3　業務の一部が委託される場合において、当該委託業務に携わる従業者も従業者名簿に記載することを要する。例えば、第三者から派遣されたコンパニオンやダンサー、歌手等も「当該営業に係る業務」として接待をし、ダンスを見せ、又は歌を聴かせるのであれば、「当該営業に係る業務に従事する者」に当たる。[6]

　また、「第33条第6項に規定する酒類提供飲食店営業」や「深夜」（午前0時から午前6時までの時間。法第13条第1項）において営む「飲食店営業」について、従業者名簿の記載を要する従業者とは、午後10時以降又は深夜において当該営業に係る業務に従事する従業者のみならず、全ての従業者である。[7]

4　内閣府令第25条では、住所及び氏名以外の従業者名簿の記載事項について、性別、生年月日、採用年月日、退職年月日及び従事する業務の内容と定められている。[8]

5　施行規則第106条では、風俗営業者、店舗型性風俗特殊営業を営む者、無店舗型性風俗特殊営業を営む者、店舗型電話異性紹介営業を営む者、無店舗型電話異性紹介営業を営む者、特定遊興飲食店営業者、法第33条第6項に規定する酒類提

＊3　その後、新たな営業が法の規制の対象に追加されるなどの法改正に伴い、本条について所要の改正がなされている。また、平成17年の法改正では、第36条の2の規定が新設されたことに伴い、法定刑が30万円以下の罰金から100万円以下の罰金に引き上げられた。

＊4　解釈運用基準第35-1(1)

＊5　これは、従業者名簿の作成義務が免除されるとする趣旨ではなく、労働者名簿に従業者名簿として要求される事項が全て記載されている場合にはその記載部分をもって従業者名簿として扱うにとどまるというものであり、労働者名簿の当該記載部分につき従業者名簿の備付け等に関する規定等の適用を免れるものではない（宮城手引き247頁）。

＊6　解釈運用基準第35-1(2)

＊7　同上

＊8　平成26年の内閣府令改正前は、本籍（日本国籍を有しない者にあっては、国籍）についても記載事項とされていたが、同改正により削除された（ただし、法第36条の2第2項では、接待飲食等営業を営む風俗営業者、店舗型性風俗特殊営業を営む者、無店舗型性風俗特殊営業を営む者、特定遊興飲食店営業者及び第33条第6項に規定する酒類提供飲食店営業を営む者が接客従業者の生年月日、国籍等の確認をしたときは、国家公安委員会規則で定めるところにより、当該確認に係る記録を作成し、これを保存しなければならないこととされていることに留意する必要がある。）。

供飲食店営業を営む者及び深夜において飲食店営業（酒類提供飲食店営業を除く。）を営む者は、その従業者が退職した日から起算して３年を経過する日まで、その者に係る従業者名簿を備えておかなければならないとされている。

【罰則】

　本条の規定に違反して、従業者名簿を備えず、又はこれに必要な記載をせず、若しくは虚偽の記載をした者は、法第53条第３号により処罰される（罰則：100万円以下の罰金）。

　（接客従業者の生年月日等の確認）
第三十六条の二　接待飲食等営業を営む風俗営業者、店舗型性風俗特殊営業を営む者、無店舗型性風俗特殊営業を営む者、特定遊興飲食店営業者及び第三十三条第六項に規定する酒類提供飲食店営業を営む者は、当該営業に関し客に接する業務に従事させようとする者について次に掲げる事項を、当該事項を証する書類として内閣府令で定める書類により、確認しなければならない。

一　生年月日
二　国籍
三　日本国籍を有しない者にあつては、次のイ又はロのいずれかに掲げる事項
　　イ　出入国管理及び難民認定法第二条の二第一項に規定する在留資格及び同条第三項に規定する在留期間並びに同法第十九条第二項の許可の有無及び当該許可があるときはその内容
　　ロ　日本国との平和条約に基づき日本の国籍を離脱した者等の出入国管理に関する特例法（平成三年法律第七十一号）に定める特別永住者として永住することができる資格

2　接待飲食等営業を営む風俗営業者、店舗型性風俗特殊営業を営む者、無店舗型性風俗特殊営業を営む者、特定遊興飲食店営業者及び第三十三条第六項に規定する酒類提供飲食店営業を営む者は、前項の確認をしたときは、国家公安委員会規則で定めるところにより、当該確認に係る記録を作成し、これを保存しなければならない。

参照：内閣府令第26条、施行規則第108条

【趣旨】

　本条は、接客従業者の生年月日等の確認及び当該確認に係る記録の保存義務につ

いて規定するものである。

【沿革】

　本条は、平成17年の法改正において設けられたものである。当時、風俗営業等に係る不法就労は、人身取引の温床となっており、これを防止する必要性が高まっていたが、法には18歳未満の者を一定の業務に従事させることを禁止する以外、就労の制限に関する規定がなく、一方、出入国管理及び難民認定法（以下「入管法」という。）や各種労働法規には、外国人を使用する者に対してその就労資格の確認を義務付ける規定がないことを踏まえ、接待飲食等営業、店舗型性風俗特殊営業、無店舗型性風俗特殊営業及び午後10時以降も営業する酒類提供飲食店営業における不法就労を防止するため、これらの営業を営む者に対し、その営業に関し客に接する業務に従事させようとする者の生年月日、国籍のほか、外国人については、その在留資格及び在留期間を確認し、当該確認に係る記録を作成・保存しなければならないこととしたものである。[*1][*2]

【解釈・運用】

1　第1項中「客に接する業務」については、第2条（53頁）、第22条（124頁）及び第31条の2（168頁）の解説を参照されたい。

2　接客従業者の生年月日及び国籍については、接客従業者が日本人であるか外国人であるかにかかわらず、必ず確認しなければならない。接客従業者が外国人である場合には、内閣府令第26条第2号から第4号までの区分に応じて、本条第1項第3号に掲げる事項を確認しなければならない。[*3]

3　内閣府令第26条第1号ハの「官公庁から発行され、又は発給された書類」で「当該者の生年月日及び本籍地都道府県名の記載があるもの」としては、例えば、船員手帳、小型船舶操縦免許証、身体障害者手帳、猟銃又は空気銃の所持許可証がある。一方、国民健康保険の被保険者証や児童扶養手当証書は、本籍が記載されていないことから、これに当たらない。[*4][*5]

4　第2項の確認の記録の作成及び保存の具体的な方法については、施行規則第108条において規定されている。

---

*1　学論集 H18(3) 4頁
*2　平成27年の法改正により、特定遊興飲食店営業が新たに許可制の下で営業可能とされたことに伴い、特定遊興飲食店営業者についても本条の規定による義務付けの対象とされた。

266　第5章　監　督

【罰則】

　第1項の規定に違反した者は、法第53条第4号により処罰される（罰則：100万円以下の罰金）。

　第2項の規定に違反して、記録を作成せず、若しくは虚偽の記録を作成し、又は記録を保存しなかった者は、法第53条第5号により処罰される（罰則：100万円以下の罰金）。

＊3　解釈運用基準第35−2(2)。具体的には以下のとおりとされている。
　　ア　特別永住者以外の外国人（内閣府令第26条第2号又は第3号）
　　　　入管法第2条の2第1項に規定する在留資格及び同条第3項に規定する在留期間については、必ず確認しなければならない。確認の結果、在留資格がないことや在留期間を経過して不法残留となっていることが判明した外国人については、これを就労させることはできない（入管法第73条の2第1項）。
　　　　入管法別表第一の上欄の在留資格をもって在留する外国人がその在留資格に応じた活動以外の就労活動を行う場合は、資格外活動の許可（入管法第19条第2項）を受ける必要があるので、当該許可の有無（本条第1項第3号イ）を確認し、さらに「有り」の場合は、許可の内容を確認しなければならない。
　　　　なお、資格外活動は、本来の在留目的である活動の遂行を阻害しない範囲内で行われると認められるときに限り許可されるものであり（入管法第19条第2項）、また、風俗営業や性風俗関連特殊営業に従事することは許可されない。
　　　　また、「興行」の在留資格により在留する者は、風俗営業や特定遊興飲食店営業の営業所においてショー、歌舞音曲等を見せたり、聴かせたりする仕事に就くことができる場合があるが、その場合においても、「接待」等の「興行」以外の活動をすることは、入管法違反の資格外活動に当たり、不法就労となる。
　　　　一方、「永住者」等の入管法別表第二の上欄の在留資格をもって在留する外国人については、その就労に制限はなく、資格外活動の許可の対象ではないことから、「許可の有無」（本条第1項第3号イ）を改めて確認することを要しない。
　　イ　特別永住者（内閣府令第26条第4号）
　　　　特別永住者として永住することができる資格を有することを確認しなければならない。
＊4　解釈運用基準第35−2(3)
＊5　平成26年の内閣府令改正前は、日本国籍を有する者については、確認書類として住民票の写し、住民基本台帳カード、戸籍謄本等が定められていたが、同改正では当該者の生年月日及び本籍地都道府県名が記載されている住民票記載事項証明書をもって確認することとされた。なお、住民票の写し等については、「官公庁から発行され、又は発給された書類」で「当該者の生年月日及び本籍地都道府県名の記載があるもの」に該当することから、引き続き確認書類として有効とされている。

第37条　報告及び立入り　　267

（報告及び立入り）
第三十七条　公安委員会は、この法律の施行に必要な限度において、風俗営業
　　者、性風俗関連特殊営業を営む者、特定遊興飲食店営業者、第三十三条第六項
　　に規定する酒類提供飲食店営業を営む者、深夜において飲食店営業（酒類提供
　　飲食店営業を除く。）を営む者又は接客業務受託営業を営む者に対し、その業
　　務に関し報告又は資料の提出を求めることができる。
２　警察職員は、この法律の施行に必要な限度において、次に掲げる場所に立ち
　　入ることができる。ただし、第一号、第二号又は第四号から第七号までに掲げ
　　る営業所に設けられている個室その他これに類する施設で客が在室するものに
　　ついては、この限りでない。
　一　風俗営業の営業所
　二　店舗型性風俗特殊営業の営業所
　三　第二条第七項第一号の営業の事務所、受付所又は待機所
　四　店舗型電話異性紹介営業の営業所
　五　特定遊興飲食店営業の営業所
　六　第三十三条第六項に規定する酒類提供飲食店営業の営業所
　七　前各号に掲げるもののほか、設備を設けて客に飲食をさせる営業の営業所
　　（深夜において営業しているものに限る。）
３　前項の規定により警察職員が立ち入るときは、その身分を示す証明書を携帯
　　し、関係者に提示しなければならない。
４　第二項の規定による権限は、犯罪捜査のために認められたものと解してはな
　　らない。

参照：施行規則第109条

【趣旨】
　本条は、報告及び立入りについて規定するものである。

【沿革】
　風俗営業取締法の制定時には、「警察官は、本法又は施行条例の実施について必
要があるときは、風俗営業及び深夜における飲食店営業の営業所に立ち入ることが
できることとし、立ち入る場合には、警察官は、その身分を証明する証票を携帯
し、関係人の請求があったときは、これを提示しなければならない。」とされてい
たが、昭和59年の法改正により、

268　第5章　監　督

○　立入り等の対象に風俗関連営業を加える。

○　営業に対しより影響の少ない報告又は資料の提出の規定を設け、立ち入らなくても目的が達せられる場合には、報告又は資料の提出で済ませることができるようにする。

○　ぱちんこ遊技機の検査を事務職員に行わせるなどのため、立入りを行う者を警察職員とする。

○　プライバシー保護等の見地から個室等を設ける営業所においては、客が在室する個室等には立ち入らないこととする。

○　立入りに際しては、関係人の請求の有無にかかわらず、その身分を示す証明書を関係者に提示しなければならないこととする。

○　立入りは「この法律の施行に必要な限度において」行うものであることを明らかにする。

○　立入りの権限は犯罪捜査のために認められたものではないことを明記する。

等の規定の整備がなされ、国民の基本的人権により配慮したものとされたものである[*1]。

【解釈・運用】

1　立入り等は調査の手段であり、その実施に当たっては、国民の基本的人権を不当に侵害しないように注意する必要があると解されている[*2]。

2　立入り等の行使は、法の施行に必要な限度で行い得るものであり、行政上の指導、監督のため必要な場合に、法の目的の範囲内で必要最小限度で行わなければならない。したがって、犯罪捜査の目的や他の行政目的のために行うことはできない。例えば、経営状態の把握のために会計帳簿や経理書類等の提出を求めたり、保健衛生上の見地から調理場の検査を行うこと等は、認められない。また、立入り等の行使に当たっては、いやしくも職権を濫用し、又は正当に営業している者に対して無用な負担をかけるようなことがあってはならない[*3]。

3　立入りは、直接営業所内に入るものであるため、営業者にとって負担が大きいので、報告又は資料の提出で行政目的が十分に達せられるものについては、それで済ませることとし、この場合には立入りは行わないものとされている[*4]。

第1項

＊1　旧逐条解説178頁
＊2　解釈運用基準第36－1
＊3　解釈運用基準第36－1(1)
＊4　解釈運用基準第36－1(2)

第37条　報告及び立入り　　269

1　本項は、「風俗営業者」、「性風俗関連特殊営業を営む者」、「特定遊興飲食店営業者」、「第33条第6項に規定する酒類提供飲食店営業を営む者」、「深夜において飲食店営業（酒類提供飲食店営業を除く。）を営む者」及び「接客業務受託営業を営む者」に対して報告又は資料の提出を求めることができる旨規定している。したがって、許可を受けずに風俗営業を営む者や食品衛生法上の許可を受けずに「設備を設けて客に飲食をさせる営業」を営む者に対しては、報告又は資料の提出を求めることができない。一方、「性風俗関連特殊営業を営む者」については、届出書を提出した者に限られていないことから、届出書を提出していない者に対しても報告又は資料の提出を求めることができる。[*5]

2　無店舗型性風俗特殊営業、映像送信型性風俗特殊営業、無店舗型電話異性紹介営業及び接客業務受託営業については、営業が行われる地域が一の都道府県の区域内に限定されないことから、法の施行に必要な限度においては、その事務所の所在地を管轄する公安委員会以外の公安委員会であっても、報告又は資料の提出を求めることができる。[*6]

3　報告又は資料の提出を求めることができる場合における内容及び種類は、次のものに限られる。[*7]

　○　当該営業に関連する報告又は資料に限り、営業者等の私生活に関するもの及び兼業している営業がある場合における専ら当該兼業に係る営業に関するものには及ばない。

　○　法の目的の範囲内で行う指導監督等のために必要な報告又は資料に限り、法の目的に関係のない他法令の遵守状況等に関するものには及ばない。

　○　法に基づく指導、監督等を行うため必要最小限度のものに限る。

4　報告又は資料の提出を求めることができる回数については、この法律の施行に必要がある場合につき、原則として1回と解されている。ただし、その提出要求が十分に履行されない場合は、更に追加要求することを妨げるものではないとされている。[*8]

5　報告又は資料の提出の要求手続は、通常は文書で行うものとされている。また、資料の提出を受ける場合にあっては、相手方にその返還の要否を確認し、返還を要する資料については、できる限り速やかに返還することが必要とされている。[*9]

＊5　解釈運用基準第36-2(1)。第2項の解説も参照されたい。
＊6　解釈運用基準第36-2(2)
＊7　解釈運用基準第36-2(3)
＊8　解釈運用基準第36-2(4)

270　第5章　監　督

第2項

1　本項第1号及び第5号は、「風俗営業の営業所」及び「特定遊興飲食店営業の営業所」に立ち入ることができると規定しており、許可を受けた風俗営業及び特定遊興飲食店営業の営業所に限られてはいないことから、無許可の風俗営業及び特定遊興飲食店営業の営業所であっても立ち入ることができる。同様に、「店舗型性風俗特殊営業の営業所」（第2号）、「第2条第7項第1号の営業の事務所、受付所又は待機所」（第3号）、「店舗型電話異性紹介営業の営業所」（第4号）及び「第33条第6項に規定する酒類提供飲食店営業の営業所」（第6号）についても、届出書を提出したものに限られていないことから、これらの営業の営業所、事務所、受付所又は待機所であれば、無届のものであっても、立ち入ることができる。[*10]

2　本項第3号の「第2条第7項第1号の営業」（派遣型ファッションヘルス）については、その事務所の所在地を管轄する公安委員会に届出書を提出すれば、他の都道府県の区域においても当該営業を営むことができるものであるから、当該営業の「事務所、受付所又は待機所」に立ち入ることができる警察職員は、その所在地を管轄する都道府県警察の職員に限られない。[*11]

3　本項第6号の「第33条第6項に規定する酒類提供飲食店営業」とは、午後10時から翌日の午前6時までの時間においても営業している酒類提供飲食店営業であり、警察職員が立ち入る時間も、通常はこの時間となると解されている。[*12]

　　これ以外の「設備を設けて客に飲食をさせる営業」（本項第7号）とは、食品衛生法上の許可を受けた「飲食店営業」（法第2条第13項第4号）に限られてはいないことから、食品衛生法上の許可の有無にかかわらず、その営業所に立ち入ることができる。ただし、立ち入ることができるのは、深夜（午前0時から午前6時までの時間）において、かつ、現に「営業している」営業所に限られる。[*13]

4　立入りの手続及び方法については、以下のとおりと解されている。[*14]
　　○　立入りは、公安委員会の定めるところにより行い、事後において報告書を作成し、これにより幹部に報告するとともに、これを保存する必要がある。
　　○　個室又はこれに類する施設内に立ち入る場合にあっては、事前にノックする

＊9　解釈運用基準第36-2(5)
＊10　解釈運用基準第36-3(1)。第1項の解説も参照されたい。
＊11　同上
＊12　解釈運用基準第36-3(1)
＊13　同上
＊14　解釈運用基準第36-3(2)

などにより客が在室しないことを確認する必要がある。

○　調査の必要上質問を行う場合にあっては、原則として、営業者、従業者等営業者側の者に対する質問に限り、客に対する質問は、営業者側への質問で十分に目的を達しない場合に限り行うこととし、通常は行わないようにすることとする。

○　営業時間中に立入りを行う場合には、できるだけ営業の妨げとならないようにする必要がある。

【罰則】

第1項の規定に違反して、報告をせず、若しくは資料を提出せず、又は同項の報告若しくは資料の提出について虚偽の報告をし、若しくは虚偽の資料を提出した者は、法第53条第6号により処罰される（罰則：100万円以下の罰金）。

第2項の規定による立入りを拒み、妨げ、又は忌避した者は、法第53条第7号により処罰される（罰則：100万円以下の罰金）。

第6章 雑 則

（少年指導委員）

第三十八条 公安委員会は、次に掲げる要件を満たしている者のうちから、少年指導委員を委嘱することができる。

一 人格及び行動について、社会的信望を有すること。

二 職務の遂行に必要な熱意及び時間的余裕を有すること。

三 生活が安定していること。

四 健康で活動力を有すること。

2 少年指導委員は、風俗営業及び性風俗関連特殊営業等（性風俗関連特殊営業、特定遊興飲食店営業、飲食店営業、興行場営業、特定性風俗物品販売等営業及び接客業務受託営業をいう。第二号において同じ。）に関し、次に掲げる職務を行う。

一 飲酒若しくは喫煙をしている少年、風俗営業、店舗型性風俗特殊営業、店舗型電話異性紹介営業若しくは特定遊興飲食店営業の営業所若しくは第二条第七項第一号の営業の受付所に客として出入りし、又はこれらの営業所若しくは受付所の付近をはいかいしている十八歳未満の者その他少年の健全な育成の観点から障害があると認められる行為を行つている少年の補導を行うこと。

二 風俗営業若しくは性風俗関連特殊営業等を営む者又はその代理人等に対し、少年の健全な育成に障害を及ぼす行為を防止するために必要な助言を行うこと。

三 少年の健全な育成に障害を及ぼす行為により被害を受けた少年に対し、助言及び指導その他の援助を行うこと。

四 少年の健全な育成に資するための地方公共団体の施策及び民間団体の活動への協力を行うこと。

五 前各号に掲げるもののほか、少年の健全な育成に障害を及ぼす行為を防止し、又は少年の健全な育成に資するための活動で国家公安委員会規則で定めるものを行うこと。

3 少年指導委員又は少年指導委員であつた者は、職務に関して知り得た秘密を漏らしてはならない。

4 少年指導委員は、名誉職とする。

5　公安委員会は、少年指導委員に対し、その職務の遂行に必要な研修を行うものとする。

6　公安委員会は、少年指導委員が次の各号のいずれかに該当するときは、これを解嘱することができる。

一　第一項各号のいずれかの要件を欠くに至つたとき。

二　職務上の義務に違反し、又はその職務を怠つたとき。

三　少年指導委員たるにふさわしくない非行のあつたとき。

第三十八条の二　公安委員会は、少年の健全な育成に障害を及ぼす行為を防止するため必要があると認めるときは、この法律の施行に必要な限度において、少年指導委員に、第三十七条第二項各号に掲げる場所に立ち入らせることができる。ただし、同項第一号、第二号又は第四号から第七号までに掲げる営業所に設けられている個室その他これに類する施設で客が在室するものについては、この限りでない。

2　公安委員会は、前項の規定による立入りをさせるときは、少年指導委員に対し、当該立入りの場所その他必要な事項を示してこれを実施すべきことを指示するものとする。

3　少年指導委員は、前項の指示に従つて第一項の規定による立入りをしたときは、その結果を公安委員会に報告しなければならない。

4　第一項の規定による立入りをする少年指導委員は、その身分を示す証明書を携帯し、関係者に提示しなければならない。

5　第一項の規定による権限は、犯罪捜査のために認められたものと解してはならない。

第三十八条の三　前二条に定めるもののほか、少年指導委員に関し必要な事項は、国家公安委員会規則で定める。

【趣旨】

　第38条から第38条の3までは、少年指導委員について規定するものである。

　法は、少年の健全な育成に障害を及ぼす行為の防止を目的として掲げており、これを達成するために、風俗営業者等に対し一定の規制を加えているが、少年の健全な育成に障害を及ぼす行為を防止し、少年を有害な風俗環境等から守るためには、

274　第6章　雑　則

単に営業者に対して規制を行うだけでは不十分であり、盛り場を徘徊し、各種の営業所に出入りするなどして、その健全な育成を阻害されるおそれがある少年に対してきめ細かい働き掛けを行うとともに、営業者に対し、法令の遵守その他少年の健全な育成が阻害されることを防止するために必要な協力を求める活動等を行うことが必要である。そして、そのような活動は、少年の健全育成に対する熱意にあふれ、時間的余裕を持つとともに社会的信望を有する民間有志者が、地域住民と一体になってきめ細かく実施することが最も適切である。

　少年指導委員の制度は、このような考え方に基づき、公安委員会が一定の要件を満たすと認められる民間有志者を少年指導委員として委嘱し、有害な風俗環境等から少年を守るための諸活動をこれに行わせることとしたものである。[*1]

【沿革】

　第38条の規定は、昭和59年の法改正により新たに設けられたものであるが、当時は少年指導委員の職務については、国家公安委員会規則において定めることとされていた。

　その後、風俗営業等に関し、少年を客に接する業務に従事させる営業が後を絶たず、少年自身も自らの年齢を偽って自ら客に接する業務に従事するなど、規範意識の低下がみられたこと等を踏まえ、平成17年の法改正により第38条が改正され、少年指導委員の職務及び研修の実施についての規定が設けられたほか[*2]、少年指導委員の立入りや守秘義務違反に対する罰則についても規定の整備がなされた（第38条の2、第51条）。[*3]

【解釈・運用】

第38条

1　少年指導委員制度の趣旨に鑑み、少年指導委員は、常に少年に対する深い理解と愛情を持ち、少年の人格を尊重するとともに、自らの人格識見を高め、関係者から尊敬と信頼を得られるよう努めるものとされている。[*4]

＊1　旧逐条解説181頁
＊2　それ以前は、少年指導委員規則により、公安委員会は、少年指導委員を委嘱したときは、遅滞なく少年指導委員に対しその職務に関し必要な知識及び技術について講習を行わなければならないこととされており、講習内容や講習時間については、各都道府県の実情に応じて行われていた。
＊3　学論集H18⑴47頁～59頁参照
＊4　解釈運用基準第37－1

第38条～第38条の３　少年指導委員　*275*

　　また、少年指導委員の活動に関しては、その公務性を可能な限り明らかにするとともに、いやしくも関係者の正当な権利及び自由を侵害することのないように留意しなければならないとされている。^{＊5}

2　少年指導委員は、地方公務員法第３条第３項第３号に規定する「臨時又は非常勤の顧問、参与、調査員、嘱託員及びこれらの者に準ずる者の職」に該当する非常勤の特別職地方公務員であると解されている。^{＊6}

　　公安委員会は、地域の実情を踏まえて少年指導委員の活動区域を定め（少年指導委員規則第２条第１項）、当該活動区域内の状況に精通している者のうちから、本条第１項の資格要件を満たすか否かについて慎重に判断した上、適任者を少年指導委員として委嘱する。^{＊7＊8}

　　少年指導委員を委嘱する場合には、あらかじめ活動区域を定め、その活動区域ごとに行うものとされているが（少年指導委員規則第２条第１項）、少年指導委員の活動区域は、繁華街・歓楽街に限られず、それ以外であっても、風俗営業及び性風俗関連特殊営業等の営業所が存在し、その有害な環境から少年を守る必要が認められる地域であれば、活動区域として定めることができる。^{＊9}

3　少年の補導、援助等の少年指導委員の活動は、犯罪を摘発するためのものでは

＊5　解釈運用基準第37−6
＊6　学論集Ｈ18(1)48頁。したがって、刑法その他の罰則の適用に関しては、公務員として扱われることとなる。この点、少年指導委員と同様に少年の健全育成に関するボランティアとして各都道府県警察において委嘱されている少年補導員及び少年警察協助員が法律に基づく制度ではないことに比べると、身分に関して大きな違いがあるといえる。
＊7　解釈運用基準第37−2(1)
＊8　委嘱の要件は第38条第１項各号に掲げられているが、その意義については下記のとおりである（Ｓ59改正逐条181頁）。
　　○　人格及び行動について、社会的信望を有すること。（第１号）
　　　　人格識見共に優れ、日常生活における行動等においても地域住民に信頼されていることをいう。
　　○　職務の遂行に必要な熱意及び時間的余裕を有すること。（第２号）
　　　　少年に対する深い愛情と理解を示し、少年の健全な育成に資するための活動に積極的に参加しようという旺盛な熱意と使命感をもつとともに、自主的、自発的な活動を可能にするだけの自由な時間を有することをいう。
　　○　生活が安定していること。（第３号）
　　　　少年指導委員が自らの生活状態について問題がなく、その活動に専念できることを示し、具体的には、経済的にゆとりがあるということ、家庭的に円満であること等をいう。
　　○　健康で活動力を有すること。（第４号）
　　　　心身共に健康であり、その職務を行うことによって、精神的にも肉体的にも支障を来すことがなく少年指導委員の活動に従事できる状態であることをいう。
＊9　解釈運用基準第37−2(2)

276 第6章 雑 則

なく、有害環境から少年を守り、その健全な育成に資するためのものであり、第38条の2第1項の規定により公安委員会の指示に基づき行う立入りを除き、いずれも強制にわたる行為を行う権限ではないことに留意するものとされている。[*10]

第2項柱書きでは、少年指導委員は「風俗営業及び性風俗関連特殊営業等（中略）に関し」活動を行うこととされているが、これは、少年指導委員の活動は、少年がこれらの営業により有害な影響を受けないようにするために行われるものであるという趣旨であり、これらの営業の営業所の存する場所に少年指導委員の活動の場を限定するものではない。[*11]

第2項第1号の「補導」とは、人を助け導くことであって、「指導」と大体同じ意味であるが、本人の自主性を尊重して、本人が自ら社会的更生に努めたり、職業を修得したりするのを援助するというような感じの強い場合に用いられることが多いものと解されている。[*12][*13]

第2項の「少年の健全な育成に障害を及ぼす行為」とは、18歳未満の者を接待等に従事させたり、営業所に客として立ち入らせるなど法に違反する行為のほか、店舗型性風俗特殊営業等の営業停止事由となる「重大な不正行為」に当たるもの等をいう。[*14]

4　第3項に規定する少年指導委員の守秘義務は、平成17年の法改正により、少年指導委員が職務に関して知り得る秘密が従来に比べ質・量共に拡大することに鑑み、[*15]その職務に関して知り得た秘密の保護を図るため、罰則により担保することとされたものである。[*16]

5　第4項により、少年指導委員は「名誉職」とされている。「名誉職」とは、生活費としての俸給又は給料を受けない公職をいうが、職務に伴う実費の弁償や勤務に対する報酬、手当を受けることは妨げないものとされている。[*17]

6　公安委員会は、少年指導委員が適正かつ効果的に職務を遂行するために必要な

---

*10　解釈運用基準第37－3
*11　Ｓ59改正逐条182頁
*12　蔭山注解(2)477頁、学論集Ｈ18(1)52頁
*13　具体的には、少年に対する指導・助言、保護者に対する連絡のほか、監護権の発動を促すための少年の保護者への指導、学校・職場への連絡をはじめとする少年の健全な育成に資するための様々な任意手段による活動を指す（学論集Ｈ18(1)52頁）。
*14　蔭山注解(2)478頁、学論集Ｈ18(1)53頁
*15　具体的には、被害少年の援助のため被害少年の氏名、加害者の氏名等の秘密を取り扱う機会が増加すること、新たに立入りの実施に係る秘密を取り扱うこととなることなどが考えられた。
*16　蔭山注解(2)478頁、学論集Ｈ18(1)58頁
*17　蔭山注解(2)479頁、学論集Ｈ18(1)48頁

知識及び技能を修得させるため、第5項に規定する研修を実施するものとされている[18]。このように、少年指導委員に対する研修が法定化されたのは、少年指導委員の職務が法定化されるとともに、少年指導委員による風俗営業の営業所等への立入りの規定が新設されたことに伴い、少年指導委員の職務につき一層の適正な執行を確保する必要があると考えられたためである[19]。

7　第6項の規定により少年指導委員を解嘱しようとするときは、当該少年指導委員に対し、あらかじめその理由を通知して、弁明の機会を与えなければならないとされている（少年指導委員規則第8条）[20]。

第38条の2

1　本条が少年指導委員による立入りについて規定しているのは、風俗営業の営業者等による少年の健全な育成に障害を及ぼす行為を防止するためには、営業所への立入りに関して、警察職員によるものだけでなく、必要に応じてこれを補完し、地域と密着している立場から、少年指導委員がこれらの営業所に立ち入り、営業者が少年の健全な育成に障害を及ぼす行為をしていないか確認するとともに、その遵法意識の向上を図ることが有効であると考えられたためである[21]。

2　本条第1項中「少年の健全な育成に障害を及ぼす行為を防止するため必要があると認めるとき」とは、具体的には、少年の健全育成のための施策を推進するために立入りをして少年の健全育成に障害を及ぼす行為を防止する場合等がこれに当たる[22]。

　また、同項の「この法律の施行に必要な限度において」とは、法第37条第2項に規定する警察職員の立入りと同様、行政上の指導、監督のため必要な場合に、法の目的の範囲内で必要最小限で行わなければならないことをいう。したがって、例えば、経営状態の把握のために会計帳簿や経理書類等の提出を求めたり、保健衛生上の見地から調理場の検査を行うこと等は認められない。

---

*18　解釈運用基準第37-4

*19　藤山注解(2)479頁、学論集H18(1)57頁

*20　少年指導委員の解嘱は、行政手続法第3条第1項第9号に該当し、同法の第2章から第4章の2までの規定は適用されないため、解嘱に当たって聴聞又は弁明の機会の付与を行う必要はないが、少年指導委員規則第8条の規定により、特に弁明の機会を付与することとしているものである（藤山注解(2)479頁参照）。

*21　学論集H18(1)54頁

*22　立入りに際しては、風俗営業の営業所等で、法に違反して18歳未満の者を一定の業務に従事させていないか、18歳未満の者を客として立ち入らせていないか、20歳未満の者に酒又はたばこを提供していないか、といった、少年を直接保護するための規制に対する違反の有無を中心に見分けることとなると考えられる（学論集H18(3)20頁）。

278　第6章　雑　則

　　なお、立入りの実施に当たっては、正当に営業している者に対して無用の負担
をかけるようなことがあってはならないと解されている。[*23]

3　立入りの対象となる営業所等については、法第37条第2項の規定による立入り
　と同様であるため、同項の解説（270頁）を参照されたい。
　　また、次に掲げる事項のほか、少年指導委員の立入りの方法については、法第
37条第2項の規定による立入りと同様であると解されている。[*24]

　　○　立入りは、警察職員が同行して、又は複数の少年指導委員により、行うも
　　　のとする。

　　○　調査の必要上質問を行う場合にあっては、原則として、営業者、従業者等
　　　営業者側の者に対する質問に限り、客に対する質問は、当該客が未成年者で
　　　あって、補導（第38条第2項第1号）又は援助（同項第3号）を行う必要が
　　　ある場合に限り行うこととする。

4　本条第2項の規定による指示は、あらかじめ文書により個別の少年指導委員に
　対して行うものとされている。
　　本条第2項中「立入りの場所」は、法第37条第2項各号に掲げる場所のいずれ
　であるかの別及び立入りを実施すべき地域（指示の対象となる少年指導委員の活
　動区域内に限る。）を示して特定すれば足りると解されている。また、指示によ
　り示す期日又は期間は、例えば「青少年の非行・被害防止全国強調月間」等の少
　年の健全育成に関する施策を推進する期間、公安委員会として立入りを必要と認
　める特定の日等を示して特定すれば足りると解されている。
　　なお、期間を示す場合には、過度に長期にならないように留意する必要がある
　とされている。[*25]

5　本条第3項の規定による報告は、立入り実施後、速やかに文書により行うもの
　とされている。複数の少年指導委員により立入りを実施した場合には、連名で報
　告書を作成し、これにより公安委員会に報告すれば足りると解されている。[*26][*27]

第38条の3

　　本条の規定に基づき、少年指導委員規則が定められている。同規則は、少年指導
委員の委嘱、研修、立入り等について定めている。

---

*23　解釈運用基準第37-5(1)
*24　解釈運用基準第37-5(3)
*25　解釈運用基準第37-5(4)
*26　解釈運用基準第37-5(5)
*27　報告の内容としては、実際に立ち入った営業所等の名称、立入りの日時等が必要となると解
　　されている（学論集H18(1)57頁）。

第38条の4　風俗環境保全協議会　*279*

【罰則】

　第38条第3項の規定に違反した者は、法第51条により処罰される（罰則：1年以下の懲役又は100万円以下の罰金）。

（風俗環境保全協議会）
第三十八条の四　公安委員会は、国家公安委員会規則で定めるところにより、風俗営業、特定遊興飲食店営業又は第三十三条第六項に規定する酒類提供飲食店営業の営業所が集中している地域その他の特に良好な風俗環境の保全を図る必要があるものとして都道府県の条例で定める地域ごとに、当該地域を管轄する警察署長、当該地域の風俗営業若しくは特定遊興飲食店営業の営業所の管理者又は当該酒類提供飲食店営業を営む者、少年指導委員、地域住民その他の関係者により構成される風俗環境保全協議会（以下この条において「協議会」という。）を置くように努めるものとする。
2　協議会は、風俗営業、特定遊興飲食店営業又は第三十三条第六項に規定する酒類提供飲食店営業に関し、地域における良好な風俗環境の保全に障害を及ぼすおそれのある事項についての情報を共有し、関係者の連携の緊密化を図るとともに、地域における良好な風俗環境の保全に対するこれらの営業による悪影響を排除するために必要な対策について協議を行うものとする。
3　協議会の事務に従事する者又は当該者であつた者は、当該事務に関して知り得た秘密を漏らしてはならない。
4　前三項に定めるもののほか、協議会の組織及び運営に関し必要な事項は、協議会が定める。

参照：施行規則第110条

【趣旨】

　本条は、風俗環境保全協議会について規定するものである。

【沿革】

　本条の規定は、平成27年の法改正により新たに設けられたものである。

　同改正では、特定遊興飲食店営業に関する規定を整備するとともに、風俗営業の営業時間の制限を緩和することとされたが、一方で、深夜に客にダンスと飲酒をさせる営業については、周辺地域の風俗環境に多大な影響を与えており、地域住民との間でしばしば紛議が生じていたところであり、客にダンス以外の遊興と飲酒をさ

せる営業や風俗営業を夜通し営んだ場合にも、歓楽的・享楽的雰囲気が過度なものとなって、同様の問題が生じることが予想された。また、一部の深夜酒類提供飲食店営業についても、営業に伴う騒音、営業所周辺での酔客のい集、年少者の立入り等の問題が発生していた。

この種の問題については、本来、その一因を生み出した営業者が地域住民の苦情、要望等を踏まえつつ自主的な取組により解決していくことが望ましい。しかし、問題を生じさせている営業者を特定できない場合があること、個々の営業者のみでは対応が困難な問題も存在すること、利害が対立し得る営業者と地域住民の間で十分な意思疎通が図られない可能性があること等から、個々の営業者と地域住民の対話によって全ての問題の解決を図ることは困難と考えられた。また、特定遊興飲食店営業については、適切な自主規制活動を期待できる営業者団体が存在していない状況にあった。

このため、本条の規定により、営業者と地域住民のみならず、当該地域を管轄する警察署長その他の関係者を含めた協議会を設置し、深夜営業に伴う問題についての情報を共有するとともに、当該問題の発生の防止及び発生時の速やかな解決に向けた協議を行うこととしたものである。[*1]

【解釈・運用】

1 風俗環境保全協議会を設置する地域としては、一般には風俗営業の営業延長許容地域や特定遊興飲食店営業の営業所設置許容地域の全部又は一部を指定することが想定されるが、例えばこれらの地域に隣接する地域についても、特に良好な風俗環境の保全を図る必要がある場合には、併せて指定することも可能である。[*2]

2 風俗環境保全協議会においては、風俗営業、特定遊興飲食店営業等の深夜における営業に伴う問題のうち、個々の営業者のみでは対応が困難なものについて、地域住民の意見を反映させながら、その防止や迅速な解決に向けた協議を行うことが想定される。具体的には、例えば、不特定多数の営業所から出てきた酔客のい集が問題となっている場合に、地域住民、警察署長、地方公共団体職員等が当該問題を営業者に対して指摘するとともに、路上の巡回と酔客への注意喚起、酔客が路上に捨てるごみの掃除等を各営業者が連携して行うなどの対策について協議することが考えられる。[*3]

---

*1 学論集H27(1)102頁
*2 学論集H27(1)103頁
*3 学論集H27(1)104頁

第39条　都道府県風俗環境浄化協会　*281*

3　風俗環境保全協議会においては、個別の問題や苦情について協議する過程で、個人のプライバシーに関わる事項をはじめとする公にすることが適当でない事項を取り扱う可能性があることから、当該協議会の事務に従事する者又は当該者であった者に対して守秘義務を課すこととしている。[*4]

　なお、地方自治法第138条の4第3項は、「普通地方公共団体は、法律又は条例の定めるところにより、執行機関の附属機関として自治紛争処理委員、審査会、審議会、調査会その他の調停、審査、諮問又は調査のための機関を置くことができる。」と規定しているが、風俗環境保全協議会は調停、審査、諮問又は調査のための機関とはいえないことから、都道府県公安委員会の附属機関には該当しない。また、風俗環境保全協議会においては、地域住民等は営業者に対して問題解決に向けた自主的な対策を求め、営業者は地域住民等の要望を把握して自主的な対策を検討することになるが、このような各構成員の職務は都道府県の事務であるとは言い難いことから、当該協議会の構成員の職は地方公務員法第3条第3項の特別職には当たらないと解される。[*5]

4　施行規則第110条により、風俗環境保全協議会の委員は公安委員会が委嘱することとされている。

【罰則】

　第3項の規定に違反した者は、法第51条により処罰される（罰則：1年以下の懲役又は100万円以下の罰金）。

（都道府県風俗環境浄化協会）

第三十九条　公安委員会は、善良の風俗の保持及び風俗環境の浄化並びに少年の健全な育成を図ることを目的とする一般社団法人又は一般財団法人であつて、次項に規定する事業を適正かつ確実に行うことができると認められるものを、その申出により、都道府県に一を限つて、都道府県風俗環境浄化協会（以下「都道府県協会」という。）として指定することができる。

2　都道府県協会は、当該都道府県の区域内において、次に掲げる事業を行うものとする。

　一　風俗環境に関する苦情を処理すること。

＊4　学論集H27(1)104頁
＊5　同上

二　この法律に違反する行為を防止するための啓発活動を行うこと。

三　少年指導委員の活動を助けること。

四　善良の風俗の保持及び風俗環境の浄化並びに少年の健全な育成に資するための民間の自主的な組織活動を助けること。

五　公安委員会の委託を受けて第二十四条第六項（第三十一条の二十三において準用する場合を含む。）の講習を行うこと。

六　公安委員会の委託を受けて第三条第一項又は第三十一条の二十二の許可の申請に係る営業所に関し、第四条第二項第一号若しくは第二号又は同条第三項第二号から第四号まで（これらの規定を第三十一条の二十三において準用する場合を含む。）に該当する事由の有無について調査すること。

七　公安委員会の委託を受けて第九条第一項（第三十一条の二十三において準用する場合を含む。）の承認又は第十条の二第一項（第三十一条の二十三において準用する場合を含む。）の認定の申請に係る営業所の構造及び設備が第四条第二項第一号（第三十一条の二十三において準用する場合を含む。）の技術上の基準に適合しているか否かについて調査すること。

八　前各号の事業に附帯する事業

3　公安委員会は、都道府県協会の財産の状況又はその事業の運営に関し改善が必要であると認めるときは、都道府県協会に対し、その改善に必要な措置を採るべきことを命ずることができる。

4　公安委員会は、都道府県協会が前項の規定による命令に違反したときは、第一項の指定を取り消すことができる。

5　都道府県協会の役員若しくは職員又はこれらの職にあつた者は、第二項第六号又は第七号の規定による調査の業務（次項において「調査業務」という。）に関して知り得た秘密を漏らしてはならない。

6　調査業務に従事する都道府県協会の役員又は職員は、刑法その他の罰則の適用に関しては、法令により公務に従事する職員とみなす。

7　都道府県協会の指定の手続その他都道府県協会に関し必要な事項は、国家公安委員会規則で定める。

【趣旨】

　本条は、都道府県風俗環境浄化協会（以下「都道府県協会」という。）について規定するものである。

第39条　都道府県風俗環境浄化協会　*283*

【沿革】

　本条の規定は、昭和59年の法改正により、善良の風俗の保持及び風俗環境の浄化並びに少年の健全な育成を図るための民間の自主的な活動を促進するために設けられたものである。[1][2]

　その後、平成10年の法改正において、風俗営業の営業所が本人の責めに帰することができない事由により滅失した場合の許可の特例制度及び特例風俗営業者の認定制度が設けられたほか、性風俗特殊営業広告及び宣伝に関する規定の整備が行われたことから、これらに関する事務のうち、都道府県協会の業務になじむものを委託又は自主業務として追加することとされた。[3][4]

【解釈・運用】

1　都道府県協会は、民間における環境浄化の機運を一層促進するため、下記3に掲げるような任意的な活動を行う民間団体である。その活動は、許可申請書類等の記載の代行等を行うものではなく、風俗営業者等の自主性を尊重して行うものである。[5]

2　都道府県協会の指定の具体的な手続等は、浄化協会規則第1条から第3条まで

---

[1]　S59改正逐条187頁

[2]　すなわち、風俗環境の浄化については、警察の指導等のみでその成果が期待できるものではなく、広く民間の協力があって初めて目的を達することができると考えられるところ、風俗環境浄化のための苦情処理や啓発活動に当たっては、暴力団や悪質な営業者を相手としたり、一般の住民に対して助言を行う必要があることから、法律上風俗環境の浄化を担うべき団体としてオーソライズすることで、社会における地位を明確にし、その活動が長く実効性が上がるようにする必要があると考えられたものである（昭和59年7月19日参議院地方行政委員会古山説明員（議事録25頁）参照）。

[3]　学論集H11(2)110頁

[4]　このほか、平成27年の法改正では、特定遊興飲食店営業が新たに法の規制対象とされたことに伴う所要の改正がなされた。また、同改正ではダンスホール等営業が法の規制対象から除外されたが、その場合、「出会い系ダンスホール」、「JKダンススクール」等のいかがわしい営業が出現したりすることが懸念されたところ、こうした不健全な営業を防止するためには、関係団体による営業の健全性の保持のための自主的な取組を促進・支援することも重要であると考えられた。このため、浄化協会規則を改正し、風俗環境浄化協力団体（都道府県協会又は全国協会との合意に基づいてこれらと協力して善良の風俗の保持及び風俗環境の浄化並びに少年の健全な育成を図ることを目的とする団体）に係る届出制度を設け、届出をした当該団体に対して国家公安委員会又は都道府県公安委員会が必要な助言、指導その他の措置を講ずることができる旨を明記することとした（この改正により、浄化協会規則の題名が「風俗環境浄化協会に関する規則」から「風俗環境浄化協会等に関する規則」に改められた。）（学論集H27(1)70頁参照）。

[5]　解釈運用基準第38-1

において定められている。

　各都道府県においては、それぞれの都道府県の防犯協会が都道府県協会として指定されている。

3　第2項各号に掲げる事業は、具体的には、次のような事業をいう。[*6]

　○　苦情処理

　　　住民等から風俗環境に関する苦情を受理し、業界団体、警察等に連絡すること等によりその解決を図ること。

　○　啓発活動

　　　街頭での客引きや悪質なビラ貼り等の一掃の呼び掛け、広報紙の発行等を行うこと。

　○　少年指導委員の活動の援助

　　　少年指導委員に対する情報の提供等を行うこと。

　○　民間の自主的な組織活動の支援

　　　違法な広告物の除却活動を行っている団体に対して、必要な資材等の貸出等を行うこと。

　○　委託事業

　　　公安委員会の委託を受けて、管理者講習、調査等の業務を行うこと。

　　　調査業務については、浄化協会規則第4条に規定するとおり調査員には厳格な要件を課しており、公正かつ的確な調査業務の実施を期することとしている。

　○　附帯事業

　　　風俗環境の浄化のため必要な出版活動等を行うこと。

4　第5項は、都道府県協会の役員若しくは職員又はこれらの職にあった者は、第2項第6号又は第7号の規定による調査の業務（調査業務）に関して知り得た秘密を漏らしてはならないこととしている。このように、調査業務に従事する者に守秘義務を課すこととしたのは、調査業務に際して風俗営業の許可申請をしている者又は風俗営業者にとって秘密に当たる事項を知る可能性があるためである。

　　また、第6項は、調査業務に従事する都道府県協会の役員又は職員は、刑法その他の罰則の適用に関しては、法令により公務に従事する職員とみなすこととしている。

5　第7項の規定に基づき浄化協会規則が定められている。上記2のとおり、同規則は都道府県協会の指定の具体的な手続等について定めている。

＊6　解釈運用基準第38-2

【罰則】

第5項の規定に違反した者は、法第51条により処罰される（罰則：1年以下の懲役又は100万円以下の罰金）。

（全国風俗環境浄化協会）

第四十条　国家公安委員会は、都道府県協会の健全な発達を図るとともに、善良の風俗の保持及び風俗環境の浄化並びに少年の健全な育成を図ることを目的とする一般社団法人又は一般財団法人であつて、次項に規定する事業を適正かつ確実に行うことができると認められるものを、その申出により、全国に一を限つて、全国風俗環境浄化協会（以下「全国協会」という。）として指定することができる。

2　全国協会は、次に掲げる事業を行うものとする。

　一　風俗環境に関する苦情の処理に係る業務を担当する者その他都道府県協会の業務を行う者に対する研修を行うこと。

　二　この法律に違反する行為を防止するための二以上の都道府県の区域における啓発活動を行うこと。

　三　少年の健全な育成に及ぼす風俗環境の影響に関する調査研究を行うこと。

　四　都道府県協会の事業について、連絡調整を図ること。

　五　前各号の事業に附帯する事業

3　前条第三項、第四項及び第七項の規定は、全国協会について準用する。この場合において、同条第三項中「公安委員会」とあるのは「国家公安委員会」と、同条第四項中「公安委員会」とあるのは「国家公安委員会」と、「第一項」とあるのは「次条第一項」と読み替えるものとする。

〈第四十条第三項の規定による準用後の第三十九条第三項、第四項及び第七項〉

（都道府県風俗環境浄化協会）

第三十九条

3　国家公安委員会は、全国協会の財産の状況又はその事業の運営に関し改善が必要であると認めるときは、全国協会に対し、その改善に必要な措置を採るべきことを命ずることができる。

4　国家公安委員会は、全国協会が前項の規定による命令に違反したときは、次条第一項の指定を取り消すことができる。

7　全国協会の指定の手続その他全国協会に関し必要な事項は、国家公安委員会

286　第6章　雑　　則

> 規則で定める。

【趣旨】

　本条は、全国風俗環境浄化協会（以下「全国協会」という。）について規定する
ものである。

【沿革】

　本条の規定は、善良の風俗の保持等のための民間の自主的な活動を促進するた
め、昭和59年の法改正により、都道府県協会に係る規定と併せて設けられたもので
ある。[*1*2]

【解釈・運用】

1　全国協会の指定の具体的な手続等については、浄化協会規則第8条の規定によ
り第1条から第3条までの規定が準用されている。

　　全国協会については、昭和60年2月13日付けで「財団法人全国防犯協会連合
会」が指定されている。なお、公益法人制度改革に伴い、現在は「公益財団法人
全国防犯協会連合会」となっている。

2　第2項各号に掲げる事業の意義は、次のとおりである。[*3]

　○　都道府県協会の業務担当者に対する研修

　　都道府県協会の事業として行う風俗環境に関する苦情処理業務等の適正を図
るため、これら業務に関する研修を行うもの。

　○　啓発活動

　　都道府県協会の行う啓発活動は、都道府県の区域内に限られるものであるこ
とから、2以上の都道府県の区域における啓発活動が全国協会の事業とされて
いるもの。

　○　少年の健全な育成に及ぼす風俗環境の影響に関する調査研究

　　全国協会が全国的な視野において、風俗環境の影響に関する各種資料や統計

＊1　S59改正逐条192頁
＊2　昭和59年の法改正当時は、指定の対象は「民法第34条の法人」と規定されていたが、一般社
　団法人及び一般財団法人に関する法律及び公益社団法人及び公益財団法人の認定等に関する法
　律の施行に伴う関係法律の整備等に関する法律（平成18年法律第50号）により、「一般社団法
　人又は一般財団法人」に改められた。
＊3　学論集H8(2)112頁

等を収集し得る立場にあることから、全国協会の事業とされているもの。

○ 都道府県協会の事業についての連絡調整

都道府県協会の行う活動が全国的に統一されたものとなるよう、全国協会の事業とされているもの。

○ 附帯事業

これらの事業に附帯する事業としては、例えば風俗環境浄化のため必要な文書等のあっせん、販売等が該当する。

3 第3項の規定に基づき、浄化協会規則第8条は、同規則の都道府県協会に係る規定を全国協会について準用することとしている。

（聴聞の特例）

第四十一条 公安委員会は、第二十六条、第三十条第一項若しくは第三項、第三十一条の五第一項、第三十一条の六第二項第二号、第三十一条の十五第一項、第三十一条の二十、第三十一条の二十一第二項第二号、第三十一条の二十五、第三十四条第二項、第三十五条、第三十五条の二若しくは第三十五条の四第二項若しくは第四項第二号の規定により営業の停止を命じ、又は第三十条第二項、第三十一条の五第二項、第三十一条の六第二項第三号若しくは第三十一条の十五第二項の規定により営業の廃止を命じようとするときは、行政手続法（平成五年法律第八十八号）第十三条第一項の規定による意見陳述のための手続の区分にかかわらず、聴聞を行わなければならない。

2 第八条（第三十一条の二十三において準用する場合を含む。第四項及び次条において同じ。）、第十条の二第六項（第三十一条の二十三において準用する場合を含む。第四項において同じ。）、第二十六条、第三十条、第三十一条の五第一項若しくは第二項、第三十一条の六第二項第二号若しくは第三号、第三十一条の十五、第三十一条の二十、第三十一条の二十一第二項第二号、第三十一条の二十五、第三十四条第二項、第三十五条、第三十五条の二、第三十五条の四第二項若しくは第四項第二号又は第三十九条第四項（前条第三項において準用する場合を含む。）の規定による処分に係る聴聞を行うに当たつては、その期日の一週間前までに、行政手続法第十五条第一項の規定による通知をし、かつ、聴聞の期日及び場所を公示しなければならない。

3 前項の通知を行政手続法第十五条第三項に規定する方法によつて行う場合においては、同条第一項の規定により聴聞の期日までにおくべき相当な期間は、二週間を下回つてはならない。

288 第6章 雑 則

4 第八条、第十条の二第六項、第二十六条、第三十条、第三十一条の五第一項
若しくは第二項、第三十一条の六第二項第二号若しくは第三号、第三十一条の
十五、第三十一条の二十、第三十一条の二十一第二項第二号、第三十一条の
二十五、第三十四条第二項、第三十五条、第三十五条の二、第三十五条の四第
二項若しくは第四項第二号又は第三十九条第四項（前条第三項において準用す
る場合を含む。）の規定による処分に係る聴聞の期日における審理は、公開に
より行わなければならない。

参照：施行規則第111条

【趣旨】
　本条は、法に規定する処分に係る聴聞の特例について規定するものである。

【沿革】
　本条は、昭和23年の風俗営業取締法制定時に、法に規定する処分を行う際の聴聞
の手続を定める規定として設けられた。
　その後、平成5年に行政庁が処分を行おうとする場合の手続に関する一般法であ
る行政手続法が制定されたところ、本条に規定する手続については行政手続法の規
定に比してより手厚い手続保障が図られていたことから、本条は同法に対する特例
を定める規定に改められたものである。

【解釈・運用】
1　第1項に列挙される処分については、行政手続法第13条第1項の規定による意
　見陳述のための手続の区分では弁明の機会の付与で足りるとされるところ、同法
　の特例として聴聞を行わなければならないこととされている。
2　行政手続法第15条第1項は、聴聞を行うべき期日までに「相当な期間」をおい
　て聴聞の通知をしなければならないこととされているところ、第2項に列挙され
　る処分については、聴聞の期日の少なくとも「一週間前までに」聴聞の通知をし
　なければならないこととされている。また、第2項では聴聞の期日及び場所を公
　示しなければならないこととしているが、行政手続法ではこうした規定は設けら
　れていない。
3　第3項では、第2項に列挙される処分に係る聴聞の通知が行政手続法第15条第
　3項による場合（不利益処分の名あて人となるべき者の所在が判明しない場合に
　おける掲示）は、同条第1項の規定により聴聞の期日までにおくべき「相当な期

間」は、「二週間を下回ってはならない」こととされている。

4　行政手続法第20条第6項では、聴聞の期日における審理は、行政庁が公開することを相当と認めるときを除き、公開しないこととされているところ、第4項に列挙される処分に係る聴聞の期日における審理は、公開により行わなければならないこととされている。

（行政手続法の適用除外）

第四十一条の二　公安委員会がそのあらかじめ指定する医師の診断に基づき第四条第一項第四号（第三十一条の二十三において準用する場合を含む。）に該当すると認めた者について行う第八条の規定による処分については、行政手続法第三章（第十二条及び第十四条を除く。）の規定は、適用しない。

【趣旨】

　本条は、公安委員会がそのあらかじめ指定する医師の診断に基づきアルコール、麻薬、大麻、あへん又は覚醒剤の中毒者に該当すると認めた風俗営業者又は特定遊興飲食店営業者について行う許可の取消処分については、行政手続法第3章（第12条及び第14条を除く。以下この条の解説において同じ。）の規定を適用しないこととするものである。

【沿革】

　本条は、平成5年の行政手続法制定時に設けられた。こうした規定が設けられたのは、アルコール、麻薬、大麻、あへん又は覚醒剤の中毒者に該当するか否かは、公安委員会が指定した医師が医学的知見に基づいて判断することが可能であり、専門家である指定医による当該欠格事由に該当する旨の診断がある場合には、当該欠格事由に該当する事実の有無について相手方の意見を聴く実益に乏しいことから、行政手続法第3章の規定を適用し被処分者の権利保護を図る必要がないためである。

【解釈・運用】

　本条の規定による診断を行う医師の指定は、精神保健及び精神障害者福祉に関する法律（昭和25年法律第123号）第18条第1項の規定により精神保健指定医に指定された医師のうちから行うものとし、当該医師を指定したときは公示するものとさ

290　第6章　雑　則

れている。また、これらの旨を都道府県公安委員会規則に定めておくことが望ましいと解されている。^{*1}

（国家公安委員会への報告等）

第四十一条の三　公安委員会は、次の各号に掲げる場合のいずれかに該当するときは、国家公安委員会規則で定める事項を国家公安委員会に報告しなければならない。この場合において、国家公安委員会は、当該報告に係る事項を各公安委員会に通報するものとする。

　一　第三条第一項若しくは第三十一条の二十二の許可若しくは第七条第一項、第七条の二第一項若しくは第七条の三第一項（これらの規定を第三十一条の二十三において準用する場合を含む。）の承認をし、又は第三十一条の二第一項、同条第二項（第三十一条の七第二項及び第三十一条の十七第二項において準用する場合を含む。）、第三十一条の七第一項若しくは第三十一条の十七第一項の届出書を受理した場合

　二　第二十五条、第二十六条第一項、第三十一条の四第一項、第三十一条の五第一項若しくは第二項、第三十一条の六第二項、第三十一条の九第一項、第三十一条の十、第三十一条の十一第二項、第三十一条の十九第一項、第三十一条の二十、第三十一条の二十一第二項、第三十一条の二十四、第三十一条の二十五第一項又は第三十五条の四第一項、第二項若しくは第四項の規定による処分をした場合

2　前項に規定するもののほか、公安委員会は、風俗営業者、無店舗型性風俗特殊営業、映像送信型性風俗特殊営業若しくは無店舗型電話異性紹介営業を営む者、特定遊興飲食店営業者若しくは接客業務受託営業を営む者若しくはこれらの代理人等が同項第二号に規定する処分の事由となる行為若しくは違反行為をし、又は風俗営業者、無店舗型性風俗特殊営業、映像送信型性風俗特殊営業若しくは無店舗型電話異性紹介営業を営む者、特定遊興飲食店営業者若しくは接客業務受託営業を営む者が同号に規定する処分に違反したと認める場合には、風俗営業若しくは特定遊興飲食店営業の営業所の所在地又は当該行為若しくは当該違反行為が行われた時における無店舗型性風俗特殊営業、映像送信型性風俗特殊営業、無店舗型電話異性紹介営業若しくは接客業務受託営業の事務所の所在地を管轄する公安委員会に対し、国家公安委員会規則で定める事項を通報

---

*1　解釈運用基準第32−1(1)

第41条の3　国家公安委員会への報告等　　*291*

> しなければならない。

参照：令第30条、施行規則第113条

【趣旨】

　本条は、国家公安委員会への報告等について規定するものである。

【沿革】

　本条の規定は、平成10年の法改正により新たに設けられた。同改正では、無店舗型性風俗特殊営業、映像送信型性風俗特殊営業及び接客業務受託営業が新たに規制の対象とされたが、これらの営業は複数の都道府県の区域にまたがって営まれることが予想され、これらの営業に関する事務を適正に行うためには、各都道府県間での緊密な情報の交換が必要であると考えられた。また、風俗営業に関しても、一の風俗営業者が複数の都道府県において営業を営んでいる場合があるところ、特例風俗営業者の認定制度の運用に際し、各都道府県間での情報交換が必要となっていた。そこで、本条の規定により国家公安委員会への報告の制度を設け、各公安委員会の保有する情報の共有化を図ることとしたものである。[1]

【解釈・運用】

1　第1項では公安委員会は「国家公安委員会に報告しなければならない」とするとともに、国家公安委員会は、「当該報告に係る事項を各公安委員会に通報するものとする」としているのに対し、第2項では公安委員会は「所在地を管轄する公安委員会に対し……通報しなければならない」としているが、これは、報告等に係る事項が個人のプライバシーに係るものであることに鑑み、必要最小限の関係公安委員会に通報がなされるよう、情報の性格により区分したことによるものである。[2][3]

2　第2項に規定する「通報」に関し、無店舗型性風俗特殊営業、映像送信型性風俗特殊営業、無店舗型電話異性紹介営業及び接客業務受託営業については、これ

＊1　学論集H11⑵111頁
＊2　学論集H11⑵111頁
＊3　例えば、無店舗型性風俗特殊営業について、届出の有無及び届出先の公安委員会に関する情報や、行政処分が行われた場合のその内容等は全ての公安委員会が承知しておくべきことであるが、ある営業者等について違反行為を認知した場合は、その処分権限のある公安委員会にのみ通報すれば足りると考えられる（学論集H11⑵112頁）。

らに係る違反行為が行われた時における事務所の所在地を管轄する公安委員会に
行うこととされていることから、営業に係る届出書が提出されている公安委員会
とは必ずしも一致しない。
3　本条に基づく国家公安委員会の事務（報告の受理及び公安委員会への通報）に
関しては、令第30条により、警察庁長官に委任されている。

（飲食店営業等の停止の通知）
第四十二条　公安委員会は、第二十六条第二項、第三十一条の二十五第二項若し
　くは第三十四条第二項の規定により飲食店営業に係る営業の全部若しくは一部
　の停止を命じたとき、第三十条第三項の規定により浴場業営業、興行場営業、
　旅館業若しくは住宅宿泊事業に係る営業の全部若しくは一部の停止を命じたと
　き、又は第三十五条の規定により興行場営業に係る営業の全部若しくは一部の
　停止を命じたときは、速やかに、当該営業の所轄庁に処分の内容及び理由を通
　知しなければならない。

【趣旨】

　本条は、公安委員会による所轄庁に対する飲食店営業の営業の停止等の通知につ
いて規定するものである。

【沿革】

　本条は、昭和39年の法改正により飲食店営業の営業の停止に係る規定が設けられ
た際に併せて設けられた。その後の法改正により、各営業の停止に係る規定が新た
に設けられるなどしたことに伴い[*1]、本条の規定についても所要の改正がなされた。

＊1　具体的には次のとおり。序説の解説（1頁）も参照されたい。
　　○　昭和41年の法改正により、個室付浴場業及び興行場営業の営業の停止について新たに規定
　　　された。
　　○　昭和59年の法改正により、第26条第2項及び第34条第2項において飲食店営業に係る営業
　　　の停止について、第30条第3項において浴場業営業、興行場営業若しくは旅館業に係る営業
　　　の停止について、第35条において興行場営業に係る営業の停止について規定されることと
　　　なった。
　　○　平成27年の法改正により、第31条の25第2項において特定遊興飲食店営業を営む者に対す
　　　る当該施設を用いて営む飲食店営業に係る営業の停止について規定された。
　　○　平成29年の住宅宿泊事業法の制定に伴う法改正により、住宅宿泊事業の営業の停止につい
　　　て新たに規定された。

第43条　手　数　料　*293*

【解釈・運用】

1　本条は、公安委員会が、飲食店営業、浴場業営業、興行場営業、旅館業又は住宅宿泊事業に対し営業の停止を命じたときは、これらの営業につき監督権を有する所轄庁の行政監督上の便宜のため、これに対して通知を行うことを定めたものである。[*2]

2　本条の「所轄庁」とは、食品衛生法、公衆浴場法、興行場法、旅館業法又は住宅宿泊事業法の規定により、上記1に列挙するそれぞれの営業について監督権限を有する機関を意味し、具体的には都道府県知事、市長、区長等をいう。[*3]

（手数料）

第四十三条　都道府県は、第三条第一項の許可又は第二十条第十項において準用する第九条第一項の承認に係る手数料の徴収については、政令で定める者から、実費を勘案して政令で定める額（第四条第四項に規定する営業に係る営業所に設置する遊技機に第二十条第二項の認定を受けた遊技機以外の遊技機（同条第四項の検定を受けた型式に属するものを除く。）がある場合にあつては、実費の範囲内において同条第八項の政令で定める認定の事務に係る手数料の額を勘案して政令で定める額）を徴収することを標準として条例を定めなければならない。

参照：令第29条

【趣旨】

　本条は、都道府県が法第3条第1項の許可又は第20条第10項において準用する第9条第1項の承認に係る手数料を徴収する場合における標準について規定するものである。

【沿革】

　本条は、従前は「都道府県が、公安委員会の行う風俗営業の許可に関する事務について、条例で定めるところにより手数料を徴収する場合においては、その額は、一万二千円を超えることができない。」と定めて具体的な金額は条例により定めることとしていたものを、昭和59年の法改正で許可の手続を全国的に統一することと

---

*2　S59改正逐条196頁
*3　藤山注解(2)515頁

294 第6章 雑　則

したことに伴い、風俗営業の許可を受けようとする者等は、実費を勘案して政令第29条で定める額の手数料を、条例で定めるところにより都道府県に納めなければならないこととして手数料の額を全国的に統一したものである。

　その後、地方分権の推進を図るための関係法律の整備等に関する法律（平成11年法律第87号）により地方自治法が改正され、手数料については条例でこれを定めなければならないこととされ、また、手数料について全国的に統一して定めることが特に必要と認められる事務については、令で定める事務及び額を標準として条例を定めなければならないこととされた（地方自治法第228条第1項）^{*1}。これにより、本条は、法に基づく事務に係る手数料のうち、法第3条第1項の許可又は法第20条第10項において準用する第9条第1項の承認に係るものについては、例外的に法の委任に基づいて定められた令を標準として条例を定めることとするものに改められた。

【解釈・運用】

1　風俗営業のうち、ぱちんこ屋を含む4号営業の許可及び遊技機の変更の承認に係る手数料の標準額は、遊技機の基準等の国家公安委員会規則で定める専門的な内容を踏まえて定める必要があり、地方公共団体の手数料の標準に関する政令（平成12年政令第16号。以下「標準政令」という。）ではなく令において定めることが体系的に一貫し、分かりやすさ、一覧性等に資するものである。また、4号営業以外の風俗営業の許可に関する事務についても、法律上同じ風俗営業の許可に関する事務であることから、地方公共団体及び住民に対する分かりやすさ、一覧性等に資するという観点から、手数料の標準額を令で統一的に定めることが適当である。

　　そこで、これらの事務については、本条の規定に基づき、令第29条において手数料の標準額を規定している。

2　また、法では、遊技機の基準については高度な専門的判断を必要とすることから国家公安委員会規則で定めることとしており、遊技機の認定及び型式の検定に係る手数料の標準額は、この国家公安委員会規則で定める内容を踏まえて定める必要がある。このため、これを規定するのは標準政令ではなく令とすることが体

＊1　地方分権推進計画（平成10年5月29日閣議決定）においては、「手数料について、全国的に統一した取扱が特に必要と認められる場合には、国は、条例で規定する場合の手数料の対象事務及び金額の標準を法令で定めることとする」とされており、当該「法令」については、「地方公共団体及び住民に対するわかりやすさ、一覧性等に資するという観点から、地方自治法に基づき制定する政令とすることを原則とする」とされている。

系的に一貫し、分かりやすさ、一覧性等に資するものである。

　そこで、遊技機の認定及び型式の検定関係の事務については、法第20条第8項の規定に基づき、令第14条において手数料の標準額を規定している。

3　上記1及び2以外の事務については、標準政令において手数料の標準額を規定している。

（風俗営業者の団体等）

第四十四条　風俗営業者が風俗営業の業務の適正化と風俗営業の健全化を図ることを目的として組織する団体及び特定遊興飲食店営業者が特定遊興飲食店営業の業務の適正化と特定遊興飲食店営業の健全化を図ることを目的として組織する団体は、その成立の日から三十日以内に、内閣府令で定めるところにより、国家公安委員会又は公安委員会に、名称、事務所の所在地その他の内閣府令で定める事項を届け出なければならない。

2　国家公安委員会又は公安委員会は、前項の規定による届出をした団体の自主的な活動の促進を図るため、必要な助言、指導その他の措置を講ずるように努めなければならない。

参照：令第30条、内閣府令第27条～第29条

【趣旨】

　本条は、風俗営業者等の団体の届出等について規定するものである。

【沿革】

　本条の規定は、昭和59年の法改正により新たに設けられた。それまでも、幾つかの県においては、風俗営業者の団体の届出に関する規定が条例で設けられていたが、法の目的を行政庁の措置のみにより果たすことは困難であることから、国家公安委員会又は公安委員会が、風俗営業者の団体を把握した上で、当該団体による自主的な健全化のための活動を支援するため、昭和59年の法改正により、これを法律事項とし、全国的に統一することとされたものである。[*1]

　その後、平成27年の法改正では、新たに法の規制対象とされた特定遊興飲食店営業についても、営業者の団体による自主的な健全化のための活動を支援する必要性が認められたことから、営業者の団体の届出制の対象に加えることとされた。[*2]ま

---

*1　S59改正逐条204頁、学論集H27(1)105頁

296　第6章　雑　則

た、同年の法改正では、第2項が新設され、国家公安委員会又は公安委員会は、届出をした風俗営業者の団体及び特定遊興飲食店営業者の団体の自主的な活動の促進を図るため、必要な助言、指導その他の措置を講ずるように努めなければならないこととされた。風俗営業者の届出団体に対する助言、指導等は、従来からなされてきたところであるが、この改正を機に、届出を受理した国家公安委員会又は公安委員会が行うべき措置として明記することとされたものである。[*3]

【解釈・運用】

1　届出をしなければならない団体は、風俗営業者又は特定遊興飲食店営業者が組織する団体であって、当該団体の目的が風俗営業又は特定遊興飲食店営業の健全化と風俗営業又は特定遊興飲食店営業の業務の適正化にあるものであればよく、他の目的を併せ持つ団体もこれに含まれる。[*4]また、団体の構成員が全て風俗営業者又は特定遊興飲食店営業者である必要はない。[*5]

2　風俗営業者又は特定遊興飲食店営業者の団体による自主的活動については、営業延長許容地域又は営業所設置許容地域の指定及び変更の際に考慮すべき配慮要件とされている（令第9条第2号及び第22条第2号参照）。[*6]

3　届出の手続については内閣府令第27条及び第29条において、届出事項については内閣府令第28条において、それぞれ定められている。

（警察庁長官への権限の委任）

第四十五条　この法律又はこの法律に基づく命令の規定により国家公安委員会の権限に属する事務は、政令で定めるところにより、警察庁長官に委任することができる。

【趣旨】

　本条は、国家公安委員会の権限に属する事務の警察庁長官への委任について規定するものである。本条の規定により、法又は法に基づく命令の規定により国家公安委員会の権限に属する事務は、令で定めるところにより、警察庁長官に委任するこ

＊2　学論集H27(1)105頁
＊3　学論集H27(1)106頁
＊4　解釈運用基準第39
＊5　S59改正逐条204頁
＊6　解釈運用基準第39

とができることとなる。

【沿革】

　本条の規定は、昭和59年の法改正により、法に国家公安委員会の権限に属する事務が規定されたことに伴い設けられたものである。

【解釈・運用】

1　国家公安委員会の権限に属する事務については、警察法第17条の規定により警察庁が国家公安委員会を補佐することとなるが、本条は、これらの事務のうち技術的・専門的なもの等必ずしも国家公安委員会が判断しなくてもよいものについて、警察庁長官の名においてこれを行うことができることとしたものである。[*1]

2　本条の規定に基づき、令第30条において、法第41条の３第１項の規定による報告の受理及び通報並びに国家公安委員会の権限に属する法第44条第１項の規定による届出の受理に関する事務は、警察庁長官に委任することとされている。

3　本条に規定する権限の委任は、法律の定める権限の分配を変更するものであるから、委任を受けた警察庁長官は、その権限を自己の名と責任において行使することとなる。[*2]

（方面公安委員会への権限の委任）

第四十六条　この法律又はこの法律に基づく政令の規定により道公安委員会の権限に属する事務は、政令で定めるところにより、方面公安委員会に委任することができる。

参照：令第31条

【趣旨】

　本条は、北海道公安委員会の権限に属する事務の方面公安委員会への委任について規定するものである。

【沿革】

　本条は、昭和30年の銃砲刀剣類等所持取締令等の一部を改正する法律（昭和30年

＊１　蕃山注解(2)523頁参照
＊２　蕃山注解(2)523頁、飛田条解598頁

298　第6章　雑　則

法律第51号）により、北海道の特殊性に鑑み設けられたものである。[*2]

【解釈・運用】

1　令第31条は、北海道公安委員会の権限に属する事務のうち、方面公安委員会に委任する事務について定めており、北海道公安委員会の権限に属する事務を広範に方面公安委員会に委任している。

2　令第31条第2項で同条第1項の規定により方面公安委員会が行う処分に係る聴聞を行うに当たっては北海道公安委員会が定める手続に従うものとされているのは、手続的な事項については、北海道全体を通じて同一のものであることが望ましいと考えられたためである。

（経過措置）

第四十七条　この法律の規定に基づき命令又は条例を制定し、又は改廃する場合においては、それぞれ命令又は条例で、その制定又は改廃に伴い合理的に必要とされる範囲において、所要の経過措置（罰則に関する経過措置を含む。）を定めることができる。

【趣旨】

本条は、法の規定に基づく命令又は条例に係る経過措置について規定するもので

＊1　警察法では、北海道の区域を5以内の方面に分ち、方面の区域内における警察の事務を処理させるため、北海道警察本部の所在地を包括する方面以外の方面ごとに方面本部を置くこととされ（第51条第1項）、また、方面本部を管理する機関として、方面本部を置く方面ごとに方面公安委員会を置くこととされている（第46条第1項）。これは、北海道が区域が広く、交通上からみても、また地理的環境としても他の都府県と異なるものがあるので、特に北海道の区域を方面に分けて、北海道警察本部の所在地を包括する方面（札幌方面）を除く各方面においては、その区域内の警察事務を処理させる方面本部を置くこととし、この方面本部を管理する機関として方面公安委員会を設けたものである（警察法解説298頁）。

　　　方面の数、名称及び区域並びに方面本部の位置は、国家公安委員会の意見を聞いて、条例で定めることとされており（警察法第51条第5項）、現在は、札幌方面、函館方面、旭川方面、釧路方面及び北見方面が置かれるとともに、札幌方面以外の方面について、方面公安委員会が置かれている。

＊2　その後、昭和59年の法改正では、法に基づく「命令」の規定により北海道公安委員会の権限に属する事務についても方面公安委員会に委任することができることとされたが、平成11年の地方分権の推進を図るための関係法律の整備等に関する法律（平成11年法律第87号）により、法に基づく「政令」の規定により北海道公安委員会の権限に属する事務についても方面公安委員会に委任することができることと改められた。

ある。

【沿革】

本条の規定は、昭和59年の法改正により設けられたものである。

【解釈・運用】

本条は、法の規定に基づき命令又は条例の制定又は改廃を行う際に何らかの経過措置を定めることが予想されることから、罰則に関する経過措置を含め、所要の経過措置を当該命令又は条例で定めることができることとしたものである。

（国家公安委員会規則への委任）

第四十八条　この法律に定めるもののほか、この法律の実施のための手続その他この法律の施行に関し必要な事項は、国家公安委員会規則で定める。

【趣旨】

本条は、法の実施のための手続その他法の施行に関し必要な事項を国家公安委員会規則で定めることとしている規定である。

【沿革】

本条の規定は、昭和59年の法改正により設けられたものである。

第7章 罰 則

第四十九条 次の各号のいずれかに該当する者は、二年以下の懲役若しくは
二百万円以下の罰金に処し、又はこれを併科する。
一 第三条第一項の規定に違反して同項の許可を受けないで風俗営業を営んだ
者
二 偽りその他不正の手段により第三条第一項若しくは第三十一条の二十二の
許可又は第七条第一項、第七条の二第一項若しくは第七条の三第一項（これ
らの規定を第三十一条の二十三において準用する場合を含む。）の承認を受
けた者
三 第十一条（第三十一条の二十三において準用する場合を含む。）の規定に
違反した者
四 第二十六条、第三十条、第三十一条の五第一項若しくは第二項、第三十一
条の六第二項第二号若しくは第三号、第三十一条の十五、第三十一条の
二十、第三十一条の二十一第二項第二号、第三十一条の二十五、第三十四条
第二項、第三十五条、第三十五条の二又は第三十五条の四第二項若しくは第
四項第二号の規定による公安委員会の処分に違反した者
五 第二十八条第一項（第三十一条の三第二項の規定により適用する場合及び
第三十一条の十三第一項において準用する場合を含む。）の規定に違反した
者
六 第二十八条第二項（第三十一条の三第二項の規定により適用する場合及び
第三十一条の十三第一項において準用する場合を含む。）の規定に基づく都
道府県の条例の規定に違反した者
七 第三十一条の二十二の規定に違反して同条の許可を受けないで特定遊興飲
食店営業を営んだ者

第五十条 次の各号のいずれかに該当する者は、一年以下の懲役若しくは百万円
以下の罰金に処し、又はこれを併科する。
一 第九条第一項（第二十条第十項及び第三十一条の二十三において準用する
場合を含む。以下この号及び次号において同じ。）の規定に違反して第九条
第一項の承認を受けないで営業所の構造又は設備（第四条第四項に規定する
遊技機を含む。）の変更をした者

二　偽りその他不正の手段により第九条第一項の承認を受けた者

三　偽りその他不正の手段により第十条の二第一項（第三十一条の二十三において準用する場合を含む。）の認定を受けた者

四　第二十二条第一項第三号の規定又は同項第四号から第六号まで（これらの規定を第三十一条の二十三及び第三十二条第三項において準用する場合を含む。）の規定に違反した者

五　第二十八条第十二項第三号の規定又は同項第四号若しくは第五号（これらの規定を第三十一条の三第二項の規定により適用する場合を含む。）の規定に違反した者

六　第三十一条の三第三項第一号の規定に違反した者

七　第三十一条の十又は第三十一条の十一第二項第二号の規定による公安委員会の命令に従わなかつた者

八　第三十一条の十三第二項第三号から第六号までの規定に違反した者

九　第三十一条の十八第二項第一号の規定に違反した者

十　第三十三条第四項の規定に基づく都道府県の条例の規定に違反した者

2　第二十二条第一項第三号若しくは第四号（第三十一条の二十三及び第三十二条第三項において準用する場合を含む。）、第二十八条第十二項第三号、第三十一条の三第三項第一号、第三十一条の十三第二項第三号若しくは第四号又は第三十一条の十八第二項第一号に掲げる行為をした者は、当該十八歳未満の者の年齢を知らないことを理由として、前項の規定による処罰を免れることができない。ただし、過失のないときは、この限りでない。

第五十一条　第二十条第六項、第三十八条第三項、第三十八条の四第三項又は第三十九条第五項の規定に違反した者は、一年以下の懲役又は百万円以下の罰金に処する。

第五十二条　次の各号のいずれかに該当する者は、六月以下の懲役若しくは百万円以下の罰金に処し、又はこれを併科する。

一　第二十二条第一項第一号若しくは第二号（これらの規定を第三十一条の二十三及び第三十二条第三項において準用する場合を含む。）、第二十八条第十二項第一号若しくは第二号（これらの規定を第三十一条の三第二項の規定により適用する場合を含む。）又は第三十一条の十三第二項第一号若しくは第二号の規定に違反した者

二　第二十三条第一項第一号又は第二号の規定に違反した者

三　第二十三条第二項の規定に違反した者

四　第二十七条第一項、第三十一条の二第一項、第三十一条の七第一項、第三十一条の十二第一項又は第三十一条の十七第一項の届出書を提出しないで性風俗関連特殊営業を営んだ者

五　前号に規定する届出書又はこれらの届出書に係る第二十七条第三項（第三十一条の十二第二項において準用する場合を含む。）若しくは第三十一条の二第三項（第三十一条の七第二項及び第三十一条の十七第二項において準用する場合を含む。）の添付書類であつて虚偽の記載のあるものを提出した者

第五十三条　次の各号のいずれかに該当する者は、百万円以下の罰金に処する。

一　第二十七条の二又は第三十一条の二の二の規定に違反した者

二　第二十八条第五項（第三十一条の三第一項、第三十一条の八第一項、第三十一条の十三第一項及び第三十一条の十八第一項において準用する場合を含む。）の規定に違反した者

三　第三十六条の規定に違反して、従業者名簿を備えず、又はこれに必要な記載をせず、若しくは虚偽の記載をした者

四　第三十六条の二第一項の規定に違反した者

五　第三十六条の二第二項の規定に違反して、記録を作成せず、若しくは虚偽の記録を作成し、又は記録を保存しなかつた者

六　第三十七条第一項の規定に違反して、報告をせず、若しくは資料を提出せず、又は同項の報告若しくは資料の提出について虚偽の報告をし、若しくは虚偽の資料を提出した者

七　第三十七条第二項又は第三十八条の二第一項の規定による立入りを拒み、妨げ、又は忌避した者

第五十四条　次の各号のいずれかに該当する者は、五十万円以下の罰金に処する。

一　第五条第一項（第三十一条の二十三において準用する場合を含む。）の許可申請書又は添付書類であつて虚偽の記載のあるものを提出した者

二　第九条第五項後段（第三十一条の二十三において準用する場合を含む。以下この号において同じ。）の規定に違反して、届出書を提出せず、又は同項

後段の届出書若しくは添付書類であつて虚偽の記載のあるものを提出した者

三　第十条の二第二項（第三十一条の二十三において準用する場合を含む。）の認定申請書又は添付書類であつて虚偽の記載のあるものを提出した者

四　第二十三条第一項第三号又は第四号（これらの規定を同条第三項において準用する場合を含む。）の規定に違反した者

五　第二十四条第一項（第三十一条の二十三において準用する場合を含む。）の規定に違反した者

六　第二十七条第二項（第三十一条の十二第二項において準用する場合を含む。以下この号において同じ。）、第三十一条の二第二項（第三十一条の七第二項及び第三十一条の十七第二項において準用する場合を含む。以下この号において同じ。）又は第三十三条第一項の規定に違反して、届出書を提出せず、又は第二十七条第二項、第三十一条の二第二項若しくは第三十三条第一項の届出書若しくはこれらの届出書に係る第二十七条第三項（第三十一条の十二第二項において準用する場合を含む。）、第三十一条の二第三項（第三十一条の七第二項及び第三十一条の十七第二項において準用する場合を含む。）若しくは第三十三条第三項の添付書類であつて虚偽の記載のあるものを提出した者

第五十五条　次の各号のいずれかに該当する者は、三十万円以下の罰金に処する。

一　第六条（第三十一条の二十三において準用する場合を含む。）の規定に違反した者

二　第七条第五項（第七条の二第三項及び第七条の三第三項（これらの規定を第三十一条の二十三において準用する場合を含む。）並びに第三十一条の二十三において準用する場合を含む。）の規定に違反した者

三　第九条第三項（第二十条第十項及び第三十一条の二十三において準用する場合を含む。以下この号において同じ。）又は第三十三条第二項の規定に違反して、届出書を提出せず、又は第九条第三項若しくは第三十三条第二項の届出書若しくはこれらの届出書に係る第九条第三項若しくは第三十三条第三項の添付書類であつて虚偽の記載のあるものを提出した者

四　第十条第一項（第三十一条の二十三において準用する場合を含む。）の規定に違反した者

五　第十条の二第七項（第三十一条の二十三において準用する場合を含む。）

の規定に違反した者

六　第三十一条第四項（第三十一条の五第三項及び第三十一条の六第三項において準用する場合を含む。）又は第三十一条の十六第四項の規定に違反した者

第五十六条　法人の代表者、法人又は人の代理人、使用人その他の従業者が、法人又は人の営業に関し、第四十九条、第五十条第一項又は第五十二条から前条までの違反行為をしたときは、行為者を罰するほか、その法人又は人に対し、各本条の罰金刑を科する。

第五十七条　次の各号のいずれかに該当する者は、十万円以下の過料に処する。

一　第七条第六項（第三十一条の二十三において準用する場合を含む。）の規定に違反した者

二　第十条第三項（第三十一条の二十三において準用する場合を含む。）の規定に違反した者

三　第十条の二第九項（第三十一条の二十三において準用する場合を含む。）の規定に違反した者

【趣旨】

本章は、罰則について規定するものである。

各罰則の概要は、以下のとおりである。

第49条（2年以下の懲役若しくは200万円以下の罰金又はこれらの併科）

第1号

・風俗営業の無許可営業（法第3条第1項）

第2号

・偽りその他不正の手段による風俗営業又は特定遊興飲食店営業の許可の取得（法第3条第1項又は第31条の22）

・偽りその他不正の手段による相続の承認（法第7条第1項（法第31条の23において準用する場合を含む。））

・偽りその他不正の手段による法人の合併の承認（法第7条の2第1項（法第31条の23において準用する場合を含む。））

・偽りその他不正の手段による法人の分割の承認（法第7条の3第1項（法第31条の23において準用する場合を含む。））

第3号

　・名義貸し（法第11条（法第31条の23において準用する場合を含む。））

第4号

　・風俗営業の営業停止命令等違反（法第26条）

　・店舗型性風俗特殊営業の営業停止命令等違反（法第30条）

　・無店舗型性風俗特殊営業の営業停止命令等違反
　　（法第31条の5第1項又は第2項）

　・移送先における無店舗型性風俗特殊営業の営業停止命令等違反
　　（法第31条の6第2項第2号又は第3号）

　・店舗型電話異性紹介営業の営業停止命令等違反（法第31条の15）

　・無店舗型電話異性紹介営業の営業停止命令違反（法第31条の20）

　・移送先における無店舗型電話異性紹介営業の営業停止命令違反
　　（法第31条の21第2項第2号）

　・特定遊興飲食店営業の営業停止命令等違反（法第31条の25）

　・飲食店営業の営業停止命令違反（法第34条第2項）

　・興行場営業の営業停止命令違反（法第35条）

　・特定性風俗物品販売等営業の営業停止命令違反（法第35条の2）

　・接客業務受託営業の営業停止命令違反（法第35条の4第2項）

　・移送先における接客業務受託営業の営業停止命令違反
　　（法第35条の4第4項第2号）

第5号

　・店舗型性風俗特殊営業、受付所営業又は店舗型電話異性紹介営業の営業禁止
　　区域における営業（法第28条第1項（法第31条の3第2項の規定により適用
　　する場合及び法第31条の13第1項において準用する場合を含む。））

第6号

　・店舗型性風俗特殊営業、受付所営業又は店舗型電話異性紹介営業の営業禁止
　　地域における営業（法第28条第2項（法第31条の3第2項の規定により適用
　　する場合及び法第31条の13第1項において準用する場合を含む。）の規定に
　　基づく都道府県条例の規定）

第7号

　・特定遊興飲食店営業の無許可営業（法第31条の22）

第50条第1項（1年以下の懲役若しくは100万円以下の罰金又はこれらの併科）

第1号

　・営業所の構造設備又は遊技機の無承認変更（法第9条第1項（法第20条第10

項及び第31条の23において準用する場合を含む。））

第2号
・偽りその他不正の手段による営業所の構造設備又は遊技機の変更承認の取得（法第9条第1項（法第20条第10項及び第31条の23において準用する場合を含む。））

第3号
・偽りその他不正の手段による特例風俗営業者又は特例特定遊興飲食店営業者の認定の取得（法第10条の2第1項（法第31条の23において準用する場合を含む。））

第4号
・風俗営業を営む者の禁止行為違反（法第22条第1項）
　　18歳未満の者による接待（第3号）
　　夜間における18歳未満の者による接客業務（第4号）
　　18歳未満の者の客としての立ち入らせ（第5号）
　　20歳未満の者への酒類・たばこ提供（第6号）
・特定遊興飲食店営業を営む者の禁止行為違反
（法第31条の23において準用する法第22条第1項）
　　夜間における18歳未満の者による接客業務（第4号）
　　夜間における18歳未満の者の客としての立ち入らせ（第5号）
　　20歳未満の者への酒類・たばこ提供（第6号）
・飲食店営業を営む者の禁止行為違反
（法第32条第3項において準用する法第22条第1項）
　　夜間における18歳未満の者による接客業務（第4号）
　　夜間における18歳未満の者の客としての立ち入らせ（第5号）
　　20歳未満の者への酒類・たばこ提供（第6号）

第5号
・店舗型性風俗特殊営業を営む者の禁止行為違反（法第28条第12項）
　　18歳未満の者による接客業務（第3号）
　　18歳未満の者の客としての立ち入らせ（第4号）
　　20歳未満の者への酒類・たばこ提供（第5号）
・受付所営業を営む者の禁止行為違反
（法第31条の3第2項の規定により適用する法第28条第12項）
　　18歳未満の者の客としての立ち入らせ（第4号）
　　20歳未満の者への酒類・たばこ提供（第5号）

第6号

・無店舗型性風俗特殊営業を営む者の禁止行為違反（18歳未満の者による接客業務）

（法第31条の3第3項第1号）

第7号

・映像送信型性風俗特殊営業に係る措置命令違反（法第31条の10）

・移送先における映像送信型性風俗特殊営業に係る措置命令違反

（法第31条の11第2項第2号）

第8号

・店舗型電話異性紹介営業を営む者の禁止行為違反（法第31条の13第2項）

　　18歳未満の者による接客業務（第3号）

　　18歳未満の従業者を会話の当事者とすること（第4号）

　　18歳未満の者の客としての立ち入らせ（第5号）

　　20歳未満の者への酒類・たばこ提供（第6号）

第9号

・無店舗型電話異性紹介営業を営む者が18歳未満の従業者を会話の当事者とすること（法第31条の18第2項第1号）

第10号

・深夜酒類提供飲食店営業の営業禁止地域における営業

（法第33条第4項の規定に基づく都道府県条例の規定）

第51条（1年以下の懲役又は100万円以下の罰金）

・指定試験機関の職員等の試験事務に関する秘密の漏洩（法第20条第6項）

・少年指導委員等の職務に関する秘密の漏洩（法第38条第3項）

・風俗環境保全協議会の事務従事者等の当該事務に関する秘密の漏洩

（法第38条の4第3項）

・都道府県風俗環境浄化協会の職員等の調査業務に関する秘密の漏洩

（法第39条第5項）

第52条（6月以下の懲役若しくは100万円以下の罰金又はこれらの併科）

第1号

・風俗営業を営む者の禁止行為違反（法第22条第1項）

　　営業に関しての客引き（第1号）

　　営業に関しての客引きのためのつきまとい等（第2号）

・特定遊興飲食店営業を営む者の禁止行為違反

（法第31条の23において準用する法第22条第1項）

深夜における営業に関しての客引き（第1号）

深夜における営業に関しての客引きのためのつきまとい等（第2号）

・飲食店営業を営む者の禁止行為違反

（法第32条第3項において準用する法第22条第1項）

深夜における営業に関しての客引き（第1号）

深夜における営業に関しての客引きのためのつきまとい等（第2号）

・店舗型性風俗特殊営業を営む者の禁止行為違反（法第28条第12項）

営業に関しての客引き（第1号）

営業に関しての客引きのためのつきまとい等（第2号）

・受付所営業を営む者の禁止行為違反

（法第31条の3第2項の規定により適用する法第28条第12項）

営業に関しての客引き（第1号）

営業に関しての客引きのためのつきまとい等（第2号）

・店舗型電話異性紹介営業を営む者の禁止行為違反（法第31条の13第2項）

営業に関しての客引き（第1号）

営業に関しての客引きのためのつきまとい等（第2号）

第2号

・ぱちんこ屋等を営む者の禁止行為違反（法第23条第1項）

現金又は有価証券の賞品提供（第1号）

客に提供した賞品の買取り（第2号）

第3号

・まあじゃん屋又はゲームセンター等営業を営む者の禁止行為違反（遊技の結
果に応じての賞品提供）（法第23条第2項）

第4号

・性風俗関連特殊営業（店舗型性風俗特殊営業、無店舗型性風俗特殊営業、映
像送信型性風俗特殊営業、店舗型電話異性紹介営業又は無店舗型電話異性紹
介営業）の無届営業

（法第27条第1項、第31条の2第1項、第31条の7第1項、第31条の12第1
項又は第31条の17第1項）

第5号

・性風俗関連特殊営業（店舗型性風俗特殊営業、無店舗型性風俗特殊営業、映
像送信型性風俗特殊営業、店舗型電話異性紹介営業又は無店舗型電話異性紹
介営業）の届出書又は添付書類の虚偽記載

（法第27条第3項（法第31条の12第2項において準用する場合を含む。）、第

31条の２第３項（第31条の７第２項及び第31条の17第２項において準用する
場合を含む。）

第53条（100万円以下の罰金）

第１号

・店舗型性風俗特殊営業又は無店舗型性風俗特殊営業に係る広告宣伝の禁止違
反

（法第27条の２又は法第31条の２の２）

第２号

・店舗型性風俗特殊営業、無店舗型性風俗特殊営業、映像送信型性風俗特殊営
業、店舗型電話異性紹介営業又は無店舗型電話異性紹介営業に係る広告宣伝
の規制違反

（法第28条第５項（第31条の３第１項、第31条の８第１項、第31条の13第１
項及び第31条の18第１項において準用する場合を含む。））

第３号

・従業者名簿の備付け義務違反（法第36条）

第４号

・接客従業者の生年月日等の確認義務違反（法第36条の２第１項）

第５号

・接客従業者の生年月日等確認時の記録作成・保存義務違反

（法第36条の２第２項）

第６号

・報告・資料提出の拒否又は虚偽の報告・資料提出（法第37条第１項）

第７号

・警察職員又は少年指導委員による立入りの拒否、妨害又は忌避

（法第37条第２項又は第38条の２第１項）

第54条（50万円以下の罰金）

第１号

・風俗営業又は特定遊興飲食店営業の許可申請書又は添付書類の虚偽記載

（法第５条第１項（法第31条の23において準用する場合を含む。））

第２号

・特例風俗営業者又は特例特定遊興飲食店営業者による営業所の構造設備又は
遊技機の変更に係る届出書又は添付書類の未提出・虚偽記載

（法第９条第５項後段（法第31条の23において準用する場合を含む。））

第３号

310　第7章　罰　　則

・特例風俗営業者又は特例特定遊興飲食店営業者の認定申請書又は添付書類の
虚偽記載（法第10条の2第2項（法第31条の23において準用する場合を含
む。））

第4号

・ぱちんこ屋等を営む者の禁止行為違反（法第23条第1項）
　遊技球等の営業所外への持ち出させ（第3号）
　遊技球等の保管書面の発行（第4号）

・ゲームセンター等営業を営む者の禁止行為違反
（法第23条第3項）
　遊技球等の営業所外への持ち出させ（第3号）
　遊技球等の保管書面の発行（第4号）

第5号

・管理者の選任義務違反
（法第24条第1項（法第31条の23において準用する場合を含む。））

第6号

・性風俗関連特殊営業（店舗型性風俗特殊営業、無店舗型性風俗特殊営業、映
像送信型性風俗特殊営業、店舗型電話異性紹介営業又は無店舗型電話異性紹
介営業）の廃止・変更届出義務違反又は届出書若しくは添付書類の虚偽記載
（法第27条第2項（法第31条の12第2項において準用する場合を含む。）、第
31条の2第2項（第31条の7第2項及び第31条の17第2項において準用する
場合を含む。）

・深夜酒類提供飲食店営業の届出義務違反又は届出書若しくは添付書類の虚偽
記載
（法第33条第1項又は第3項）

第55条（30万円以下の罰金）

第1号

・風俗営業又は特定遊興飲食店営業に係る許可証若しくは認定証の掲示義務違
反
（法第6条（法第31条の23において準用する場合を含む。））

第2号

・相続承認後、合併承認後又は分割承認後の風俗営業又は特定遊興飲食店営業
の許可証の書換え義務違反
（法第7条第5項（法第7条の2第3項及び第7条の3第3項（これらの規
定を第31条の23において準用する場合を含む。）並びに第31条の23において

準用する場合を含む。））

第3号

・風俗営業又は特定遊興飲食店営業の名称等の変更又は構造設備の軽微な変更に係る届出書類又は添付書類の未提出・虚偽記載

（法第9条第3項（法第31条の23において準用する場合を含む。））

・遊技機の増設、交替その他の変更に係る届出書又は添付書類の未提出・虚偽記載

（法第20条第10項において準用する法第9条第3項）

・深夜酒類提供飲食店営業の廃業・変更届出義務違反又は届出書若しくは添付書類の虚偽記載（法第33条第2項）

第4号

・風俗営業又は特定遊興飲食店営業を廃止したとき等における許可証の返納義務違反（法第10条第1項（法第31条の23において準用する場合を含む。））

第5号

・風俗営業又は特定遊興飲食店営業を廃止したとき等における特例風俗営業者又は特例特定遊興飲食店営業者の認定証の返納義務違反

（法第10条の2第7項（法第31条の23において準用する場合を含む。））

第6号

・店舗型性風俗特殊営業、受付所営業又は店舗型電話異性紹介営業の営業停止命令に係る標章の破壊、汚損又は取り除き

（法第31条第4項（法第31条の5第3項及び第31条の6第3項において準用する場合を含む。）又は第31条の16第4項）

第57条（10万円以下の過料）

第1号

・相続不承認の場合における風俗営業又は特定遊興飲食店営業の許可証の返納義務違反（法第7条第6項（法第31条の23において準用する場合を含む。））

第2号

・風俗営業者又は特定遊興飲食店営業者の死亡等の場合における許可証の返納義務違反（法第10条第3項（法第31条の23において準用する場合を含む。））

第3号

・風俗営業者又は特定遊興飲食店営業者の死亡等の場合における特例風俗営業者又は特例特定遊興飲食店営業者の認定証の返納義務違反

（法第10条の2第9項（法第31条の23において準用する場合を含む。））

312　第7章　罰　　則

【沿革】

　昭和59年の法改正前は、風俗営業者及び深夜において飲食店営業を営む者が、条例により規定された遵守事項に違反した場合には、直接罰則が科されることとされていたが、同改正ではこれを改め、基本的な規制事項については法律で規定し、全国的に統一するとともに、引き続き罰則で担保することとした事項（禁止事項）以外の事項（遵守事項）の違反については、指示等の行政処分で対処することとした。また、罰金の額が実態と合わなくなっていたことに鑑み、最後に罰則を引き上げた昭和34年以降の経済事情の変動を勘案してその額を引き上げたほか、風俗関連営業の規制、深夜における酒類提供飲食店営業の届出等の規定が設けられたことに伴い、これらの規定に係る違反行為に対して罰則を科することとするなど必要な規定の整備を行った。[*1]

　その後、平成10年の法改正では、昭和59年以降の国民の所得水準の向上等の経済情勢の変化に対応して、罰則の感銘力を保持するため罰金及び過料の上限額を引き上げた。[*2]また、平成17年の法改正では、各種違法行為を防止する効果を高めるため、罰則を大幅に強化した。[*3*4]

【解釈・運用】

第49条

1　第1号（風俗営業の無許可営業）の罪は、法が風俗営業について許可制を採っていることに根本的に違反することに鑑み、法定刑が他の違反よりも重いものとされている。[*5]

2　第1号の罪の罰則は、平成17年の法改正により、1年以下の懲役若しくは100万円以下の罰金又はこれらの併科から2年以下の懲役若しくは200万円以下の罰金又はこれらの併科に引き上げられたが、これは、次の理由によるものである。[*6]

　○　風俗営業に係る法の規制を逃れるため、依然として無許可営業が後を絶たな

＊1　S59改正逐条208頁
＊2　学論集H11⑵112頁
＊3　学論集H18⑴59頁。主な内容は以下のとおりである。
　　○　風俗営業の無許可営業等の法定刑の引上げ
　　○　店舗型性風俗特殊営業等の禁止区域等営業の法定刑の引上げ
　　○　客引き及び年少者保護のための規定に違反する行為の法定刑の引上げ
　　○　性風俗関連特殊営業の無届営業の法定刑の引上げ
＊4　これらのほか、平成10年、平成13年、平成17年及び平成27年の法改正のそれぞれにおいて、規制の新設・強化等に伴う罰則の整備が行われている。
＊5　藤山注解⑵527頁参照

い状況にあったこと。

○ これら無許可営業は外国人女性等をホステス等として稼働させ、売春させるなど悪質な人身取引事犯の温床となっており、18歳未満の年少者の使用事犯も依然として多数見られたこと。

○ 昭和34年の法改正では、風俗営業の無許可営業の法定刑を食品衛生法の無許可営業の法定刑と同一（１年以下の懲役若しくは３万円以下の罰金又はこれらの併科）に引き上げられたところ、食品衛生法の無許可営業の法定刑は、平成15年の同法の改正により、２年以下の懲役若しくは200万円以下の罰金又はこれらの併科とされていたこと。

3　第２号（許可等の不正取得）の罪は、現実に許可又は承認を受けることを要し、偽りその他不正の手段を用いたとしても、現に許可又は承認を受けなかった者は、本号に掲げる者には該当しない。[7]

4　第３号は、法第11条において、無許可営業と同視し得る悪質な行為として名義貸しを禁止しており、これに違反した者を処罰する旨の規定である。[8]

5　第５号（店舗型性風俗特殊営業等の禁止区域営業）及び第６号（店舗型性風俗特殊営業等の禁止地域営業）の罪の罰則は、平成17年の法改正により風俗営業の無許可営業罪と同等の法において最も重い法定刑に引き上げられたが、これは、当時、営業禁止区域等において店舗型性風俗特殊営業を営む者が後を絶たず、短期間に繰り返し検挙される悪質な者も見られ、罰則の感銘力が機能していない状況にあったことに加え、営業禁止区域等において店舗型性風俗特殊営業等を営むことは、いわゆる既得権が認められる場合を除き絶対的に禁止されており、一般的に営業が禁止されている風俗営業を無許可で営むことと悪質性において差異はないと考えられたことによるものである。[9]

第50条

1　第１項第１号（構造設備又は遊技機の無承認変更）、第２号（構造設備又は遊技機の変更承認の不正取得）及び第３号（特例風俗営業者等の認定の不正取得）の罪の法定刑が無許可営業の罰則の半分（１年以下の懲役若しくは100万円以下の罰金又はこれらの併科）とされているのは、許可の要件たる構造設備を自由に

＊6　藤山注解(2)527頁、学論集 H18(1)60頁参照。なお、同条に掲げる許可の不正取得（第２号）、名義貸し（第３号）及び営業停止命令等違反（第４号）の罪についても、無許可営業と同程度の悪性を有すると考えられることから、同一の法定刑とされている（学論集 H18(1)60頁参照）。

＊7　S 59改正逐条210頁

＊8　法第11条の解説（97頁）も参照されたい。

＊9　学論集 H18(1)61頁、62頁

314 第7章 罰 則

変更することを許せば、許可制度の趣旨を没却しかねないことに鑑みたものである。[*10]

2 風俗営業の許可を受けた後に公安委員会の承認を受けずに営業所の構造設備を変更した場合に、第49条第1号（風俗営業の無許可営業）の罪が成立するのか、それとも第50条第1項第1号の罪が成立するのかについては、当該変更により営業所の重要部分を毀損又は滅失するなどして同一性を失わしめる程度に変更したときは、当該変更によって当初の営業と別個となった営業には及ばず、第49条第1号の罪が成立するものと考えられ、他方、変更がそこまでに至らない場合には、同号の罪は成立せず、第50条第1項第1号の罪が成立するものと考えられる。[*11]

3 第1項第4号から第9号までは、年少者使用等の禁止行為等に係る罰則について規定しているが、平成17年の法改正により、法定刑が6月以下の懲役若しくは50万円以下の罰金又はこれらの併科から1年以下の懲役若しくは100万円以下の罰金又はこれらの併科に引き上げられた。これは、次の理由によるものである。[*12]

○ 児童の保護、特に性的搾取からの保護に対する要請が高まる情勢の中、児童ポルノ禁止法[*13]や出会い系サイト規制法[*14]が制定されたほか、児童福祉法が改正され児童に淫行をさせる行為等の法定刑が引き上げられるなどの動向が見られたこと。

○ 接待飲食等営業の有する享楽的な雰囲気や性風俗関連特殊営業の性質に鑑み

---

*10　学論集H18(1)60頁参照
*11　大阪簡判昭和51年3月8日は、公安委員会の許可を受け1階でまあじやん屋を経営していた者が許可を得ないで2階の物置を客室に改築して営業面積を広げた事案につき、「営業許可は、同法第1条所掲の営業を営もうとする者の資格の面、および右営業の場所や営業所の設備構造の面の、両面に関し、そのいずれかの面において新規に営業を営もうとする場合に必要とせられる（従つて、右営業許可は一面、いわゆる対物許可の性質を有するものであるから、既にその許可を得ている者についても該営業者が、その営業所の構造設備を従前のそれと重要部分を毀損又は喪失するなどして同一性を失わしめる程度に変更したときは、初めの許可の効力は、右変更によつて当初の営業とは別個のものとなつたとみられる営業に及ばないから、同条の許可を新たに得ることを要することとなる。）ものと解せられるところ、（中略）本件の場合においては、右変更は同法第3条に基く昭和34年大阪府条例第6号の第7条に規定せられる「営業所の構造設備の著しい変更」に該ることがある（中略）ことは格別それによつて直ちに従前営業につきなされた許可の効力に消長を来すものではないから、同変更後の、営業所ないし右変更部分での営業につき新規に営業許可を受けねばならぬとするいわれはない。」と判示し、2階での営業は無許可営業に当たらないとした。
*12　学論集H18(1)63頁参照
*13　児童買春、児童ポルノに係る行為等の規制及び処罰並びに児童の保護等に関する法律（制定時は児童買春、児童ポルノに係る行為等の処罰及び児童の保護等に関する法律）
*14　インターネット異性紹介事業を利用して児童を誘引する行為の規制等に関する法律

れば、年少者使用等の行為は、年少者を性的関心の対象とするという性的搾取に準じた悪性を有するものであること。

○　類似する罰則が児童福祉法及び労働基準法において規定されており、これらの罰則の法定刑との均衡を考慮する必要があったこと。

4　第2項は、風俗営業等を営む者に係る禁止行為のうち一定のもの（18歳未満の者による接待、接客業務等）について、当該行為に関係する18歳未満の者の年齢を知らないことについて過失のあるときにも処罰される旨を定めた規定である。[*15]

第51条

本条は、法の規定により守秘義務が課された者について、その職務等において知り得た秘密を漏らした場合に処罰することを定めた規定である。本条の罪の主体及び対象となる秘密については、以下のとおりである。

○　指定試験機関の役員若しくは職員又はこれらの職にあった者（試験事務に関して知り得た秘密）

○　少年指導委員又は少年指導委員であった者（職務に関して知り得た秘密）

○　風俗環境保全協議会の事務に従事する者又は当該者であった者（当該事務に関して知り得た秘密）

○　都道府県風俗環境浄化協会の役員若しくは職員又はこれらの職にあった者（調査業務に関して知り得た秘密）

第52条

第4号（性風俗関連特殊営業の無届営業）の罪の罰則は、平成17年の法改正により、30万円以下の罰金から6月以下の懲役若しくは100万円以下の罰金又はこれらの併科に引き上げられた。これは、平成10年の法改正により新たに規制の対象となった無店舗型性風俗特殊営業が急激に増加し、雑誌等に多数の無届営業の広告が氾濫しているなど性風俗関連特殊営業の無届営業が後を絶たない状況にあり、これらの無届営業が各種違法行為の温床になっていたことに鑑みたものである。[*16]

第56条

[*15]　大阪高判昭和63年2月24日は、「風営法49条4項が、年少者の健全な育成を図る趣旨から、同条項所定の一定の罪につき、雇主において18才未満の者の年令を知らなかったとしても、そのことについて過失のないときを除いて、処罰を免れないとした法意にかんがみると、右の過失がないといえるためには、雇主が、本件について右に認定したような外観的事情に依拠して、その者が18才以上であると信じたのみでは足りず、さらに進んで本人の戸籍抄本、住民票などの信頼しうる客観的資料を提出させたうえ、これについて正確な調査をするなど、社会通念上、風俗営業を営む者として、その年令調査の確実を期するために可能な限りの注意を尽したといえることが必要であると解される。」と判示している。

[*16]　学論集 H18(3)22頁

316　第7章　罰　　則

1　本条は、いわゆる両罰規定であり、第49条等の違反行為が行われた場合に、行
　　為者本人のほか、当該行為者と一定の関係にある自然人又は法人をも処罰するこ
　　とを定めたものである。すなわち、「法人の代表者、法人又は人の代理人、使用
　　人その他の従業者」（行為者）が、その営業に関し、第49条等の違反行為をした
　　ときは、本条の規定が適用され、①行為者を罰するほか、②当該法人又は人にも
　　罰金を科すこととなる。[17][18][19]

2　「代理人、使用人その他の従業者」については、第24条の解説（132頁）を参照
　　されたい。また、「営業に関し」については、第25条の解説（135頁）を参照され
　　たい。

3　第51条に規定する秘密漏洩の罪は、一定の公共的な事務を行う者に係る罪であ
　　り、両罰規定の適用を考えることができないので、本条の適用対象とはされてい
　　ない。[20]

第57条

本条は、軽微な違反行為に対して、秩序罰たる過料を科す規定である。[21]

---

*17　蕗山注解(2)565頁、S59改正逐条214頁
*18　当該法人又は人がいかなる場合にも処罰されるのかという点に関し、最判昭和32年11月27日
　　は、廃止前の入場税法の両罰規定について、「事業主たる、人の「代理人、使用人其ノ他ノ従
　　業者」が入場税を逋脱しまたは逋脱せんとした行為に対し、事業主として右行為者らの選任、
　　監督その他違反行為を防止するために必要な注意を尽さなかつた過失の存在を推定した規定と
　　解すべく、したがつて事業主において右に関する注意を尽したことの証明がなされない限り、
　　事業主もまた刑責を免れ得ないとする法意と解するを相当とする。」と判示している。
*19　行為者が違反行為をしたとき、当該行為者はいかなる規定により処罰されるのかという点に
　　関し、最決昭和43年4月30日は、「商品仲買人の従業者が商品取引所法（昭和42年法律第97号
　　による改正前のもの，以下同じ。）91条1項に違反する行為をしたときは、その従業者は同法
　　161条1号、163条によつて処罰されることになるものと解すべきである」と判示し、各義務を
　　定めた規定及び罰則規定だけでなく両罰規定の適用も必要であるとしている。
*20　蕗山注解(2)566頁、S59改正逐条214頁
*21　過料は刑ではないから、これについては刑法総則の適用はない。また、過料に処し、及びこ
　　れを執行する手続については、刑事訴訟法は適用されず、特別の定めがない場合には、これら
　　の手続を定めた一般的規定である非訟事件手続法第119条から第122条までの規定が適用される
　　こととなる（法令用語辞典93頁）。

資　料

○風俗営業等の規制及び業務の適正化等に関する法律施行令

$$\left(\begin{array}{l}昭和59年11月7日\\政令第319号\end{array}\right)$$

最終改正　平成30年1月31日政令第21号

（法第2条第1項第5号の政令で定める施設）

第1条　風俗営業等の規制及び業務の適正化等に関する法律（以下「法」という。）第2条第1項第5号の政令で定める施設は、次の各号のいずれかに該当する施設であつて、営業中における当該施設の内部をそれぞれ当該施設の置かれるホテル等、大規模小売店舗又は遊園地内において当該施設の外部から容易に見通すことができるものとする。

一　ホテル等（旅館業法（昭和23年法律第138号）第2条第2項に規定する旅館・ホテル営業に係る建物又は建物の部分をいう。第3条第1項第2号において同じ。）内の区画された施設

二　大規模小売店舗（大規模小売店舗立地法（平成10年法律第91号）第2条第2項に規定する一の建物であつて、その建物内の店舗面積（同条第1項に規定する小売業を営むための店舗の用に供される床面積をいう。）の合計が500平方メートルを超えるものをいう。）内の区画された施設（当該大規模小売店舗において営む当該小売業の顧客以外の者の利用に主として供されるものを除く。）

三　遊園地（メリーゴーラウンド、遊戯用電車その他これらに類する遊戯施設を設け、主として当該施設により客に遊戯をさせる営業の用に供する場所で、その入場について料金を徴するものをいう。）内の区画された施設

（法第2条第6項第3号の政令で定める興行場）

第2条　法第2条第6項第3号の政令で定める興行場は、次の各号に掲げる興行場（興行場法（昭和23年法律第137号）第1条第1項に規定する興行場をいう。以下この条において同じ。）で、専らこれらの各号に規定する興行の用に供するものとする。

一　ヌードスタジオその他個室を設け、当該個室において、当該個室に在室する客に、その性的好奇心をそそるため衣服を脱いだ人の姿態又はその映像を見せる興行の用に供する興行場

二　のぞき劇場その他個室を設け、当該個室の隣室又はこれに類する施設において、当該個室に在室する客に、その性的好奇心をそそるため衣服を脱いだ人の姿態又はその映像を見せる興行の用に供する興行場

三　ストリップ劇場その他客席及び舞台を設け、当該舞台において、客に、その性的好奇心をそそるため衣服を脱いだ人の姿態又はその姿態及びその映像を見せる興行の用に供する興行場

（法第2条第6項第4号の政令で定める施設等）

第3条　法第2条第6項第4号の政令で定める施設は、次に掲げるものとする。

一　レンタルルームその他個室を設け、当該個室を専ら異性を同伴する客の休憩の用に供す

318　風俗営業等の規制及び業務の適正化等に関する法律施行令

る施設
二　ホテル等その他客の宿泊（休憩を含む。以下この条において同じ。）の用に供する施設
であつて、次のいずれかに該当するもの（前号に該当するものを除く。）
イ　食堂（調理室を含む。以下このイにおいて同じ。）又はロビーの床面積が、次の表の
上欄に掲げる収容人員の区分ごとにそれぞれ同表の下欄に定める数値に達しない施設

収容人員の区分	床面積	
	食堂	ロビー
30人以下	30平方メートル	30平方メートル
31人以上50人以下	40平方メートル	40平方メートル
51人以上	50平方メートル	50平方メートル

ロ　当該施設の外周に、又は外部から見通すことができる当該施設の内部に、休憩の料金
の表示その他の当該施設を休憩のために利用することができる旨の表示がある施設
ハ　当該施設の出入口又はこれに近接する場所に、目隠しその他当該施設に出入りする者
を外部から見えにくくするための設備が設けられている施設
ニ　フロント、玄関帳場その他これらに類する設備（以下この条において「フロント等」
という。）にカーテンその他の見通しを遮ることができる物が取り付けられ、フロント
等における客との面接を妨げるおそれがあるものとして国家公安委員会規則で定める状
態にある施設
ホ　客が従業者と面接しないで機械その他の設備を操作することによつてその利用する個
室の鍵の交付を受けることができる施設その他の客が従業者と面接しないでその利用す
る個室に入ることができる施設
2　法第2条第6項第4号の政令で定める構造は、前項第2号に掲げる施設（客との面接に適
するフロント等において常態として宿泊者名簿の記載、宿泊の料金の受渡し及び客室の鍵の
授受を行う施設を除く。）につき、次の各号のいずれかに該当するものとする。
一　客の使用する自動車の車庫（天井（天井のない場合にあつては、屋根）及び2以上の側
壁（ついたて、カーテンその他これらに類するものを含む。）を有するものに限るものと
し、2以上の自動車を収容することができる車庫にあつては、その客の自動車の駐車の用
に供する区画された車庫の部分をいう。以下この項において同じ。）が通常その客の宿泊
に供される個室に接続する構造
二　客の使用する自動車の車庫が通常その客の宿泊に供される個室に近接して設けられ、当
該個室が当該車庫に面する外壁面又は当該外壁面に隣接する外壁面に出入口を有する構造
三　客が宿泊をする個室がその客の使用する自動車の車庫と当該個室との通路に主として用
いられる廊下、階段その他の施設に通ずる出入口を有する構造（前号に該当するものを除
く。）
3　法第2条第6項第4号の政令で定める設備は、次の各号に掲げる施設の区分ごとにそれぞ
れ当該各号に定めるものとする。
一　第1項第1号に掲げる施設　次のいずれかに該当する設備
イ　動力により振動し又は回転するベッド、横臥している人の姿態を映すために設けられ
た鏡（以下このイにおいて「特定用途鏡」という。）で面積が1平方メートル以上のも
の又は2以上の特定用途鏡でそれらの面積の合計が1平方メートル以上のもの（天井、

壁、仕切り、ついたてその他これらに類するもの又はベッドに取り付けてあるものに限る。）その他専ら異性を同伴する客の性的好奇心に応ずるため設けられた設備

ロ　次条に規定する物品を提供する自動販売機その他の設備

ハ　長椅子その他の設備で専ら異性を同伴する客の休憩の用に供するもの

二　第1項第2号に掲げる施設　同号イからハまでのいずれかに該当する施設にあつては次のイに、同号ニ又はホに該当する施設にあつては次のロに該当する設備

イ　前号イ又はロに掲げる設備

ロ　宿泊の料金の受払いをするための機械その他の設備であつて、客が従業者と面接しないで当該料金を支払うことができるもの

（法第2条第6項第5号の政令で定める物品）

第4条　法第2条第6項第5号の政令で定める物品は、性的好奇心をそそる物品で次に掲げるものとする。

一　衣服を脱いだ人の姿態を被写体とする写真又はその複製物

二　前号に掲げる写真又はその複製物を主たる内容とする写真集

三　衣服を脱いだ人の姿態の映像を主たる内容とするフィルム又はビデオテープ、ビデオディスク、シー・ディー・ロムその他電磁的方法（電子的方法、磁気的方法その他の人の知覚によつては認識することができない方法をいう。）による記録に係る記録媒体

四　性具その他の性的な行為の用に供する物品、性器を模した物品、性的な行為を表す写真その他の物品又はこれらに類する物品

（法第2条第6項第6号の政令で定める店舗型性風俗特殊営業）

第5条　法第2条第6項第6号の政令で定める営業は、店舗を設けて、専ら、面識のない異性との一時の性的好奇心を満たすための交際（会話を含む。）を希望する者に対し、当該店舗内においてその者が異性の姿態若しくはその画像を見てした面会の申込みを当該異性に取り次ぐこと又は当該店舗内に設けた個室若しくはこれに類する施設において異性と面会する機会を提供することにより異性を紹介する営業（当該異性が当該営業に従事する者である場合におけるものを含み、同項第1号又は第2号に該当するものを除く。）とする。

（風俗営業の許可に係る営業制限地域の指定に関する条例の基準）

第6条　法第4条第2項第2号の政令で定める基準は、次のとおりとする。

一　風俗営業の営業所の設置を制限する地域（以下この条において「制限地域」という。）の指定は、次に掲げる地域内の地域について行うこと。

イ　住居が多数集合しており、住居以外の用途に供される土地が少ない地域（以下「住居集合地域」という。）

ロ　その他の地域のうち、学校、病院その他の施設でその利用者の構成その他のその特性に鑑み特にその周辺における良好な風俗環境を保全する必要がある施設として都道府県の条例で定めるもの（以下「保全対象施設」という。）の周辺の地域

二　前号ロに掲げる地域内の地域につき制限地域の指定を行う場合には、当該保全対象施設の敷地（これらの用に供するものと決定した土地を含む。）の周囲おおむね100メートルの区域を限度とし、その区域内の地域につき指定を行うこと。

三　前2号の規定による制限地域の指定及びその変更は、風俗営業の種類及び営業の態様、地域の特性、保全対象施設の特性、既設の風俗営業の営業所の数その他の事情に応じて、良好な風俗環境を保全するため必要な最小限度のものであること。

（法第4条第3項の政令で定める事由）

第7条 法第4条第3項の政令で定める事由は、次に掲げるものとする。

一 暴風、豪雨その他の異常な自然現象により生ずる被害又は火薬類の爆発、交通事故その他の人為による異常な災害若しくは事故（当該風俗営業者の責めに帰すべき事由により生じた災害又は事故を除く。）であつて、火災又は震災以外のもの

二 消防法（昭和23年法律第186号）第29条第1項から第3項までの規定その他火災若しくは震災又は前号に規定する災害若しくは事故の発生又は拡大を防止するための措置に関する法令の規定に基づく措置

三 火災若しくは震災又は前2号に掲げる事由により当該営業所に滅失に至らない破損が生じた場合において、関係法令の規定を遵守するためには当該営業所の除却を行つた上でこれを改築することが必要であると認められる場合における当該除却

四 次に掲げる法律の規定による勧告又は命令に従つて行う除却

　イ 消防法第5条第1項

　ロ 建築基準法（昭和25年法律第201号）第10条第1項から第3項まで又は第11条第1項

　ハ 高速自動車国道法（昭和32年法律第79号）第14条第3項

　ニ 密集市街地における防災街区の整備の促進に関する法律（平成9年法律第49号）第13条第1項

五 土地収用法（昭和26年法律第219号）その他の法律の規定により土地を収用し、又は使用することができる公共の利益となる事業の施行に伴う除却

六 土地区画整理法（昭和29年法律第119号）第2条第1項に規定する土地区画整理事業その他公共施設の整備又は土地利用の増進を図るため関係法令の規定に従つて行われる事業（当該風俗営業者を個人施行者とするものを除く。）の施行に伴う換地又は権利変換のための除却

七 建物の区分所有等に関する法律（昭和37年法律第69号）第62条第1項に規定する建替え決議又は同法第70条第1項に規定する1括建替え決議の内容により行う建替え

（法第4条第4項の政令で定める営業）

第8条 法第4条第4項の政令で定める営業は、回胴式遊技機、アレンジボール遊技機、じやん球遊技機その他法第23条第1項第3号に規定する遊技球等の数量又は数字により遊技の結果を表示する遊技機を設置して客に遊技をさせる営業で、当該遊技の結果に応じ賞品を提供して営むものとする。

（法第13条第1項第2号の政令で定める基準）

第9条 法第13条第1項第2号の政令で定める基準は、次のとおりとする。

一 午前零時以後において風俗営業を営むことが許容される特別な事情のある地域（以下「営業延長許容地域」という。）の指定は、次のいずれにも該当する地域内の地域について行うこと。

　イ 店舗が多数集合しており、かつ、風俗営業、遊興飲食店営業（設備を設けて客に遊興をさせ、かつ、客に飲食をさせる営業（客に酒類を提供して営むものに限る。）をいい、風俗営業に該当するものを除く。）並びに深夜（午前零時から午前6時までの時間をいう。以下同じ。）において営まれる酒類提供飲食店営業（法第2条第13項第4号に規定する酒類提供飲食店営業をいう。第27条において同じ。）及び興行場営業（興行場法第1条第2項に規定する興行場営業をいう。）の営業所が1平方キロメートルにつきおおむね300箇所以上の割合で設置されている地域（第22条第1号イ(1)及びロ(3)において「風俗営業等密集地域」という。）であること。

ロ　次に掲げる地域でないこと。
　⑴　住居集合地域
　⑵　住居集合地域以外の地域のうち、住居の用に併せて商業又は工業の用に供されている地域で、住居が相当数集合しているため、深夜における当該地域の風俗環境の保全につき特に配慮を必要とするもの
　⑶　⑴又は⑵に掲げる地域に隣接する地域（幹線道路の各側端から外側おおむね50メートルを限度とする区域内の地域を除く。）
二　営業延長許容地域の指定及びその変更は、風俗営業の種類、営業の態様その他の事情に応じて良好な風俗環境の保全に障害を及ぼすこととならないよう配慮するとともに、当該地域における法第44条第１項の規定による風俗営業者の団体の届出の有無及び当該団体が関係風俗営業者に対して行う営業時間の制限その他の事項に関する法又は法に基づく命令若しくは条例の規定の遵守のための自主的な活動にも配意すること。

（風俗営業の営業時間の制限に関する条例の基準）

第10条　法第13条第２項の政令で定める基準は、次のとおりとする。
一　法第13条第２項の制限は、地域及び風俗営業の種類ごとに、営業を営んではならない時間を指定して行うこと。
二　営業時間を制限する地域の指定は、次に掲げる地域内の地域について行うこと。
　イ　住居集合地域
　ロ　その他の地域のうち、住居の用に併せて商業又は工業の用に供されている地域で、住居が相当数集合しているため、早朝における当該地域の風俗環境の保全につき特に配慮を必要とするもの
三　営業を営んではならない時間の指定は、次に掲げる地域の区分に従いそれぞれ次に定める時間内において行うこと。
　イ　前号イに掲げる地域に係る地域であつて、法第13条第１項第１号に定める地域（以下この条において「特別日営業延長許容地域」という。）に該当するもの　午前６時後午前10時までの時間及び午後11時から翌日の午前零時前（当該翌日につき、当該特別日営業延長許容地域を定める条例において習俗的行事その他の特別な事情のある日として定められている場合にあつては、当該条例で定める時まで）の時間
　ロ　前号イに掲げる地域に係る地域（イに掲げるものを除く。）　午前６時後午前10時までの時間及び午後11時から翌日の午前零時前の時間
　ハ　前号ロに掲げる地域に係る地域　午前６時後午前10時までの時間
四　ぱちんこ屋その他の都道府県の条例で定める種類の風俗営業については、前２号に定めるもののほか、客の頻繁な出入り、営業活動に伴う騒音の発生その他の事情による良好な風俗環境への影響が大きいと認められる地域につき、次に掲げる地域の区分に従いそれぞれ次に定める時間内において営業を営んではならない時間を指定することができること。
　イ　当該風俗営業の種類に係る営業延長許容地域に該当する地域　午前６時後午前10時までの時間
　ロ　特別日営業延長許容地域に該当する地域（イに掲げるものを除く。）　午前６時後午前10時までの時間及び午後11時から翌日の午前零時前（当該翌日につき、当該特別日営業延長許容地域を定める条例において習俗的行事その他の特別な事情のある日として定められている場合にあつては、当該条例で定める時まで）の時間
　ハ　イ又はロに掲げる地域以外の地域　午前６時後午前10時までの時間及び午後11時から

翌日の午前零時前の時間

（風俗営業に係る騒音及び振動の規制に関する条例の基準等）

第11条　法第15条の規定に基づく条例を定める場合における同条の風俗営業者に係る騒音に係る数値は、次の表の上欄に掲げる地域ごとに、同表の下欄に掲げる時間の区分に応じ、それぞれ同欄に定める数値を超えない範囲内において定めるものとする。

地域	数値		
	昼間	夜間	深夜
一　住居集合地域その他の地域で、良好な風俗環境を保全するため、特に静穏を保持する必要があるものとして都道府県の条例で定めるもの	55デシベル	50デシベル	45デシベル
二　商店の集合している地域その他の地域で、当該地域における風俗環境を悪化させないため、著しい騒音の発生を防止する必要があるものとして都道府県の条例で定めるもの	65デシベル	60デシベル	55デシベル
三　一及び二に掲げる地域以外の地域	60デシベル	55デシベル	50デシベル
備考　1　「昼間」とは、午前6時後午後6時前の時間をいう。　2　「夜間」とは、午後6時から翌日の午前零時前の時間をいう。			

2　法第15条の規定に基づく条例を定める場合における同条の風俗営業者に係る振動に係る数値は、55デシベルを超えない範囲内において定めるものとする。

3　第1項の騒音及び前項の振動の測定は、国家公安委員会規則で定める方法によるものとする。

（法第18条の2第1項第2号の政令で定める書類）

第12条　法第18条の2第1項第2号の政令で定める書類は、次に掲げるものとする。

一　出入国管理及び難民認定法（昭和26年政令第319号）第19条の3の在留カード又は日本国との平和条約に基づき日本の国籍を離脱した者等の出入国管理に関する特例法（平成3年法律第71号）第7条第1項の特別永住者証明書

二　道路交通法（昭和35年法律第105号）第107条の2の国際運転免許証又は外国運転免許証

三　次に掲げる者であることを証する書類

イ　健康保険法（大正11年法律第70号）の規定による被保険者又はその被扶養者

ロ　船員保険法（昭和14年法律第73号）の規定による被保険者又はその被扶養者

ハ　国民健康保険法（昭和33年法律第192号）の規定による被保険者

ニ　国家公務員共済組合法（昭和33年法律第128号）又は地方公務員等共済組合法（昭和37年法律第152号）に基づく共済組合の組合員又はその被扶養者

ホ　私立学校教職員共済法（昭和28年法律第245号）の規定による私立学校教職員共済制度の加入者又はその被扶養者

（型式の規格を定める遊技機の種類）

第13条　法第20条第3項の政令で定める遊技機の種類は、次のとおりとする。

一　ぱちんこ遊技機

二　回胴式遊技機

資 料　*323*

　　三　アレンジボール遊技機
　　四　じやん球遊技機
（法第20条第８項の政令で定める者及び額）
第14条　法第20条第８項の政令で定める者は、次の表の上欄に掲げる者とし、同項の政令で定
　める額は、同表の上欄に掲げる者について、同表の中欄に掲げる区分に従い、それぞれ同表
　の下欄に定める額とする。
　　　　表　〔略〕
（法第23条第１項の政令で定める営業）
第15条　法第23条第１項の政令で定める営業は、遊技の結果に応じ客に賞品を提供して遊技を
　させる営業とする。
（店舗型性風俗特殊営業の営業時間の制限に関する条例の基準）
第16条　法第28条第４項の政令で定める基準は、次のとおりとする。
　　一　法第28条第４項の制限は、同項に規定する店舗型性風俗特殊営業の種類ごとに、営業を
　　営んではならない時間を指定して行うこと。
　　二　営業を営んではならない時間の指定は、性風俗に関し、深夜における良好な風俗環境を
　　保全する必要がある場合に、必要に応じ地域を指定して、行うこと。
（法第30条第１項の政令で定める重大な不正行為）
第17条　法第30条第１項の政令で定める重大な不正行為は、次に掲げる行為とする。
　　一　刑法（明治40年法律第45号）第136条若しくは第137条（これらの規定中販売又は販売目
　　的の所持に係る部分に限る。）、第139条第２項、第140条、第176条から第181条まで又は第
　　187条の罪に当たる違法な行為
　　二　暴行、脅迫、監禁その他精神又は身体の自由を不当に拘束する手段によつて、営業に従
　　事する者の意思に反して次に掲げる役務を提供することを強制する行為
　　　イ　法第２条第６項第１号又は第２号に掲げる営業に係る異性の客に接触する役務
　　　ロ　第２条各号に規定する興行に係る衣服を脱いだ姿態を見せる役務
　　　ハ　第５条に規定する営業に係る異性の客と面会する役務
　　三　前号に規定する手段によつて、客に同号イ、ロ若しくはハに掲げる役務（同号ロに掲げ
　　る役務にあつては、第２条第３号に規定する興行に係るものを除く。）の提供を受けるこ
　　と又は法第２条第６項第５号に掲げる営業に係る第４条に規定する物品を購入し、若しく
　　は借り受けることを強要する行為
　　四　大麻取締法（昭和23年法律第124号）第24条の２（所持又は譲渡に係る部分に限る。）、
　　第24条の３（大麻から製造された医薬品の他人に対する施用又は施用のための交付に係る
　　部分に限る。）又は第24条の７の罪に当たる違法な行為
　　五　毒物及び劇物取締法（昭和25年法律第303号）第24条の２第１号の罪に当たる違法な行
　　為
　　六　覚せい剤取締法（昭和26年法律第252号）第41条の２（所持又は譲渡に係る部分に限
　　る。）、第41条の３（同法第19条若しくは第20条第２項（これらの規定中他人に対する施用
　　に係る部分に限る。）又は同条第３項に係る部分に限る。）、第41条の４（同法第30条の
　　７、第30条の９（譲渡に係る部分に限る。）又は第30条の11（他人に対する施用に係る部
　　分に限る。）に係る部分に限る。）、第41条の11又は第41条の13の罪に当たる違法な行為
　　七　麻薬及び向精神薬取締法（昭和28年法律第14号）第64条の２（譲渡、交付又は所持に係
　　る部分に限る。）、第64条の３（他人に対する施用に係る部分に限る。）、第66条（譲渡又は

所持に係る部分に限る。）、第66条の２（同法第27条第１項、第３項又は第４項（これらの
規定中他人に対する施用又は施用のための交付に係る部分に限る。）に係る部分に限
る。）、第66条の４、第68条の２、第69条第５号、第69条の５又は第70条第17号の罪に当た
る違法な行為

八　あへん法（昭和29年法律第71号）第52条（譲渡又は所持に係る部分に限る。）、第54条の
３又は第55条第１号の罪に当たる違法な行為

九　競馬法（昭和23年法律第158号）第30条第３号又は第31条第１号の罪に当たる違法な行
為

十　自転車競技法（昭和23年法律第209号）第56条第２号又は第57条第２号の罪に当たる違
法な行為

十一　小型自動車競走法（昭和25年法律第208号）第61条第２号又は第62条第２号の罪に当
たる違法な行為

十二　モーターボート競走法（昭和26年法律第242号）第65条第２号又は第66条第２号の罪
に当たる違法な行為

十三　スポーツ振興投票の実施等に関する法律（平成10年法律第63号）第32条又は第33条第
２号の罪に当たる違法な行為

（法第31条の５第１項の政令で定める重大な不正行為）
第18条　法第31条の５第１項の政令で定める重大な不正行為は、次に掲げる行為とする。

一　前条各号（第２号及び第３号を除く。）に掲げる行為

二　前条第２号に規定する手段によつて、営業に従事する者の意思に反して法第２条第７項
第１号に掲げる営業に係る異性の客に接触する役務を提供することを強制する行為

三　前条第２号に規定する手段によつて、客に前号に規定する役務の提供を受けること又は
法第２条第７項第２号に掲げる営業に係る第４条に規定する物品を購入し、若しくは借り
受けることを強要する行為

（店舗型電話異性紹介営業の営業時間の制限に関する条例の基準）
第19条　法第31条の13第１項において準用する法第28条第４項の政令で定める基準は、次のと
おりとする。

一　法第31条の13第１項において準用する法第28条第４項の制限は、営業を営んではならな
い時間を指定して行うこと。

二　営業を営んではならない時間の指定は、性風俗に関し、深夜における良好な風俗環境を
保全する必要がある場合に、必要に応じ地域を指定して、行うこと。

（法第31条の15第１項の政令で定める重大な不正行為）
第20条　法第31条の15第１項の政令で定める重大な不正行為は、第17条各号（第２号及び第３
号を除く。）に掲げる行為とする。

（法第31条の20の政令で定める重大な不正行為）
第21条　法第31条の20の政令で定める重大な不正行為は、第17条各号（第２号及び第３号を除
く。）に掲げる行為とする。

（特定遊興飲食店営業の許可に係る営業所設置許容地域の指定に関する条例の基準）
第22条　法第31条の23において準用する法第４条第２項第２号の政令で定める基準は、次のと
おりとする。

一　特定遊興飲食店営業の営業所の設置が許容される地域（次号において「営業所設置許容
地域」という。）の指定は、次のいずれにも該当する地域内の地域について行うこと。

イ　次のいずれかに該当する地域であること。
　　⑴　風俗営業等密集地域
　　⑵　その他の地域のうち、深夜において1平方キロメートルにつきおおむね100人以下
　　　の割合で人が居住する地域
　ロ　次に掲げる地域でないこと。
　　⑴　住居集合地域
　　⑵　住居集合地域以外の地域のうち、住居の用に併せて商業又は工業の用に供されてい
　　　る地域で、住居が相当数集合しているため、深夜における当該地域の風俗環境の保全
　　　につき特に配慮を必要とするもの
　　⑶　⑴又は⑵に掲げる地域に隣接する地域（当該地域が風俗営業等密集地域に該当する
　　　場合にあつては、幹線道路の各側端から外側おおむね50メートルを限度とする区域内
　　　の地域を除く。）
　　⑷　その他の地域のうち、保全対象施設（特にその周辺の深夜における良好な風俗環境
　　　を保全する必要がある施設として都道府県の条例で定めるものに限る。）の周辺の地
　　　域（当該保全対象施設の敷地（これらの用に供するものと決定した土地を含む。）の
　　　周囲おおむね100メートルを限度とする区域内の地域に限る。）
　二　営業所設置許容地域の指定及びその変更は、地域の特性その他の事情に応じて良好な風
　　俗環境の保全に障害を及ぼすこととならないよう配慮するとともに、当該地域における法
　　第44条第1項の規定による特定遊興飲食店営業者の団体の届出の有無及び当該団体が関係
　　特定遊興飲食店営業者に対して行う法又は法に基づく命令若しくは条例の規定の遵守のた
　　めの自主的な活動にも配意すること。
　（法第31条の23において準用する法第4条第3項の政令で定める事由）
第23条　第7条の規定は、法第31条の23において準用する法第4条第3項の政令で定める事由
　について準用する。この場合において、第7条第1号及び第6号中「風俗営業者」とあるの
　は、「特定遊興飲食店営業者」と読み替えるものとする。
　（特定遊興飲食店営業の営業時間の制限に関する条例の基準）
第24条　法第31条の23において準用する法第13条第2項の政令で定める基準は、次のとおりと
　する。
　一　法第31条の23において準用する法第13条第2項の制限は、深夜において営業を営んでは
　　ならない時間として午前5時から午前6時までの時間内の時間を指定し、又は深夜から引
　　き続き営業を営んではならない時間として午前6時後午前10時までの時間内の時間を指定
　　して行うこと。
　二　営業時間を制限する地域の指定は、居住、勤務その他日常生活又は社会生活の平穏が害
　　されることを防止するため早朝における風俗環境の保全につき特に配慮を必要とする地域
　　内の地域について行うこと。
　（特定遊興飲食店営業に係る騒音及び振動の規制に関する条例の基準等）
第25条　法第31条の23において準用する法第15条の規定に基づく条例を定める場合における特
　定遊興飲食店営業者の深夜における営業に係る騒音に係る数値は、第11条第1項の表の上欄
　に掲げる地域ごとに、それぞれ同表の下欄に定める深夜に係る数値を超えない範囲内におい
　て定めるものとする。
　2　法第31条の23において準用する法第15条の規定に基づく条例を定める場合における特定遊
　　興飲食店営業者の深夜における営業に係る振動に係る数値は、55デシベルを超えない範囲内

において定めるものとする。

3　第11条第3項の規定は、第1項の騒音及び前項の振動の測定について準用する。

（深夜における飲食店営業に係る騒音及び振動の規制に関する条例の基準等）

第26条　法第32条第2項において準用する法第15条の規定に基づく条例を定める場合における深夜において飲食店営業（法第2条第13項第4号に規定する飲食店営業をいう。次項において同じ。）を営む者に係る騒音に係る数値は、第11条第1項の表の上欄に掲げる地域ごとに、それぞれ同表の下欄に定める深夜に係る数値を超えない範囲内において定めるものとする。

2　法第32条第2項において準用する法第15条の規定に基づく条例を定める場合における深夜において飲食店営業を営む者に係る振動に係る数値は、55デシベルを超えない範囲内において定めるものとする。

3　第11条第3項の規定は、第1項の騒音及び前項の振動の測定について準用する。

（深夜における酒類提供飲食店営業の営業禁止地域の指定に関する条例の基準）

第27条　法第33条第4項の政令で定める基準は、次のとおりとする。

一　深夜において酒類提供飲食店営業を営むことを禁止する地域の指定は、住居集合地域内の地域について行うこと。

二　前号の規定による地域の指定は、深夜における酒類提供飲食店営業の態様その他の事情に応じて、善良の風俗若しくは清浄な風俗環境を害する行為又は少年の健全な育成に障害を及ぼす行為を防止するため必要な最小限度のものであること。

（法第35条の4第2項の政令で定める重大な不正行為）

第28条　法第35条の4第2項の政令で定める重大な不正行為は、次に掲げる行為とする。

一　第17条第4号から第8号までに掲げる行為

二　刑法第136条若しくは第137条（これらの規定中販売又は販売目的の所持に係る部分に限る。）、第139条第2項、第140条、第174条から第182条まで、第223条、第224条、第225条（営利又はわいせつの目的に係る部分に限る。以下この号において同じ。）、第226条、第226条の2（第3項については、営利又はわいせつの目的に係る部分に限る。以下この号において同じ。）、第226条の3、第227条第1項（同法第224条、第225条、第226条、第226条の2又は第226条の3の罪を犯した者を幇助する目的に係る部分に限る。以下この号において同じ。）若しくは第3項（営利又はわいせつの目的に係る部分に限る。以下この号において同じ。）又は第228条（同法第224条、第225条、第226条、第226条の2、第226条の3又は第227条第1項若しくは第3項に係る部分に限る。）の罪に当たる違法な行為

三　組織的な犯罪の処罰及び犯罪収益の規制等に関する法律（平成11年法律第136号）第3条（第1項第9号に係る部分に限る。）、第4条（同号に係る部分に限る。）又は第6条（第1項第2号に係る部分に限る。）の罪に当たる違法な行為

四　売春防止法（昭和31年法律第118号）第2章（第5条を除く。）に規定する罪に当たる違法な行為

五　児童買春、児童ポルノに係る行為等の規制及び処罰並びに児童の保護等に関する法律（平成11年法律第52号）第4条から第8条までの罪に当たる違法な行為

六　労働基準法（昭和22年法律第49号）第117条、第118条第1項（同法第6条又は第56条に係る部分に限る。）又は第119条第1号（同法第61条又は第62条に係る部分に限る。）（これらの規定を労働者派遣事業の適正な運営の確保及び派遣労働者の保護等に関する法律（昭和60年法律第88号）の規定により適用する場合を含む。）の罪に当たる違法な行為

資　料　*327*

七　職業安定法（昭和22年法律第141号）第63条の罪に当たる違法な行為

八　児童福祉法（昭和22年法律第164号）第60条第1項又は第2項（同法第34条第1項第4号の3、第5号、第7号又は第9号に係る部分に限る。）の罪に当たる違法な行為

九　出入国管理及び難民認定法第73条の2第1項の罪に当たる違法な行為

十　労働者派遣事業の適正な運営の確保及び派遣労働者の保護等に関する法律第58条の罪に当たる違法な行為

（法第43条の政令で定める者及び額）

第29条　法第43条の政令で定める者は、次の表の上欄に掲げる者とし、同条の政令で定める額は、同表の上欄に掲げる者について、それぞれ同表の下欄に定める額とする。

政令で定める者	政令で定める額
一　法第3条第1項の許可（以下この表において単に「許可」という。）を受けようとする者 (1)　ぱちんこ屋又は第8条に規定する営業について許可を受けようとする場合で営業所に設置する遊技機に認定を受けた遊技機以外の遊技機（以下この表において「未認定遊技機」という。）がないとき。 　　1　3月以内の期間を限つて営む営業 　　2　その他の営業	 1万5,000円 2万5,000円
(2)　ぱちんこ屋又は第8条に規定する営業について許可を受けようとする場合で営業所に設置する遊技機に未認定遊技機があるとき。	(1)1又は2に定める額に、2,800円（検定を受けた型式に属する未認定遊技機以外の未認定遊技機（以下この表において「特定未認定遊技機」という。）がある場合にあつては、5,600円に当該特定未認定遊技機が属する型式の数を2,400円に乗じて得た額を加算した額）を加算した額に、未認定遊技機1台ごとに40円（特定未認定遊技機については、それぞれ第14条の表の1の項の(3)の下欄に定める額から8,000円を減じた額）を加算した額
(3)　ぱちんこ屋及び第8条に規定する営業以外の風俗営業について許可を受けようとする場合 　　1　3月以内の期間を限つて営む営業 　　2　その他の営業	 1万4,000円 2万4,000円
二　法第20条第10項において準用する法第9条第1項の承認（以下この表において単に「承認」という。）を受けようとする者	

(1) 承認を受けようとする遊技機に未認定遊技機がない場合	2,400円
(2) 承認を受けようとする遊技機に未認定遊技機がある場合	5,200円（特定未認定遊技機がある場合にあつては、8,000円に当該特定未認定遊技機が属する型式の数を2,400円に乗じて得た額を加算した額）に、未認定遊技機1台ごとに40円（特定未認定遊技機については、それぞれ第14条の表の1の項の(3)の下欄に定める額から8,000円を減じた額）を加算した額

備考
1　許可を受けようとする者が当該都道府県において同時に他の許可を受けようとする場合における当該他の許可に係る政令で定める額は、それぞれ一の項の下欄に定める額から8,600円を減じた額とする。
2　法第4条第3項の規定が適用される営業所につき許可を受けようとする場合における政令で定める額は、それぞれ一の項の下欄に定める額に6,800円を加算した額とする。

（警察庁長官への権限の委任）
第30条　法第41条の3第1項の規定による報告の受理及び通報並びに国家公安委員会の権限に属する法第44条第1項の規定による届出の受理に関する事務は、警察庁長官に委任する。
（方面公安委員会への権限の委任）
第31条　法又は法に基づく政令の規定により道公安委員会の権限に属する事務は、次に掲げるものを除き、道警察本部の所在地を包括する方面を除く方面については、当該方面公安委員会に委任する。
一　認定及び検定に関する事務並びに指定試験機関に試験事務を行わせる事務
二　法第39条第1項の指定、同条第3項の命令及び同条第4項の取消しに関する事務
2　前項の規定により方面公安委員会が行う処分に係る聴聞を行うに当たつては、道公安委員会が定める手続に従うものとする。
　　　附　則　〔略〕

資 料　329

○風俗営業等の規制及び業務の適正化等に関する法律に基づく許可申請書の添付書類等に関する内閣府令（抄）

昭和60年1月11日
総理府令第1号

最終改正　平成27年11月13日内閣府令第65号

（風俗営業の許可申請書の添付書類）
第1条　風俗営業等の規制及び業務の適正化等に関する法律（以下「法」という。）第5条第1項の内閣府令で定める書類は、次のとおりとする。
一　営業の方法を記載した書類
二　営業所の使用について権原を有することを疎明する書類
三　営業所の平面図及び営業所の周囲の略図
四　申請者が個人である場合（次号又は第6号に該当する場合を除く。）には、次に掲げる書類
　　イ　住民票の写し（住民基本台帳法（昭和42年法律第81号）第7条第5号に掲げる事項（外国人にあつては、同法第30条の45に規定する国籍等）が記載されているものに限る。以下同じ。）
　　ロ　法第4条第1項第1号から第8号までに掲げる者のいずれにも該当しないことを誓約する書面
　　ハ　成年被後見人又は被保佐人に該当しない旨の登記事項証明書（後見登記等に関する法律（平成11年法律第152号）第10条第1項に規定する登記事項証明書をいう。）及び民法の一部を改正する法律（平成11年法律第149号）附則第3条第1項の規定により成年被後見人とみなされる者、同条第2項の規定により被保佐人とみなされる者、同条第3項の規定により従前の例によることとされる準禁治産者又は破産者で復権を得ないものに該当しない旨の市町村（特別区を含む。）の長の証明書
　　ニ　未成年者（婚姻により成年に達したものとみなされる者を除く。以下同じ。）で風俗営業を営むことに関し法定代理人の許可を受けているものにあつては、その法定代理人の氏名及び住所（法定代理人が法人である場合においては、その名称及び住所並びに代表者の氏名）を記載した書面並びに当該許可を受けていることを証する書面（風俗営業者の相続人である未成年者で風俗営業を営むことに関し法定代理人の許可を受けていないものにあつては、被相続人の氏名及び住所並びに風俗営業に係る営業所の所在地を記載した書面並びにその法定代理人に係るイからハまでに掲げる書類（法定代理人が法人である場合においては、その法人に係る第7号イからハまでに掲げる書類））
五　申請者が個人の風俗営業者（法第2条第2項の風俗営業者であつて申請に係る都道府県公安委員会（以下「公安委員会」という。）の法第3条第1項の許可又は法第7条第1項、法第7条の2第1項若しくは法第7条の3第1項の承認（以下この号及び次号において「許可等」という。）を受けているものをいう。次号及び第8号において同じ。）である場合（次号に該当する場合を除く。）には、次に掲げる書類
　　イ　前号ロに掲げる書面
　　ロ　前号ニに掲げる書類
六　申請者が未成年者である風俗営業者であつて、その法定代理人が申請者が申請に係る公安委員会の許可等を受けて現に営む風俗営業に係る許可等を受けた際の法定代理人である

場合（申請書に係る風俗営業及び現に営む風俗営業のいずれについても風俗営業を営むことに関する法定代理人の許可を受けていない場合に限る。）には、次に掲げる書類

イ　第4号ロに掲げる書面

ロ　被相続人の氏名及び住所並びに申請書に係る営業所の所在地を記載した書面

ハ　法定代理人の氏名及び住所（法定代理人が法人である場合においては、その名称及び住所並びに代表者の氏名）を記載した書面並びに当該法定代理人に係る第4号ロに掲げる書面（法定代理人が法人である場合においては、その役員に係る次号ハに掲げる書面。ただし、当該役員が、申請者が現に営む風俗営業に係る許可等を受けた際の役員でない場合には、当該役員に係る次号ロ及びハに掲げる書面）

七　申請者が法人である場合（次号に該当する場合を除く。）には、次に掲げる書類

イ　定款及び登記事項証明書

ロ　役員に係る第4号イ及びハに掲げる書類

ハ　役員に係る法第4条第1項第1号から第7号の2までに掲げる者のいずれにも該当しないことを誓約する書面

八　申請者が法人の風俗営業者である場合には、役員に係る前号ハに掲げる書面

九　法第4条第3項の規定が適用される営業所につき風俗営業の許可を受けようとする者にあつては、火災、震災又は風俗営業等の規制及び業務の適正化等に関する法律施行令（昭和59年政令第319号。以下「令」という。）第7条各号に掲げる事由により営業所が滅失したことを疎明する書類

十　選任する管理者に係る次に掲げる書類

イ　誠実に業務を行うことを誓約する書面

ロ　第4号イ及びハに掲げる書類

ハ　法第24条第2項各号に掲げる者のいずれにも該当しないことを誓約する書面

ニ　申請前6月以内に撮影した無帽、正面、上3分身、無背景の縦の長さ3.0センチメートル、横の長さ2.4センチメートルの写真で、その裏面に氏名及び撮影年月日を記入したもの2葉

十一　ぱちんこ屋及び令第8条に規定する営業を営もうとする者にあつては、次に掲げる書類

イ　法第20条第2項の認定を受けた遊技機を設置しようとする場合にあつては、その遊技機が当該認定を受けたものであることを証する書類

ロ　法第20条第4項の検定を受けた型式に属する遊技機（風俗営業の営業所に設置されたことのないものに限る。）を設置しようとする場合にあつては、次に掲げる書類

(1)　その遊技機の型式が検定を受けたものであることを疎明する書類

(2)　その遊技機の製造業者（外国において本邦に輸出する遊技機を製造する者を含む。ハにおいて同じ。）又は輸入業者が作成した書面で、当該遊技機が(1)の書類に係る型式に属するものであることを疎明するもの

ハ　法第20条第4項の検定を受けた型式に属する遊技機を設置しようとする場合（ロに該当する場合を除く。）にあつては、次に掲げる書類

(1)　その遊技機の型式が検定を受けたものであることを疎明する書類

(2)　その遊技機の製造業者若しくは輸入業者又は公安委員会が遊技機の点検及び取扱いを適正に行うに足りる能力を有すると認める者が作成した書面で、当該遊技機が(1)の書類に係る型式に属するものであることを疎明するもの

ニ　イからハまでに規定する遊技機以外の遊技機を設置しようとする場合にあつては、その遊技機につき次に掲げる書類
　　⑴　遊技機の諸元表
　　⑵　遊技機の構造図、回路図及び動作原理図
　　⑶　遊技機並びに遊技機の部品及び装置の構造、材質及び性能の説明を記載した書類
　　⑷　遊技機の写真

（風俗営業の営業所の構造及び設備の軽微な変更）

第2条　法第9条第1項の内閣府令で定める軽微な変更は、営業所の構造及び設備に係る変更のうち、次に掲げる変更以外の変更とする。
　一　建築基準法（昭和25年法律第201号）第2条第14号に規定する大規模の修繕又は同条第15号に規定する大規模の模様替に該当する変更
　二　客室の位置、数又は床面積の変更
　三　壁、ふすまその他営業所の内部を仕切るための設備の変更
　四　営業の方法の変更に係る構造又は設備の変更

（構造及び設備の変更等に係る届出書の記載事項）

第3条　法第9条第3項（法第20条第10項において準用する場合を含む。）及び第5項の内閣府令で定める事項は、当該変更に係る変更年月日、変更事項及び変更の事由とする。

（構造及び設備の変更等に係る届出書の添付書類）

第4条　法第9条第3項の内閣府令で定める書類は、第1条第1号から第10号までに掲げる書類のうち、当該変更事項に係る書類とする。
2　法第9条第5項の内閣府令で定める書類は、第1条第1号から第3号までに掲げる書類のうち、当該変更事項に係る書類とする。

（特例風俗営業者の認定申請書の添付書類）

第5条　法第10条の2第2項の内閣府令で定める書類は、次のとおりとする。
　一　当該営業所に係る第1条第1号及び第3号に掲げる書類
　二　法第10条の2第1項各号のいずれにも該当することを誓約する書面

（遊技機の軽微な変更）

第6条　法第20条第10項において準用する法第9条第1項の内閣府令で定める軽微な変更は、法第23条第1項第3号に規定する遊技球等の受け皿、遊技機の前面のガラス板その他の遊技機の部品でその変更が遊技機の性能に影響を及ぼすおそれがあるもの以外のものの変更とする。

（遊技機の変更に係る届出書の添付書類）

第7条　法第20条第10項において準用する法第9条第3項の内閣府令で定める書類は、第1条第11号に掲げる書類のうち、当該変更事項に係る書類とする。

（店舗型性風俗特殊営業の廃止等に係る届出書の記載事項）

第8条　法第27条第2項（法第31条の12第2項において準用する場合を含む。）の内閣府令で定める事項は、次の各号に掲げる届出書の区分に従い、それぞれ当該各号に定める事項とする。
　一　営業を廃止した場合における届出書　廃止年月日及び廃止の事由
　二　届出事項に変更があつた場合における届出書　当該変更に係る変更年月日、変更事項及び変更の事由

（店舗型性風俗特殊営業の届出書の添付書類）

風俗営業等の規制及び業務の適正化等に関する法律に基づく許可申請書の添付書類等
に関する内閣府令（抄）

第9条　法第27条第3項の内閣府令で定める書類は、次の各号に掲げる届出書の区分に従い、それぞれ当該各号に定める書類とする。
　一　営業を営もうとする場合における届出書　次に掲げる書類（法第27条第1項の届出書を提出して現に当該届出書に係る営業を営んでいる者が、当該届出書を提出した公安委員会の管轄区域内において当該営業と同一の店舗型性風俗特殊営業の種別の店舗型性風俗特殊営業を営もうとする場合における届出書については、ニ又はホに掲げるものを除く。）
　　イ　営業の方法を記載した書類
　　ロ　営業所の使用について権原を有することを疎明する書類
　　ハ　営業所の平面図及び営業所の周囲の略図
　　ニ　営業を営もうとする者が個人であるときは、住民票の写し
　　ホ　営業を営もうとする者が法人であるときは、定款、登記事項証明書及び役員に係る住民票の写し
　　ヘ　法第27条第1項第5号の営業所における業務の実施を統括管理する者に係る住民票の写し
　二　営業を廃止した場合における届出書　法第27条第4項の規定により交付された書面
　三　届出事項に変更があつた場合における届出書　次に掲げる書類
　　イ　法第27条第4項の規定により交付された書面
　　ロ　第1号に掲げる書類のうち、前条第2号に定める事項に係るもの
　（標章の様式）
第10条　法第31条第1項（法第31条の5第3項及び第31条の6第3項において準用する場合を含む。）の内閣府令で定める様式は、別記様式第1号のとおりとする。
　（準用規定）
第11条　第8条の規定は、法第31条の2第2項（法第31条の7第2項及び法第31条の17第2項において準用する場合を含む。）の内閣府令で定める事項について準用する。
　（無店舗型性風俗特殊営業の届出書の添付書類）
第12条　法第31条の2第3項の内閣府令で定める書類は、次の各号に掲げる届出書の区分に従い、それぞれ当該各号に定める書類とする。
　一　営業を営もうとする場合における届出書　次に掲げる書類
　　イ　営業の方法を記載した書類
　　ロ　営業の本拠となる事務所（事務所のない者にあつては、住所。次条第1号ロ（第16条において準用する場合を含む。）において単に「事務所」という。）、受付所及び待機所の使用について権原を有することを疎明する書類
　　ハ　法第2条第7項第1号の営業にあつては、事務所の平面図（事務所のない者が、その住所を事務所に代えて届出書を提出する場合には、当該営業の用に供される部分を特定したもの）
　　ニ　法第2条第7項第1号の営業につき受付所を設ける場合には、受付所の平面図及び受付所の周囲の略図
　　ホ　法第2条第7項第1号の営業につき待機所を設ける場合には、待機所の平面図
　　ヘ　営業を営もうとする者が個人であるときは、住民票の写し
　　ト　営業を営もうとする者が法人であるときは、定款、登記事項証明書及び役員に係る住民票の写し
　二　営業を廃止した場合における届出書　法第31条の2第4項の規定により交付された書面

三　届出事項に変更があつた場合における届出書　次に掲げる書類
　　　イ　法第31条の2第4項の規定により交付された書面
　　　ロ　第1号に掲げる書類のうち、前条において準用する第8条第2号に定める事項に係る
　　　　もの
（店舗型電話異性紹介営業の届出書の添付書類）
第14条　第9条の規定は、法第31条の12第2項において準用する法第27条第3項の内閣府令で
　定める書類について準用する。この場合において、第9条第1号中「法第27条第1項の届出
　書」とあるのは「法第31条の12第1項の届出書」と、「当該営業と同一の店舗型性風俗特殊
　営業の種別の店舗型性風俗特殊営業」とあるのは「他の店舗型電話異性紹介営業」と、同号
　ヘ中「法第27条第1項第5号」とあるのは「法第31条の12第1項第5号」と、同条第2号及
　び第3号イ中「法第27条第4項」とあるのは「法第31条の12第2項において準用する法第27
　条第4項」と、同号ロ中「前条第2号」とあるのは「第8条第2号」と読み替えるものとす
　る。
（準用規定）
第15条　第10条の規定は、法第31条の16第1項の内閣府令で定める様式について準用する。
（特定遊興飲食店営業の許可申請書の添付書類）
第17条　第1条（第11号を除く。）の規定は、法第31条の23において準用する法第5条第1項
　の内閣府令で定める書類について準用する。この場合において、第1条第5号中「法第2条
　第2項」とあるのは「法第2条第12項」と、「法第3条第1項」とあるのは「法第31条の22」
　と、同条第9号中「第7条各号」とあるのは「第23条において準用する令第7条各号」と読
　み替えるものとする。
（特定遊興飲食店営業の営業所の構造及び設備の軽微な変更）
第18条　第2条の規定は、法第31条の23において準用する法第9条第1項の内閣府令で定める
　軽微な変更について準用する。
（構造及び設備の変更等に係る届出書の記載事項）
第19条　第3条の規定は、法第31条の23において準用する法第9条第3項及び第5項の内閣府
　令で定める事項について準用する。
（構造及び設備の変更等に係る届出書の添付書類）
第20条　第4条の規定は、法第31条の23において準用する法第9条第3項の内閣府令で定める
　書類について準用する。
（特例特定遊興飲食店営業者の認定申請書の添付書類）
第21条　第5条の規定は、法第31条の23において準用する法第10条の2第2項の内閣府令で定
　める書類について準用する。
（深夜における酒類提供飲食店営業に係る軽微な変更）
第22条　法第33条第2項の内閣府令で定める軽微な変更は、営業所の構造及び設備に係る変更
　のうち、次に掲げる変更以外の変更とする。
　　一　建築基準法第2条第14号に規定する大規模の修繕又は同条第15号に規定する大規模の模
　　　様替に該当する変更
　　二　客室の位置、数又は床面積の変更
　　三　壁、ふすまその他営業所の内部を仕切るための設備の変更
　　四　照明設備の変更
　　五　音響設備又は防音設備の変更

風俗営業等の規制及び業務の適正化等に関する法律に基づく許可申請書の添付書類等
に関する内閣府令（抄）

（準用規定）
第23条　第8条の規定は、法第33条第2項の内閣府令で定める事項について準用する。
（深夜における酒類提供飲食店営業の届出書の添付書類）
第24条　法第33条第3項の内閣府令で定める書類は、次の各号に掲げる届出書の区分に従い、
　　それぞれ当該各号に定める書類とする。
　一　営業を営もうとする場合における届出書　次に掲げる書類（法第33条第1項の届出書を
　　提出して現に当該届出書に係る営業を営んでいる者が、当該届出書を提出した公安委員会
　　の管轄区域内において他の酒類提供飲食店営業を深夜において営もうとする場合における
　　届出書については、ハ又はニに掲げるものを除く。）
　　イ　営業の方法を記載した書類
　　ロ　営業所の平面図
　　ハ　営業を営もうとする者が個人であるときは、住民票の写し
　　ニ　営業を営もうとする者が法人であるときは、定款、登記事項証明書及び役員に係る住
　　　民票の写し
　二　届出事項に変更があつた場合における届出書　前号に掲げる書類のうち、前条において
　　準用する第8条第2号に定める事項に係るもの
（従業者名簿の記載事項）
第25条　法第36条の内閣府令で定める事項は、性別、生年月日、採用年月日、退職年月日及び
　　従事する業務の内容とする。
（確認書類）
第26条　法第36条の2第1項各号に掲げる事項を証する書類として内閣府令で定める書類は、
　　次の各号に掲げる区分に応じ、それぞれ当該各号に定めるものとする。
　一　日本国籍を有する者　次に掲げる書類のいずれか
　　イ　住民票記載事項証明書（住民基本台帳法第7条第2号に掲げる事項及び本籍地都道府
　　　県名が記載されているものに限る。）
　　ロ　旅券法（昭和26年法律第267号）第2条第2号の一般旅券
　　ハ　イ及びロに掲げるもののほか官公庁から発行され、又は発給された書類その他これに
　　　類するもので、当該者の生年月日及び本籍地都道府県名の記載のあるもの
　二　日本国籍を有しない者（次号及び第4号に掲げる者を除く。）　次に掲げる書類のいずれ
　　か
　　イ　出入国管理及び難民認定法（昭和26年政令第319号）第2条第5号の旅券
　　ロ　出入国管理及び難民認定法第19条の3に規定する在留カード
　三　出入国管理及び難民認定法第19条第2項の許可がある者　次に掲げる書類のいずれか
　　イ　前号イに掲げる書類（出入国管理及び難民認定法施行規則（昭和56年法務省令第54
　　　号）第19条第4項の証印がされているものに限る。）
　　ロ　前号イに掲げる書類（出入国管理及び難民認定法施行規則第19条第4項の証印がされ
　　　ていないものに限る。）及び同項に規定する資格外活動許可書又は同令第19条の4第1
　　　項に規定する就労資格証明書
　　ハ　前号ロに掲げる書類
　四　日本国との平和条約に基づき日本の国籍を離脱した者等の出入国管理に関する特例法
　　（平成3年法律第71号）に定める特別永住者　同法第7条第1項に規定する特別永住者証
　　明書

（団体の届出）

第27条　法第44条第1項の規定による届出をしようとする団体は、その目的とする事業が2以上の都道府県の区域において行われる場合にあつては警察庁に、それ以外の場合にあつては警視庁又は道府県警察本部に、次条に規定する事項を記載した書類を提出しなければならない。

2　前項の規定により書類を提出する場合においては、警察庁に提出する書類でその目的とする事業が一の管区警察局の管轄区域内において行われる団体に係るものにあつては当該管区警察局を経由して、警視庁又は道府県警察本部に提出する書類にあつては当該団体の主たる事務所の所在地の所轄警察署長を経由してするものとする。

（届出事項）

第28条　法第44条第1項の内閣府令で定める事項は、次のとおりとする。

一　名称及び事務所の所在地並びに代表者の氏名及び住所

二　目的及び事業

三　成立の年月日

四　団体を組織する者の氏名及び住所（その者が団体である場合にあつては、当該団体の名称及び事務所の所在地並びに代表者の氏名及び住所）

五　法人である場合には、法人の設立の許可又は認可を受けた年月日、定款並びに役員の氏名及び住所

（電磁的記録媒体による手続）

第29条　第27条第1項の規定による警察庁への書類の提出については、当該書類の提出に代えて当該書類に記載すべきこととされている事項を記録した電磁的記録媒体（電磁的記録（電子的方式、磁気的方式その他人の知覚によつては認識することができない方式で作られる記録であつて、電子計算機による情報処理の用に供されるものをいう。）に係る記録媒体をいう。）及び別記様式第2号の電磁的記録媒体提出票を提出することにより行うことができる。

336　風俗営業等の規制及び業務の適正化等に関する法律施行規則

○風俗営業等の規制及び業務の適正化等に関する法律施行規則

$$\left(\begin{array}{l}\text{昭和60年1月11日}\\\text{国家公安委員会規則第1号}\end{array}\right)$$

最終改正　平成30年3月30日国家公安委員会規則第5号

　　　第1章　総則
（許可申請書等の提出）
第1条　風俗営業等の規制及び業務の適正化等に関する法律（以下「法」という。）及びこの
　規則の規定により都道府県公安委員会（以下「公安委員会」という。）に申請書又は届出書
　を提出する場合においては、当該申請書又は届出書に係る営業所（無店舗型性風俗特殊営
　業、映像送信型性風俗特殊営業及び無店舗型電話異性紹介営業に係る届出書にあつては、当
　該営業の本拠となる事務所（事務所のない者にあつては、住所。以下この条及び第113条に
　おいて単に「事務所」という。））の所在地の所轄警察署長を経由して、1通の申請書又は届
　出書を提出しなければならない。
2　1の公安委員会に対して同時に2以上の営業所又は事務所について次のいずれかの申請書
　又は届出書を提出するときは、前項の規定にかかわらず、それらの営業所又は事務所のうち
　いずれか1の営業所又は事務所の所在地の所轄警察署長を経由して提出すれば足りる。
　一　法第5条第1項（法第31条の23において準用する場合を含む。）に規定する許可申請書
　二　第13条第1項（第81条において準用する場合を含む。）に規定する相続承認申請書
　三　第14条第1項（第82条において準用する場合を含む。）に規定する合併承認申請書
　四　第15条第1項（第83条において準用する場合を含む。）に規定する分割承認申請書
　五　法第9条第3項（法第31条の23において準用する場合を含む。次項において同じ。）に
　　規定する届出書のうち、法第5条第1項第1号又は第6号に掲げる事項（同項第1号に掲
　　げる事項にあつては、風俗営業者又は特定遊興飲食店営業者の氏名又は名称を除く。）の
　　変更に係るもの
　六　法第10条の2第2項（法第31条の23において準用する場合を含む。）に規定する認定申
　　請書
　七　法第27条第2項に規定する届出書のうち、店舗型性風俗特殊営業の廃止又は同条第1項
　　第1号に掲げる事項の変更に係るもの
　八　法第31条の7第1項又は同条第2項において準用する法第31条の2第2項に規定する届
　　出書
　九　法第31条の12第2項において準用する法第27条第2項に規定する届出書のうち、店舗型
　　電話異性紹介営業の廃止又は法第31条の12第1項第1号に掲げる事項の変更に係るもの
　十　法第33条第2項に規定する届出書のうち、深夜における酒類提供飲食店営業の廃止又は
　　同条第1項第1号に掲げる事項の変更に係るもの
3　前項の規定により2以上の営業所若しくは事務所のうちいずれか1の営業所若しくは事務
　所の所在地の所轄警察署長を経由して同項各号の申請書若しくは届出書を提出する場合又は
　1の警察署の管轄区域内にある2以上の営業所について同時に風俗営業者若しくは特定遊興
　飲食店営業者の氏名若しくは名称の変更に係る法第9条第3項に規定する届出書若しくは法
　第27条第1項、第31条の12第1項若しくは第33条第1項に規定する届出書を提出する場合に
　おいて、これらの申請書又は届出書に添付しなければならないこととされる書類のうち同一

資　料　*337*

の内容となるものがあるときは、当該同一の内容となる書類については、一部をこれらの申請書又は届出書のいずれか1通に添付するものとする。

（営業所内の照度の測定方法）

第2条　法第2条第1項第2号の営業所内の照度は、次の各号に掲げる客室の区分に応じ、それぞれ当該各号に定める客室の部分における水平面について計るものとする。

一　客席（客に飲食をさせるために設けられた食卓、椅子その他の設備及び当該設備を使用する客が通常利用する客室の部分をいう。以下この条、第30条の表法第2条第1項第1号から第3号までに掲げる営業の項及び第95条において同じ。）以外の客室の部分において客に遊興をさせるための客室（当該客室内の客席の面積の合計が当該客室の面積の5分の1以下であるものに限る。）　次のイ及びロに掲げる客室の部分

イ　次に掲げる場合に応じ、それぞれ次に定める客席の部分

(1)　客席に食卓その他の飲食物を置く設備がある場合　当該設備の上面及び当該上面の高さにおける客の通常利用する部分

(2)　(1)に掲げる場合以外の場合

(i)　椅子がある客席にあつては、椅子の座面及び当該座面の高さにおける客の通常利用する部分

(ii)　椅子がない客席にあつては、客の通常利用する場所における床面（畳又はこれに準ずるものが敷かれている場合にあつては、その表面）

ロ　客に遊興をさせるための客室の部分

二　前号に掲げる客室以外の客室　前号イに掲げる客室の部分

（国家公安委員会規則で定める遊技設備）

第3条　法第2条第1項第5号の国家公安委員会規則で定める遊技設備は、次に掲げるとおりとする。

一　スロットマシンその他遊技の結果がメダルその他これに類する物の数量により表示される構造を有する遊技設備

二　テレビゲーム機（勝敗を争うことを目的とする遊技をさせる機能を有するもの又は遊技の結果が数字、文字その他の記号によりブラウン管、液晶等の表示装置上に表示される機能を有するものに限るものとし、射幸心をそそるおそれがある遊技の用に供されないことが明らかであるものを除く。）

三　フリッパーゲーム機

四　前3号に掲げるもののほか、遊技の結果が数字、文字その他の記号又は物品により表示される遊技の用に供する遊技設備（人の身体の力を表示する遊技の用に供するものその他射幸心をそそるおそれがある遊技の用に供されないことが明らかであるものを除く。）

五　ルーレット台、トランプ及びトランプ台その他ルーレット遊技又はトランプ遊技に類する遊技の用に供する遊技設備

（国家公安委員会規則で定める状態）

第4条　風俗営業等の規制及び業務の適正化等に関する法律施行令（以下「令」という。）第3条第1項第2号ニの国家公安委員会規則で定める状態は、カーテンその他の見通しを遮ることができる物が、当該物を用いることにより、フロント、玄関帳場その他これらに類する設備において客が従業者と面接しないでその利用する個室の鍵の交付を受けることその他の手続をすることができることとなる位置に取り付けられている状態とする。

（客の依頼を受ける方法）

第5条　法第2条第7項第2号の国家公安委員会規則で定める方法は、次に掲げるとおりとする。
一　電話その他電気通信設備を用いる方法
二　郵便又は民間事業者による信書の送達に関する法律（平成14年法律第99号）第2条第6項に規定する一般信書便事業者若しくは同条第9項に規定する特定信書便事業者による同条第2項に規定する信書便
三　電報
四　預金又は貯金の口座に対する払込み
五　当該営業を営む者の事務所（事務所のない者にあつては、住所）以外の場所において客と対面する方法
　　　　第2章　風俗営業の許可の手続等
（暴力的不法行為その他の罪に当たる行為）
第6条　法第4条第1項第3号（法第31条の23において準用する場合を含む。）の国家公安委員会規則で定める行為は、次の各号に掲げる罪のいずれかに当たる行為とする。
一　爆発物取締罰則（明治17年太政官布告第32号）第1条から第3条までに規定する罪
二　刑法（明治40年法律第45号）第95条、第96条の2から第96条の4まで、第96条の5（第96条の2から第96条の4までに係る部分に限る。）、第96条の6第1項、第103条、第104条、第105条の2、第175条、第177条、第179条第2項、第180条（第177条及び第179条第2項に係る部分に限る。以下この号において同じ。）、第181条第2項（第177条、第179条第2項及び第180条に係る部分に限る。）、第185条から第187条まで、第199条、第201条、第203条（第199条に係る部分に限る。）、第204条、第205条、第208条、第208条の2、第220条から第223条まで、第225条から第226条の3まで、第227条第1項（第225条及び第226条から第226条の3までに係る部分に限る。以下この号において同じ。）から第4項まで、第228条（第225条、第225条の2第1項、第226条から第226条の3まで並びに第227条第1項から第3項まで及び第4項前段に係る部分に限る。）、第228条の3、第234条、第235条の2から第237条まで、第240条（第236条に係る部分に限る。以下この号において同じ。）、第241条第1項（第236条に係る部分に限る。）若しくは第3項（第236条に係る部分に限る。以下この号において同じ。）、第243条（第235条の2、第236条、第240条及び第241条第3項に係る部分に限る。）、第249条、第250条（第249条に係る部分に限る。）又は第258条から第261条までに規定する罪
三　暴力行為等処罰に関する法律（大正15年法律第60号）に規定する罪
四　盗犯等の防止及び処分に関する法律（昭和5年法律第9号）第2条（刑法第236条及び第243条（第236条に係る部分に限る。以下この号において同じ。）に係る部分に限る。）、第3条（刑法第236条及び第243条に係る部分に限る。）又は第4条（刑法第236条に係る部分に限る。）に規定する罪
五　労働基準法（昭和22年法律第49号）第117条又は第118条第1項（第6条及び第56条に係る部分に限る。）に規定する罪
六　職業安定法（昭和22年法律第141号）第63条、第64条第1号、第1号の2（第30条第1項、第32条の6第2項（第33条第4項において準用する場合を含む。）及び第33条第1項に係る部分に限る。）、第4号、第5号若しくは第9号又は第66条第1号若しくは第3号に規定する罪
七　児童福祉法（昭和22年法律第164号）第60条第1項又は第2項（第34条第1項第4号の

資　料　　*339*

２、第５号、第７号及び第９号に係る部分に限る。）に規定する罪

八　金融商品取引法（昭和23年法律第25号）第197条の２第10号の４、第10号の５、第10号の８若しくは第10号の９、第198条第１号、第３号、第３号の３、第４号、第４号の２、第６号、第６号の２若しくは第７号、第198条の４、第198条の５第２号の２（第57条の20第１項に係る部分に限る。）、第198条の６第１号（第29条の２第１項から第３項まで、第59条の２第１項及び第３項、第60条の２第１項及び第３項、第66条の２、第66条の28、第66条の51、第81条、第102条の15、第106条の11、第155条の２、第156条の３、第156条の20の３、第156条の20の17、第156条の24第２項から第４項まで並びに第156条の40に係る部分に限る。）若しくは第11号の５、第200条第13号若しくは第17号（第106条の３第１項及び第４項、第106条の17第１項及び第３項並びに第156条の５の５第１項及び第４項に係る部分に限る。）、第205条第９号、第13号（第106条の３第３項（第106条の10第４項及び第106条の17第４項において準用する場合を含む。）及び第156条の５の５第３項に係る部分に限る。）若しくは第16号、第205条の２の３第１号（第31条第１項、第57条の14、第60条の５第１項、第63条第８項（第63条の３第２項において準用する場合を含む。）、第66条の５第１項、第66条の31第１項、第66条の54第１項及び第156条の55第１項に係る部分に限る。）、第２号（第31条の３及び第66条の６に係る部分に限る。）若しくは第４号（第36条の２第２項及び第66条の８第２項に係る部分に限る。）又は第206条第２号（第149条第２項前段（第153条の４において準用する場合を含む。）及び第155条の７に係る部分に限る。）、第８号（第156条の13に係る部分に限る。）、第９号の２（第156条の20の11及び第156条の20の21第２項に係る部分に限る。）若しくは第10号（第156条の28第３項に係る部分に限る。）に規定する罪

九　法第49条第５号若しくは第６号、第50条第１項第４号（第22条第１項第３号及び第４号（第31条の23及び第32条第３項において準用する場合を含む。）に係る部分に限る。）、第５号（第28条第12項第３号に係る部分に限る。）、第６号、第８号（第31条の13第２項第３号及び第４号に係る部分に限る。）、第９号若しくは第10号又は第52条第１号に規定する罪

十　大麻取締法（昭和23年法律第124号）第24条、第24条の２、第24条の４、第24条の６又は第24条の７に規定する罪

十一　船員職業安定法（昭和23年法律第130号）第112条第２号（第55条第１項及び第60条第２項に係る部分に限る。）若しくは第６号又は第114条第２号若しくは第３号（第61条第１項に係る部分に限る。）に規定する罪

十二　競馬法（昭和23年法律第158号）第30条第３号又は第33条第２号に規定する罪

十三　自転車競技法（昭和23年法律第209号）第56条第２号又は第58条第３号に規定する罪

十四　建設業法（昭和24年法律第100号）第47条第１項第１号若しくは第３号又は第50条第１項第１号、第２号（第11条第１項及び第３項（第17条において準用する場合を含む。）に係る部分に限る。）若しくは第３号に規定する罪

十五　弁護士法（昭和24年法律第205号）第77条第３号又は第４号に規定する罪

十六　火薬類取締法（昭和25年法律第149号）第58条第１号から第４号まで又は第59条第２号（第21条に係る部分に限る。）、第４号若しくは第５号に規定する罪

十七　小型自動車競走法（昭和25年法律第208号）第61条第２号又は第63条第３号に規定する罪

十八　毒物及び劇物取締法（昭和25年法律第303号）第24条第１号（第３条に係る部分に限る。）に規定する罪

340 風俗営業等の規制及び業務の適正化等に関する法律施行規則

十九　港湾運送事業法（昭和26年法律第161号）第34条第1号に規定する罪

二十　投資信託及び投資法人に関する法律（昭和26年法律第198号）第245条第3号又は第246条第1号（第191条第1項に係る部分に限る。）若しくは第8号に規定する罪

二十一　モーターボート競走法（昭和26年法律第242号）第65条第2号又は第68条第3号に規定する罪

二十二　覚せい剤取締法（昭和26年法律第252号）第41条、第41条の2、第41条の3第1項第1号、第3号若しくは第4号、第2項（同条第1項第1号、第3号及び第4号に係る部分に限る。）若しくは第3項（同条第1項第1号、第3号及び第4号並びに第2項（同条第1項第1号、第3号及び第4号に係る部分に限る。）に係る部分に限る。）、第41条の4第1項第3号から第5号まで、第2項（同条第1項第3号から第5号までに係る部分に限る。）若しくは第3項（同条第1項第3号から第5号まで及び第2項（同条第1項第3号から第5号までに係る部分に限る。）に係る部分に限る。）、第41条の6、第41条の7、第41条の9から第41条の11まで又は第41条の13に規定する罪

二十三　旅券法（昭和26年法律第267号）第23条第1項第1号、第2項（同条第1項第1号に係る部分に限る。以下この号において同じ。）又は第3項（同条第1項第1号及び第2項に係る部分に限る。）に規定する罪

二十四　出入国管理及び難民認定法（昭和26年政令第319号）第74条から第74条の6まで、第74条の6の2第1項第1号若しくは第2号若しくは第2項、第74条の6の3（第74条の6の2第1項第1号及び第2号並びに第2項に係る部分に限る。）又は第74条の8に規定する罪

二十五　宅地建物取引業法（昭和27年法律第176号）第79条第1号若しくは第2号、第82条第1号、第2号（第12条第2項に係る部分に限る。）若しくは第3号又は第83条第1項第1号（第9条及び第53条（第63条の3第2項において準用する場合を含む。）に係る部分に限る。）に規定する罪

二十六　酒税法（昭和28年法律第6号）第54条第1項若しくは第2項又は第56条第1項第1号、第5号若しくは第7号に規定する罪

二十七　麻薬及び向精神薬取締法（昭和28年法律第14号）第64条から第65条まで、第66条（小分け、譲渡し、譲受け及び所持に係る部分に限る。）又は第67条から第68条の2までに規定する罪

二十八　武器等製造法（昭和28年法律第145号）第31条、第31条の2又は第31条の3第1号若しくは第4号に規定する罪

二十九　出資の受入れ、預り金及び金利等の取締りに関する法律（昭和29年法律第195号）第5条に規定する罪

三十　売春防止法（昭和31年法律第118号）第6条、第7条第2項若しくは第3項（同条第2項に係る部分に限る。）、第8条第1項（第7条第2項に係る部分に限る。）又は第10条から第13条までに規定する罪

三十一　銃砲刀剣類所持等取締法（昭和33年法律第6号）第31条から第31条の4まで、第31条の7から第31条の9まで、第31条の11第1項第1号若しくは第2号若しくは第2項、第31条の12、第31条の13、第31条の15、第31条の16第1項第1号から第3号まで若しくは第2項、第31条の17、第31条の18第1号若しくは第3号、第32条第1号、第3号若しくは第4号又は第35条第2号（第22条の2第1項及び第22条の4に係る部分に限る。）に規定する罪

資　料　　*341*

三十二　割賦販売法（昭和36年法律第159号）第49条第2号、第3号若しくは第6号又は第53条の2第1号（第33条の3第1項、第35条の3の28第1項及び第35条の17の6第1項に係る部分に限る。）に規定する罪

三十三　著作権法（昭和45年法律第48号）第119条第2項第3号に規定する罪

三十四　廃棄物の処理及び清掃に関する法律（昭和45年法律第137号）第25条第1項第1号、第2号、第8号、第9号、第13号若しくは第14号若しくは第2項（同条第1項第14号に係る部分に限る。）、第26条第3号、第4号若しくは第6号（第25条第1項第14号に係る部分に限る。）、第29条第1号（第7条の2第4項（第14条の2第3項及び第14条の5第3項において読み替えて準用する場合を含む。）及び第9条第6項（第15条の2の6第3項において読み替えて準用する場合を含む。）に係る部分に限る。）又は第30条第2号（第7条の2第3項（第14条の2第3項及び第14条の5第3項において準用する場合を含む。）、第9条第3項（第15条の2の6第3項において準用する場合を含む。）及び第9条の7第2項（第15条の4において準用する場合を含む。）に係る部分に限る。）に規定する罪

三十五　火炎びんの使用等の処罰に関する法律（昭和47年法律第17号）第2条又は第3条に規定する罪

三十六　建設労働者の雇用の改善等に関する法律（昭和51年法律第33号）第49条第1号又は第51条第4号若しくは第6号に規定する罪

三十七　銀行法（昭和56年法律第59号）第61条第1号、第62条の2第1号又は第63条の3第2号（第52条の78第1項に係る部分に限る。）に規定する罪

三十八　貸金業法（昭和58年法律第32号）第47条第1号若しくは第2号、第47条の3第1項第1号、第2号（第11条第2項に係る部分に限る。）若しくは第3号、第48条第1項第1号の3（第24条第2項、第24条の2第2項、第24条の3第2項、第24条の4第2項及び第24条の5第2項において準用する第12条の7に係る部分に限る。）、第3号の3（第24条第2項、第24条の2第2項、第24条の3第2項、第24条の4第2項及び第24条の5第2項において準用する第16条の3第1項に係る部分に限る。）、第4号の2、第5号（第24条第2項、第24条の2第2項、第24条の3第2項、第24条の4第2項及び第24条の5第2項において準用する第20条第4項に係る部分に限る。）、第5号の2、第5号の3若しくは第9号の8、第49条第7号、第50条第1項第1号（第8条第1項に係る部分に限る。）若しくは第2号又は第50条の2第6号（第41条の55第1項に係る部分に限る。）に規定する罪

三十九　労働者派遣事業の適正な運営の確保及び派遣労働者の保護等に関する法律（昭和60年法律第88号）第59条第1号（第4条第1項に係る部分に限る。）から第3号まで又は第61条第1号若しくは第2号（第11条第1項に係る部分に限る。）に規定する罪

四十　港湾労働法（昭和63年法律第40号）第48条第1号又は第51条第2号（第18条第2項において準用する第12条第2項に規定する申請書及び第18条第2項において準用する第12条第3項に規定する書類に係る部分を除く。）若しくは第3号（第19条第1項に係る部分に限る。）に規定する罪

四十一　国際的な協力の下に規制薬物に係る不正行為を助長する行為等の防止を図るための麻薬及び向精神薬取締法等の特例等に関する法律（平成3年法律第94号。以下この号及び第47号において「麻薬特例法」という。）第3章に規定する罪のうち、次に掲げる罪

　イ　麻薬特例法第5条に規定する罪のうち、次に掲げる行為に係る罪

　　⑴　大麻取締法第24条又は第24条の2に規定する罪に当たる行為をすること。

　　⑵　覚せい剤取締法第41条又は第41条の2に規定する罪に当たる行為をすること。

342　風俗営業等の規制及び業務の適正化等に関する法律施行規則

　　(3)　麻薬及び向精神薬取締法第64条、第64条の２若しくは第65条又は第66条（小分け、
　　　譲渡し及び譲受けに係る部分に限る。）に規定する罪に当たる行為をすること。
　ロ　麻薬特例法第６条又は第７条に規定する罪
　ハ　麻薬特例法第８条第１項に規定する罪のうち、次に掲げる罪に係る罪
　　(1)　イ又はホに掲げる罪
　　(2)　大麻取締法第24条に規定する罪
　　(3)　覚せい剤取締法第41条に規定する罪
　　(4)　麻薬及び向精神薬取締法第64条又は第65条に規定する罪
　ニ　麻薬特例法第８条第２項に規定する罪のうち、次に掲げる罪に係る罪
　　(1)　イ又はホに掲げる罪
　　(2)　大麻取締法第24条の２に規定する罪
　　(3)　覚せい剤取締法第41条の２に規定する罪
　　(4)　麻薬及び向精神薬取締法第64条の２又は第66条に規定する罪
　ホ　麻薬特例法第９条に規定する罪のうち、次に掲げる罪に係る罪
　　(1)　イ又はロに掲げる罪
　　(2)　大麻取締法第24条、第24条の２、第24条の４、第24条の６又は第24条の７に規定す
　　　る罪
　　(3)　覚せい剤取締法第41条、第41条の２、第41条の６、第41条の９又は第41条の11に規
　　　定する罪
　　(4)　麻薬及び向精神薬取締法第64条、第64条の２、第65条、第66条（小分け、譲渡し、
　　　譲受け及び所持に係る部分に限る。）又は第67条から第68条の２までに規定する罪
四十二　不動産特定共同事業法（平成６年法律第77号）第77条第１号、第２号若しくは第５
　　号から第７号まで、第82条第１号若しくは第５号又は第84条第１号（第58条第４項に係る
　　部分を除く。）若しくは第３号に規定する罪
四十三　保険業法（平成７年法律第105号）第315条第６号、315条の２第４号から第６号
　　（第272条の35第５項に係る部分に限る。）まで、第316条の３第１号、第317条の２第３
　　号、第319条第９号又は第320条第９号（第308条の18第１項に係る部分に限る。）に規定す
　　る罪
四十四　資産の流動化に関する法律（平成10年法律第105号）第294条第１号（第４条第１項
　　に係る部分に限る。）、第３号若しくは第12号（第４条第２項から第４項まで（これらの規
　　定を第11条第５項において準用する場合を除く。）及び第９条第２項（第227条第２項にお
　　いて準用する場合を除く。）に係る部分に限る。）又は第295条第２号（第209条第２項（第
　　286条第１項において準用する場合を含む。）において準用する第219条の規定による命令
　　に係る部分を除く。）に規定する罪
四十五　債権管理回収業に関する特別措置法（平成10年法律第126号）第33条第１号若しく
　　は第２号、第34条第１号若しくは第３号又は第35条第１号、第２号、第５号、第６号若し
　　くは第８号に規定する罪
四十六　児童買春、児童ポルノに係る行為等の規制及び処罰並びに児童の保護等に関する法
　　律（平成11年法律第52号）第５条、第６条、第７条第２項から第８項まで又は第８条に規
　　定する罪
四十七　組織的な犯罪の処罰及び犯罪収益の規制等に関する法律（平成11年法律第136号。
　　以下この号において「組織的犯罪処罰法」という。）第２章に規定する罪のうち、次に掲

げる罪

イ　組織的犯罪処罰法第3条第1項に規定する罪のうち、同項第2号から第10号まで、第12号、第14号又は第15号に規定する罪に当たる行為に係る罪

ロ　組織的犯罪処罰法第3条第2項に規定する罪のうち、同条第1項第2号から第4号まで、第7号から第10号まで、第12号、第14号又は第15号に規定する罪に係る罪

ハ　組織的犯罪処罰法第4条に規定する罪のうち、組織的犯罪処罰法第3条第1項第7号、第9号、第10号（刑法第225条の2第1項に係る部分に限る。）又は第14号に規定する罪に係る罪

ニ　組織的犯罪処罰法第6条に規定する罪

ホ　組織的犯罪処罰法第6条の2第1項又は第2項に規定する罪のうち、次に掲げる罪に当たる行為に係る罪

(1)　爆発物取締罰則第3条に規定する罪

(2)　刑法第177条、第204条、第225条、第226条、第226条の2第1項、第4項若しくは第5項、第226条の3、第227条第1項（第225条及び第226条から第226条の3までに係る部分に限る。）、第3項若しくは第4項、第235条の2又は第236条に規定する罪

(3)　労働基準法第117条に規定する罪

(4)　職業安定法第63条に規定する罪

(5)　児童福祉法第60条第1項に規定する罪

(6)　金融商品取引法第197条の2第10号の4、第10号の5、第10号の8又は第10号の9に規定する罪

(7)　大麻取締法第24条第1項又は第24条の2第1項に規定する罪

(8)　競馬法第30条第3号に規定する罪

(9)　自転車競技法第56条第2号に規定する罪

(10)　小型自動車競走法第61条第2号に規定する罪

(11)　モーターボート競走法第65条第2号に規定する罪

(12)　覚せい剤取締法第41条第1項、第41条の2第1項若しくは第2項、第41条の3第1項第1号、第3号若しくは第4号若しくは第2項（同条第1項第1号、第3号及び第4号に係る部分に限る。）又は第41条の4第1項第3号から第5号までに規定する罪

(13)　旅券法第23条第1項第1号に規定する罪

(14)　出入国管理及び難民認定法第74条第1項、第74条の2第2項、第74条の4第1項、第74条の6の2第2項又は第74条の8第2項に規定する罪

(15)　麻薬及び向精神薬取締法第64条第1項、第64条の2第1項若しくは第2項、第64条の3第1項若しくは第2項、第65条第1項若しくは第2項又は第66条第1項（小分け、譲渡し、譲受け及び所持に係る部分に限る。）に規定する罪

(16)　武器等製造法第31条第1項、第31条の2第1項又は第31条の3第4号（猟銃の製造に係る部分に限る。）に規定する罪

(17)　出資の受入れ、預り金及び金利等の取締りに関する法律第5条に規定する罪

(18)　売春防止法第8条第1項（第7条第2項に係る部分に限る。）、第11条第2項、第12条又は第13条に規定する罪

(19)　銃砲刀剣類所持等取締法第31条第2項若しくは第3項、第31条の2第1項、第31条の3第3項若しくは第4項、第31条の4第1項若しくは第2項、第31条の7第1項、第31条の8、第31条の9第1項、第31条の11第1項第1号若しくは第2号又は第31条

の13に規定する罪

(20)　著作権法第119条第2項第3号に規定する罪

(21)　廃棄物の処理及び清掃に関する法律第25条第1項第1号、第2号、第8号、第9号、第13号又は第14号に規定する罪

(22)　火炎びんの使用等の処罰に関する法律第2条第1項に規定する罪

(23)　貸金業法第47条第1号又は第2号に規定する罪

(24)　麻薬特例法第6条第1項に規定する罪

(25)　児童買春、児童ポルノに係る行為等の規制及び処罰並びに児童の保護等に関する法律第5条第1項、第6条第1項又は第7条第6項から第8項までに規定する罪

(26)　組織的犯罪処罰法第3条第1項（同項第2号から第10号まで、第12号、第14号及び第15号に係る部分に限る。）若しくは第2項（同条第1項第2号から第4号まで、第7号から第10号まで、第12号、第14号及び第15号に係る部分に限る。）、第7条（同条第1項第1号から第3号までに係る部分に限る。）、第7条の2第2項、第9条第1項から第3項まで又は第10条第1項に規定する罪

(27)　会社法（平成17年法律第86号）第970条第4項に規定する罪

　ヘ　組織的犯罪処罰法第7条、第7条の2又は第9条から第11条までに規定する罪

四十八　著作権等管理事業法（平成12年法律第131号）第29条第1号若しくは第2号又は第32条第1号に規定する罪

四十九　高齢者の居住の安定確保に関する法律（平成13年法律第26号）第80条第1号、第2号（第9条第1項及び第11条第3項に係る部分に限る。）又は第3号（第14条に係る部分に限る。）に規定する罪

五十　使用済自動車の再資源化等に関する法律（平成14年法律第87号）第138条第4号若しくは第5号又は第140条第2号（第63条第1項及び第71条第1項に係る部分に限る。）に規定する罪

五十一　インターネット異性紹介事業を利用して児童を誘引する行為の規制等に関する法律（平成15年法律第83号）第31条（第14条第2項に係る部分に限る。）、第32条第1号又は第34条第1号若しくは第2号に規定する罪

五十二　裁判外紛争解決手続の利用の促進に関する法律（平成16年法律第151号）第32条第1項（第5条に係る部分に限る。）又は第3項第1号（第8条に係る部分に限る。）若しくは第2号に規定する罪

五十三　信託業法（平成16年法律第154号）第91条第1号から第3号まで若しくは第7号から第9号まで、第93条第1号、第2号、第9号から第12号まで、第22号、第23号、第27号若しくは第32号、第94条第5号、第96条第2号又は第97条第1号、第3号、第6号、第9号（第71条第1項に係る部分に限る。）、第11号若しくは第14号に規定する罪

五十四　会社法第970条第2項から第4項までに規定する罪

五十五　探偵業の業務の適正化に関する法律（平成18年法律第60号）第17条（第15条第2項に係る部分に限る。）、第18条第1号又は第19条第1号若しくは第2号に規定する罪

五十六　犯罪による収益の移転防止に関する法律（平成19年法律第22号）第28条に規定する罪

五十七　電子記録債権法（平成19年法律第102号）第95条第1号又は第97条第2号に規定する罪

五十八　資金決済に関する法律（平成21年法律第59号）第107条第2号（第37条及び第63条

の2に係る部分に限る。）、第5号、第7号若しくは第8号、第109条第8号、第112条第2号（第38条第1項及び第2項並びに第63条の3第1項及び第2項に係る部分に限る。）又は第114条第1号（第41条第1項及び第63条の6第1項に係る部分に限る。）若しくは第7号（第77条に係る部分に限る。）に規定する罪

（構造及び設備の技術上の基準）

第7条　法第4条第2項第1号の国家公安委員会規則で定める技術上の基準は、次の表の上欄に掲げる風俗営業の種別の区分に応じ、それぞれ同表の下欄に定めるとおりとする。

風俗営業の種別	構造及び設備の技術上の基準
法第2条第1項第1号に掲げる営業	一　客室の床面積は、和風の客室に係るものにあつては1室の床面積を9.5平方メートル以上とし、その他のものにあつては1室の床面積を16.5平方メートル以上とすること。ただし、客室の数が1室のみである場合は、この限りでない。 二　客室の内部が当該営業所の外部から容易に見通すことができないものであること。 三　客室の内部に見通しを妨げる設備を設けないこと。 四　善良の風俗又は清浄な風俗環境を害するおそれのある写真、広告物、装飾その他の設備を設けないこと。 五　客室の出入口に施錠の設備を設けないこと。ただし、営業所外に直接通ずる客室の出入口については、この限りでない。 六　第30条に定めるところにより計つた営業所内の照度が5ルクス以下とならないように維持されるため必要な構造又は設備を有すること。 七　第32条に定めるところにより計つた騒音又は振動の数値が法第15条の規定に基づく条例で定める数値に満たないように維持されるため必要な構造又は設備を有すること。
法第2条第1項第2号に掲げる営業	一　客室の床面積は、1室の床面積を5平方メートル以上（客に遊興をさせる態様の営業にあつては33平方メートル以上）とすること。 二　客室の内部が当該営業所の外部から容易に見通すことができないものであること。 三　客室の内部に見通しを妨げる設備を設けないこと。 四　善良の風俗又は清浄な風俗環境を害するおそれのある写真、広告物、装飾その他の設備を設けないこと。 五　客室の出入口に施錠の設備を設けないこと。ただし、営業所外に直接通ずる客室の出入口については、この限りでない。 六　第30条に定めるところにより計つた営業所内の照度が5ルクス以下とならないように維持されるため必要な構造又は設備を有すること。 七　第32条に定めるところにより計つた騒音又は振動の数値が法第15条の規定に基づく条例で定める数値に満たないように維持されるため必要な構造又は設備を有すること。
法第2条第1項第3号に掲げる営業	一　客室の内部が当該営業所の外部から容易に見通すことができないものであること。 二　善良の風俗又は清浄な風俗環境を害するおそれのある写真、広告物、装飾その他の設備を設けないこと。

	三　客室の出入口に施錠の設備を設けないこと。ただし、営業所外に直接通ずる客室の出入口については、この限りでない。 四　第30条に定めるところにより計つた営業所内の照度が10ルクス以下とならないように維持されるため必要な構造又は設備を有すること。 五　第32条に定めるところにより計つた騒音又は振動の数値が法第15条の規定に基づく条例で定める数値に満たないように維持されるため必要な構造又は設備を有すること。 六　令第3条第3項第1号ハに掲げる設備を設けないこと。
法第2条第1項第4号に掲げる営業	一　客室の内部に見通しを妨げる設備を設けないこと。 二　善良の風俗又は清浄な風俗環境を害するおそれのある写真、広告物、装飾その他の設備を設けないこと。 三　客室の出入口に施錠の設備を設けないこと。ただし、営業所外に直接通ずる客室の出入口については、この限りでない。 四　第30条に定めるところにより計つた営業所内の照度が10ルクス以下とならないように維持されるため必要な構造又は設備を有すること。 五　第32条に定めるところにより計つた騒音又は振動の数値が法第15条の規定に基づく条例で定める数値に満たないように維持されるため必要な構造又は設備を有すること。 六　ぱちんこ屋及び令第8条に規定する営業にあつては、当該営業の用に供する遊技機以外の遊技設備を設けないこと。 七　ぱちんこ屋及び令第15条に規定する営業にあつては、営業所内の客の見やすい場所に賞品を提供する設備を設けること。
法第2条第1項第5号に掲げる営業	一　客室の内部に見通しを妨げる設備を設けないこと。 二　善良の風俗若しくは清浄な風俗環境を害し、又は少年の健全な育成に障害を及ぼすおそれのある写真、広告物、装飾その他の設備を設けないこと。 三　客室の出入口に施錠の設備を設けないこと。ただし、営業所外に直接通ずる客室の出入口については、この限りでない。 四　第30条に定めるところにより計つた営業所内の照度が10ルクス以下とならないように維持されるため必要な構造又は設備を有すること。 五　第32条に定めるところにより計つた騒音又は振動の数値が法第15条の規定に基づく条例で定める数値に満たないように維持されるため必要な構造又は設備を有すること。 六　遊技料金として紙幣を挿入することができる装置を有する遊技設備又は客に現金若しくは有価証券を提供するための装置を有する遊技設備を設けないこと。

（著しく射幸心をそそるおそれのある遊技機の基準）

第8条　法第4条第4項の国家公安委員会規則で定める基準は、次の表の上欄に掲げる遊技機の種類の区分に応じ、それぞれ同表の下欄に定めるとおりとする。

　　　表　〔略〕

（風俗営業の許可申請の手続）

第9条　法第5条第1項に規定する許可申請書の様式は、別記様式第1号のとおりとする。

2　法第5条第1項に規定する営業の方法を記載した書類の様式は、別記様式第2号のとおり

とする。
（許可証の交付）
第10条　法第5条第2項に規定する許可証の様式は、別記様式第3号のとおりとする。
2　公安委員会は、法第3条第1項の許可をしたときは、速やかに、申請者にその旨を通知するとともに、許可証を交付するものとする。
3　前項の場合において、公安委員会は、当該申請者の提出した許可申請書に記載された管理者が法第24条第2項各号のいずれにも該当しないと認めるときは、当該管理者に係る別記様式第4号の風俗営業管理者証を交付するものとする。
（通知の方法）
第11条　法第5条第3項の規定による通知は、理由を付した書面により行うものとする。
（許可証の再交付の申請）
第12条　法第5条第4項の規定により許可証の再交付を受けようとする者は、別記様式第5号の許可証再交付申請書を当該公安委員会に提出しなければならない。
（風俗営業の相続の承認の申請）
第13条　法第7条第1項の規定により相続の承認を受けようとする者は、別記様式第6号の相続承認申請書を当該公安委員会に提出しなければならない。
2　前項の相続承認申請書には、次に掲げる書類を添付しなければならない。
　一　申請者が風俗営業者（法第2条第2項の風俗営業者であつて申請に係る公安委員会の法第3条第1項の許可又は法第7条第1項の承認（以下「風俗営業許可等」という。）を受けているものに限る。次号において同じ。）である場合（次号に該当する場合を除く。）には、風俗営業等の規制及び業務の適正化等に関する法律に基づく許可申請書の添付書類等に関する内閣府令（昭和60年総理府令第1号。以下「府令」という。）第1条第5号に掲げる書類
　二　申請者が未成年者である風俗営業者であつて、その法定代理人が申請者が現に営む風俗営業に係る風俗営業許可等を受けた際の法定代理人である場合（申請に係る風俗営業及び現に営む風俗営業のいずれについても風俗営業を営むことに関する法定代理人の許可を受けていない場合に限る。）には、府令第1条第6号に掲げる書類
　三　前2号に該当する場合以外の場合には、申請者に係る府令第1条第4号に掲げる書類
　四　申請者と被相続人との続柄を証明する書面
　五　申請者以外に相続人があるときは、その者の氏名及び住所を記載した書面並びに当該申請に対する同意書
（風俗営業者たる法人の合併の承認の申請）
第14条　法第7条の2第1項の規定により法人の合併の承認を受けようとする場合には、別記様式第7号の合併承認申請書を当該公安委員会に提出しなければならない。
2　前項の申請は、合併する法人の連名により行わなければならない。
3　第1項の合併承認申請書には、次に掲げる書類を添付しなければならない。
　一　合併契約書の写し
　二　合併後存続する法人又は合併により設立される法人の役員となるべき者（以下この号において「合併後の役員就任予定者」という。）の氏名及び住所を記載した書面並びに合併後の役員就任予定者に係る府令第1条第4号イ及びハに掲げる書類並びに法第4条第1項第1号から第7号の2までに掲げる者のいずれにも該当しないことを誓約する書面
（風俗営業者たる法人の分割の承認の申請）

348　　風俗営業等の規制及び業務の適正化等に関する法律施行規則

第15条　法第7条の3第1項の規定により法人の分割の承認を受けようとする場合には、別記様式第8号の分割承認申請書を当該公安委員会に提出しなければならない。

2　吸収分割をする場合における前項の申請は、当該分割により風俗営業を承継させる法人及び当該分割により風俗営業を承継する法人の連名により行わなければならない。

3　第1項の分割承認申請書には、次に掲げる書類を添付しなければならない。

一　分割計画書又は分割契約書の写し

二　分割により風俗営業を承継する法人の役員となるべき者（以下この号において「分割後の役員就任予定者」という。）の氏名及び住所を記載した書面並びに分割後の役員就任予定者に係る府令第1条第4号イ及びハに掲げる書類並びに法第4条第1項第1号から第7号の2までに掲げる者のいずれにも該当しないことを誓約する書面

（相続等の承認に関する通知）

第16条　公安委員会は、法第7条第1項、法第7条の2第1項又は法第7条の3第1項の承認をしたときは、速やかに申請者にその旨を通知するものとする。

2　公安委員会は、法第7条第1項、法第7条の2第1項又は法第7条の3第1項の承認をしないときは、理由を付した書面により申請者にその旨を通知するものとする。

（許可証の書換えの手続）

第17条　法第7条第5項（法第7条の2第3項又は法第7条の3第3項において準用する場合を含む。）の規定により許可証の書換えを受けようとする者は、別記様式第9号の書換え申請書及び当該許可証を当該公安委員会に提出しなければならない。

（許可証の返納）

第18条　法第7条第6項の規定による許可証の返納は、同項の通知を受けた日から10日以内に、当該許可証に係る営業所の所在地の所轄警察署長を経由してしなければならない。この場合において、1の公安委員会に対して同時に2以上の営業所について許可証を返納するときは、それらの営業所のうちいずれか1の営業所の所在地の所轄警察署長を経由して返納すれば足りる。

（変更の承認の申請）

第19条　法第9条第1項（法第20条第10項において準用する場合を含む。第22条において同じ。）の規定により変更の承認を受けようとする者は、別記様式第10号の変更承認申請書を当該公安委員会に提出しなければならない。

2　前項の変更承認申請書には、府令第1条第1号から第3号までに掲げる書類（法第20条第10項において準用する法第9条第1項の規定により変更の承認を受けようとする場合にあつては、府令第1条第11号に掲げる書類）のうち、当該変更事項に係る書類を添付しなければならない。

（軽微な変更等の届出等）

第20条　法第9条第3項第1号又は第2号（法第20条第10項において準用する場合を含む。次項において同じ。）に係る法第9条第3項に規定する届出書の様式は、別記様式第11号のとおりとする。

2　前項の届出書の提出は、法第9条第3項第1号に係る届出書にあつては同号に規定する変更があつた日から10日（当該変更が法人の名称、住所、代表者の氏名又は役員の氏名若しくは住所に係るものである場合にあつては、20日）以内に、同項第2号に係る届出書にあつては同号に規定する変更があつた日から1月（当該変更が照明設備、音響設備又は防音設備に係るものである場合にあつては、10日）以内にしなければならない。

資　料　　349

3　法第9条第3項第1号の規定により法第5条第1項第5号に掲げる事項の変更に係る届出書を提出する場合において、当該変更前の事項の記載された風俗営業管理者証の交付を受けているときは、併せて、当該風俗営業管理者証を提出しなければならない。

4　公安委員会は、前項の届出書に記載された変更後の管理者が法第24条第2項各号のいずれにも該当しないと認められるときは、速やかに、当該届出書を提出した者に当該管理者に係る風俗営業管理者証を新たに又は書き換えて交付するものとする。

（特例風俗営業者による変更の届出）

第21条　前条の規定は、法第9条第5項に規定する届出書について準用する。この場合において、前条第2項中「10日（当該変更が法人の名称、住所、代表者の氏名又は役員の氏名若しくは住所に係るものである場合にあつては、20日）以内に、同項第2号に係る届出書にあつては同号に規定する変更があつた日から1月（当該変更が照明設備、音響設備又は防音設備に係るものである場合にあつては、10日）以内」とあるのは、「10日以内」と読み替えるものとする。

（準用規定）

第22条　第16条の規定は法第9条第1項の承認について、第17条の規定は法第9条第4項の規定により許可証の書換えを受けようとする者について準用する。

（許可証の返納）

第23条　法第10条第1項又は第3項の規定による許可証の返納は、当該事由の発生の日から10日以内に、当該許可証に係る営業所の所在地の所轄警察署長を経由してしなければならない。この場合において、1の公安委員会に対して同時に2以上の営業所について許可証を返納するときは、それらの営業所のうちいずれか1の営業所の所在地の所轄警察署長を経由して返納すれば足りる。

2　前項の規定により返納する許可証には、別記様式第12号の返納理由書を添付しなければならない。

（特例風俗営業者の認定の基準）

第24条　法第10条の2第1項第3号の国家公安委員会規則で定める基準は、次のとおりとする。

一　過去10年以内に法第24条第5項の規定による勧告を受けたことがなく、かつ、受けるべき事由が現にないこと。

二　過去10年以内に法第24条第7項の規定に違反したことがないこと。

（特例風俗営業者の認定申請の手続）

第25条　法第10条の2第2項に規定する認定申請書の様式は、別記様式第13号のとおりとする。

（認定証の交付等）

第26条　法第10条の2第3項に規定する認定証の様式は、別記様式第14号のとおりとする。

2　公安委員会は、法第10条の2第1項の認定をしたときは、速やかに、申請者にその旨を通知するとともに、認定証を交付するものとする。

3　第11条の規定は法第10条の2第4項の規定による通知について、第12条の規定は法第10条の2第5項の規定により認定証の再交付を受けようとする者について、第23条の規定は法第10条の2第7項又は第9項の規定による認定証の返納について準用する。この場合において、第12条中「別記様式第5号の許可証再交付申請書」とあるのは、「別記様式第15号の認定証再交付申請書」と読み替えるものとする。

350　　風俗営業等の規制及び業務の適正化等に関する法律施行規則

　　　第3章　風俗営業の規制
（深夜における客の迷惑行為を防止するための措置）
第27条　風俗営業者は、法第13条第3項の規定により深夜において同項の措置を講ずるとき
　　は、次に定めるところによらなければならない。
　一　営業所の周辺において他人に迷惑を及ぼしてはならない旨を表示した書面を営業所の見
　　やすい場所に掲示し、又は当該書面を客に交付すること。
　二　営業所の周辺において他人に迷惑を及ぼしてはならない旨を客に対して口頭で説明し、
　　又は音声により知らせること。
　三　泥酔した客に対して酒類を提供しないこと。
　四　営業所内及び営業所の周辺を定期的に巡視し、営業所の周辺において他人に迷惑を及ぼ
　　す行為を行い、又は行うおそれのある客の有無を確認すること。
　五　前号に規定する客がいる場合には、当該客に対し、同号に規定する行為を取りやめ、又
　　はこれを行わないよう求めること。
2　風俗営業者は、法第13条第3項の規定による措置が適切に講じられるようにするため、当
　　該措置について、従業員に対する教育を行い、又は営業所の管理者に当該教育を行わせなけ
　　ればならない。
（苦情の処理に関する帳簿の備付け）
第28条　法第13条第4項に規定する苦情の処理に関する帳簿には、次に掲げる事項を記載する
　　ものとする。
　一　苦情を申し出た者の氏名及び連絡先（氏名又は連絡先が明らかでない場合は、その旨）
　　並びに苦情の内容
　二　原因究明の結果
　三　苦情に対する弁明の内容
　四　改善措置
　五　苦情処理を担当した者
2　前項の帳簿は、当該帳簿に最終の記載をした日から起算して3年間保存しなければならな
　　い。
（電磁的方法による記録）
第29条　前条第1項に規定する事項が、電磁的方法（電子的方法、磁気的方法その他の人の知
　　覚によつて認識することができない方法をいう。以下同じ。）により記録され、必要に応じ
　　電子計算機その他の機器を用いて直ちに表示されることができるときは、当該記録をもつて
　　同項に規定する当該事項が記載された帳簿に代えることができる。
2　前項の規定による記録をする場合には、国家公安委員会が定める基準を確保するよう努め
　　なければならない。
（風俗営業に係る営業所内の照度の測定方法）
第30条　法第14条の営業所内の照度は、次の表の上欄に掲げる営業の種別の区分に応じ、それ
　　ぞれ同表の下欄に定める営業所の部分における水平面について計るものとする。

営業の種別	営業所の部分
法第2条第1項第1号から第3号までに掲げる	一　客席に食卓その他の飲食物を置く設備がある営業所にあつては、当該設備の上面及び当該上面の高さにおける客の通常利用する部分 二　前号に掲げる営業所以外の営業所にあつては、次に掲げる客席の区

営業	分に応じ、それぞれ次に定める客席の部分
	イ　椅子がある客席　椅子の座面及び当該座面の高さにおける客の通常利用する部分
	ロ　椅子がない客席　客の通常利用する場所における床面（畳又はこれに準ずるものが敷かれている場合にあつては、その表面）
法第2条第1項第4号又は第5号に掲げる営業	一　営業所に設置する遊技設備の前面又は上面
	二　次に掲げる客席（客に遊技をさせるために設けられた椅子その他の設備及び当該設備を使用する客が通常利用する客室の部分をいう。以下この号において同じ。）の区分に応じ、それぞれ次に定める客席の部分
	イ　椅子がある客席　遊技設備に対応する椅子の座面及び当該座面の高さにおける客の通常利用する部分
	ロ　椅子がない客席　客の通常利用する場所における床面
	三　ぱちんこ屋及び令第15条に規定する営業にあつては、通常賞品の提供が行われる営業所の部分

（風俗営業に係る営業所内の照度の数値）

第31条　法第14条の国家公安委員会規則で定める数値は、次の各号に掲げる営業の種別の区分に応じ、それぞれ当該各号に定めるとおりとする。

一　法第2条第1項第1号及び第2号に掲げる営業　5ルクス

二　法第2条第1項第3号から第5号までに掲げる営業　10ルクス

（騒音及び振動の測定方法）

第32条　令第11条第3項（令第25条第3項及び令第26条第3項において準用する場合を含む。次項において同じ。）の騒音の測定に係る国家公安委員会規則で定める方法は、営業所の境界線の外側で測定可能な直近の位置について、計量法（平成4年法律第51号）第71条の条件に合格した騒音計を用いて行う日本工業規格Z8731に定める騒音レベルの測定方法とする。この場合において、聴感覚補正回路はA特性を、動特性は速い動特性を用いることとし、騒音レベルは、5秒以内の一定時間間隔及び50個以上の測定値の5パーセント時間率騒音レベルとする。

2　令第11条第3項の振動の測定に係る国家公安委員会規則で定める方法は、営業所の境界線の外側で測定可能な直近の床又は地面（緩衝物がなく、表面が水平であり、かつ、堅い床又は地面に限る。）について、計量法第71条の条件に合格した振動レベル計を用いて行う日本工業規格Z8735に定める振動レベルの測定方法とする。この場合において、振動感覚補正回路は鉛直振動特性を、動特性は日本工業規格C1510に定める動特性を用いることとし、振動レベルは、5秒間隔及び100個の測定値又はこれに準ずる間隔及び個数の測定値の80パーセントレンジの上端値とする。

（料金の表示方法）

第33条　法第17条の規定による料金の表示は、次の各号のいずれかの方法によるものとする。

一　壁、ドア、ついたてその他これらに類するものに料金表その他料金を表示した書面その他の物（以下この条において「料金表等」という。）を客に見やすいように掲げること。

二　客席又は遊技設備に料金表等を客に見やすいように備えること。

三　前2号に掲げるもののほか、注文前に料金表等を客に見やすいように示すこと。

352　風俗営業等の規制及び業務の適正化等に関する法律施行規則

（表示する料金の種類）

第34条　法第17条の国家公安委員会規則で定める料金の種類は、次の表の上欄に掲げる営業の種別の区分に応じ、それぞれ同表の下欄に定めるとおりとする。

営業の種別	料金の種類
法第2条第1項第1号に掲げる営業	一　遊興料金、飲食料金その他名義のいかんを問わず、当該営業所の施設を利用して客が接待を受けて遊興又は飲食をする行為について、その対価又は負担として客が支払うべき料金 二　サービス料金その他名義のいかんを問わず、客が当該営業所の施設を利用する行為について、その対価又は負担として客が支払うべき料金で前号に定めるもの以外のものがある場合にあつては、その料金
法第2条第1項第2号又は第3号に掲げる営業	一　飲食料金その他名義のいかんを問わず、当該営業所の施設を利用して客が飲食をする行為について、その対価又は負担として客が支払うべき料金 二　サービス料金その他名義のいかんを問わず、客が当該営業所の施設を利用する行為について、その対価又は負担として客が支払うべき料金で前号に定めるもの以外のものがある場合にあつては、その料金
法第2条第1項第4号に掲げる営業	法第19条に規定する遊技料金
法第2条第1項第5号に掲げる営業	一　ゲーム料金その他名義のいかんを問わず、当該営業所の施設を利用して客が遊技をする行為について、その対価又は負担として客が支払うべき料金 二　サービス料金その他名義のいかんを問わず、客が当該営業所の施設を利用する行為について、その対価又は負担として客が支払うべき料金で前号に定めるもの以外のものがある場合にあつては、その料金

（営業所に立ち入つてはならない旨の表示方法）

第35条　法第18条の規定による表示は、同条の規定により表示すべき事項に係る文言を表示した書面その他の物を公衆に見やすいように掲げることにより行うものとする。

（遊技料金等の基準）

第36条　法第19条の国家公安委員会規則で定める遊技料金に関する基準は、次の各号に掲げる営業の種類に応じ、それぞれ当該各号に定めるとおりとする。

一　まあじやん屋　次に掲げる場合に応じ、それぞれ次に定める金額に当該金額消費税等相当額を加えた金額を超えないこと。

イ　客1人当たりの時間を基礎として遊技料金を計算する場合　次に掲げるまあじやん台の種類の区分に応じ、それぞれ次に定める金額

⑴　全自動式のまあじやん台　1時間につき600円

⑵　その他のまあじやん台　1時間につき500円

ロ　まあじやん台1台につき時間を基礎として遊技料金を計算する場合　次に掲げるまあじやん台の種類の区分に応じ、それぞれ次に定める金額

⑴　全自動式のまあじやん台　1時間につき2,400円

⑵　その他のまあじやん台　１時間につき2,000円
　二　ぱちんこ屋及び令第８条に規定する営業　当該営業所に設置する次に掲げる遊技機の種類に応じ、それぞれ次に定める金額に当該金額消費税等相当額を加えた金額を超えないこと。
　　イ　ぱちんこ遊技機　玉１個につき４円
　　ロ　回胴式遊技機　次に掲げる遊技機の区分に応じ、それぞれ次に定める金額
　　　⑴　玉を使用する遊技機　玉１個につき４円
　　　⑵　メダルを使用する遊技機　メダル１枚につき20円
　　ハ　アレンジボール遊技機（玉又はメダルを使用するものに限る。）　次に掲げる遊技機の区分に応じ、それぞれ次に定める金額
　　　⑴　玉を使用する遊技機　玉１個につき４円
　　　⑵　メダルを使用する遊技機　メダル１枚につき20円
　　ニ　じやん球遊技機（玉又はメダルを使用するものに限る。）　次に掲げる遊技機の区分に応じ、それぞれ次に定める金額
　　　⑴　玉を使用する遊技機　玉１個につき４円
　　　⑵　メダルを使用する遊技機　メダル１枚につき20円
　　ホ　その他の遊技機　遊技機の種類及び遊技の方法並びに他の遊技機に係る遊技料金その他の事情を考慮して国家公安委員会が定める金額
　三　その他の営業　営業の種類及び遊技の方法並びに前２号に掲げる遊技料金その他の事情を考慮して国家公安委員会が定める金額に当該金額消費税等相当額を加えた金額を超えないこと。
2　法第19条の国家公安委員会規則で定める賞品の提供方法に関する基準は、次のとおりとする。
　一　次に掲げる営業の種類に応じ、それぞれ次に定める物品を賞品として提供すること。
　　イ　ぱちんこ屋及び令第８条に規定する営業で遊技球等の数量により遊技の結果を表示する遊技機を設置して客に遊技をさせるもの　当該遊技の結果として表示された遊技球等の数量に対応する金額と等価の物品
　　ロ　射的、輪投げその他これに類する遊技を客に行わせる営業　当該遊技の賞品としてあらかじめ客に表示されている物品と同一の種類の物品
　　ハ　イ及びロに掲げる営業以外の営業　遊技の種類及び遊技の方法並びにイ及びロに定める物品その他の事情を考慮して国家公安委員会が定める物品
　二　前号イに掲げる営業において提供する物品は、客の多様な要望を満たすことができるよう、客が一般に日常生活の用に供すると考えられる物品のうちから、できる限り多くの種類のものを取りそろえておくこと。
3　法第19条の国家公安委員会規則で定める賞品の価格の最高限度に関する基準は、9,600円に当該金額消費税等相当額を加えた金額を超えないこととする。
　（風俗営業に係る営業所の管理者の選任）
第37条　法第24条第１項の規定により選任される管理者は、営業所ごとに専任の管理者として置かれなければならない。
　（管理者の業務）
第38条　法第24条第３項の国家公安委員会規則で定める業務は、次のとおりとする。
　一　営業所における業務の適正な実施を図るため必要な従業者に対する指導に関する計画を

作成し、これに基づき従業者に対し実地に指導し、及びその記録を作成すること。

二　営業所の構造及び設備が第７条に規定する技術上の基準に適合するようにするため必要な点検の実施及びその記録の記載について管理すること。

三　ぱちんこ屋及び令第８条に規定する営業にあつては、営業所に設置する遊技機が第８条に規定する基準に該当しないようにするため必要な点検の実施及びその記録の記載について管理すること。

四　法第13条第３項の規定による措置について従業員に対する教育を行うことその他当該措置が適切になされるよう必要な措置を講ずること。

五　営業所における業務の実施に関する苦情の処理を行うこと。

六　法第13条第１項ただし書の場合において、午前零時から同項ただし書に規定する条例で定める時までの時間においてその営業を営むときは、法第13条第４項に規定する苦情の処理に関する帳簿及びその記載について管理すること。

七　法第22条第１項第５号又は同条第２項の規定に基づく都道府県の条例の規定により客として立ち入らせてはならないこととされる未成年者を営業所内で発見した場合において、当該未成年者に営業所から立ち退くべきことを勧告することその他の必要な措置を講ずること。

八　法第36条に規定する従業者名簿及びその記載について管理すること。

九　接待飲食等営業にあつては、法第36条の２第１項の規定による確認に係る記録について管理すること。

十　法第38条の４に規定する風俗環境保全協議会における構成員となつた場合に、当該協議会の活動に参画すること。

十一　ぱちんこ屋及び令第８条に規定する営業にあつては、客がする遊技が過度にわたることがないようにするため、客に対する情報の提供その他必要な措置を講ずること。

十二　営業所における業務の一部が委託される場合において、当該委託に係る業務の適正な実施を図るため必要な当該委託に係る契約の内容、業務の履行状況その他の事項の点検の実施及びその記録の記載について管理すること。

（管理者講習）

第39条　法第24条第６項の規定による管理者に対する講習（以下「管理者講習」という。）の種別は、定期講習、処分時講習及び臨時講習とする。

２　定期講習は全ての営業所の管理者（法第10条の２第１項の認定を受けた風俗営業者の当該認定に係る営業所の管理者であつて当該営業所の管理者として選任された後定期講習を受けたことがあるものを除く。）について当該営業所の管理者として選任された日からおおむね３年ごとに１回、処分時講習は法第26条第１項の規定により当該風俗営業の全部又は一部の停止が命じられた場合に当該営業所の管理者について当該処分の日からおおむね１年以内に１回、臨時講習は善良の風俗若しくは清浄な風俗環境を害し又は少年の健全な育成に障害を及ぼす行為を防止するため管理者講習を行う必要がある特別の事情がある場合に当該事情に係る営業所の管理者についてその必要の都度、それぞれ行うものとする。

３　管理者講習は、その種別に応じ、次の表の上欄に掲げる区分により、それぞれ同表の中欄に掲げる講習事項について、同表の下欄に掲げる講習時間行うものとする。

管理者講習の種別	講習事項	講習時間
定期講習	一　法その他営業所における業務の適正な実	４時間以上６時間以下

	施に必要な法令に関すること。 二　法第24条第3項及び第38条に規定する管理者の業務を適正に実施するため必要な知識及び技能に関すること。	
処分時講習	一　定期講習の項中欄に掲げる講習事項 二　風俗営業者若しくはその代理人又は従業者が再び法令の規定に違反することを防止するために管理者として講ずべき措置に関すること。	4時間以上6時間以下
臨時講習	風俗営業に係る特別な事情に関する事項で、管理者の業務を適正に実施するため必要なものに関すること。	2時間以上4時間以下

4　管理者講習は、その種別に応じ、少なくとも次の各号に掲げる営業ごとに区分して、あらかじめ作成した講習計画に基づき、教本、視聴覚教材等必要な教材を用いる方法により行うものとする。
一　法第2条第4項に規定する接待飲食等営業
二　法第2条第1項第4号及び第5号に掲げる営業（次号に該当するものを除く。）
三　ぱちんこ屋及び令第8条に規定する営業

（管理者講習の通知等）

第40条　公安委員会は、管理者講習を行おうとするときは、当該管理者講習の実施予定期日の30日前までに、当該管理者講習を行おうとする管理者に係る風俗営業者に、別記様式第16号の管理者講習通知書により通知するものとする。

2　前項の管理者講習通知書に係る風俗営業者は、病気その他やむを得ない理由により当該管理者に当該管理者講習を受講させることができないときは、当該実施予定期日の10日前までに、当該公安委員会に、当該管理者講習を受講させることができない旨及びその理由を記載した書面を提出しなければならない。

第4章　性風俗関連特殊営業等の規制

第1節　店舗型性風俗特殊営業の規制

（店舗型性風俗特殊営業の営業開始の届出）

第41条　法第27条第1項に規定する届出書の様式は、別記様式第17号のとおりとする。

2　前項の届出書は、当該店舗型性風俗特殊営業を開始しようとする日の10日前までに提出しなければならない。

（店舗型性風俗特殊営業の廃止等の届出）

第42条　法第27条第2項に規定する届出書の様式は、店舗型性風俗特殊営業を廃止した場合の届出に係る届出書にあつては別記様式第18号のとおりとし、変更があつた場合の届出に係る届出書にあつては別記様式第19号のとおりとする。

2　前項の届出書は、当該店舗型性風俗特殊営業の廃止又は変更の日から10日以内に提出しなければならない。

（営業の方法を記載した書類の様式）

第43条　法第27条第3項に規定する営業の方法を記載した書類の様式は、別記様式第20号のとおりとする。

356　　風俗営業等の規制及び業務の適正化等に関する法律施行規則

（店舗型性風俗特殊営業届出確認書の交付等）

第44条　法第27条第4項に規定する書面（以下この節において「店舗型性風俗特殊営業届出確認書」という。）の様式は、別記様式第21号のとおりとする。

2　公安委員会は、法第27条第1項の届出書の提出があつた場合において、同条第4項ただし書の規定により店舗型性風俗特殊営業届出確認書を交付しないこととするときは、当該届出書を提出した者に別記様式第22号の届出確認書不交付通知書を交付するものとする。

（店舗型性風俗特殊営業届出確認書の再交付）

第45条　店舗型性風俗特殊営業届出確認書の交付を受けた者は、当該店舗型性風俗特殊営業届出確認書を亡失し、又は当該店舗型性風俗特殊営業届出確認書が滅失したときは、速やかに別記様式第23号の届出確認書再交付申請書を当該公安委員会に提出し、店舗型性風俗特殊営業届出確認書の再交付を受けなければならない。

（店舗型性風俗特殊営業届出確認書の返納）

第46条　前条の規定により店舗型性風俗特殊営業届出確認書の再交付を受けた者は、亡失した店舗型性風俗特殊営業届出確認書を発見し、又は回復したときは、遅滞なく、発見し、又は回復した店舗型性風俗特殊営業届出確認書を当該公安委員会に返納しなければならない。

2　店舗型性風俗特殊営業届出確認書の交付を受けた者が死亡したときは、その同居の親族又は法定代理人は、遅滞なく、店舗型性風俗特殊営業届出確認書を当該公安委員会に返納しなければならない。

（営業所に立ち入つてはならない旨を明らかにする方法）

第47条　法第28条第9項の規定により18歳未満の者がその営業所に立ち入つてはならない旨を明らかにする方法は、広告又は宣伝を、文字、図形若しくは記号又はこれらが結合したものにより行う場合にあつてはその旨の文言を公衆の見やすいように表示することとし、音声により行う場合にあつてはその旨を公衆のわかりやすいように音声により告げることとする。

2　店舗型性風俗特殊営業を営む者がその営業につき当該営業所周辺に表示する広告物（法第28条第5項第1号の広告物をいう。次項において同じ。）であつて、当該店舗型性風俗特殊営業の営業所の名称又は店舗型性風俗特殊営業の種別のみを表示するもの（当該店舗型性風俗特殊営業の営業所の所在地を簡易な方法により表示するものを含む。）については、前項の規定にかかわらず、18歳未満の者がその営業所に立ち入つてはならない旨を表示するものとして国家公安委員会が定める標示を公衆の見やすいように表示することができる。

3　店舗型性風俗特殊営業を営む者が法第28条第10項の規定により18歳未満の者がその営業所に立ち入つてはならない旨の文言を営業所の入口に表示している場合には、前2項の規定にかかわらず、当該店舗型性風俗特殊営業を営む者がその営業につき当該営業所の入口周辺又は内部に表示する広告物にその旨の文言又は前項に規定する標示を表示しないことができる。

（準用規定）

第48条　第35条の規定は、法第28条第10項の規定による表示について準用する。

（標章の貼付け手続）

第49条　法第31条第1項の規定による標章の貼付けは、法第30条第1項の規定による停止の命令があつた後速やかにするものとする。

（標章の取り除き申請手続）

第50条　法第31条第2項の規定による申請を行おうとする者は、別記様式第24号の標章除去申請書を当該公安委員会に提出しなければならない。

2 前項の標章除去申請書には、次に掲げる書類を添付しなければならない。
　一 法第31条第2項第1号に掲げる事由がある場合において、当該施設を用いて営もうとする営業その他当該施設に係る用途について法令の規定により行政庁の許可その他の処分を受けなければならないこととされているときにあつては、当該処分を受けたことを証明する書類
　二 法第31条第2項第2号に掲げる事由がある場合において、当該取壊しについて建築基準法（昭和25年法律第201号）第15条第1項の規定により届出をしなければならないときにあつては、当該届出をしたことを証明する書類
　三 法第31条第2項第3号に掲げる事由がある場合において、当該増築又は改築について建築基準法第6条第1項の規定による確認を受けなければならないこととされているときにあつては、当該確認を受けたことを証明する書類
第51条 法第31条第3項の規定による申請を行おうとする者（次項において「標章除去申請者」という。）は、別記様式第24号の標章除去申請書を当該公安委員会に提出しなければならない。
2 前項の標章除去申請書には、次に掲げる書類を添付しなければならない。
　一 住民票の写し
　二 標章除去申請者が法人である場合にあつては、登記事項証明書
　三 申請に係る施設が不動産である場合にあつては、登記事項証明書
　四 標章除去申請者が申請に係る施設の使用について権原を有することを証明する書類
　五 処分の期間における施設の使用に関し、標章除去申請者と処分を受けた者との法律関係を明らかにする書類（当該期間において処分を受けた者に当該施設を使用させない旨を誓約する標章除去申請者の書面を含む。）
　　　　第2節 無店舗型性風俗特殊営業の規制
（無店舗型性風俗特殊営業の営業開始の届出）
第52条 法第31条の2第1項に規定する届出書の様式は、別記様式第25号のとおりとする。
2 前項の届出書は、当該無店舗型性風俗特殊営業を開始しようとする日の10日前までに提出しなければならない。
（無店舗型性風俗特殊営業の廃止等の届出）
第53条 第42条の規定は、法第31条の2第2項に規定する届出書について準用する。この場合において、第42条中「店舗型性風俗特殊営業」とあるのは「無店舗型性風俗特殊営業」と、同条第1項中「別記様式第18号」とあるのは「別記様式第26号」と、「別記様式第19号」とあるのは「別記様式第27号」と読み替えるものとする。
（営業の方法を記載した書類の様式）
第54条 法第31条の2第3項に規定する営業の方法を記載した書類の様式は、別記様式第28号のとおりとする。
（無店舗型性風俗特殊営業届出確認書の交付等）
第55条 法第31条の2第4項に規定する書面（次項において「無店舗型性風俗特殊営業届出確認書」という。）の様式は、別記様式第29号のとおりとする。
2 第44条第2項の規定は法第31条の2第1項又は第2項の届出書であつて受付所を設ける旨が記載されているものの提出があつた場合について、第45条の規定は無店舗型性風俗特殊営業届出確認書の再交付について、第46条の規定は無店舗型性風俗特殊営業届出確認書の返納について準用する。この場合において、第44条第2項中「店舗型性風俗特殊営業届出確認

358 風俗営業等の規制及び業務の適正化等に関する法律施行規則

書」とあるのは「無店舗型性風俗特殊営業届出確認書」と、第46条第1項中「前条」とあるのは「第55条第2項において準用する第45条」と読み替えるものとする。

（処分移送通知書の様式）

第56条 法第31条の6第1項（同条第3項において準用する場合を含む。）の国家公安委員会規則で定める処分移送通知書の様式は、別記様式第30号のとおりとする。

（準用規定）

第57条 第47条の規定は、法第31条の3第1項において準用する法第28条第9項の規定により18歳未満の者が客となつてはならない旨を明らかにする方法について準用する。この場合において、第47条第2項中「店舗型性風俗特殊営業を営む者」とあるのは「受付所を設けて法第2条第7項第1号の営業を営む者」と、「営業所周辺」とあるのは「受付所周辺」と、「当該店舗型性風俗特殊営業の営業所の名称又は店舗型性風俗特殊営業の種別」とあるのは「当該営業に係る法第31条の2第1項第2号に規定する呼称又は法第2条第7項第1号の営業である旨」と、「当該店舗型性風俗特殊営業の営業所の所在地」とあるのは「当該受付所の所在地」と、「その営業所」とあるのは「その受付所」と、同条第3項中「店舗型性風俗特殊営業を営む者が法第28条第10項」とあるのは「受付所を設けて法第2条第7項第1号の営業を営む者が法第31条の3第2項の規定により適用する法第28条第10項」と、「その営業所」とあるのは「その受付所」と、「営業所の入口」とあるのは「受付所の入口」と、「当該店舗型性風俗特殊営業」とあるのは「当該営業」と、「当該営業所」とあるのは「当該受付所」と読み替えるものとする。

2 第35条の規定は、法第31条の3第2項の規定により適用する法第28条第10項の規定による表示について準用する。

3 第49条の規定は法第31条の5第3項及び法第31条の6第3項において準用する法第31条第1項の規定による標章の貼付けについて、第50条の規定は法第31条の5第3項及び法第31条の6第3項において準用する法第31条第2項の規定による申請を行おうとする者について、第51条の規定は法第31条の5第3項及び法第31条の6第3項において準用する法第31条第3項の規定による申請を行おうとする者について準用する。この場合において、第49条中「法第30条第1項」とあるのは「法第31条の5第1項又は法第31条の6第2項第2号」と、第50条第2項第1号中「法第31条第2項第1号」とあるのは「法第31条の5第3項及び法第31条の6第3項において準用する法第31条第2項第1号」と、同項第2号中「法第31条第2項第2号」とあるのは「法第31条の5第3項及び法第31条の6第3項において準用する法第31条第2項第2号」と、同項第3号中「法第31条第2項第3号」とあるのは「法第31条の5第3項及び法第31条の6第3項において準用する法第31条第2項第3号」と読み替えるものとする。

　　　第3節　映像送信型性風俗特殊営業の規制

（映像送信型性風俗特殊営業の営業開始の届出）

第58条 法第31条の7第1項に規定する届出書の様式は、別記様式第31号のとおりとする。

2 前項の届出書は、当該映像送信型性風俗特殊営業を開始しようとする日の10日前までに提出しなければならない。

（映像送信型性風俗特殊営業の廃止等の届出）

第59条 第42条の規定は、法第31条の7第2項において準用する法第31条の2第2項に規定する届出書について準用する。この場合において、第42条中「店舗型性風俗特殊営業」とあるのは「映像送信型性風俗特殊営業」と、同条第1項中「別記様式第18号」とあるのは「別記

様式第26号」と、「別記様式第19号」とあるのは「別記様式第27号」と読み替えるものとする。

（営業の方法を記載した書類の様式）

第60条　法第31条の7第2項において準用する法第31条の2第3項に規定する営業の方法を記載した書類の様式は、別記様式第32号のとおりとする。

（映像送信型性風俗特殊営業届出確認書の交付等）

第61条　法第31条の7第2項において準用する法第31条の2第4項に規定する書面（次項において「映像送信型性風俗特殊営業届出確認書」という。）の様式は、別記様式第33号のとおりとする。

2　第45条の規定は映像送信型性風俗特殊営業届出確認書の再交付について、第46条の規定は映像送信型性風俗特殊営業届出確認書の返納について準用する。この場合において、第46条第1項中「前条」とあるのは、「第61条第2項において準用する第45条」と読み替えるものとする。

（準用規定）

第62条　第47条第1項の規定は、法第31条の8第1項において準用する法第28条第9項の規定により18歳未満の者が客となつてはならない旨を明らかにする方法について準用する。

2　第56条の規定は、法第31条の11第1項（同条第3項において準用する場合を含む。）の国家公安委員会規則で定める処分移送通知書について準用する。

第4節　店舗型電話異性紹介営業の規制

（店舗型電話異性紹介営業の営業開始の届出）

第63条　法第31条の12第1項に規定する届出書の様式は、別記様式第34号のとおりとする。

2　前項の届出書は、当該店舗型電話異性紹介営業を開始しようとする日の10日前までに提出しなければならない。

（店舗型電話異性紹介営業の廃止等の届出）

第64条　第42条の規定は、法第31条の12第2項において準用する法第27条第2項に規定する届出書について準用する。この場合において、第42条中「店舗型性風俗特殊営業」とあるのは、「店舗型電話異性紹介営業」と読み替えるものとする。

（営業の方法を記載した書類の様式）

第65条　法第31条の12第2項において準用する法第27条第3項に規定する営業の方法を記載した書類の様式は、別記様式第35号のとおりとする。

（店舗型電話異性紹介営業届出確認書の交付等）

第66条　法第31条の12第2項において準用する法第27条第4項に規定する書面（次項において「店舗型電話異性紹介営業届出確認書」という。）の様式は、別記様式第36号のとおりとする。

2　第44条第2項の規定は法第31条の12第1項の届出書の提出があつた場合について、第45条の規定は店舗型電話異性紹介営業届出確認書の再交付について、第46条の規定は店舗型電話異性紹介営業届出確認書の返納について準用する。この場合において、第44条第2項中「同条第4項ただし書」とあるのは「法第31条の12第2項において準用する法第27条第4項ただし書」と、「店舗型性風俗特殊営業届出確認書」とあるのは「店舗型電話異性紹介営業届出確認書」と、第46条第1項中「前条」とあるのは「第66条第2項において準用する第45条」と読み替えるものとする。

（法第2条第9項の会話の申込みをした者が18歳以上であることを確認するための措置）

第67条 法第31条の13第3項の国家公安委員会規則で定める措置は、法第2条第9項に規定する会話の申込みがあつた場合において、その都度、次の各号のいずれかの方法により当該会話の申込みをした者（以下この項において「申込者」という。）が18歳以上であることを確認する措置とする。

一 申込者から、その身分証明書、運転免許証、国民健康保険被保険者証その他の当該申込者の年齢又は生年月日を証する書面（以下この条及び第73条において「身分証明書等」という。）の当該申込者の年齢又は生年月日を確認するために必要な部分の写し（以下この条及び第73条において単に「写し」という。）をファクシミリ装置により受信すること。

二 申込者から、クレジットカードを使用する方法その他の18歳未満の者が通常利用できない方法により料金を支払う旨の同意を受けること。

三 申込者から、次項の規定により当該申込者があらかじめ付与された識別番号及び暗証番号（以下この条及び第73条において「識別番号等」という。）の告知を受けること。

2 識別番号等は、第1号に掲げる者が、識別番号等の付与を受けようとする者（以下この条及び第73条において「識別番号等付与希望者」という。）の求めに応じ、その者が18歳以上であることを第2号に掲げる方法（第1号ロに規定する者にあつては、第2号ニに掲げる方法を除く。）により確認した上で、付与するものとする。

一 次のいずれかに掲げる者

イ 当該店舗型電話異性紹介営業を営む者

ロ 当該店舗型電話異性紹介営業を営む者の委託を受けて、18歳以上である者に対して識別番号等を付与し、及び法第2条第9項に規定する会話の申込みをした者が告知した識別番号等が自ら付与したものであるかどうかを当該店舗型電話異性紹介営業を営む者に回答する業務（以下「識別番号付与等業務」という。）を行う者であつて、次に掲げる要件を備えたもの

(1) 一般社団法人若しくは一般財団法人又は特定非営利活動促進法（平成10年法律第7号）第2条第2項に規定する特定非営利活動法人であること。

(2) その役員（理事、監事又はこれらに準ずる者をいい、相談役、顧問その他いかなる名称を有する者であるかを問わず、当該法人に対し理事、監事又はこれらに準ずる者と同等以上の支配力を有するものと認められる者を含む。）又は識別番号付与等業務に従事させようとする職員のうち次に掲げる者がいないものであること。

(i) 法第4条第1項第1号から第7号の2までのいずれかに該当する者

(ii) 法に基づく処分（法第26条第1項又は法第31条の25第1項に基づく許可の取消しに係る処分を除く。）を受けた日から起算して5年を経過しない者（当該処分を受けた者が法人である場合においては、当該処分に係る聴聞の期日若しくは場所が公示された日又は弁明の機会の付与の通知がなされた日前60日以内に当該法人の役員（業務を執行する社員、取締役、執行役又はこれらに準ずる者をいい、相談役、顧問その他いかなる名称を有する者であるかを問わず、法人に対して業務を執行する社員、取締役、執行役又はこれらに準ずる者と同等以上の支配力を有するものと認められる者を含む。）であつた者で当該処分の日から起算して5年を経過しないものを含む。）

(3) 識別番号等付与希望者が18歳以上であることを確認する方法その他の識別番号付与等業務の適正な実施を確保するため必要な事項に関する規程を定め、これを公表しており、識別番号付与等業務を実施するに当たり当該規程を遵守すると認められるもの

であること。

　　　⑷　当該店舗型電話異性紹介営業を営む者との委託に係る契約において⑶に規定する事項を明らかにしているものであること。

　二　次のいずれかに掲げる方法

　　イ　18歳以上であることが一見して明らかな識別番号等付与希望者については、対面すること。

　　ロ　識別番号等付与希望者から身分証明書等の提示を受けること。

　　ハ　識別番号等付与希望者から身分証明書等の写しをファクシミリ装置により受信すること。

　　ニ　識別番号等付与希望者から、クレジットカードを使用する方法その他の18歳未満の者が通常利用できない方法により料金を支払う旨の同意を受けること。

（準用規定）

第68条　第47条の規定は、法第31条の13第１項において準用する法第28条第９項の規定により18歳未満の者がその営業所に立ち入つてはならない旨及び18歳未満の者が法第31条の12第１項第３号に掲げる電話番号に電話をかけてはならない旨を明らかにする方法について準用する。この場合において、第47条第２項中「店舗型性風俗特殊営業を営む者」とあるのは「店舗型電話異性紹介営業を営む者」と、「店舗型性風俗特殊営業の営業所の名称又は店舗型性風俗特殊営業の種別」とあるのは「店舗型電話異性紹介営業の営業所の名称」と、「店舗型性風俗特殊営業の営業所の所在地」とあるのは「店舗型電話異性紹介営業の営業所の所在地」と、同条第３項中「店舗型性風俗特殊営業」とあるのは「店舗型電話異性紹介営業」と、「法第28条第10項」とあるのは「法第31条の13第１項において準用する法第28条第10項」と読み替えるものとする。

２　第35条の規定は、法第31条の13第１項において準用する法第28条第10項の規定による表示について準用する。

３　第49条の規定は法第31条の16第１項の規定による標章の貼付けについて、第50条の規定は法第31条の16第２項の規定による申請を行おうとする者について、第51条の規定は法第31条の16第３項の規定による申請を行おうとする者について準用する。この場合において、第49条中「法第30条第１項」とあるのは「法第31条の15第１項」と、第50条第２項第１号中「法第31条第２項第１号」とあるのは「法第31条の16第２項第１号」と、同項第２号中「法第31条第２項第２号」とあるのは「法第31条の16第２項第２号」と、同項第３号中「法第31条第２項第３号」とあるのは「法第31条の16第２項第３号」と読み替えるものとする。

　　　第５節　無店舗型電話異性紹介営業の規制

（無店舗型電話異性紹介営業の営業開始の届出）

第69条　法第31条の17第１項に規定する届出書の様式は、別記様式第37号のとおりとする。

２　前項の届出書は、当該無店舗型電話異性紹介営業を開始しようとする日の10日前までに提出しなければならない。

（無店舗型電話異性紹介営業の廃止等の届出）

第70条　第42条の規定は、法第31条の17第２項において準用する法第31条の２第２項に規定する届出書について準用する。この場合において、第42条中「店舗型性風俗特殊営業」とあるのは「無店舗型電話異性紹介営業」と、同条第１項中「別記様式第18号」とあるのは「別記様式第26号」と、「別記様式第19号」とあるのは「別記様式第27号」と読み替えるものとする。

362　風俗営業等の規制及び業務の適正化等に関する法律施行規則

（営業の方法を記載した書類の様式）
第71条　法第31条の17第2項において準用する法第31条の2第3項に規定する営業の方法を記載した書類の様式は、別記様式第38号のとおりとする。
（無店舗型電話異性紹介営業届出確認書の交付等）
第72条　法第31条の17第2項において準用する法第31条の2第4項に規定する書面（次項において「無店舗型電話異性紹介営業届出確認書」という。）の様式は、別記様式第39号のとおりとする。
2　第45条の規定は無店舗型電話異性紹介営業届出確認書の再交付について、第46条の規定は無店舗型電話異性紹介営業届出確認書の返納について準用する。この場合において、第46条第1項中「前条」とあるのは、「第72条第2項において準用する第45条」と読み替えるものとする。
（法第2条第10項の会話の申込みをした者等が18歳以上であることを確認するための措置）
第73条　法第31条の18第3項の国家公安委員会規則で定める措置は、法第2条第10項に規定する会話の申込みがあつた場合又は同項に規定する会話の申込みを当該申込みを受けようとする者に取り次ぐ場合において、その都度、次の各号のいずれかの方法により当該会話の申込みをした者又は当該会話の申込みを受けようとする者（以下この項において「申込者等」という。）が18歳以上であることを確認する措置とする。
一　申込者等から、その身分証明書等の写しをファクシミリ装置により受信すること。
二　申込者等から、クレジットカードを使用する方法その他の18歳未満の者が通常利用できない方法により料金を支払う旨の同意を受けること。
三　申込者等から、次項の規定により当該申込者等があらかじめ付与された識別番号等の告知を受けること。
2　識別番号等は、次の各号のいずれかに掲げる者が、識別番号等付与希望者の求めに応じ、その者が18歳以上であることを第67条第2項第2号に掲げる方法（第2号に規定する者にあつては、第67条第2項第2号ニに掲げる方法を除く。）により確認した上で、付与するものとする。
一　当該無店舗型電話異性紹介営業を営む者
二　当該無店舗型電話異性紹介営業を営む者の委託を受けて、18歳以上である者に対して識別番号等を付与し、及び法第2条第10項に規定する会話の申込みをした者若しくは同項に規定する会話の申込みを受けようとする者が告知した識別番号等が自ら付与したものであるかどうかを当該無店舗型電話異性紹介営業を営む者に回答する業務を行う者であつて、次に掲げる要件を備えたもの
イ　第67条第2項第1号ロ(1)から(3)までに規定する事項
ロ　当該無店舗型電話異性紹介営業を営む者との委託に係る契約において第67条第2項第1号ロ(3)に規定する事項を明らかにしているものであること。
（準用規定）
第74条　第47条第1項の規定は、法第31条の18第1項において準用する法第28条第9項の規定により18歳未満の者が法第31条の17第1項第4号に掲げる電話番号に電話をかけてはならない旨を明らかにする方法について準用する。
2　第56条の規定は、法第31条の21第1項（同条第3項において準用する場合を含む。）の国家公安委員会規則で定める処分移送通知書について準用する。
　　　第6節　特定遊興飲食店営業の規制等

（特定遊興飲食店営業の営業所の技術上の基準）

第75条　法第31条の23において準用する法第４条第２項第１号の国家公安委員会規則で定める技術上の基準は、次のとおりとする。

一　客室の床面積は、１室の床面積を33平方メートル以上とすること。

二　客室の内部に見通しを妨げる設備を設けないこと。

三　善良の風俗若しくは清浄な風俗環境を害し、又は少年の健全な育成に障害を及ぼすおそれのある写真、広告物、装飾その他の設備を設けないこと。

四　客室の出入口に施錠の設備を設けないこと。ただし、営業所外に直接通ずる客室の出入口については、この限りでない。

五　第95条に定めるところにより計つた営業所内の照度が10ルクス以下とならないように維持されるため必要な構造又は設備を有すること。

六　第32条に定めるところにより計つた騒音又は振動の数値が法第31条の23において準用する法第15条の規定に基づく条例で定める数値に満たないように維持されるため必要な構造又は設備を有すること。

（ホテル等内適合営業所の基準）

第76条　法第31条の23において準用する法第４条第２項第２号の国家公安委員会規則で定める基準は、次のとおりとする。

一　営業所が設けられる階の当該営業所以外の部分並びに当該階の直上階（当該営業所が最上階に設けられる場合は屋上）の当該営業所の直上の部分及び直下階の当該営業所の直下の部分を旅館業法（昭和23年法律第138号）第３条第１項の許可を受けて旅館・ホテル営業を営む者（以下この条において「ホテル等営業者」という。）又は風俗営業者、特定遊興飲食店営業者若しくは深夜において酒類提供飲食店営業若しくは興行場法（昭和23年法律第137号）第１条第２項に規定する興行場営業を営む者が管理すること。

二　バルコニーを設置する場合にあつては、バルコニーに通じる出入口に二重扉を設けること。

三　非常の場合を除き、営業所が設けられる施設のうちホテル等営業者が管理する部分を通じてのみ客（客となろうとする者を含む。次号において同じ。）が営業所に出入りできるような構造であること。

四　営業所への客の出入りをホテル等営業者が適切に管理することが見込まれること。

五　営業所が設けられる旅館業法第２条第２項に規定する旅館・ホテル営業に係る施設が法第２条第６項第４号に規定する営業の用に供されるものでないこと。

（特定遊興飲食店営業の許可申請の手続）

第77条　法第31条の23において準用する法第５条第１項に規定する許可申請書の様式は、別記様式第40号のとおりとする。

２　法第31条の23において準用する法第５条第１項に規定する営業の方法を記載した書類の様式は、別記様式第41号のとおりとする。

（許可証の交付）

第78条　法第31条の23において準用する法第５条第２項に規定する許可証の様式は、別記様式第42号のとおりとする。

２　第10条第２項及び第３項の規定は、法第31条の22の許可について準用する。この場合において、第10条第３項中「別記様式第４号の風俗営業管理者証」とあるのは、「別記様式第43号の特定遊興飲食店営業管理者証」と読み替えるものとする。

364　風俗営業等の規制及び業務の適正化等に関する法律施行規則

（通知の方法）
第79条　第11条の規定は、法第31条の23において準用する法第５条第３項の規定による通知について準用する。

（許可証の再交付の申請）
第80条　第12条の規定は、法第31条の23において準用する法第５条第４項の規定による許可証の再交付について準用する。

（特定遊興飲食店営業の相続の承認の申請）
第81条　第13条の規定は、法第31条の23において準用する法第７条第１項の規定により相続の承認を受けようとする者について準用する。この場合において、第13条第２項第１号中「風俗営業者（法第２条第２項の風俗営業者であつて申請に係る公安委員会の法第３条第１項の許可又は法第７条第１項の承認（以下「風俗営業許可等」とあるのは「特定遊興飲食店営業者（法第２条第12項の特定遊興飲食店営業者であつて申請に係る公安委員会の法第31条の22の許可又は法第31条の23において準用する法第７条第１項の承認（以下「特定遊興飲食店営業許可等」と、「第１条第５号」とあるのは「第17条において準用する府令第１条第５号」と、同項第２号中「風俗営業許可等」とあるのは「特定遊興飲食店営業許可等」と、「第１条第６号」とあるのは「第17条において準用する府令第１条第６号」と、同項第３号中「第１条第４号」とあるのは「第17条において準用する府令第１条第４号」と読み替えるものとする。

（特定遊興飲食店営業者たる法人の合併の承認の申請）
第82条　第14条の規定は、法第31条の23において準用する法第７条の２第１項の規定により法人の合併の承認を受けようとする者について準用する。この場合において、第14条第３項第２号中「第１条第４号イ」とあるのは、「第17条において準用する府令第１条第４号イ」と読み替えるものとする。

（特定遊興飲食店営業者たる法人の分割の承認の申請）
第83条　第15条の規定は、法第31条の23において準用する法第７条の３第１項の規定により法人の分割の承認を受けようとする者について準用する。この場合において、第15条第３項第２号中「第１条第４号イ」とあるのは、「第17条において準用する府令第１条第４号イ」と読み替えるものとする。

（相続等の承認に関する通知）
第84条　第16条の規定は、法第31条の23において準用する法第７条第１項、法第７条の２第１項又は法第７条の３第１項の規定による相続等の承認に関する通知について準用する。

（許可証の書換えの手続）
第85条　第17条の規定は、法第31条の23において準用する法第７条第５項（法第31条の23において準用する法第７条の２第３項又は第７条の３第３項において準用する場合を含む。）の規定により許可証の書換えを受けようとする者について準用する。

（許可証の返納）
第86条　第18条の規定は、法第31条の23において準用する法第７条第６項の規定による許可証の返納について準用する。

（変更の承認の申請）
第87条　法第31条の23において準用する法第９条第１項の規定により変更の承認を受けようとする者は、別記様式第10号の変更承認申請書を当該公安委員会に提出しなければならない。
２　前項の変更承認申請書には、府令第17条において準用する府令第１条第１号から第３号ま

でに掲げる書類のうち、当該変更事項に係る書類を添付しなければならない。

（軽微な変更等の届出等）

第88条　法第31条の23において準用する法第9条第3項第1号又は第2号に係る同項に規定する届出書の様式は、別記様式第11号のとおりとする。

2　前項の届出書の提出は、法第31条の23において準用する法第9条第3項第1号に係る届出書にあつては同号に規定する変更があつた日から10日（当該変更が法人の名称、住所、代表者の氏名又は役員の氏名若しくは住所に係るものである場合にあつては、20日）以内に、同項第2号に係る届出書にあつては同号に規定する変更があつた日から1月（当該変更が照明設備、音響設備又は防音設備に係るものである場合にあつては、10日）以内にしなければならない。

3　法第31条の23において準用する法第9条第3項第1号の規定により法第31条の23において準用する法第5条第1項第5号に掲げる事項の変更に係る届出書を提出する場合において、当該変更前の事項の記載された特定遊興飲食店営業管理者証の交付を受けているときは、併せて、当該特定遊興飲食店営業管理者証を提出しなければならない。

4　公安委員会は、前項の届出書に記載された変更後の管理者が法第31条の23において準用する法第24条第2項各号のいずれにも該当しないと認められるときは、速やかに、当該届出書を提出した者に当該管理者に係る特定遊興飲食店営業管理者証を新たに又は書き換えて交付するものとする。

（特例特定遊興飲食店営業者による変更の届出）

第89条　前条の規定は、法第31条の23において準用する法第9条第5項に規定する届出書について準用する。この場合において、前条第2項中「10日（当該変更が法人の名称、住所、代表者の氏名又は役員の氏名若しくは住所に係るものである場合にあつては、20日）以内に、同項第2号に係る届出書にあつては同号に規定する変更があつた日から1月（当該変更が照明設備、音響設備又は防音設備に係るものである場合にあつては、10日）以内」とあるのは、「10日以内」と読み替えるものとする。

（準用規定）

第90条　第16条の規定は法第31条の23において準用する法第9条第1項の承認について、第17条の規定は法第31条の23において準用する法第9条第4項の規定により特定遊興飲食店営業許可証の書換えを受けようとする者について準用する。

（許可証の返納）

第91条　第23条の規定は、法第31条の23において準用する法第10条第1項又は第3項の規定による許可証の返納について準用する。

（特例特定遊興飲食店営業者の認定の基準）

第92条　第24条の規定は、法第31条の23において準用する法第10条の2第1項第3号の国家公安委員会規則で定める基準について準用する。

（特例特定遊興飲食店営業者の認定申請の手続）

第93条　法第31条の23において準用する法第10条の2第2項に規定する認定申請書の様式は、別記様式第44号のとおりとする。

（認定証の交付等）

第94条　法第31条の23において準用する法第10条の2第3項に規定する認定証の様式は、別記様式第45号のとおりとする。

2　第26条第2項の規定は、法第31条の23において準用する法第10条の2第1項の認定につい

366　　風俗営業等の規制及び業務の適正化等に関する法律施行規則

て準用する。
3　第11条の規定は法第31条の23において準用する法第10条の2第4項の規定による通知について、第12条の規定は法第31条の23において準用する法第10条の2第5項の規定により認定証の再交付を受けようとする者について、第23条の規定は法第31条の23において準用する法第10条の2第7項又は第9項の規定による認定証の返納について準用する。この場合において、第12条中「別記様式第5号の許可証再交付申請書」とあるのは、「別記様式第15号の認定証再交付申請書」と読み替えるものとする。

（特定遊興飲食店営業に係る営業所内の照度の測定方法）
第95条　法第31条の23において準用する法第14条の営業所内の照度は、次の各号に掲げる場合に応じ、それぞれ当該各号に定める営業所の部分における水平面について計るものとする。
　一　客席に食卓その他の飲食物を置く設備がある場合　当該設備の上面及び当該上面の高さにおける客の通常利用する部分
　二　前号に掲げる場合以外の場合
　　イ　椅子がある客席にあつては、椅子の座面及び当該座面の高さにおける客の通常利用する部分
　　ロ　椅子がない客席にあつては、客の通常利用する場所における床面（畳又はこれに準ずるものが敷かれている場合にあつては、その表面）

（特定遊興飲食店営業に係る営業所内の照度の数値）
第96条　法第31条の23において準用する法第14条の国家公安委員会規則で定める照度の数値は、10ルクスとする。

（特定遊興飲食店営業に係る営業所の管理者の選任等）
第97条　第37条の規定は、法第31条の23において準用する法第24条第1項の規定により選任される管理者について準用する。
2　第38条（第3号及び第11号を除く。）の規定は、法第31条の23において準用する法第24条第3項の国家公安委員会規則で定める業務について準用する。この場合において、第38条第2号中「第7条」とあるのは「第75条」と、同条第6号中「法第13条第1項ただし書の場合において、午前零時から同項ただし書に規定する条例で定めるときまでの時間」とあるのは「深夜」と、同条第7号中「法第22条第1項第5号又は同条第2項の規定に基づく都道府県の条例」とあるのは「法第31条の23において準用する法第22条第1項第5号」と、同条第9号中「接待飲食等営業にあつては、法第36条の2第1項」とあるのは「法第36条の2第1項」と読み替えるものとする。
3　第39条（第4項を除く。）及び第40条の規定は、法第31条の23において準用する法第24条第6項の規定による管理者に対する講習について準用する。この場合において、第39条第2項中「法第10条の2第1項の認定を受けた風俗営業者」とあるのは「法第31条の23において準用する法第10条の2第1項の認定を受けた特定遊興飲食店営業者」と、「法第26条第1項の規定により当該風俗営業」とあるのは「法第31条の25第1項の規定により当該特定遊興飲食店営業」と、同条第3項の表定期講習の項中「法第24条第3項及び第38条」とあるのは「法第31条の23において準用する法第24条第3項及び第97条第2項において準用する第38条（第3号及び第11号を除く。）」と、第40条第1項中「別記様式第16号」とあるのは「別記様式第46号」と読み替えるものとする。

（準用規定）
第98条　第27条の規定は法第31条の23において準用する法第13条第3項の規定により特定遊興

飲食店営業者が講ずる措置について、第28条及び第29条の規定は法第31条の23において準用する法第13条第4項に規定する苦情の処理に関する帳簿について準用する。

2　第35条の規定は、法第31条の23において準用する法第18条の規定による表示について準用する。

　　　　第7節　深夜における飲食店営業の規制等

（深夜における飲食店営業の営業所の技術上の基準）

第99条　法第32条第1項の国家公安委員会規則で定める技術上の基準は、次のとおりとする。

　一　客室の床面積は、1室の床面積を9・5平方メートル以上とすること。ただし、客室の数が1室のみである場合は、この限りでない。

　二　客室の内部に見通しを妨げる設備を設けないこと。

　三　善良の風俗又は清浄な風俗環境を害するおそれのある写真、広告物、装飾その他の設備（第102条に規定する営業に係る営業所にあつては、少年の健全な育成に障害を及ぼすおそれのある写真、広告物、装飾その他の設備を含む。）を設けないこと。

　四　客室の出入口に施錠の設備を設けないこと。ただし、営業所外に直接通ずる客室の出入口については、この限りでない。

　五　次条に定めるところにより計つた営業所内の照度が20ルクス以下とならないように維持されるため必要な構造又は設備を有すること。

　六　第32条に定めるところにより計つた騒音又は振動の数値が法第32条第2項において準用する法第15条の規定に基づく条例で定める数値に満たないように維持されるため必要な構造又は設備を有すること。

（深夜における飲食店営業に係る営業所内の照度の測定方法）

第100条　法第32条第2項において準用する法第14条の営業所内の照度は、次の各号に掲げる場合に応じ、それぞれ当該各号に定める営業所の部分における水平面について計るものとする。

　一　客席に食卓その他の飲食物を置く設備がある場合　当該設備の上面及び当該上面の高さにおける客の通常利用する部分

　二　前号に掲げる場合以外の場合

　　イ　椅子がある客席にあつては、椅子の座面及び当該座面の高さにおける客の通常利用する部分

　　ロ　椅子がない客席にあつては、客の通常利用する場所における床面（畳又はこれに準ずるものが敷かれている場合にあつては、その表面）

（深夜における飲食店営業に係る営業所内の照度の数値）

第101条　法第32条第2項において準用する法第14条の国家公安委員会規則で定める照度の数値は、20ルクスとする。

（国家公安委員会規則で定める飲食店営業）

第102条　法第32条第3項において読み替えて準用する法第22条第1項第4号及び第5号の国家公安委員会規則で定める営業は、次の各号のいずれかに該当する営業とする。

　一　営業の常態として客に通常主食と認められる食事を提供して営む飲食店営業（法第2条第13項第4号に規定する飲食店営業をいう。以下同じ。）

　二　前号に掲げるもののほか、営業の常態としてコーヒー、ケーキその他の茶菓類以外の飲食物を提供して営む飲食店営業（酒類を提供して営むものを除く。）

（深夜における酒類提供飲食店営業の届出）

368　風俗営業等の規制及び業務の適正化等に関する法律施行規則

第103条　法第33条第1項に規定する届出書の様式は、別記様式第47号のとおりとする。

2　法第33条第3項に規定する営業の方法を記載した書類の様式は、別記様式第48号のとおりとする。

3　第1項の届出書は、深夜において当該酒類提供飲食店営業を開始しようとする日の10日前までに提出しなければならない。

（深夜における酒類提供飲食店営業の廃止等の届出）

第104条　第42条の規定は、法第33条第2項に規定する届出書について準用する。この場合において、第42条第1項中「店舗型性風俗特殊営業」とあるのは「深夜における酒類提供飲食店営業」と、同条第2項中「当該店舗型性風俗特殊営業」とあるのは「当該酒類提供飲食店営業」と、「10日以内」とあるのは「10日（当該変更が法人の名称、住所又は代表者の氏名に係るものである場合にあつては、20日）以内」と読み替えるものとする。

　　　　第8節　接客業務受託営業に係る処分移送通知書

第105条　第56条の規定は、法第35条の4第3項（同条第5項において準用する場合を含む。）の国家公安委員会規則で定める処分移送通知書について準用する。

　　　第5章　雑則

（従業者名簿の備付けの方法）

第106条　風俗営業者、店舗型性風俗特殊営業を営む者、無店舗型性風俗特殊営業を営む者、店舗型電話異性紹介営業を営む者、無店舗型電話異性紹介営業を営む者、特定遊興飲食店営業者、法第33条第6項に規定する酒類提供飲食店営業を営む者及び深夜において飲食店営業（酒類提供飲食店営業を除く。）を営む者は、その従業者が退職した日から起算して3年を経過する日まで、その者に係る従業者名簿を備えておかなければならない。

（電磁的方法による記録）

第107条　法第36条に規定する事項が、電磁的方法により記録され、必要に応じ電子計算機その他の機器を用いて直ちに表示されることができるときは、当該記録（次条において「電磁的名簿」という。）をもつて同条に規定する当該事項が記載された従業者名簿に代えることができる。

2　前項の規定による記録をする場合には、国家公安委員会が定める基準を確保するよう努めなければならない。

（確認の記録）

第108条　法第36条の2第2項の記録の作成及び保存は、次のいずれかの方法により行わなければならない。この場合において、当該記録は、当該従業者が退職した日から起算して3年を経過する日まで保存しなければならない。

一　法第36条の2第1項の確認をした従業者ごとに、同項各号に掲げる事項及び当該確認をした年月日（法第36条の規定により従業者名簿に記載しなければならないこととされている事項を除く。以下この条において「記録事項」という。）を当該従業者に係る従業者名簿に記載し、かつ、当該確認に用いた書類の写しを当該従業者名簿に添付して保存する方法

二　前号に規定する従業者ごとに、記録事項を当該従業者に係る電磁的名簿に記録し、かつ、法第36条の2第1項の確認に用いた書類の写し又は当該書類に記載されている事項をスキャナ（これに準ずる画像読取装置を含む。）により読み取つてできた電磁的方法による記録を当該従業者に係る記録事項が記録された当該従業者に係る電磁的名簿の内容と照合できるようにして保存する方法

2　前条第2項の規定は、前項第2号の規定により記録事項を電磁的名簿に記録する場合及び電磁的方法による記録を保存する場合について準用する。

（証明書の様式）

第109条　法第37条第3項に規定する証明書の様式は、別記様式第49号のとおりとする。

（風俗環境保全協議会）

第110条　法第38条の4第1項に規定する風俗環境保全協議会の委員は、公安委員会が委嘱する。

（聴聞の公示）

第111条　法第41条第2項の規定による聴聞の期日及び場所の公示は、公安委員会の掲示板に掲示して行うものとする。

（書面の交付）

第112条　公安委員会は、第11条（第26条第3項、第79条及び第94条第3項において準用する場合を含む。）、第16条（第22条、第84条及び第90条において準用する場合を含む。）及び第44条第2項（第55条第2項及び第66条第2項において準用する場合を含む。）に定めるもののほか、法の規定に基づき処分（指示を含む。以下同じ。）をするときは、当該処分の理由を記載した書面により行うものとする。

2　公安委員会は、法の規定に基づき勧告をするときは、当該勧告の理由を記載した書面により行うものとする。

（国家公安委員会への報告事項等）

第113条　法第41条の3第1項の国家公安委員会規則で定める事項は、次の表の上欄に掲げる場合の区分に応じ、それぞれ同表の下欄に掲げる事項とする。

　　　　表　〔略〕

　　　　附　則　〔略〕

用 語 索 引

【い】

一時の性的好奇心……………42
一団地の官公庁施設…………149
移動店舗型性風俗特殊営業………141
移動風俗営業………………57
違反広告物の除却…………179・216
衣服を脱いだ人の姿態…………34
飲食店営業………………54・246

【う】

受付所営業……………175・176

【え】

営業……………………51
営業延長許容地域…………101・280
営業禁止区域等………141・148・149
営業所………………57
営業所設置許容地域………237・280
営業所の新築、移築、増築等
……………………151・252
営業に関し成年者と同一の行
　為能力を有しない未成年者……67
営業の廃止………………161

映像送信型性風俗特殊営業…45・188

【お】

大阪高判平成27年1月21日………9

【か】

回胴式遊技機………………73
会話の申込み………………47
型式………………116
管理者………………130

【き】

既得権………………155
客に接触する役務………………33
客に接する業務
　……53・124・168・176・206・265
客引き………………123
業として………………32
禁止行為（禁止事項）………122・312

【く】

区画席飲食店営業………………25

用語索引　*371*

【け】

ゲームセンター等営業
　……………25・109・125・129・220
検定（遊技機の）………………………117

【こ】

興行場営業…………………………254
広告制限区域等……………………153
講習（管理者）…………96・132・284
構造設備…………68・89・99・246
拘束的行為…………………………258
個室……………………………………33

【さ】

最判平成12年3月21日……………98

【し】

酒類提供飲食店営業…………54・249
指示……………………………………134
指定試験機関………………………117
自動公衆送信装置…………………194
事務所…………………………168・212
従業者名簿…………………………262
住居集合地域…………………102・238
住居相当数集合地域………………238
住居隣接地域………………………238
守秘義務………274・281・284・315

遵守事項………………………122・312
条件………………………………………58
少年指導委員………………………273
少年の健全な育成……………………16
処分移送通知書………185・199・218
人的欠格事由……………………63・65
深夜居住者僅少地域………………237

【せ】

清浄な風俗環境………………………16
性的好奇心……………………………33
性風俗関連特殊営業…………………32
性風俗特殊営業………………………32
接客業務受託営業……………52・258
接客従業者に対する拘束的行為
　………………………………………110
接待……………………………21・30
接待飲食等営業………………21・110
全国風俗環境浄化協会（全国
　協会）………………………………286
善良の風俗……………………………16

【た】

待機所…………………………………169
立入り…………………………………267

【ち】

調査業務………………………………284
聴聞……………………………………288

【つ】

つきまとい（客引き準備行為）
……………………………122・124

【て】

出会い系喫茶営業………………42
低照度飲食店営業………………23
手数料（の標準）……118・293・294
店舗…………………………28・40
店舗型性風俗特殊営業……………32
店舗型電話異性紹介営業……47・201
店舗に類する区画された施設……29

【と】

等価の物品………………………113
特定性風俗物品販売等営業
………………………6・256・257
特定遊興飲食店営業……8・49・219
特例風俗営業者
…………76・91・95・132・133
都道府県風俗環境浄化協会
（都道府県協会）………………282
届出確認書………………142・169
取消し（風俗営業の許可等の）
……………………………………86

【な】

名古屋高判平成18年5月18日……17

【に】

認定（遊技機の）………………116

【は】

ぱちんこ屋
………25・72・90・112・115・128

【ひ】

標章…………………………163・209

【ふ】

風俗…………………………………15
風俗営業等密集地域………………237
風俗営業取締法………………1・15
風俗営業の許可……………………56
風俗環境保全協議会………………279
風俗関連営業…………………21・32
物的欠格事由………………………63

【ほ】

暴力的不法行為……………………66
ホテル等内適合営業所……………238
補導…………………………………276

用語索引　*373*

【ま】

まあじゃん屋（まあじやん屋）
　………………………………25

【む】

無店舗型性風俗特殊営業
　……………………… 5 ・43・167
無店舗型電話異性紹介営業…47・211

【め】

名義貸し……………………97

【も】

専ら………………………34

【や】

役員…………………………67

【ゆ】

遊技場営業………………25・127
遊興………………49・220・246
遊技料金……………………112

【ら】

ラブホテル等営業………………35

著者紹介

吉田一哉（よしだ　かずや）

　平成18年４月、警察庁入庁。その後、福井県警察本部刑事部捜査第二課長、警察庁生活安全局保安課課長補佐等を経て、現在、警察庁警備局外事情報部外事課課長補佐。

　本書の内容等について、ご意見・ご要望がございましたら、編集室までお寄せください。FAX・メールいずれでも受け付けております。

〒112-0002　東京都文京区小石川5-17-3

TEL 03（5803）3304　FAX 03（5803）2560

e-mail police-law@tokyo-horei.co.jp

逐条解説　風営適正化法

令和元年12月１日　初　版　発　行

著　者	吉　田　一　哉	
発行者	星　沢　卓　也	
発行所	東京法令出版株式会社	

112-0002	東京都文京区小石川５丁目17番３号	03（5803）3304
534-0024	大阪市都島区東野田町１丁目17番12号	06（6355）5226
062-0902	札幌市豊平区豊平２条５丁目１番27号	011（822）8811
980-0012	仙台市青葉区錦町１丁目１番10号	022（216）5871
460-0003	名古屋市中区錦１丁目６番34号	052（218）5552
730-0005	広島市中区西白島町11番９号	082（212）0888
810-0011	福岡市中央区高砂２丁目13番22号	092（533）1588
380-8688	長野市南千歳町1005番地	

〔営業〕　TEL 026（224）5411　　FAX 026（224）5419

〔編集〕　TEL 026（224）5412　　FAX 026（224）5439

https://www.tokyo-horei.co.jp/

© KAZUYA YOSHIDA　Printed in Japan, 2019

　本書の全部又は一部の複写・複製及び磁気又は光記録媒体への入力等は、著作権法上での例外を除き禁じられています。これらの許諾については、当社までご照会ください。

　落丁本・乱丁本はお取替えいたします。

ISBN978-4-8090-1407-9